VIANINHA

cúmplice da paixão

Outras obras do autor

Prestes: lutas e autocríticas
Editora Vozes, 1982; Editora Mauad, 1997.

A esquerda e o golpe de 1964
Editora Espaço e Tempo, 1989.

O velho Graça: uma biografia de Graciliano Ramos
Editora José Olympio, 1992.

O imaginário vigiado: a imprensa comunista e o realismo socialista no Brasil
Editora José Olympio, 1994.

O rebelde do traço: a vida de Henfil
Editora José Olympio, 1996.

Globalização, mídia e cultura contemporânea (org.)
Editora Letra Livre, 1997.

Prestes com a palavra: uma seleção das principais entrevistas do líder comunista (org.)
Editora Letra Livre, 1998.

O planeta Mídia: tendências da comunicação na era global
Editora Letra Livre, 1998.

Dênis de Moraes

VIANINHA

cúmplice da paixão

uma biografia de **Oduvaldo Vianna Filho**

edição revista e ampliada

EDITORA RECORD
RIO DE JANEIRO • SÃO PAULO

2000

CIP-Brasil. Catalogação-na-fonte
Sindicato Nacional dos Editores de Livros, RJ.

Moraes, Dênis de, 1954-
M82v Vianinha, cúmplice da paixão / Dênis de Moraes. – Rio de Janeiro: Record, 2000.

ISBN 85-01-05904-8
Vianna Filho, Oduvaldo, 1936-1974 – Biografia. Dramaturgos brasileiros – Biografia. I. Título.

CDD – 928.699
00-1078 CDU – 92(VIANNA FILHO, O.)

Capa: Evelyn Grumach
Foto da capa: Agência O Globo
Encarte: Evelyn Grumach e Fernando Braga

Direitos exclusivos desta edição reservados pela
DISTRIBUIDORA RECORD DE SERVIÇOS DE IMPRENSA S.A.
Rua Argentina 171 – Rio de Janeiro, RJ – 20921-380 – Tel.: 585-2000

Impresso no Brasil

ISBN 85-01-05904-8

PEDIDOS PELO REEMBOLSO POSTAL
Caixa Postal 23.052
Rio de Janeiro, RJ – 20922-970

EDITORA AFILIADA

Para minha filha Lívia

Sumário

NOTA DO AUTOR 9

PREFÁCIO: Um autor em busca do povo — *Alcione Araújo* 11

INTRODUÇÃO 15

O berço do camarada 21
O palco como missão 39
Os pupilos de Mr. Boal 57
A dramaturgia sem *black-tie* 73
Uma arena pequena demais 95
A chama acesa do CPC 111
Duelo com a agitação 137
A utopia pega fogo 159
A opinião sai da garganta 171
Geração em estado de sítio 189
O amor flutua no ar 207
A unidade em transe 227
O reformista na roda-viva 247
A razão e o desbunde 271
A sofreguidão no papel 289
A voz que não se cala 307

O cerco do inimigo 331
O coração se rasga 343

EPÍLOGO: Sob o signo da permanência 367

FONTES CONSULTADAS 387

AGRADECIMENTOS 407

ÍNDICE ONOMÁSTICO 409

NOTA DO AUTOR

A edição revista e ampliada de *Vianinha, cúmplice da paixão* chega aos leitores quase dez anos depois da versão original, acolhida generosamente pela crítica. A atualização do livro incorpora novos elementos ao objetivo primordial de contribuir para um maior conhecimento da instigante trajetória de Oduvaldo Vianna Filho.

Informações inéditas foram obtidas em extensa pesquisa nos arquivos da Divisão de Censura de Diversões Públicas e do Departamento de Ordem Política e Social (DOPS), liberados à consulta. Os documentos revelam a verdade sobre as proibições de peças de Vianinha, inclusive a obra-prima *Rasga coração* — desde os pareceres sigilosos dos censores à forma fria e prepotente como as autoridades do regime militar decidiam o que poderia ou não ser encenado. Do mesmo modo, informes secretos de organismos de segurança atestam a paranóica vigilância sobre artistas e intelectuais.

Já o reexame da produção ensaística e das principais entrevistas de Vianinha possibilitou um detalhamento de suas idéias sobre questões decisivas do processo político-cultural e da evolução do teatro brasileiro nas décadas de 1950, 1960 e 1970.

Espero que esta definitiva edição venha a se somar ao empenho de outros pesquisadores, no sentido de valorizar o legado de Vianinha como dramaturgo, pensador da cultura e ativista político.

Dênis de Moraes
Rio de Janeiro, inverno de 2000

PREFÁCIO

Um autor em busca do povo

ALCIONE ARAÚJO

Oduvaldo Vianna Filho, o Vianinha (1936-1974), tornou-se o paradigma do artista criador e intelectual consciente do Terceiro Mundo, que acreditou na arte como forma de conhecimento e a utilizou como arma para a libertação. Com paixão avassaladora e uma dedicação quase religiosa, Vianinha se entregou inteiro à utopia de, como artista e cidadão, "mudar o mundo" — diminuir as injustiças que sacrificavam seu povo, lutar pela liberdade e pela democracia e amar sua gente com ternura e lirismo quase infantis. E, no rigor do conceito, ser artista e intelectual, ainda e sempre, é perseguir utopias. O resto é fazer carreira.

Não poderia ser mais feliz o título *Vianinha, cúmplice da paixão*, dado por Dênis de Moraes à biografia do dramaturgo, roteirista de cinema e televisão e, às vezes, ator Oduvaldo Vianna Filho. A paixão de Vianinha pelo teatro, pela política, pelos amigos e pelas mulheres não se esgotava nos limites do sentimento pessoal e solitário. Ao contrário, transbordava, pedia compartilhamento, exigia cúmplices. Só se aplacava no trabalho teatral em grupo (Teatro de Arena, Centro Popular de Cultura da União Nacional dos Estudantes, Teatro Opinião), nas tarefas anônimas e coletivizadas do Partido Comunista Brasileiro, na amizade pessoal que se estendia às parcerias artísticas e até nas mulheres, que, não raro, se resignavam a compartilhá-lo.

Eis o biografado: filho de Oduvaldo Vianna, respeitado dramaturgo com incursões pelo nascente cinema, e de Deocélia Vianna, que mais tarde se tornou escritora, ambos comunistas de renome, Vianinha cresceu em meio a reuniões políticas e discussões culturais. Foi por acaso a entrada para o teatro de uma vocação que se desenhava para a arquitetura. Mal conhecera o jovem Gianfrancesco Guarnieri, e ambos começaram a organizar um grupo de teatro amador no meio estudantil. Nem um nem outro abandonariam mais o palco. A não ser quando proibidos.

Fundaram o Teatro Paulista dos Estudantes imbuídos de um ideário nacionalista que buscava incluir o povo na platéia teatral. A fusão com o Teatro de Arena respondeu à dupla necessidade de se profissionalizar e criar uma alternativa ao modelo do Teatro Brasileiro de Comédia (TBC), que fazia um teatro esteticamente consistente, mas desligado da realidade brasileira. O encontro dos dois contribuiu para que Guarnieri desovasse *Eles não usam black-tie*. E o próprio Vianinha, depois de participar do Seminário de Dramaturgia coordenado por Augusto Boal, deu à luz sua peça *Chapetuba Futebol Clube*, reescrita 35 vezes.

Vianinha sempre teve pressa; era como se vislumbrasse a morte prematura. "Não consigo imaginar nada que não possa ser urgente e imediato" — é um dos seus depoimentos registrados na biografia de Dênis de Moraes. Com tal volúpia, vem para o Rio e torna-se um dos fundadores do CPC da UNE, que aglutinava jovens artistas e intelectuais. Tinham objetivos afinados, mas se digladiavam quanto aos métodos — sobretudo no que dizia respeito à adequação ou subordinação do discurso estético às exigências da conscientização social. E Vianinha foi um ativista *full-time*, defensor apaixonado da tese que o acompanharia pela vida: a necessidade de se criar um elo entre o artista de classe média e a cultura popular.

Depois da autocrítica sobre a experiência do CPC, vencer essa distância não significava, para ele, conceder ao popularesco: "Não há que, em nome da participação, baixar o nível artístico das obras de arte, diminuir sua capacidade de apreensão do real ou estreitar a riqueza de emoções e significados que elas podem nos emprestar." As dificuldades para consumar tal ambição o levaram a reformular sua posição: "É preciso ser rápido e ter paciência ao mesmo tempo."

Era implacável na autocrítica, vigoroso na defesa de seus pontos de vista e também capaz de rever suas idéias. Manteve discussões calorosas com o grupo do Cinema Novo e com o amigo Nelson Rodrigues, e assumiu posições que suscitaram polêmicas, como a condenação da contracultura, do desbunde e das drogas, a sua ojeriza à onda irracionalista que invadiu o teatro e sua rejeição à luta armada. Como disse Maria Lúcia, sua última mulher, "era cheio de dúvidas e, à medida que ia amadurecendo, essas dúvidas aumentavam".

Vianinha se eternizou em lugar destacado na dramaturgia brasileira por duas obras-primas: *Papa Highirte* e *Rasga coração*. E, como autor de televisão, pelo seriado *A grande família*, produzido pela Rede Globo, que permitiu que seu humor chegasse ao povão.

Com um biografado tão exuberante, criativo, polêmico, apaixonado e apaixonante que, além do mais, viveu intensamente uma das épocas mais ricas deste país, era de se esperar um livro que seduzisse o leitor. Dênis de Moraes conseguiu mais do que isso. *Vianinha, cúmplice da paixão* emociona os leitores que viveram aquela época de luz e trevas e informa muito bem aos demais. Talvez por vezo profissional, diria que o livro é mais generoso nas informações contextuais, sociológicas, políticas e históricas do que na inter-relação desses episódios com a evolução dramatúrgica de Vianinha. Dênis é jornalista e, também por isso, aufere mais emoção do fato do que do rasgo interpretativo ou analítico de uma obra teatral. Mas ele mesmo se explica ao citar Mino Carta: "A única verdade que as emoções humanas não atingem, desde que preservada, é a verdade factual."

Vianinha, cúmplice da paixão é fundamental para se compreender a participação do teatro no processo político-cultural brasileiro. E, com esta oportuníssima edição, revista e ampliada, terá ainda um longo e expressivo papel a cumprir.

Introdução

Esta é a história de uma pessoa que viveu até o último suspiro uma paixão incontrolável pelo homem brasileiro, com seus sonhos, aspirações, conflitos e frustrações. Um amor devastador, capaz de se sobrepor aos desejos mais íntimos, às necessidades mais cruciais e às dores mais agudas.

Em escassos 38 anos de vida, Oduvaldo Vianna Filho buscou infatigavelmente imprimir sentido político à sua notável produção intelectual, vinculando-a, desde os primeiros escritos, aos deserdados, aos oprimidos e aos derrotados. Nessa batalha, tão fecunda quanto penosa, pelas condições adversas do país, queimou energias a cada passo, num redemoinho que engolfou exigências afetivas, profissionais e materiais.

Na sua lógica interna, o mergulho de Vianinha em múltiplas atividades — como dramaturgo, ator, roteirista, ativista político, ensaísta e animador cultural — não o privou da seiva da existência, mas antes alimentou seu espírito ansioso pela ação e pela contraditória sensação de flutuar ao sabor dos acontecimentos.

Longe de se limitar a um plano de vôo pessoal, a trajetória de Vianinha terá percorrido, nas grandes linhas, o itinerário de outros artistas e intelectuais de sua geração, que elegeram como força motriz de seus projetos a devoção à maior das lutas — a luta pelo reconhecimento da democracia como valor indissociável da essência humana.

Uma geração de transição, como nota o crítico Artur da Távola, que "oscilou entre os valores de sua formação e uma tímida abertura para um novo inesperado, mas pletórico, um novo que derrubou dogmatismos, ideologias, sistemas, um novo no qual a abertura existencial passou a comandar os jovens, a vida e até a sociedade".

Para dar curso às utopias, precisou navegar em marés de tensões provocadas pela distância entre o que quis construir e as pressões infalíveis de um mundo fundado na guerra fria, hostil e excludente. Como ponto de ruptura, o golpe militar de 1964, que abortou estupidamente o ciclo de mobilização iniciado nos anos Goulart, ao qual a geração de Vianinha emprestara as mais caras emoções e crenças.

A partir daí — e sobretudo após 1968 —, a maioria resistiu bravamente à ditadura, assimilando sofrimentos e privações. Outros, desencantados, preferiram o desbunde e o misticismo. No caso de Vianinha, o drama central foi o de ser um autor superpremiado e não ter palcos para peças proibidas. A Censura o vigiou, o tolheu, o torturou. Ainda assim, não conseguiu silenciá-lo, nem impedi-lo de escrever com uma descomunal carga poética e incomparável percepção política. Mesmo ciente de que poderia esbarrar na sordidez dos censores, produziu algumas obras-primas do moderno teatro brasileiro, como ***Rasga coração*** e *Papa Highirte*. Jamais cedeu em seus compromissos de criador: "Se o que eu estiver escrevendo não aparecer agora, aparecerá daqui a dez, 15 anos."

A sua geração sobreviveu ao autoritarismo. É verdade que as perdas na área cultural foram grandes: Vianinha, Paulo Pontes, Armando Costa, Glauber Rocha, Joaquim Pedro de Andrade, Leon Hirszman, Dina Sfat, Flávio Rangel, Flávio Império, Nara Leão, Elis Regina, Isabel Ribeiro, Glauce Rocha, Lilian Lemmertz, Alberto Coelho de Souza, Tite de Lemos, Napoleão Muniz Freire e Yan Michalski. Duas vítimas diretas da opressão merecem ser lembradas: Carlos Lamarca e Wladimir Herzog. Todos falecidos precocemente, no auge de suas inteligências.

Mas, se perdeu bons combatentes na guerra, esta geração semeou convicções, incendiou corações, praticou a revolução no dia-a-dia, nas relações pessoais e nos padrões estéticos. Aqueles rapazes e moças acreditaram que era viável um Brasil inteligente e progressista. Na passagem dos anos 50/60, eles sacudiram artística e intelectualmente o país. A dramaturgia brasileira renovou-se via Teatro de Arena, Teatro Oficina e Teatro Opinião. O Centro Popular de Cultura da UNE encurtou a distância entre a cultura oficial e a cultura popular. O Cinema Novo puxou o tapete das chanchadas e abriu todo um campo de experimentação aos jovens cineastas. A literatura engajou-se na problemática social e urbana. O jornalismo esqueceu o nariz-de-cera e modernizou-se. As artes plásticas operaram a transição do concretismo para a vanguarda participante. E a Bossa Nova provou que a nossa batida poderia incomodar o rock americano.

Vianinha fez a sua parte na semeadura, com traços inconfundíveis de criatividade, de obstinação, de bom humor, de poder persuasório e de generosidade com o ser humano. Pois é exatamente o inventário dessa parte tão rica a razão primeira deste livro.

Procurei reconstituir os lances fundamentais de sua vida com a preocupação de não contaminar o trabalho com uma admiração acrítica. Por certo, Vianinha — um ser em contínua autocrítica — detestaria a grandiloqüência, o elogio fácil. A aparente unanimidade sobre ele não ofusca polêmicas e colisões de rotas, algumas das quais em períodos de efervescência política, quando as paixões se exacerbam. Tratemos, contudo, de compreendê-lo e a seus contemporâneos: eles tinham pressa de mudar o mundo. Tudo o mais vinha a reboque.

Em quase três anos de árdua e gratificante pesquisa, que exigiu dezenas de entrevistas, viagens e consultas a acervos públicos e privados, diversas vezes reli, no caderno de anotações, uma frase exemplar do jornalista Mino Carta: "A única verdade que as emoções humanas não atingem, desde que preservada, é a verdade factual." Não a traduzi como apanágio da isenção, porque Mino nos conduz a uma reflexão muito mais abrangente. Precisamos remover a camada espessa que encobre os fatos. Ao trazê-los à tona, estamos libertando escolhas, interferindo na ordem das coisas — com o cuidado vital de não distorcê-los, não desviá-los para propósitos estranhos à sua verdade intrínseca. No caso de uma biografia, é impossível imaginar-se livre de imperfeições e omissões. Afinal, ela assemelha-se a um jogo de espelhos que reflete o personagem e suas interfaces, necessariamente desfocando ângulos e figuras que estejam fora do raio do olhar.

Ao biógrafo cabe remontar meticulosamente os cacos do passado, encadeando-os para compor o quebra-cabeça existencial. É provável que aqui e ali faltem peças, surjam versões diferentes, palpitem acréscimos. Ainda assim, espero ter me dotado de rigor suficiente para voltar a minha lente para o lado essencial de Vianinha — aquela combinação mágica entre um homem complexo, um militante fiel à sua ideologia, um artista apaixonado. Sem a ilusão de querer revelar alguém único, porque, como nos adverte Alberto Dines em sua biografia de Stefan Zweig, *Morte no paraíso*, "a aventura humana jamais é original e exclusiva, mas um conjunto de simetrias, espaço finito, contínuo".

O que em certo sentido diferencia Vianinha é a capacidade inesgotável de perseguir um fio condutor de coerência nas fases atribuladas da carreira — seja no Teatro Paulista dos Estudantes, no Arena de São Paulo, no Centro Popular de Cultura, no Grupo Opinião, na TV Tupi ou na TV Globo. Por isso, tentei desenhar em cada uma das etapas o pano de fundo histórico que o determinava e o regia. Vianinha, coração sensível ao seu tempo, nunca poderia ser percebido integralmente sem o entrelaçamento com a realidade imediata.

Por outro lado, a sua inserção nas conjunturas familiares, afetivas, políticas e culturais só poderia ser dimensionada com os testemunhos de parentes, amigos e companheiros de profissão e de militância. Por intermédio deles, busquei captar impressões sobre a sua personalidade, documentar angústias e esperanças, escavar episódios controversos, referenciar sua participação nas circunstâncias históricas.

Encontrei uma receptividade comovente. Bastava citar o nome de Vianinha para despertar solidariedades e avivar memórias. Raros foram os que não se emocionaram ao recordar as passagens vividas com o nosso personagem. E todos, sem exceção, cultivam dele, depois de tantos anos, uma imagem de integridade. O professor Carlos Estevam Martins, um dos fundadores do CPC, resume: "Sei que vou dizer uma frase bombástica, mas não estou enganado ao guardar do Vianinha a certeza de ser ele uma espécie humana num futuro remoto. O homem evoluirá para ser como ele foi, alguém completamente disponível para as outras pessoas."

Não sei se consegui iluminar Vianinha da forma como ele merecia, mas me sinto recompensado pela possibilidade de, nas páginas seguintes, socializar a jornada de um homem que lutou muito, mas, desafortunadamente, não conseguiu, em vida, vislumbrar um Brasil mais nosso, mais feliz.

D. M.

O BERÇO DO CAMARADA

O cabelo era cortado à príncipe Danilo, com brilhantina, e os suspensórios fixavam a calça curta acima do umbigo. O menino acordara cedo, arrumara-se apressado, como se tivesse horário a cumprir. Não se fez de rogado quando o pai parou à porta do seu quarto e perguntou aonde ia com aquele caixote de madeira que arrastava pelas mãos.

— Vou à avenida Ipiranga... trabalhar.

Alguma molecagem de criança, chegou a pensar o pai. Espantada, a mãe ainda insistiu:

— Que brincadeira é essa?

Para desfazer a curiosidade geral, o menino mostrou o que tinha dentro do caixote: cinco mil "santinhos" de propaganda eleitoral do pai, o teatrólogo Oduvaldo Vianna, candidato a deputado estadual em São Paulo, pelo Partido Comunista Brasileiro, nas eleições de 2 de dezembro de 1945. Meses antes, o PCB voltara à legalidade, após os anos de chumbo do Estado Novo. As cédulas tinham sido impressas por cortesia de Assis Chateaubriand, o poderoso chefão dos Diários Associados. Anticomunista convicto, Chateaubriand não escondia um certo xodó por Oduvaldo, que dirigia uma das emissoras de rádio do grupo. Discretamente, mandou rodar o material na gráfica do *Diário da Noite*.

Em vinte minutos, lá estava Oduvaldo Vianna Filho em plena avenida Ipiranga, coração da São Paulo, a menos de quinhentos metros de casa, cabalando votos para o pai. Difícil alguém passar pela calçada sem prestar atenção no atrevido guri gritando:

— Votem em Oduvaldo Vianna, candidato do povo!

Na hora do almoço, Deocélia Vianna resolveu levar um lanche para o filho — mas chegou atrasada. Momentos antes, o empenho do precoce militante despertara a atenção de um caminhão que transitava pelo centro da cidade, com uma prosaica faixa vermelha na carroceria, onde se lia "Partido Comunista". O motorista e seu ajudante presentearam o camarada com um verdadeiro farnel: sanduíches, bolinhos de carne, coxinhas de galinha e guaraná.

Sentado no caixote, como se estivesse desfrutando a sesta, Vianinha, orgulhoso, contou à mãe que, ao arrancar com o caminhão, o motorista o saudou:

— Muito bem, garoto!

Não poderia haver recompensa maior. Principalmente para o menino que, na noite anterior, reclamara com os pais por não ter sido levado a uma panfletagem no Sumaré.

Embora com boa votação, o pai ficou numa suplência, mas Vianinha passara no exame de admissão à política. Aos nove anos, tornava-se, na prática, simpatizante do PCB. Caminho natural para quem vivia numa casa em que se venerava Luiz Carlos Prestes, o secretário-geral do partido que resistira nove anos nas masmorras da ditadura de Getúlio Vargas e acabara de ser eleito senador da República. "Acredito em Prestes pela sua têmpera de lutador, pela sua sinceridade, pela sua clarividência e pelas suas idéias que também são minhas", escreveu Oduvaldo Vianna, que fazia questão de festejar o dia 3 de janeiro, aniversário do "Cavaleiro da Esperança".

Não somente o culto ao dirigente máximo seria flagrado por Vianinha. A política era parte integrante de sua vida praticamente desde o nascimento. Nos anos que precederam a queda de Vargas, os Vianna desdobravam-se na organização de bailes, rifas e festas, com o propósito de arrecadar fundos para a manutenção das famílias dos presos políticos. Promoviam incontáveis reuniões para debater a conjuntura do país e as perspectivas de redemocratização.

Legalizado no rastro do movimento de massas que acendeu o pavio para a deposição do ditador, o PCB organizou, no auditório do Instituto Nacional de Música, no Rio de Janeiro, uma solenidade para entregar a mais de uma centena de intelectuais as carteirinhas de membros da organização. No salão superlotado, viam-se por toda parte bandeiras vermelhas com a foice e o martelo, retratos de Stalin, Lenin e Prestes. Entre os agraciados, estavam os escritores Graciliano Ramos, Jorge Amado, Caio Prado Júnior, Astrojildo Pereira, Aníbal Machado, Dyonélio Machado, Dalcídio Jurandir, Álvaro Moreyra, Octávio Brandão e Monteiro Lobato; os jornalistas Aparício Torelly (Barão de Itararé), Moacir Werneck de Castro, Osvaldo Peralva, Mário Alves, Armênio Guedes, Eneida de Moraes e Aydano do Couto Ferraz; o físico Mário Schemberg; os pintores Cândido Portinari, Di Cavalcanti, José Pancetti, Carlos Scliar, Djanira, Bruno Giorgi, Abelardo da Hora; os arquitetos Oscar Niemeyer e Vilanova Artigas; a psiquiatra Nise da Silveira; os economistas Ignácio Rangel e Alberto Passos Guimarães; os maestros Francisco Mignone e Guerra Peixe; os dramaturgos Joracy Camargo e Dias Gomes; o ator Mário Lago; o pianista Arnaldo Estrella. E, como não poderia faltar, Oduvaldo Vianna.

O teatrólogo sentou o filho no colo e exibiu a honraria. Um comunista de carteirinha dentro de casa.

Vianinha não herdaria do pai apenas a paixão pela militância ou a vocação para a dramaturgia. Eles teriam em comum o gosto pelos vôos rasantes sobre a vida, apostando nas empreitadas até o fim. Aos 16 anos, Oduvaldo escreveu o seu primeiro texto de ficção, o romance *Horas de angústia*. Em 1915, deixou a casa da família no Brás, em São Paulo, para tentar a carreira teatral no Rio de Janeiro. Sua peça *Ordenança do coronel* ficou em terceiro lugar em um concurso de dramaturgia, ganhando patrocínio para ser encenada. O dinheiro acabou logo e, para não ter de regressar a São Paulo, empregou-se como revisor no jornal *A Razão*, passando depois por *A Noite*, levado por Irineu Marinho. Escapava, assim, das prováveis repreensões do pai, Justiniano Vianna, que costumava advertir: "Vais morrer de fome com essa idéia de teatro."

Nem tanto. Em 1917, sua peça *Amor de bandido* estreou no Teatro São Pedro, atual João Caetano. A boa receptividade facilitou a montagem de outros textos seus, como *O castagnaro da fazenda*, *As operetas*, *Flor da noite* e *O clube dos pierrôs*. Naquele ano, com outros 13 artistas, Oduvaldo fundou a Sociedade Brasileira de Autores Teatrais (SBAT).

Apaixonado por uma bailarina espanhola que conhecera no Rio, Oduvaldo zarpou para a Europa atrás dela. A viagem acabou em Lisboa, duplamente frustrante: o romance com a bailarina não resistiu aos ares do outro lado do Atlântico; e restavam poucos escudos no bolso. A passagem de volta foi comprada com os cem mil-réis que recebeu de uma editora por contos humorísticos escritos de encomenda.

O teatro que Oduvaldo Vianna reencontrou no Brasil da República Velha e das eleições a bico de pena era de tal modo enraizado em Portugal que nos nossos palcos os atores falavam com sotaque português. As peças escritas por Oduvaldo a partir de 1921 — portanto, um ano antes de a Semana de Arte Moderna fincar as bases da independência cultural brasileira — rompem com os cacoetes típicos de um país colonial.

"Meu pai considerava um desaforo escrever: 'Se não te portares bem, dar-te-ei um bofetão', quando o brasileiro simplesmente dizia: 'Pára, senão te quebro a cara'", lembraria Vianinha nos anos 70, ao avaliar a influência que o velho Oduvaldo viria a ter em seu trabalho. "Atores falando com prosódia brasileira podem nos parecer hoje sem importância alguma, mas, naquela época, isso tinha um sentido muito grande. Sofríamos as contingências de um país exportador, monocultor, sem cultura voltada para nossa realidade."

Oduvaldo, Viriato Corrêa e Nicolino Viggiani associaram-se para ocupar o Teatro Trianon, prestigiando repertório brasileiro (Gastão Tojeiro, Armando Gonzaga e Ribeiro do Couto, entre outros autores). Até então, era moda montar peças francesas, espanholas ou alemãs. Para o Trianon, escreveu e dirigiu *Manhãs de sol*, *A vida é um sonho*, *A casa do tio Pedro* e *Terra natal*.

Aos 28 anos, já casado com Abigail Maia, atriz que arrasava corações, Oduvaldo formou com ela, Viriato e Viggiani a primeira companhia brasileira a apresentar-se no exterior. A turnê a Montevidéu e Buenos Aires teve enorme repercussão. Oduvaldo tornava-se o primeiro dramaturgo brasileiro encenado na América do Sul, com a peça *Canção da felicidade*. O êxito foi tanto que motivou outros atores (Procópio Ferreira, Jayme Costa, Margarida Max) a organizarem seus grupos, para os quais, aliás, Oduvaldo escreveria textos.

Ele guardava a sete chaves o desejo de fazer cinema. Em fins dos anos 20, os primeiros filmes falados empolgavam o mundo inteiro. Pressentindo que a arte cinematográfica viveria uma revolução, juntou dinheiro e conseguiu um estágio de seis meses em Hollywood. Como previsível, de volta ao Rio de Janeiro precisou arquivar os sonhos de cineasta. Se lá fora o cinema falado ainda não se consolidara, aqui engatinhávamos.

A viagem aos Estados Unidos inspirou o espetáculo *Diz isso cantando*, escrito por Oduvaldo Vianna, com músicas de Ari Barroso, Júlio Cristóbal e Augusto Vasseur, e elenco liderado por Araci Côrtes. A estréia, em fins de julho de 1930, no Teatro Recreio, mereceu boa acolhida da crítica. A idéia era reproduzir, nos palcos brasileiros, o estilo dos musicais a que Oduvaldo assistira na Broadway. O título da peça baseava-se no filme *Say it with a song*, de Lloyd Bacon.

Oduvaldo escreveu a seguir *Feitiço*, montada em agosto de 1932 pela companhia de Procópio Ferreira. Mas foi com *Amor* que ele estourou, em 1934, na inauguração do Teatro Rival, na Cinelândia. A jovem Dulcina de Moraes, comediante de primeira linha, despontava no elenco. *Amor* escondia na sua trama os impasses da vida pessoal do autor. Tal como um dos protagonistas, Oduvaldo enfrentava os ciúmes de Abigail, com quem tivera duas filhas, Marilda e Yeda. Uma situação inesperada contribuiu para mudar radicalmente o seu horizonte existencial: apaixonou-se pela secretária, Deocélia, de vinte anos, que zelosamente datilografava seus originais. O clássico de John Reed sobre a Revolução Bolchevique de 1917, *Os dez dias que abalaram o mundo*, selou a aproximação dos dois. Certa tarde, na balbúrdia do quarto-escritório de Oduvaldo no apartamento da Praça do Lido, no Rio de Janeiro, Deocélia elogiou a obra de Reed e o socialismo. A revelação surpreendeu o teatrólogo, simpatizante do PCB e admirador da União Soviética. A afinidade ideológica cimentou a atração mútua, precisamente quando a crise conjugal com Abigail se confirmava intransponível.

Em 1935, aos 42 anos, separado de Abigail, Oduvaldo casou-se com Deocélia. A lua-de-mel foi em Buenos Aires, onde Oduvaldo, a convite da atriz Paulina Singerman, dirigiu versões de *Amor*, que ficaria um ano em cartaz, e *O homem que nasceu duas vezes*. Com o dinheiro que juntou na temporada argentina, ele retornou ao Brasil determinado a reavivar a velha paixão pelo cinema.

Getúlio Vargas alardeava o seu plano faraônico de viabilizar uma produtora cinematográfica nos moldes da Cinecittà italiana. Na prática, nada fez para concretizar a promessa. Cansado de esperar, Oduvaldo resolveu produzir o filme *Bonequinha de seda* em sociedade com o amigo Oscar Jordão, dono de cinemas em São Paulo, e com Ademar Gonzaga, proprietário da Cinédia. Com as imagens fervilhando na cabeça, Oduvaldo ditou o roteiro para Deocélia, grávida de seis meses. O papel principal estava reservado para Carmen Miranda, porém os mil compromissos no Cassino da Urca e nos programas de rádio obrigaram-na a desistir. Gilda de Abreu assumiu a vaga.

O exigente e metódico Oduvaldo Vianna interrompeu uma única vez as filmagens, para acompanhar, na madrugada do dia 4 de junho de 1936, na Casa de Saúde São José, no Humaitá, o nascimento de Vianinha — um robusto menino de cinco quilos e cem gramas. Na ânsia de reiniciar os trabalhos de *Bonequinha de seda*, Oduvaldo cometeu um equívoco só percebido tempos depois: registrou o filho como Oduvaldo Vianna, achando que, por ser seu filho, automaticamente seria Oduvaldo Vianna Filho. O escrivão não teve raciocínio tão ágil — e pai e filho ficaram com o mesmo nome para o resto da vida.

*

O empurrão para que Vianinha se ligasse à arte dramática foi dado logo aos três meses de idade, quando participou de uma cena de *Bonequinha de seda*. Estreou com pé direito, pois a comédia musical e romântica levaria multidões aos cinemas. Até Getúlio Vargas foi ver. Na edição de 8 de dezembro de 1936, *A Noite* publicou a seguinte declaração do ditador: "Assistindo à *Bonequinha de seda*, sinto-me recompensado pelo esforço que fiz amparando o cinema nacional." Logo quem se dizia prestigiando o cinema brasileiro, o homem que, três anos depois, mandaria o famigerado Departamento de Imprensa e Propaganda (DIP) suprimir das telas a palavra democracia, "ainda mesmo quando empregada isoladamente".

Era sufocante o ambiente do país quando nasceu Vianinha. O governo Vargas promovia, de norte a sul, uma brutal caçada a seus opositores, notadamente os comunistas, que haviam, em novembro de 1935, desencadeado uma malsucedida rebelião para libertar o país do seu "governo de traição nacional". Com ampla base de sustentação no Exército de Góis Monteiro e Eurico Gaspar Dutra, Vargas obteve do Congresso a renovação do estado de guerra. O que lhe permitia rasgar a Constituição de 1934, prender quem bem quisesse, torturar, assassinar e instituir o tenebroso Tribunal de Segurança Nacional, para julgar os insurrectos de 1935. Em suma: um ensaio geral do que viria um ano depois com o golpe do Estado Novo. Luiz Carlos Prestes e sua mulher, Olga Benário, tinham sido capturados após devastadora operação policial no Méier. Porões de navios estavam abarrotados de presos, e nem Lamartine Babo e Noel Rosa conseguiram, com suas marchinhas, animar um carnaval em que as batalhas de confetes haviam sido confinadas aos clubes.

No âmbito internacional, o fascismo expandia-se. Hitler iniciava sua sinistra ascensão na Alemanha. Mussolini reinava na Itália, em meio a uma loucura nacional que deixava a opinião pública anestesiada. Antônio de Oliveira Salazar chefiava desde 1926 o atrabiliário Estado Novo português. E a guerra civil espanhola, lastimavelmente, favorecia as tropas fiéis ao general Francisco Franco.

Tanto quanto a maré fascista, preocupava a Oduvaldo Vianna a contabilidade de *Bonequinha de seda*. O filme custou a fábula de trezentos contos de réis, quantia que daria para comprar uma grande fazenda no interior de São Paulo. O sistema de distribuição era falho, e as empresas exibidoras retinham o grosso da receita. De todo modo, o saldo fora altamente favorável, e uma nova proposta de trabalho estava a caminho. Ademar Gonzaga dispôs-se a financiar integralmente *Alegria*, roteirizado e dirigido por Vianna.

Nas folgas da árdua preparação das filmagens, Oduvaldo e Deocélia levavam Vianinha para passear na orla de Ipanema, pouco habitada. Aos oito meses, ele revelava suas preferências gastronômicas: batia pratos de purê de legumes e quantas mamadeiras lhe dessem. Com um ano, apareceu numa cena representando Alegria quando menina. O projeto, porém, iria por água abaixo. Rodada a primeira parte, Ademar Gonzaga resolveu substituir Gilda de Abreu, para quem o personagem-título havia sido escrito, por Heloísa Helena. Oduvaldo Vianna desentendeu-se com o produtor e acabou recorrendo à Justiça para receber uma indenização. O filme jamais foi terminado. Oduvaldo abandonaria as atividades cinematográficas por muitos anos (em 1949, filmaria *Quase no céu*).

Endividado e tendo de pagar pensão à ex-mulher, Oduvaldo aceitou dirigir, no segundo semestre de 1937, a Escola de Teatro Martins Pena. No discurso de posse, desabafou: "No teatro, tenho sido tudo, humildemente tenho feito tudo; só não fiz fortuna." Décadas depois, o mesmo destino teria Vianinha: premiado por sua dramaturgia, jamais conseguiria viver exclusivamente de escrever.

Nos anos 70, ao comentar as atribulações enfrentadas pelo pai no passado, Vianinha diria: "Meu pai, como todos os artistas de sua época, tinha vida de nababo. O que ganhavam fácil, gastavam fácil. É certo que a insegurança econômica era menor que agora. Não eram todos os artistas que conseguiam papéis nem tampouco os dramaturgos que conseguiam encenar suas peças. Mas, quando encenavam, tinham garantido dinheiro para uma boa temporada de vida fácil. Meu pai chegou a ter mais de 15 cachorros de raça, um vidão."

Fechada a Martins Pena com o advento do Estado Novo, Oduvaldo Vianna pressentiu o endurecimento político. O Supremo Tribunal

Federal ignorara o pedido de *habeas corpus* para impedir que Olga Benário Prestes fosse deportada para a Alemanha nazista. Grávida, ela seria afinal entregue à Gestapo e executada numa câmara de gás, em 1942. Para cultivar seu carisma, Vargas reformulara a legislação trabalhista e acenava com a industrialização.

Oduvaldo respirou aliviado quando, no início de 1938, foi convidado a dirigir um filme na Argentina, baseado em sua peça *O homem que nasceu duas vezes*. A proposta financeira compensava o sacrifício de ficar um período longe de Deocélia e do filho. O contrato previa dois meses de trabalho em Buenos Aires, mas houve atrasos e ele somente regressou em setembro. O filme teve saldo financeiro aquém do esperado, e Oduvaldo recebeu parte do que estabelecia o acordo. O restante seria pago em promissórias. Não contava, todavia, que a produtora falisse antes de quitar a primeira cota.

A falta de perspectiva no Brasil persistia, e não lhe restou outra saída senão ir com a família para Buenos Aires, onde o campo de trabalho era promissor. Enquanto se providenciava a mudança, ficaram hospedados num hotel do Catete. Vianinha, com dois anos e tagarela, arrancava risos dos hóspedes.

— Onde você nasceu? — perguntaram-lhe.

— Na barriga do meu pai! — respondeu, resoluto.

Deocélia tentou explicar-lhe, de algum modo, que ele saíra de sua barriga. E quem seria capaz de convencê-lo disso? Virou-se para a mãe e fulminou:

— Você tem uma barriga muito pequena!

A descoberta da radionovela, que na Argentina conquistara milhares de fãs, modificou a vida de Oduvaldo Vianna. Assim que dominou a fórmula mágica capaz de seduzir os sentimentos do público, tornou-se um novelista requisitado em Buenos Aires.

Vianinha freqüentava o *playground* do edifício onde a família residia, na *calle* Sarandi. E, para certo desapontamento da mãe, aprendeu com rapidez, na convivência com a gurizada, a embaralhar o português que mal conhecia com o espanhol. Com aquele tamanho, falava em portunhol nas brincadeiras e em casa. Enturmado, ele ingressou no "Corpo de Bombeiros" comandado por Guillermo, um garoto de 14 anos. O efetivo somava dois diligentes soldados: Vianinha e Albertito, da mesma idade. Tudo ia muito bem até o dia em que Vianinha apareceu chorando, dizendo-se condenado pelo comandante a trinta anos de cadeia. "Os trinta anos passaram depressa", recordaria Deocélia Vianna em seu livro de memórias, *Companheiros de viagem*. "À tarde, ele já estava fazendo exercícios, salvando dezenas de pessoas dos incêndios imaginários."

A missão como bombeiro resultou na cicatriz da sobrancelha que o acompanharia pelo resto da vida. Pulou de cima da banheira para um socorro urgente. Ao desespero inicial de ver o rosto banhado de sangue, seguiu-se a vaidade pela façanha. Com oito pontos na testa, desfilava com a cabeça enfaixada. A bravura em combate valeu-lhe uma condecoração de herói dada por Guillermo e a promoção a tenente. A medalha no peito de Vianinha era um primor — o pedaço de uma liga de mulher.

Enquanto isso, Oduvaldo Vianna explorava outro filão nas radionovelas, adaptando clássicos do romantismo brasileiro, de José de Alencar e Joaquim Manoel de Macedo. A estada em Buenos Aires transcorria sem problemas, mas em fins de 1940 a mosca azul picou o casal, que se animou a lançar as novelas no Brasil — bastava traduzi-las do castelhano e reeditar a estrutura de produção absorvida na Argentina.

Os Vianna começaram a reconstruir a vida em São Paulo. Oduvaldo ofereceu as novelas escritas em Buenos Aires, mas as respostas das emissoras eram evasivas. Convidado a dirigir a Rádio São Paulo, ele empolgou-se com a possibilidade de levar adiante o projeto. *A predestinada* atraiu milhares de ouvintes logo na primeira semana. "Fui eu quem introduziu a novela de rádio no Brasil. Tenho esse crime de consciência", diria Oduvaldo em depoimento ao Museu da Imagem e do Som do Rio de Janeiro, em 1967.

A predestinada passou a ser apresentada, no mesmo horário (21 horas), simultaneamente no Rio e em São Paulo. O sistema radiofônico não tinha cobertura nacional, nem se interligava em redes. Com isso, a exploração comercial mantinha-se regionalizada, o que permitia que um programa fosse transmitido em outro estado, alterando-se apenas o elenco e, dependendo do caso, o anunciante.

A família Vianna mudou-se para uma casa na rua Jaceguai, centro da capital paulista. O contrato com a Rádio São Paulo rendia a Oduvaldo quatro contos de réis, um salário de executivo que lhe exigia, em troca, dedicação exclusiva.

Vianinha, aos cinco anos e meio, entrou para o pré-primário na Escola Caetano de Campos. Continuava sendo o menino irrequieto e travesso da *calle* Sarandi. Brincava horas a fio com Piloto, um *fox-terrier* arteiro comprado por Oduvaldo. Não poupava de sobressaltos Deocélia — que colaborava com o marido redigindo programas. Outra peripécia narrada pela mãe: Vianinha cismava de imitar Tarzan, saltando numa corda de árvore em árvore. Até o dia em que o cenário foi alterado e ele aventurou-se a pular do corrimão da escada de madeira. Amarrou a corda no pescoço e deu um salto. Seu corpo simplesmente ficou dependurado no ar. A mãe o salvou de morrer como super-herói dos anos 40.

Nas brincadeiras com os primos Mariúsa, Dirceu e Diorandy, filhos de tio Jayr, irmão caçula de Oduvaldo, Vianinha insistia para que suas idéias prevalecessem. "Ele sempre foi muito mimado e queria ser o herói", recorda-se Dirceu Vianna. "Mas, em compensação, não admitia que ninguém provocasse os primos e nos defendia com unhas e dentes."

Uma vez por mês, Oduvaldo Vianna levava Deocélia, Vianinha e os sobrinhos ao Restaurante do Alemão, na rua Líbero Badaró, para comer bife à milanesa com maionese de batata. Depois, esticavam até o Cine Pedro II, no Vale do Anhangabaú, onde havia sempre uma frisa reservada para seis pessoas. Na tela, Tarzan, Chita e desenhos animados de Walt Disney, que ocupavam lugar de destaque na infiltração cultural americana no país.

Em 1943, Oduvaldo transferiu-se para a recém-criada Rádio Panamericana, como sócio minoritário. Recusara boas propostas, atraído pela idéia de dirigir uma emissora com carta branca. O teatro, naquela fase, estava sendo sacudido pela "lufada renovadora da dramaturgia contemporânea" — como o crítico Sábato Magaldi definiu a montagem revolucionária de *Vestido de noiva*, de Nelson Rodrigues. O encenador polonês Zbigniew Ziembinski, exilado no Brasil desde 1941, concebera o espetáculo com requintes da *mise-en-scène* européia.

Atarefado na Panamericana, Oduvaldo acompanhava por Deocélia a alfabetização de Vianinha, a cargo de sua irmã Jandira. Na hora do estudo, o garoto esquecia as bagunças e se compenetrava. Adorava quando os pais liam histórias infantis de Monteiro Lobato e sonhava em ler sozinho. Meses depois, comoveu a família ao escrever, com enormes garranchos, uma mensagem pelo aniversário de Oduvaldo: "Hoje é o aniversário do papai. A lição de hoje é para o papai. Papai é o meu grande amigo. Tudo para mim é o papai. Viva o papai! Viva este dia!"

A primeira manifestação de independência em relação aos pais ocorreu quando a escola os consultou sobre o ensino de religião (disciplina opcional). Materialista ortodoxo, Oduvaldo opôs-se a que Vianinha freqüentasse as aulas. Percebendo que a maioria dos colegas se iniciava no catecismo, e sem entender por que fora afastado da turma, ele bateu pé e acabou impondo a sua vontade. Mas o fervor religioso duraria pouco. Embaralhado, não conseguia decorar os versos de *Creio em Deus Padre*, cantado pelos colegas. E acabou desistindo do aprendizado.

*

A luta pela redemocratização evoluía, embalada pela brisa favorável das vitórias aliadas contra o nazi-fascismo. A essa altura, Getúlio progressivamente tendia para os Estados Unidos, que procuravam se reaproximar da América Latina, de olho especialmente na estratégica costa brasileira, onde poderiam instalar bases para escalas em direção à África. O ditador barganhou seu apoio aos aliados em troca de *know-how* e financiamento para montar o parque siderúrgico, fundamental à industrialização. Atos públicos, greves e a campanha pela anistia dos presos políticos — cada um resistia como podia à ditadura. O maestro Edoardo

Guarnieri, pai do futuro ator e teatrólogo Gianfrancesco Guarnieri, chegava em casa suado dos concertos, trocava de roupa, apanhava pincel e uma lata de tinta e saía à rua para pichar muros contra Getúlio Vargas.

Dirigentes do PCB encontravam-se na casa de Oduvaldo e Deocélia, para discutir a situação nacional, o andamento da guerra e a reorganização do partido após as baixas sofridas com a repressão. A palavra de ordem era "união nacional" em prol do esforço de guerra contra o Eixo.

Os Vianna moravam agora num espaçoso apartamento na rua Epitácio Pessoa. Atento nos estudos, Vianinha tirou de letra o exame de admissão ao ginásio. Aos dez, 11 anos, não perdera o gosto por aventuras. Tanto que um dia enfiou na cabeça que precisava ganhar a vida. Pediu dinheiro emprestado ao pai e comprou tudo o que se usava na casa: gilete, cigarros, desodorante, sabonete, agulha, linha etc. Com tino comercial — que, diga-se de passagem, nunca seria o seu forte quando adulto —, passou a revender os produtos aos pais, primos e até às empregadas. Só que cobrando ágio.

Nos primeiros anos da adolescência, leu, com o primo Landi, toda a obra de Edgar Rice Burroughs sobre Tarzan. Esgotada a safra, inventaram a quatro mãos novas histórias, enchendo cadernos escolares com aventuras do "Rei das Selvas". Vianinha rascunhava pequenas histórias, que dificilmente terminava — como *Zé Galinha ganha no boxe, mas perde no amor*, abandonada no segundo capítulo. O interesse pela ficção não parou aí. Na casa dos primos, havia uma antiga coleção denominada *Biblioteca internacional de obras célebres*. De vez em quando, o elenco formado por Vianinha, Mariúsa, Dirceu, Landi e outra prima, Neide, escolhia um dos volumes e interpretava os textos. "Fazíamos uma espécie de radionovela, sem qualquer orientação e conhecimento", esclarece Diorandy. "Em nossa ignorância, ultrajávamos Shakespeare, Gil Vicente e Molière."

Outra paixão arrebatadora: o futebol. Com os meninos da vizinhança, Vianinha e Landi participavam de vibrantes peladas, na calçada em frente ao edifício. Vianinha não sabia perder e, conforme Diorandy, inventava mil e uma desculpas para inverter os resultados desfavoráveis. As regras variavam sempre a seu favor, de acordo com o andamento das partidas. Não foram poucas as encrencas em que se meteu com a molecada. Quando algum menino discutia e queria brigar, ele não conversava: chamava o primo mais velho para defendê-lo. "Apanhei e bati muito por causa dele", relembra Diorandy.

Aos domingos, os primos, são-paulinos roxos, não perdiam os jogos do seu clube. Graças ao prestígio de Oduvaldo Vianna, assistiam às partidas na tribuna de honra do Pacaembu. Guardavam na ponta da língua a escalação do São Paulo: King, Piolim e Virgílio; Bauer, Ruy e Noronha; Luisinho, Sastre, Leônidas, Remo e Pardal. Transportavam as características dos jogadores para os times de botões, comprados em armarinhos ou arrancados das roupas dos armários. "Não é difícil imaginar a raiva dos pais de Vianinha na hora em que iam usar as suas roupas. Lógico, explodiam em broncas", lembra Diorandy.

Vianinha e Landi canalizavam energias para os domingos, quando acordavam cedo, iam à sessão matinal do Cine Metro, almoçavam com Oduvaldo e Deocélia e, contrariados, tiravam uma interminável sesta de duas horas. Landi, que lambia os beiços com os pratos preparados por Deocélia, tinha sua cota de sacrifício para usufruir aquelas delícias: a tia obrigava-o a tomar cálcio e leite como exemplo para o primo. Rebelde, Vianinha se recusava a ingerir o remédio; se insistissem, aprontava um escarcéu. Deocélia teve um estalo que resolveria o problema daí por diante. Enchia a colher de cálcio (às vezes substituído pelo pavoroso óleo de fígado de bacalhau) e dava a Landi, seguida de um copo de leite. Tiro e queda: Vianinha acabava aceitando o remédio. Diorandy desconfia de que o primo fazia isso de propósito, para que partilhasse de seu martírio.

No ginásio, Vianinha mostrou-se um aluno aplicado, a ponto de ganhar medalha por não ter faltado durante o ano letivo. Levantava cedo e enfrentava a névoa úmida na caminhada até a escola. Em casa, todavia, não perdia oportunidade de testar extravagâncias. Ninguém conseguiu demovê-lo da decisão de fumar. O pai armou-lhe uma cilada:

deu-lhe de presente um cachimbo. Foi uma vez só para nunca mais. Poucas tragadas bastaram para que ele passasse três ou quatro dias com fortes enjôos.

Vianinha ia com os pais às festas que arrecadavam fundos para o PCB. Oduvaldo devotava-se como nunca à militância. Foi ele, por exemplo, que atraiu para as fileiras comunistas o jovem dramaturgo baiano Dias Gomes, de vinte anos, cuja peça de estréia, *Pé de cabra*, montada por Procópio Ferreira no Rio, lhe agradara. Convidado a trabalhar na Panamericana, Dias aceitou de pronto. As células estavam sendo reestruturadas e, com o estímulo de Oduvaldo, ele filiou-se ao PCB. Daí por diante, Dias passou a ser tratado de modo paternal e afetuoso por Oduvaldo, tido na Panamericana como um chefe autoritário.

Oduvaldo interferiu na formação política de outro futuro homem de televisão. Walter Avancini diz que se definiu ideologicamente no convívio com os Vianna, com Walter George Durst e Túlio de Lemos, todos comunistas. "Eu me orgulho muito dessa influência ideológica, porque a partir disso passei a ter uma preocupação social, e com a identidade brasileira", diz Avancini.

Apesar da programação inovadora, a Rádio Panamericana acumulava dívidas. No segundo semestre de 1944, Oduvaldo vendeu suas cotas e transferiu-se para o império de Assis Chateaubriand, assinando contrato para dirigir a Rádio Difusora (atual Tupi). O ano seguinte reservaria a perspectiva de eleições e liberdade, com a queda de Getúlio. O PCB insistiu para que Oduvaldo disputasse uma cadeira na Assembléia Legislativa, reforçando a lista de personalidades que atrairiam votos para a legenda. E foi aí, como vimos, que Vianinha se iniciou como cabo eleitoral.

Nos pleitos de 1945 e 1947, o PCB apresentou-se livremente ao eleitorado. As atividades de massas, a reorganização das bases e o perfil combativo resultaram em formidável patrimônio de votos. O partido elegeu um senador pelo Distrito Federal (Prestes), 14 deputados federais e 46 deputados estaduais que concorreram em 1947 por outras legendas. Conquistou maioria nas Câmaras Municipais do Rio,

Jaboatão (Pernambuco), Santo André, Santos e Sorocaba (São Paulo). Com 200 mil filiados, tinha oito jornais diários, revistas, editoras e entidades culturais.

A ascensão do PCB coincidiu com o aguçamento da guerra fria entre os Estados Unidos e a União Soviética. O crescimento do eleitorado comunista apavorava a direita, que tinha no presidente Eurico Gaspar Dutra um lídimo representante. Uma bem-articulada campanha de desinformação confundiu a opinião pública a respeito dos vínculos dos marxistas brasileiros com a União Soviética e levou o Tribunal Superior Eleitoral a suspender o registro do PCB, em maio de 1947, e a cassar os mandatos de seus parlamentares, em janeiro de 1948. A União da Juventude Comunista foi declarada ilegal, sedes do PCB fechadas, 143 sindicatos colocados sob intervenção e jornais comunistas empastelados à luz do dia.

A onda repressiva não esmoreceu a militância dos Vianna, que corriam abaixo-assinados contra o endurecimento do regime. Repetindo o que sucedera durante o Estado Novo, a casa deles servia de abrigo para reuniões clandestinas — o que exigia a cumplicidade de Vianinha com personagens misteriosos que se comunicavam por senhas e mal podiam ser vistos. Com o tempo, ele iria afeiçoar-se aos dirigentes mais próximos de Oduvaldo, como Agildo Barata, Armênio Guedes, Joaquim Câmara Ferreira e José Maria Crispim. Nos instantes de descontração, demonstrava curiosidade com a vida turbulenta daqueles homens, e não se cansava de ouvir histórias de escaramuças com a Polícia e de batalhas vencidas pela causa socialista.

Dessa convivência, ficariam como herança a admiração pelo passado dos combatentes nas lutas populares e o desejo de compreender melhor por que travavam aquele corpo-a-corpo em nome de seus ideais. A percepção do universo político, iniciada aos nove anos, ganhava formas mais nítidas. Mas, frisaria Deocélia em suas memórias, não se educava o filho para catequizá-lo com ensinamentos marxistas: "Vianinha leu gibi quando quis e leu Marx quando quis." Seja como for, ele próprio se encarregaria de inventariar aqueles anos, ao dedicar em 1974 a sua peça *Rasga coração* à "velha guarda, geração que me antecedeu, que foi a que politizou em profundidade a consciência do país. Acho que os conheci muito bem; minha infância e adolescência, passei-as vendo-os em minha casa, onde meus pais os homiziavam diante da perseguição da Polícia de Filinto, Adhemar, Dutra."

Motivado pela ambiência familiar, Vianinha participou de atividades do grêmio estudantil, etapa intermediária à sua filiação ao PCB. Iniciava-se a campanha pelo monopólio estatal do petróleo, congregando associações de classe e partidos políticos. Oduvaldo e Deocélia integraram-se ao movimento, que denunciava o risco de os trustes (como se rotulavam as multinacionais) abocanharem a exploração e a comercialização do produto. O filho acompanhou-os a comícios, alguns dos quais interrompidos pela cavalaria da Força Pública, habitualmente recebida por bolinhas de gude, rolhas e pedras. Sem ter exata noção, Vianinha começava a acumular experiência para os embates que, vida afora, travaria com a repressão.

O PALCO COMO MISSÃO

Desde 1944, Assis Chateaubriand acalentava a idéia de trazer a televisão para o Brasil. Em Nova York, ao visitar o estúdio da NBC, ele conhecera a nova tecnologia de produção e transmissão audiovisual. Reuniu um grupo de empresários paulistas e pediu-lhes apoio, com argumentos insofismáveis: "Terminada a guerra, vou importar aquela tecnologia e instalar uma estação de televisão no Brasil. (...) Os nossos inimigos que se preparem: se só com rádios e jornais os Associados já tiram o sono deles, imaginem quando tivermos na mão um instrumento mágico como a televisão!"

Cinco anos depois, com o projeto da TV em estágio avançado, Chateaubriand resolveu investir, paralelamente, na produção de filmes. Houve quem estranhasse a decisão, mas ele logo se justificou: era uma espécie de laboratório de criação para a aventura de fazer televisão no Brasil. Designou Oduvaldo Vianna para dirigir um curta-metragem, de vinte minutos, sobre os bastidores da Rádio Tupi. Rodado no Sumaré, *Chuva de estrelas* foi exibido apenas em circuito fechado. Os Associados co-patrocinaram o filme *Quase no céu*, com Lia Aguiar e Antônio Carrilo nos papéis principais. Duas "participações especiais": Vianinha, numa cena de atropelamento, em que estavam envolvidos outros meninos, entre os quais o futuro maestro Erlon Chaves e Walter Avancini; e Landi, como mensageiro, entregando uma carta à personagem de Lia de Aguiar. Para decepção geral, a fita não emplacou.

Enquanto aguardava as conclusões do estudo mercadológico sobre a viabilidade da televisão no Brasil, Assis Chateaubriand confiou a Oduvaldo Vianna a direção de outro longa-metragem de ficção, ambientado em Volta Redonda, que sediava a Companhia Siderúrgica Nacional. Nos bastidores dos Associados, comentava-se que Chateaubriand ainda hesitava entre TV e cinema. Oduvaldo convocou quatro colaboradores: o produtor Túlio de Lemos, o redator Walter George Durst, o cinegrafista Jorge Kurkjian e... Vianinha! "Foi uma grande viagem, um desbravamento", relembraria Durst décadas depois. A equipe foi de automóvel, com chofer contratado por Oduvaldo. Vianinha, 12 anos, saboreou uma chance e tanto: conhecer a Via Dutra, num percurso de horas. Durante a semana passada em Volta Redonda, fizeram tomadas, escolheram locações, inteiraram-se do cotidiano da cidade. Vianinha sempre ao lado do pai, com uma disposição invulgar.

Finda a odisséia, Oduvaldo apresentou os planos detalhados do filme, que se chamaria *Morte em Volta Redonda* e se basearia no caso real de um operário que sumiu na fornalha do aço. Mas Chateaubriand não se interessou em levá-lo adiante. O sonho de implantar a televisão estava a um passo de virar realidade. Ele acabara de entregar à RCA Victor US$ 500 mil correspondentes à primeira prestação da compra de trinta toneladas de equipamentos, no valor total de US$ 5 milhões. Não demoraria para o Brasil dispor da quarta estação de televisão do mundo e primeira da América Latina.

No agitado ano de 1950, em que a TV entrou no ar e a maioria esmagadora dos eleitores votou em Getúlio Vargas para Presidente da República, Vianinha ingressou na União da Juventude Comunista (UJC). Tinha acabado de completar 14 anos. O PCB vivia um momento conturbado. Perseguido pelo governo Dutra, o partido radicalizou sua linha política no Manifesto de Agosto, abandonando a plataforma de frente democrática para pregar a luta armada. A orientação dogmática levou os comunistas a pregarem o voto em branco na eleição presidencial. Grave erro estratégico: muitos militantes desligaram-se da organização, que se isolou das massas.

Vianinha, logicamente, não tinha condições de avaliar o que tudo isso representava. Nada seria capaz de reduzir o seu entusiasmo pelas novas tarefas. Afinal, ele dera um passo à frente, guiado não apenas pela fidelidade dos pais ao PCB, mas também pelas fantasias que os relatos dos velhos comunistas despertavam. Logo estaria lendo os livros de iniciação marxista e ajudando a editar o jornal da Juventude Comunista.

A UJC buscava hegemonizar as entidades estudantis, apesar do reduzido número de ativistas. A União Paulista dos Estudantes Secundaristas (Upes) fazia barulho contra os acordos militares Brasil-Estados Unidos e a guerra da Coréia, e empenhava-se na campanha do "Petróleo é nosso". A União Nacional dos Estudantes desde 1949 caíra em mãos de tendências direitistas, mas, por dispositivos estatutários nacionalistas, participava das manifestações pelo monopólio estatal do petróleo.

Vianinha não atuava diretamente na Upes, mas colaborava em iniciativas conjuntas. Alto, magro e com gás para muitas horas de trabalho, trouxe de sua primeira reunião política um emblema com a foice e o martelo.

— Esse emblema os nazistas colocavam no peito daqueles que iam fuzilar — disse à mãe.

— Não podiam ter-lhe contado uma historinha mais agradável em sua estréia como militante? — ironizou Deocélia.

O apartamento da Epitácio Pessoa era disputado para reuniões partidárias. Desde a posse de Getúlio, a repressão fora atenuada, mas os comunistas, em franca oposição, permaneciam na ilegalidade. Oduvaldo eventualmente recebia intelectuais; dirigentes do Comitê Estadual, na falta de local mais apropriado, recorriam ao "aparelho" disfarçado; e agora Vianinha realizava discussões com a trupe em seu quarto. Segundo Deocélia, houve dia em que a casa "engarrafou", com todos os cômodos ocupados. Os membros do Comitê Estadual, liderados por Agildo Barata, tiveram de se contentar com a cozinha, onde ficaram horas de pé, pois não havia cadeiras nem bancos disponíveis. No Brasil da guerra fria, não deixava de ser romântico tantos revolucionários por metro quadrado.

O dia-a-dia a serviço do PCB não perturbou os estudos de Vianinha. Bom aluno, concluiu o curso colegial no Mackenzie. A família gozava de confortável situação financeira. Deocélia e Oduvaldo, além dos salários, recebiam direitos autorais pela venda de novelas a emissoras de todo o país. A televisão, em meados da década de 1950, era vista com desconfiança pelos grandes anunciantes, que ainda priorizavam o rádio.

Vianinha preenchia o tempo que lhe sobrava se divertindo com a turma de amigos. Nos bailinhos, namoravam, discutiam futebol e às vezes falavam de política. Uma das curtições favoritas dos adolescentes era entrar de penetra em festas de 15 anos. Com pouco dinheiro no bolso e atraídos pelas músicas das eletrolas de 78 rotações, descobriam logo a casa ou edifício onde aconteciam os bailinhos. Rondavam o local com discrição, aproveitavam a aglomeração e entravam de fininho. O grupo de Vianinha não constituiu exceção.

Numa dessas incursões de sábado à noite, foram parar na festa no modesto apartamento do casal Noé e Rachel Gertel, na rua Adino Bueno, em Campos Elíseos. Motivo da comemoração: os 15 anos da filha Vera. Rapazes e moças mais atirados dançavam com rostos colados; nos intervalos, goles de cuba libre, a bebida da moda. Duas tradições de qualquer bailinho da época: não duravam mais que algumas horas e não tinham a menor graça sem os discos de Ray Conniff e sua orquestra. A hegemonia dos valores culturais americanos, no pós-guerra, materializava-se, musicalmente, nas coleções de LPs e compactos dos roqueiros de primeira geração, como Chuck Berry, Chubby Checker, Jerry Lee Lewis, Little Richard e Elvis Presley.

Ao pisar na sala, Vianinha notou que em cima do piano havia um quadro com a foto de Luiz Carlos Prestes. Apesar de penetra, sentiu-se em casa — um reduto de comunistas! De fato, Noé e Rachel militavam no PCB e, como Oduvaldo e Deocélia, cultuavam Prestes. Após a rebelião de 1935, Noé fora preso e condenado pelo abjeto Tribunal de Segurança Nacional a nove anos de cadeia. Vera tivera uma infância distante do pai e crescera num ambiente familiar semelhante ao de Vianinha.

Ele não tirou os olhos da aniversariante. Quando conseguiu um jeito de aproximar-se dela, fez uma pergunta à queima-roupa, e no mínimo estranha para uma festa de 15 anos:

— Você é da Upes?

Surpresa, Vera respondeu:

— Não, não sou. Mas estou ligada à Juventude Comunista. Mas por que você está me perguntando isso?

— Porque vi a foto do Prestes — explicou Vianinha.

Naquela noite, muito solicitada pelos convidados, Vera não se recorda se dançou ou não com Vianinha. O certo é que voltaram a se ver, iniciando um namoro que duraria cinco anos e que aproximaria as duas famílias, inclusive pelas afinidades ideológicas.

Tudo era motivo para estarem juntos. Compareceram ao Congresso da Upes, com delegados de todo o estado. Vera foi eleita vice-presidente na chapa de que participava Gianfrancesco Guarnieri. Na prática, Guarnieri era um estudante profissional. Fazia parte de uma turma de militantes que, propositalmente, marcava passo nos colégios. "Não podíamos nos formar porque não havia quadros para tocar o movimento secundarista", esclarece ele. "A gente queria agir, a cabeça vinha depois. Uma compulsão mesmo. O movimento estudantil era um caminho que satisfazia à mocidade. O cara não sabia exatamente por que estava lá, mas desejava atuar no processo."

Aos 17 anos, Vianinha encheu os pais de orgulho ao ser aprovado em terceiro lugar, entre 185 candidatos, no vestibular de arquitetura da Universidade Mackenzie. A escolha do curso intrigou os amigos, que apostavam todas as fichas em letras ou ciências sociais. Segundo o primo Diorandy, a opção deveu-se à inclinação de Vianinha para o desenho, evidenciada durante o colegial.

Naquele primeiro semestre de 1954, já se questionava no PCB a linha esquerdista do Manifesto de Agosto. Militantes enraizados no movimento operário voltaram aos sindicatos. Mas a maioria — inclusive a direção da UJC, à qual Vianinha se vinculava — permanecia fiel ao antigetulismo.

Passados os primeiros meses, Vianinha percebeu que a arquitetura não o seduzia. Poucas pessoas, além dos pais, chegaram a ver seus trabalhos acadêmicos. Uma delas foi Sérgio Rosa, futuro ator do Teatro de Arena, que namorava Mariúsa, sobrinha dos Vianna: "Ele nunca comentava sobre a faculdade conosco. Certa vez, encontrei na casa dele desenhos muito bonitos, projetos, enfim, coisas surpreendentes."

Continuava assistindo às aulas na Mackenzie e estudando para os exames, mas a Vera Gertel confessou que ele gostava mesmo era de escrever, como os pais. "Acho que ele passava por um problema de afirmação", opina Vera. "Fazia arquitetura, mas não estava se encontrando, uma coisa massacrante para um jovem sem vocação para aquilo." Vianinha lhe mostrara alguns textos, pequenas histórias datilografadas. "É possível que ainda o inibisse o prestígio do pai como novelista e homem de teatro", especula Vera.

Foi uma fase difícil para o namoro, com algumas brigas e um Vianinha angustiado e hesitante. "Ele ao mesmo tempo tinha um lado simpático, brincalhão, pulando, gozando e tal, e de repente, quando ficava sozinho comigo, mostrava um outro lado, torturado e triste", recorda Vera Gertel.

No ensaio "Alienação e irresponsabilidade", escrito em 1960, Vianinha reprovaria seu comportamento no final da adolescência: "Eu ia a festas e bailinhos, fazia o galã torturado e intelectual, o jovem irado contra o mundo porco. Ator de algumas qualidades, conseguia impressionar as cidadãs incautas e ávidas de novidade. Isto me bastava. O interesse despertado era o único objetivo. A irresponsabilidade total, a facilidade de afirmação pessoal, o encanto individual que eu produzia com o jogo baixo do mistério e do vigarismo. Fundamentalmente, havia a reprodução, em termos de papelão, do herói torturado que carregava a verdade total — que nem mesmo ele podia inteligir; só podia carregá-la e sofrê-la. Um Van Gogh tomando coca-cola e dançando *rock'n roll*."

*

O segundo semestre de 1954 iniciou-se com o impacto do suicídio de Getúlio Vargas, em 24 de agosto. Multidões tomaram as ruas. A embaixada e empresas americanas sediadas no Rio foram depredadas, numa demonstração de que a mensagem antiimperialista da carta-testamento de Vargas sensibilizara a população. Os comunistas, levados de roldão, uniram-se à reação popular contra as forças reacionárias que empurraram o presidente da República ao desenlace fatal. Reflexo da nova conjuntura, o IV Congresso do PCB, realizado em novembro de 1954, alterou a linha programática, considerando um "dever patriótico" a unidade com os trabalhistas getulistas, até então tratados como inimigos. O quadro internacional, em certo sentido, favorecia essa revisão, já que, desde a morte de Stalin em 1953, a União Soviética promovia uma gradual distensão com o mundo ocidental.

As manifestações por ocasião da morte de Getúlio encheram de inveja a Juventude Comunista. O momento era propício para aproveitar o potencial de mobilização das massas e conscientizá-las. Apesar de participar de panfletagens e assembléias estudantis, grande parte dos jovens comunistas queria se ligar mais aos movimentos sociais. "Chegamos à conclusão de que era preciso superar aquela coisa elitista e fechada em que tinha se transformado o movimento estudantil", conta Guarnieri. "Apesar de o discurso não ser elitista, a prática o era. Queríamos abrir o movimento, dar-lhe um sentido muito maior. Era hora de deixar aquela história de palavra de ordem e partir para uma coisa mais concreta e palpável. A gente começava a vislumbrar o mundo e as coisas."

Como colocar em ordem esse turbilhão de idéias de uma hora para outra? A resposta não tardou. Filhos de intelectuais comunistas de renome, Vianinha e Guarnieri — que até então não se conheciam pessoalmente — foram convocados pelo partido a organizar um grupo de teatro amador, capaz de ajudar a formar novos quadros no setor estudantil. A cúpula, na verdade, estava de olho no crescimento do movimento secundarista, no qual despontava forte oposição ao PCB.

Foi um autêntico "abre-te sésamo" para Vianinha e Guarnieri. A rigor, eles nem sequer desconfiavam do que fosse a atividade teatral. Guarnieri tinha vagas noções de história do teatro. E Vianinha, pelas histórias que o pai lhe transmitia, se informara superficialmente sobre a dramaturgia brasileira dos anos 30 e do começo do século. Mas eles não pensaram duas vezes: a efervescência política convidava à ação, a dar vazão ao sonho de fazer alguma coisa para mudar o país. "O teatro, embora fosse para um público de elite, de uma determinada camada social, era uma expressão moderna. E, no nosso entusiasmo, o víamos como um meio de discutir os problemas sociais, de chegar às massas", explica Guarnieri.

Impiedoso consigo mesmo, Vianinha diluiu, no texto escrito em 1960, o componente político-ideológico que o levara de fato ao teatro: "Acredito que minha entrada para o teatro seja justificada primariamente — e por enquanto — pela necessidade de fuga da realidade. Acredito que isto aconteceu à maioria de nós. A realidade sufocante que se vive lá fora — de selos, firmas reconhecidas, de filas, pontos, extras, achaques, defesa dos interesses imediatistas, os pistolões, o mundo incontrolável e caótico — deixada longe com o teatro. (...) É característica em todo o meio artístico a repulsa pelos problemas da realidade. Os artistas criam uma outra realidade... e transformam as suas verdades em motor social de primeira importância."

Vianinha revelou que, aos 18 anos, se impressionara com a leitura da peça *Queixa contra o desconhecido*, do dramaturgo francês Georges Neveux, a quem culpava por ter assimilado atitudes individualistas e alienadas. Neveux, a seu ver, era muito mais niilista do que revolucionário diante das injustiças e das adversidades. Em vez de agir, apenas lamentava. Mas na época — imerso nos conflitos típicos do fim da adolescência — se deixara atrair pela ira de Neveux contra o mundo. "Georges Neveux me correspondia, me completava. Georges Neveux fazia sua queixa violenta contra o desconhecido — como capitalização individual. Georges Neveux, como eu, também se fazia de revolucionário."

Uma das primeiras missões de Vianinha e Guarnieri foi programar as atividades de lazer dos participantes do Festival Internacional da Juventude, que se realizaria em São Paulo. No Teatro Brasileiro de Comédia (TBC), conseguiram ingressos de graça para as delegações. Nas idas e vindas ao TBC, maravilharam-se com a encenação de *O canto da cotovia*, de Jean Anouilh. Convenceram-se de que a arte teatral era realmente um poderoso instrumento de organização e de conscientização. Mas o esforço não teve retorno imediato: o festival acabou proibido pela Polícia.

O grupo de teatro amador estava a meio caminho. Coube a Vianinha quebrar a relutância de Vera Gertel em aderir.

— Não vou entrar porque não quero ser atriz.

— Vai entrar, sim senhora. É tarefa — impôs o namorado.

Mal sabia Vera que nunca concretizaria o sonho de estudar medicina. Em breve, os três subiriam ao palco não somente para cumprir uma obrigação partidária, mas também para redirecionar as próprias vidas.

A curiosidade da geração de Vianinha pelo teatro tinha razão de ser. Desde 1948, a arte cênica brasileira ingressara na era do profissionalismo, com a criação do Teatro Brasileiro de Comédia. O TBC revolucionaria a concepção de espetáculo e as relações de produção. O italiano Franco Zampari, diretor de dez empresas do conglomerado Matarazzo e radicado no país desde a juventude, colocou sua experiência nos negócios a serviço da definição de bases empresariais para o teatro. Até então, tratava-se de uma atividade restrita em São Paulo, visto que as grandes companhias se concentravam no Rio e faziam meteóricas temporadas por outras capitais.

A expansão cosmopolita de São Paulo, na avaliação de Zampari e seus sócios, permitia que o teatro se estruturasse em moldes avançados, com a montagem de textos clássicos, alternados com comédias de apelo comercial. Outro vértice de sustentação veio de fora: foram contratados quatro diretores italianos de prestígio na Europa — Adolfo Celi, Luciano Salce, Flamínio Bollini Cerri e Ruggero Jacobbi — e dois criativos cenógrafos — Gianni Ratto e Aldo Calvo — para comandar a renovação estética. Mais tarde, um quinto encenador italiano, Alberto D'Aversa, juntou-se ao TBC.

O repertório eclético satisfazia a todos os gostos: Tennessee Williams, Jean-Paul Sartre, Luigi Pirandello, Bernard Shaw, Arthur Miller, Jean

Anouilh, Máximo Gorki, Strindberg, Goldoni, Noel Coward, Sófocles, Verneuil e Oscar Wilde. A audiência cativa ampliou-se, apesar do preço salgado dos ingressos. A burguesia adquiria o hábito de ir ao teatro — e agora não apenas para ver um ator famoso exibir-se, mas também despertada pela continuidade de espetáculos refinados. Sem falar que os atores recrutados pelo TBC experimentavam novas vivências no palco. Os ensaios comandados pelo incansável Adolfo Celi estendiam-se por oito, nove horas diárias.

A fundação do TBC, de resto, enquadrou-se no *boom* de iniciativas de cunho cultural na cidade de São Paulo, em fins dos anos 40 e início dos 50. Com o crescimento urbano-industrial e a acumulação de capital decorrente do industrialismo, a burguesia paulista passou a investir na nascente indústria cultural, cimentando os alicerces do processo de hegemonização do mercado de bens simbólicos. Entre as iniciativas, destacaram-se a Companhia Cinematográfica Vera Cruz, o Museu de Arte de São Paulo (1947), o Museu de Arte Moderna (1948) e a Bienal de Artes Plásticas (1951), sem falar no advento da TV (1950 em São Paulo e 1951 no Rio) e na penetração do rádio, com seus 2,5 milhões de aparelhos pelo país. O panorama teatral se enriqueceria com os patrocínios privados e públicos às turnês de grandes companhias internacionais (Madeleine Renaud e Jean-Louis Barrault, Comédie Française, Teatro Nacional Popular, de Jean Villar, e Piccolo Teatro de Milão, entre outras). O Brasil tomava contato com o que havia de mais moderno em matéria de representação e dramaturgia.

Não foi somente o TBC que virou a cabeça de jovens como Vianinha e Guarnieri. A Escola de Arte Dramática de São Paulo, criada em 1948 por Alfredo Mesquita, impulsionou a formação de atores, com um time de professores da melhor qualidade, como Mesquita, Décio de Almeida Prado, Cacilda Becker e Paulo Mendonça. Ali, os alunos encenavam Bertolt Brecht, Ionesco e Samuel Beckett. No caso de Brecht, era a segunda vez que um grupo amador o representava no país — a primeira fora em 1945, também em São Paulo, com *Terror e miséria do III Reich*, libelo antinazista.

No início de 1955, o TBC sentia os efeitos de uma crise interna. Não obstante a indiscutível evolução artística, os custos de suas sofisticadas montagens e as crescentes dificuldades para contentar com bons papéis um elenco de estrelas inviabilizavam qualquer projeção de longo prazo. Daquele ano até 1959, vários atores se desligaram para formar suas companhias, como as de Maria Della Costa-Sandro Poloni, Sérgio Cardoso e Nydia Lícia, Tônia Carrero-Adolfo Celi-Paulo Autran, Cacilda Becker e o Teatro dos Sete (liderado por Fernanda Montenegro, Fernando Torres e Sérgio Britto).

O TBC fascinava os jovens atores pela oportunidade de carreira que oferecia. É verdade que incomodavam aos mais politizados o compromisso ideológico nitidamente burguês, a reverência aos padrões culturais europeus e a absoluta supremacia da *mise-en-scène* sobre o conteúdo das peças.

Nos anos 70, repensando aquele período, Vianinha diria que a sua geração respeitava o TBC, mas se distanciava dele à medida que ansiava por se expressar politicamente através do teatro, sem maiores preocupações com o lado estético. "A juventude que chegava ao teatro estava marcada pelas lutas nacionalistas, pela radicalização ideológica, pela percepção da política como atividade que todos praticavam, conscientes ou não. E era isto que queriam trazer para o teatro."

Em encontros que antecederam a criação do Teatro Paulista dos Estudantes, estabeleceu-se um consenso: a atividade teatral seria basicamente um meio de organizar o meio estudantil em torno de um trabalho artístico direcionado para o público mais amplo possível. Apresentariam espetáculos em diretórios estudantis, sindicatos, praças públicas, portas de fábricas e clubes. Em suma: "chegar às massas", como cansavam de repetir nas reuniões partidárias.

A primeira sede do TPE acabou sendo o apartamento dos Vianna, onde se reunia o núcleo integrado por Vianinha, Guarnieri, Pedro Paulo Uzeda Moreira, Henrique Libermann e Raimundo Duprat. Os impressos do TPE traziam o endereço da família: rua Epitácio Pessoa 122, apartamento 12. Oduvaldo e Deocélia deram força ao filho, mas insistiram para que ele concluísse o curso de arquitetura. A advertência caiu no vazio. Reiniciadas as aulas na Mackenzie, em março de 1955, Vianinha estava mais distante que nunca da arquitetura.

O esforço para viabilizar o TPE não conhecia limites. "Éramos uns tremendos pés-de-boi", recorda Guarnieri. "Se tinha algo a fazer, lá íamos nós, e com isso nossa ligação se aprofundou muito." Quase diariamente Vianinha e Guarnieri estavam juntos. No apartamento da Epitácio Pessoa, havia uma atração adicional: um aparelho de televisão, privilégio de poucos — a indústria eletrônica tinha capacidade instalada para fabricar apenas 20 mil unidades. Freqüentavam bares populares no centro da cidade, mas não podiam gastar muito, porque eram sustentados pelos pais. Com casa e comida de graça, sobreviviam com pouquíssimo dinheiro — o partido não lhes dava um centavo sequer.

Oduvaldo e Deocélia, envolvidos com as atividades no rádio, muitas vezes deixavam a casa nas mãos dos rapazes. "Nós levávamos uma vida verdadeiramente universitária, como se o apartamento do Vianinha fosse uma república de estudantes", comenta Guarnieri. Certa vez, Henrique Libermann, o Henricão, que tinha o hábito de cochilar, arrancou boas gargalhadas dos companheiros. Recostado no sofá, adormeceu. Vianinha o acordou e perguntou:

— Rapaz, que horas são no seu pé?

Sonolento, Henricão despertou e pegou o pé para consultar os ponteiros.

Quando Oduvaldo e Deocélia viajavam nos fins de semana, os rapazes aproveitavam para namorar lá. Numa noite, Guarnieri e outros amigos levaram prostitutas até o apartamento — coisa que jamais haviam feito. Vianinha surpreendeu-os ao dizer que não estava disposto à farra.

— Fiquem aí que eu tenho coisa mais importante a fazer.

E pôs-se a escrever cartas de amor para Vera Gertel, enquanto todos se fartavam. Vianinha teve de agüentar depois as gozações. Não sabia o que tinha perdido, fora uma noitada e tanto. A vingança veio a galope. Passados alguns dias, os companheiros se desesperaram: tinham contraído doença venérea.

*

De tanto passar pela rua Teodoro Bayma a caminho da casa de Vianinha, que ficava na esquina com Epitácio Pessoa, Gianfrancesco Guarnieri custou a perceber os dois rapazes pintando a garagem do número 94, onde funcionaria o Teatro de Arena. Mas na manhã úmida ele foi atraído pelo forte cheiro de tinta. "Olhei aquilo, achei bonito e tive a intuição de que um dia iríamos trabalhar ali", lembra. Os pintores chamavam-se José Renato e Geraldo Matheus, diplomados em teatro na primeira turma da Escola de Arte Dramática. Ao lado de Sérgio Sampaio e Emílio Fontana, eles fundaram, em 1953, a companhia, aproveitando os fundamentos teóricos do teatro de arena que Renato aprendera em leituras na EAD, desdobradas numa encenação de *O demorado adeus*, de Tennessee Williams. A disposição da arena — os atores no centro do palco, rodeados pelos espectadores — fora experimentada com êxito nos Estados Unidos e trazia como vantagem o barateamento da montagem.

O Arena estreou em 11 de abril de 1953, com *Esta noite é nossa*, de Stafford Dickens, ocupando improvisadamente uma das salas de exposições do Museu de Arte Moderna de São Paulo. O repertório inspirava-se no TBC: peças clássicas, representadas por elenco iniciante. Pesava o medo de ousar. Na falta de um local adequado, o grupo exibia-se em fábricas, escolas e clubes. No começo de 1955, o Arena conseguiu alugar a garagem na Teodoro Bayma, onde funcionara um empoeirado armazém. A adaptação para o espaço cênico não exigia maiores investimentos. Bastavam uma boa pintura na fachada e nas paredes e um empréstimo bancário para comprar a madeira das arquibancadas. No pequeno palco, de 4,5m por 5,5m, cabiam de 12 a 15 atores; e na platéia, 163 espectadores.

José Renato e Geraldo Matheus empenhavam-se para garantir a inauguração do teatro em 1º de fevereiro, com *A rosa-dos-ventos*, de Claude Spaack. A programação incluía, em sistema de rodízio, *Esta noite é nossa* e *Uma mulher e três palhaços*, de Marcel Achard (aos sábados e domingos). Uma fórmula inadequada: o público ficava baratinado com o troca-troca de espetáculos.

Escrevendo em 1959 sobre os primórdios do Teatro de Arena, Vianinha criticaria a orientação predominante na fase anterior à fusão com o TPE: "O Arena era um teatro como outro qualquer — talvez a única diferença fosse a de que era um teatro pior do que os outros. Um repertório comercial, feito por atores pouco expressivos, e principalmente pouco preocupados com tudo — inclusive com o teatro, que era um passatempo entre famílias."

Reconheceria, entretanto, uma diferença em relação ao teatro comercial: no Arena, respeitava-se o trabalho em equipe. "As próprias condições financeiras do teatrinho auxiliavam uma organização desse tipo — onde poderia haver um livre debate. Só não havia debate porque ninguém tinha nada para dizer. Perguntavam as horas um ao outro, no máximo. E daí, à primeira vista, não sai debate."

Paralelamente ao Arena, as articulações do TPE avançavam. Vianinha e Guarnieri entrosaram-se com Ruggero Jacobbi. O mais comprometido politicamente dos encenadores contratados pelo TBC, Ruggero pensava em agrupar estudantes numa proposta de discussão dos problemas sociais através do teatro. Aproximara-se da área estudantil durante um curso que ministrara por ocasião dos festejos do Quarto Centenário da cidade. Motivado pela convergência de idéias, colaborou decisivamente com o projeto do TPE. "O Ruggero tinha uma cabeça fantástica, com grande sensibilidade política", recorda Guarnieri. "Apostou suas fichas em nós, mesmo sem ter nos visto trabalhar."

Ruggero prestou expressiva contribuição teórica ao teatro brasileiro. Segundo Fernando Peixoto, mais fascinantes do que seus espetáculos eram as aulas e conferências que proferia: "Uma mão no bolso, outra gesticulando com o cigarro aceso, lucidez permanente, uma invejável elegância e uma espantosa erudição mastigada em argumentos concretos, citando trechos inteiros de Hegel ou Croce ou outras figuras básicas da investigação estética sem precisar consultar livros ou anotações, instigando inconformismo e reflexão."

O encenador italiano convenceu Vianinha e Guarnieri a retomarem as leituras interrompidas pela militância, enfatizando a necessidade de uma boa formação cultural. "A gente lia muito pouco até se profissionalizar", diz Guarnieri. "Depois, percebendo que não sabíamos nada e que havia um buraco deixado pelo nosso imediatismo, foi a fase de sair e comprar aquela pilha de livros, principalmente de literatura brasileira. Compramos tudo de Machado de Assis. Como estudante, mal conhecíamos Jorge Amado e José Lins do Rego. O pior de tudo é que éramos estudantes que nem íamos à aula..."

Ruggero Jacobbi influiu para que o TPE priorizasse um teatro nacional-popular, realista e crítico. Em artigo escrito por ocasião da estréia do grupo, ele fixou as metas a perseguir: "Há muitos anos estamos lutando pela constituição do TPE, isto é, um grupo de amadores capazes de realizar um programa não apenas 'teatral' (no sentido da descoberta de vocações ou talentos), mas também 'cultural' e 'popular', apresentando obras literárias dignas de estudo ou de divulgação, e realizando um esforço positivo no sentido de conquistar paulatinamente platéias mais ou menos afastadas do teatro 'oficial', começando pelo próprio público estudantil."

Em 5 de abril de 1955, o TPE foi registrado oficialmente no cartório do 4º Registro de Títulos e Documentos de São Paulo, como sociedade civil de direito privado, sem fins lucrativos. Da ata de fundação, realizada na rua Santa Ifigênia 269, apartamento 3, consta o nome de Jacobbi como presidente do TPE, por sugestão de Vianinha. Os 12 fundadores eram Gianfrancesco Guarnieri (presidente), Raimundo Duprat (vice-presidente), Pedro Paulo Uzeda Moreira (primeiro-secretário), Júlio Elman (segundo-secretário), Oduvaldo Vianna Filho (tesoureiro), Vera Gertel, Diorandy Vianna, Mariúsa Vianna, Maria Stella Rodrigues, Henrique Libermann, Natacha Roclavin e Sílvio Saraiva. Os estatutos do TPE compreendiam nada menos que sete capítulos e 48 artigos.

A etapa seguinte foi conseguir um local para os ensaios. A proximidade e a circunstância de o Arena agregar uma equipe jovem e empreendedora motivaram Vianinha e Guarnieri a procurar José Renato, que lhes cedeu o teatro em horários alternativos. Com os ensinamentos de Ruggero Jacobbi e as noções de direção de Raimundo Duprat, o TPE pôs-se a ensaiar *Na rua da igreja*, de Lennox Robinson. Integravam o elenco Vianinha, Guarnieri, Pedro Paulo Uzeda Moreira, Henrique Libermann, Regina Paiva Ramos, Aracy Amaral, Renata Roman e Antônio Henrique A. Amaral.

Comemoraram até de madrugada a estréia de *Na rua da igreja*, numa segunda-feira de maio, no Teatro de Arena. Vianinha e Guarnieri beberam tanto que acordaram de porre. Quando recuperaram a lucidez, contraditoriamente pareciam perplexos.

— Essa peça não tem nada a ver com a gente — queixou-se Vianinha.

— Nós vamos acabar virando uns frescos com essa história de teatro — lamentou-se Guarnieri.

Ficaram um bom tempo esparramados no sofá da sala, sem saber qual a saída. Para quem pensava em fazer teatro com compromissos políticos, o texto de Robinson não poderia ser mais contra-indicado. Decidiram não reapresentar a peça na segunda-feira seguinte. As divergências no grupo vieram à tona. Os que não tinham afinidade ideológica com Vianinha e Guarnieri queriam a todo custo prosseguir — estavam ali para representar e não para queimar a cabeça com repertório engajado. O racha foi inevitável, como explica Guarnieri: "Imagine que surgiu uma oposição contra nós dentro da estrutura recente do TPE. Sentíamos que havia muito preconceito contra qualquer coisa que cheirasse a partido." E rapidamente o elenco original se desfez.

Vianinha e Guarnieri continuaram com o TPE, incentivados por Ruggero Jacobbi e sua mulher, Carla Civelli. Mas o que montar para dar coerência à proposta política do grupo? Raimundo Duprat sugeriu *Está lá fora o inspetor*, de J. B. Priestley, com a qual o TPE arrebataria o primeiro lugar no II Festival de Teatro Amador de São Paulo. Guarnieri conquistou o prêmio Arlequim de melhor ator. No elenco, destacava-se um jovem ator: Raul Cortez.

O TPE ganhava ritmo, exercitava sua capacidade criativa. *O impetuoso capitão Tic*, de Labiche, seria montada em dezembro de 1955. Ítalo Rossi, cuja pré-estréia no profissionalismo se dera no Arena, foi convidado por Vianinha, Guarnieri, Raul Cortez e Flávio Migliaccio para dirigi-los. Fizeram um pouco de tudo: arrumaram cenários, arranjaram tapetes e cadeiras emprestados com José Renato, que não se importou porque ainda não aprontara *Não se sabe como*, de Pirandello. Ao todo, 15 dias de ensaios a todo vapor. Apresentado em quatro sessões às segundas-feiras de dezembro, o espetáculo colheu elogios da crítica.

Nas folgas, Vianinha e Guarnieri participaram da campanha eleitoral de Juscelino Kubitschek, apoiado pelo PCB. E o fizeram de maneira inusitada: na Praça da Sé, recitavam poemas de Castro Alves, marcadamente nacionalistas. Ora, dois rapazes declamando em plena luz do dia era algo que fatalmente chamava a atenção. "A gente sempre dizia que, quando dois brasileiros param no meio da rua para conversar, logo aparece gente para ver o que é", recorda Guarnieri. A tática deu certo: cercados por curiosos, eles terminavam de recitar, faziam uma relação entre os versos do poeta e a conjuntura brasileira, e, por fim, pediam votos para JK.

Para comemorar a vitória de JK sobre Juarez Távora e o sucesso no Festival Amador, Vianinha e Guarnieri resolveram promover um baile no Clube Holms, batizado de *A noite do Arlequim*. Na verdade, queriam angariar fundos para o TPE. Esmeraram-se nos preparativos: contrataram duas orquestras, investiram na divulgação. Resultado: um retumbante fiasco — menos de duzentas pessoas compareceram. Quem pagaria o prejuízo? Claro, a dupla organizadora, que teve de arranjar empréstimo num banco, com promissórias a vencer durante um ano inteiro. Faziam questão de todo mês arrumar o dinheiro e irem juntos pagar a prestação. Guardavam o "papagaio" no bolso e iam ao botequim mais próximo festejar, a tulipas de chope, a promissória quitada.

A febre pelo teatro e pela política pôs a última pedra sobre o curso de arquitetura. Em fins de 1955, no segundo ano, Vianinha abandonou a faculdade. Segundo José Renato, Vianinha dizia que freqüentava a Mackenzie aos trancos e barrancos, para contentar o pai, "que não fazia muito gosto em que ele seguisse a carreira artística".

Oduvaldo, aliás, só soube mais tarde da decisão do filho de desligar-se da Mackenzie. Um choque. "Empolgado com o teatro, larguei a faculdade, para grande tristeza de meu pai, que me advertia que teatro não é profissão que sustente ninguém", recordaria Vianinha numa entrevista nos anos 60. Pai e filho chegaram a discutir o assunto, mas, relata Deocélia em suas memórias, Vianinha não tergiversou:

— Pai, se você quiser, eu presto exames para o vestibular da faculdade de direito e passo. Faço exames para medicina e garanto-lhe que passo também, mas não vou freqüentar nenhum curso porque o que eu quero fazer é teatro. Estudar teatro. Ler tudo sobre dramaturgia, freqüentar cursos que possam aprimorar meus conhecimentos, fazer debates sobre teatro. É isso o que eu quero: teatro!

Tentando acalmar os pais, Vianinha prometeu prestar vestibular para filosofia. Nem precisou se preparar para o exame: inscreveram-se 27 candidatos para quarenta vagas. Aprovado, sumiu da faculdade. Repetia-se assim o que sucedera a Oduvaldo. Seu pai queria a todo custo que ele se formasse em odontologia — ter um diploma era fundamental. Quase lhe cumpriu a vontade, abandonando o curso no último ano.

Livre da Mackenzie, Vianinha hesitava diante da proposta de José Renato de, junto com Guarnieri e outros companheiros do TPE, compor o elenco da próxima produção do Arena, *Escola de maridos*, de Molière. Antes, os dois haviam resistido galhardamente ao convite de Sérgio Cardoso para representarem *Hamlet*, de Shakespeare. Tudo em nome da sobrevivência do TPE. José Renato apreciara a garra de Vianinha, "um garotão risonho, que queria aprender tudo, extremamente inquieto, inteligente". Demonstrava, como amador, "uma grande seriedade no seu devotamento ao teatro, e buscava entender em todas as conversas as razões e os porquês, o que o transformaria numa pessoa muito dinâmica e empenhada".

Guarnieri, Vianinha e Vera Gertel reuniram o TPE para avaliar se deviam morder a isca jogada pelo Arena. Esperavam uma assembléia demorada, mas em poucos minutos obtiveram salvo-conduto para tomar o primeiro bonde em direção à rua Teodoro Bayma.

Os Pupilos de Mr. Boal

Escola de maridos foi ensaiada em menos de um mês, a tempo de fazer parte das comemorações do primeiro aniversário da sede do Arena, em 1º de fevereiro de 1956. Com direção de José Renato, mesclava atores profissionais com quatro egressos do TPE: Vianinha, Guarnieri, Milton Leandro e Leonardo Fernandes.

Segundo a crítica Mariangela Alves de Lima, pela primeira vez o Arena procurava uma aproximação física intencional entre o ator e o espectador: "Durante alguns momentos, o ator deixava de representar ou, pelo menos, assumia um outro papel, o papel do espectador. Havia nessa concepção uma proposta de violar alguns limites da convenção teatral e permitir que o público, na mesma posição dos atores, participasse em igualdade de condições de um momento da criação."

A intensa atividade no Arena, com abertura a grupos amadores, músicos e artistas plásticos, provava a Vianinha e Guarnieri que logo se fecharia o ciclo do amadorismo. A busca por um teatro popular — ainda que tímida — coincidia em gênero, número e grau com as inquietações do TPE.

"O Arena, até então, tentava fazer frente a um teatro já estabelecido, através de uma modificação em sua infra-estrutura, mas sem um objetivo consciente que pudesse diferenciá-lo daquele", sintetiza Guarnieri. O TPE, por seu turno, lutava com dificuldades idênticas, agravadas pela escassez de recursos. "Nós e eles, na verdade, não tínhamos certeza do que estávamos fazendo, embora falássemos muito em teatro popular. Dos dois lados, havia, entretanto, uma grande vontade e uma crença de usar o teatro como meio de organização."

O entrosamento com o Arena era favorecido pela necessidade que o TPE sentia de criar, dentro do esquema profissional, uma alternativa ao modelo TBC — um teatro esteticamente sólido mas desligado da realidade brasileira. E, pior, prestigiado por uma platéia grã-fina, que, segundo o Vianinha radical do início dos anos 60, assistia a Ibsen e a Pirandello sem notar diferença alguma. Para ele, o TBC habituou a burguesia a valorizar a beleza formal, "vazia e oca", desprezando a função cultural da arte dramática. Não demorou muito para José Renato propor ao TPE a fusão, o que significava a profissionalização, a curto prazo, de Vianinha e Guarnieri. Em vez de vibrarem, os dois trancaram-se na Epitácio Pessoa e consumiram horas para dirimir as dúvidas. Desejavam ser profissionais de teatro, mas hesitavam em abandonar a independência e a mobilidade que o amadorismo lhes assegurava. "Foi um drama terrível de consciência, uma fase de crise pessoal nossa", recorda Guarnieri. Vianinha argumentava e o amigo concordava:

— Estamos nos aburguesando, a profissionalização vai nos aburguesar.

Mas a chance de ingressar numa companhia que se propunha a espanar a poeira que cobria a tradição teatral não poderia ser jogada pela janela. Chegaram à conclusão de que valia arriscar. "Entendemos que não era apenas o teatro amador que podia influenciar; o teatro profissional não estava orientado da forma que achávamos correta. E nos convencemos de que seria justa a luta no Arena", diz Guarnieri.

Sentaram-se à mesa para negociar com José Renato os termos do acordo, selado num documento de duas laudas e meia. Nele, as partes se comprometiam a patrocinar "um amplo movimento teatral de apoio e incentivo ao autor e obras nacionais, visando à formação de um numeroso elenco que permita a montagem simultânea de duas ou mais peças, levando o teatro a fábricas, escolas, faculdades, clubes da capital e do interior do estado, sem prejuízo do funcionamento normal do teatro, contribuindo assim para a difusão da arte cênica em meio às mais diversas camadas do nosso povo". Nem o TPE nem o Arena perderiam sua autonomia, funcionando com administrações independentes, apesar da colaboração mútua.

A fusão atendeu aos dois lados, reconhece Guarnieri: "O Arena nos daria o material necessário (refletores, caixas de som etc.) à produção de nossos projetos. Já pensávamos em fazer teatro de rua, mas esbarrávamos na questão da falta de repertório. Em contrapartida, nós serviríamos de elenco de suporte. Foi uma grande jogada do Zé Renato. Ele tinha visto que nosso pessoal era bom e que, de graça, ganharia três ou quatro atores." Na prática, a autonomia do TPE esvaía-se à medida que seus membros se soldavam de corpo e alma ao Arena.

O noviciado na companhia nada teve de ameno. Primeiro, porque Vianinha e Guarnieri foram logo escalados para *Dias felizes*, de Claude André Puget. Segundo, porque o elenco do Arena se dividiu quanto à incorporação do TPE. Uma facção acolheu os jovens atores com espírito cooperativo; outra, a dos "medalhões", torceu o nariz, certamente temendo a concorrência. Afinal, o núcleo do TPE vinha embalado por mil idéias, "querendo bagunçar o coreto", na definição de Guarnieri.

Quando *Dias felizes* entrou em cartaz, em 5 de junho de 1956, Oduvaldo e Deocélia Vianna haviam se mudado para o Rio de Janeiro. Afastado da Rádio Difusora-Tupi por divergências com a direção, Oduvaldo obteve na Justiça do Trabalho a indenização pleiteada. Deocélia, solidária, pediu demissão da emissora. A situação se complicou, pois não conseguiam arranjar empregos em São Paulo. Assis Chateaubriand, que só tomou conhecimento da saída de Oduvaldo depois de consumada, reafirmou sua confiança ao convidá-lo a dirigir a TV Tupi do Rio. O apartamento da rua Epitácio Pessoa continuava alugado para Vianinha. Três meses depois, não suportando as despesas com os aluguéis de dois imóveis (moravam agora em Copacabana), os Vianna venderam os móveis e devolveram o apartamento de São Paulo ao proprietário. Vianinha passou a morar com a tia Jandira, a quem chamava afetuosamente de Nandia.

Apegado aos pais, ele semanalmente ia ao Rio visitá-los. Embarcava no último ônibus de domingo, aproveitando a folga de segunda-feira, e retornava na manhã de terça-feira. Vivia pela primeira vez longe do núcleo familiar, mas expandia suas relações no Arena e prosseguia o namoro com Vera Gertel.

Meses depois, Oduvaldo e Deocélia, já então na Rádio Nacional após curta passagem pela Tupi, regressaram a São Paulo para o noivado do filho, na casa de Noé e Rachel Gertel. A sugestão para que assumissem um compromisso formal partira de Rachel. "Embora não fôssemos caretas, ficamos noivos de aliança", rememora Vera. "O Vianna era um jovem angustiado, aquela coisa de rapaz, às vezes bebia um pouco e me ignorava. A gente acabava brigando. Então, minha mãe disse: 'Se vocês voltarem, melhor que fiquem noivos, porque senão ele vai pular fora.' Fez isso pensando que ele não ia ficar mais comigo, mas o Vianna quis voltar. Ingenuamente, falei para ele: 'Olha, minha mãe aceita, se a gente ficar noivo de aliança.' E ele concordou."

Guarnieri confirma que o casal brigava muito. Indiretamente, ele foi o responsável por uma das reconciliações: "Um dia, danado da vida, o Vianinha chegou para mim e disse: 'Agora acabou mesmo.' Eu lhe respondi: 'Bem, se acabou, agora é a minha vez com a Verinha.' Ele fez que não ligou. É que eu adorava a Verinha, convivia muito com eles. Virei para ela e falei: 'Vamos namorar nós dois?' Mas não dava jeito... Não tinha como. Tentamos, mas foi impossível. Procurei o Vianinha e entreguei os pontos: 'Rapaz, olha, não dá pé.' E daí a pouco os dois fizeram as pazes."

Nas cartas que Vianinha remetia aos pais, ficava patente que o salário no Arena não quitava suas despesas. Eis o que escreveu na última semana de maio de 1956: "Estou com muita saudade mesmo, principalmente, desculpe o utilitarismo, da bóia. A comida da 'pensão' é horrível. Como para não morrer de fome. Janto pouco. Almoço relativamente bem, mas isso me parece o pior, com muito esforço — isso faz mal." Na correspondência de 22 de junho de 1956, Vianinha abordou, em 12 tópicos bem-humorados, este e outros assuntos de seu cotidiano, inclusive informando que começara a escrever, sozinho ou com Guarnieri, textos infantis:

"1. Tenho acordado, felizmente, às oito horas, com exceção de hoje (pulei às nove).

2. O dinheiro do José Renato foi recebido, em parte, logo na segunda-feira. Separei mil cruzeiros para mim (quanto, não?) e com eles vou navegando, com um pouco de fome e de muita saudade.

3. A temporada termina dia 8 de julho, um domingo. Quero ver se logo no dia 9 apareço por aí.

4. Temos para a segunda quinzena de julho, por enquanto, os seguintes espetáculos marcados: dia 18 — Araraquara; dia 26 — Piracicaba; dia 29 — Jundiaí.

5. Tenho arrumado a minha cama, diariamente, e deixado sempre todo o quarto em ordem.

6. Junto com Guarnieri, além de *Pipa de Diógenes* e de uma pecinha infantil que vai concorrer a um prêmio aí no Rio, estou preparando diversas peças de pantomima que pretendo montar num showzinho rápido que possa no futuro dar um pouquinho de dinheiro. Na próxima carta, prometo que mandarei o resumo de todas elas. (Uma delas você já conhece, lembra-se?)

7. Muita saudade.

8. Muito frio!

9. Uma vontade danada de não fazer feio aqui.

10. Existem alguns pequenos problemas na casa da Nandia. Na próxima carta aparecerão em toda a sua plenitude. Mas desde já posso adiantar que o mais terrível, até agora, é o da comida. A Nandia não tem tempo de preparar alguma coisa com mais cuidado e o grude sai bem ruinzinho, sempre restinhos de algum jantar feito no passado. A falha tem sido sanada por uma verdadeira indigestão de leite diária e por almoçadas suculentas na casa do Guarnieri (quase toda manhã tenho ido para lá escrever).

11. Parece que a casa em que estou foi vendida. Daqui a uns três meses vem o despejo... quando você voltar para São Paulo, por favor... Oduvaldo Vianna Filho, viaduto Santa Efigênia (parte de baixo).

12. Muita saudade de você e do paizão.

Depois do relatório, só resta um grande abraço e um grande beijo no casal mais simpático do mundo. Estou esperando notícias urgentes da terra maravilhosa. Veja lá, hem... eu espero. Vianinha".

Seis dias depois, outra carta, com ironia inconfundível: "Tenho comido com freqüência militar na casa do Guarnieri, descontando com sobras os assaltos que ele fez na sua despensa e na sua paciência." Fazia os seguintes pedidos para uma recepção de príncipe de Gales quando de sua ida ao Rio em 9 de julho: "1) Ovo quente sem parar... Estou morrendo de saudades! 2) Torta de bananas! 3) Macarrões! Como vocês podem observar, tudo feito na base do estômago... o resto vai muito bem, obrigado!"

Na ânsia de encontrar um meio de ganhar dinheiro, Vianinha e Guarnieri tentaram patrocínio para um programa de meia hora do Teatro de Arena na televisão. Esquema perfeito: escreveriam os textos e participariam do elenco, sob a direção de José Renato. Mas nenhum capitalista interessou-se em bancar a produção. O cinto apertava cada vez mais, e Vianinha reservava alguma dose de leveza nesta carta aos pais, em 27 de julho de 1956: "Dia 11, sábado, por favor, mais uma torta de banana. Os tersóis continuam aparecendo, as espinhas também (tenho uma baita no nariz), a gengiva não melhorou, estou com dor de garganta, enfim... tudo em santa paz."

Um atestado da vida franciscana que ele levava em São Paulo pode ser encontrado na carta que Vera Gertel remeteu a Deocélia, em 1º de agosto de 1956:

"A paixão do Vianinha está mudando. Agora, ele tem o firme propósito de que precisa ganhar dinheiro. Anda produzindo programas de televisão e meu pai já entrou em contato com dois patrocinadores que irão estudar os referidos programas. Como a senhora vê, parece que 'nosso filho' está criando juízo. Não há dúvida nenhuma que a melhor solução para o caso do Vianinha foi o fato dele ter ficado sozinho aqui e sem dinheiro. Anda vendo que a vida é muito dura e que nem todos podem fazer somente o que querem."

*

Juscelino Kubitschek governava o país há sete meses, cumprindo a promessa de promover um regime de franquias democráticas. Logo nos primeiros meses, todos os presos políticos — a maioria comunistas — puderam responder aos processos em liberdade.

Enquanto JK orientava a economia para a execução de suas metas prioritárias — aumento da produção industrial, criação de indústrias de bens de capital, mais empregos e abertura para os investimentos estrangeiros —, o PCB trocava a euforia com a liberdade recém-conquistada por uma séria crise interna. No XX Congresso do Partido Comunista da União Soviética, realizado em fevereiro de 1956, Nikita Kruschev, o novo homem forte, denunciou os hediondos crimes de Stalin. A repercussão mundial abalou o movimento comunista, e no Brasil não foi diferente. Como o "guia genial dos povos" poderia ter cometido tantas aberrações, punindo os opositores e cometendo toda sorte de desmandos? E mais: Kruschev sustentava agora que a guerra mundial já não era inevitável e que as grandes potências poderiam coexistir pacificamente.

A base do PCB no Arena, capitaneada por Vianinha e Guarnieri, estimulada pelos debates na imprensa partidária, tentou compreender a nova situação internacional e seus reflexos no país. Tarefa ingrata, pois até os veteranos do Comitê Central se confundiam nas análises de conjuntura. Guarnieri alude a conversas ao longo dos meses e anos seguintes sobre a necessidade de o setor cultural ter certa independência, para não ser engolido pelo centralismo decisório.

"Colocávamos que não admitiríamos interferências na nossa linha política e de repertório. A intervenção da direção a gente não aceitaria. Era uma posição antiga minha, pois achava que a Juventude Comunista tinha uma tendência grande a se fascistizar. Éramos críticos dentro do partido. Não era essa coisa de baixar a cabeça, não. No início, até que não questionávamos; depois, passamos a criticar. Por que isso tem que ser assim? Que princípio era aquele? A questão do centralismo democrático era algo que não entrava na minha cabeça. Centralismo, para mim, significava outra coisa: era ida e volta. Por que, na prática, era só volta? O Vianinha, pelo menos comigo, não demonstrava muito essa preocupação. Acho que a inquietação maior dele foi posterior, quando foi para o Rio. Ali ele começou a ter posições mais claras e nítidas nesse sentido. Em fins dos anos 50, não; estava preocupado com a questão da expressão, com o processo político como um todo."

Naquele instante de turbulência no partido, o Arena iniciava o processo que culminaria na verdadeira revolução da arte cênica brasileira. Indicado por Sábato Magaldi a José Renato, passara a fazer parte do grupo o diretor Augusto Boal, de 26 anos. Havia se formado em química industrial, para atender ao pai, um imigrante português que queria vê-lo doutor. Na verdade, Boal era fissurado por teatro. Em retribuição, o pai pagou seus estudos de teatro no exterior. Boal escolheu a Columbia University, em Nova York, onde se matriculou nos cursos de dramaturgia ministrados por John Gassner, Milton Smith e Ernest Brenner. Quase três anos depois, voltou ao Brasil trazendo na bagagem a técnica do *playwriting* e uma preocupação maior com a veracidade psicológica, conseqüência do método de interpretação do teórico russo Constantin Stanislavski, difundido pelo Actor's Studio de Nova York.

Boal foi recebido com reservas até mesmo pela antiga trupe do TPE que, como núcleo autônomo, passara a ser dirigido por Silney Siqueira e Beatriz Segall. Vianinha, ressabiado, comentou com Guarnieri:

— Como é que o Zé Renato traz para cá esse tal de Ôgust Bôal, um americano para nos dirigir!

Vianinha e Guarnieri momentaneamente suspeitaram que Renato importara um caubói. O novo diretor vestia camisa xadrez e calça brim coringa, como que saído de um *western*. Quando lhes dirigiu as primeiras palavras, ficaram atônitos: o homem falava português, com sotaque de carioca da Penha! "Ficamos desconcertados e cochichamos: 'O cara não é americano, não!'", reconstitui Guarnieri.

O entrosamento com Augusto Boal não tardou. "Com o respaldo do Boal, o Arena ficou praticamente nas mãos da juventude, que estava trabalhando firme e querendo um teatro popular, voltado para a realidade brasileira", conta Guarnieri. "O Boal comprou essa briga e, como nós, se preocupava em ampliar o público. Prometia ajudar a concretizar nossas reivindicações. Talvez ele tenha se sentido atraído por nós porque tínhamos visões diferentes de outros grupos. Ninguém pensava em estrelato ou em formar companhia própria. Éramos unidos e solidários. O nosso objetivo era chegar depressinha à revolução."

Nos ensaios de *Ratos e homens*, de John Steinbeck, Boal imprimiu sua marca, introduzindo laboratórios de interpretação — o que, para a maioria do Arena, significava uma extraordinária novidade. O diretor perseguia um estilo brasileiro de representar. Um dos exercícios era mandar os atores às ruas pesquisarem os movimentos, as expressões gestuais, a maneira de reagir do cidadão comum. "Nós nos empenhávamos tanto nessa tarefa que às vezes passávamos 24 horas preocupados em fazer os exercícios", lembra o ator Milton Gonçalves. "Observávamos o homem brasileiro, seus cacoetes, tentando adivinhar sua estrutura psicológica, sua formação interior."

Vianinha adaptou-se bem ao ritmo de Boal. No ensaio "Quatro instantes do teatro no Brasil", provavelmente escrito em 1960, situou-o como a antítese do encenador polonês Ziembinski: "Ao contrário de Ziembinski, que procurava a emoção específica e a transmitia em moldes naturalistas, Boal busca transmitir a emoção do personagem no seu relacionamento com o espetáculo." Mas a melhor análise sobre o papel de Boal na reconfiguração estética do Arena consta de uma carta de Vianinha a Neilor, ator iniciante em Varginha (MG), datada de 31 de julho de 1959:

"Foi Boal, principalmente, que começou a trazer um espírito novo no teatro. O que há de principal no processo cultural que orienta o trabalho de Boal é talvez a noção de espetáculo. O espetáculo é, para Boal, antes de tudo, a montagem de um texto para um público. Boal conta sempre com a platéia e, evidentemente, tem que organizar o seu processo criador e apresentá-lo, no seu trabalho, como um todo. Boal não queria mais um espetáculo feito de ilhas em que cada cena e cada fala valiam por si. Elas estão agora submetidas a uma visão e a um desenvolvimento geral do espetáculo. E para isso é preciso conhecer o próprio mecanismo de um espetáculo, o próprio mecanismo de um público — as razões, enfim, do teatro mesmo. Sobre toda essa orientação, enriquecida por gente jovem que se agregava ao grupo, pretendendo do teatro, acima de tudo, uma função social, que só poderia ser alcançada na medida de sua importância cultural, apareceu lentamente um plano de atividades e estudos."

Ratos e homens, clássico do naturalismo americano, rompeu com os cânones estabelecidos para as adaptações estrangeiras. O que se via era a ambientação da trama a uma forma de representação mais brasileira. As platéias identificavam-se com esse tipo de concepção, "de um despojamento absoluto, intencional e necessário", conforme Sábato Magaldi. A repercussão favorável realçou a inventividade de Boal — pela primeira vez, havia filas à porta do Arena.

Como segunda etapa do laboratório de interpretação, Boal ministrou um curso teórico, aberto a outros grupos, com aulas sobre dramaturgia, estrutura teatral e dinâmica dramática, caracterização psicológica e análise de peças. A iniciativa se desdobrou, no começo de 1957, no curso prático de teatro, dado por Sábato Magaldi, Gianni Ratto, Boal, Bernardo Blay, Décio de Almeida Prado, Sadi Cabral, Clóvis Garcia e Beatriz Segall. "Aquele curso foi uma verdadeira escola para nós", recorda Milton Gonçalves. "Eu, por exemplo, que tinha sido operário, conhecia o lado roto da vida e morava num quarto mínimo, não tinha o mesmo nível de compreensão das coisas do Vianinha, que era filho de intelectuais e tinha uma gama maior de conhecimentos, no sentido literário e cultural." Guarnieri é taxativo: "Ali foi o pontapé para nossa maioridade. Começamos a nos preocupar com questões estéticas e filosóficas. 'Tem um tal de Hegel aí que tem que ser lido', alguém recomendava.

'E o Marx, o que diz disso?', indagava outro. Enfim, a curiosidade foi aguçada como nunca."

Vianinha se jogou por inteiro na experiência. Segundo Sérgio Rosa, outro integrante do grupo, a timidez dele acabava quando aparecia um exercício para fazer; tornava-se o mais expansivo, querendo superar os obstáculos, com a preocupação de se aprimorar. "Sem exagero, ele estava a 280 quilômetros na nossa frente", afiança Sérgio.

Certa vez, Vianinha e Guarnieri deixaram Milton Gonçalves zonzo. Os dois estavam "viajando" no estudo de filosofia aplicada ao teatro. Vianinha lembrou Zenon, o filósofo, que dizia que a flecha não alcançava a parede. "Essa coisa não entrava na minha cabeça. Como é que a flecha não alcança a parede?", diz Milton. Vianinha explicou que havia toda uma polêmica teórica em torno disso. Aí o ex-operário não agüentou e explodiu: "Vianinha, então fica lá na parede que eu vou jogar uma pedra em você para ver se não te alcança!"

O clima no Arena mudou. Os atores mais antigos desligaram-se da companhia, vencidos pela afinidade de Boal com o elenco jovem. Aos que ficaram, animava-os a pretensão de mudar o mundo, as relações humanas e a sociedade, através do teatro. Dez anos depois, Vianinha avaliaria as mutações ensejadas pelo Arena no processo teatral brasileiro: "O Arena de São Paulo funda o teatro de equipe; elimina a estrela, como se 'estrela' fosse uma invenção da classe teatral e não do público; e de alguma maneira elimina o *physique du rôle*. Estas atitudes, na época, no seu furor, produziram frutos extraordinários. O autor nacional ganha uma casa, experimenta, debate, faz seminários, começa a existir culturalmente, lota o teatro. Pela primeira vez, diante de um público extasiado, o homem do povo entra, senta, anda, fala, briga. No que se refere ao ator, sem a 'estrela', sem sustentações, o trabalho de intercomunicação, de desenvolvimento do desenho interior do espetáculo, se aprofunda. Todos 'tocam' o espetáculo, um piano a todas as mãos. Boal faz laboratórios de interpretação intensos e frutíferos."

Aos poucos, Vianinha ia se soltando, a ponto de bolar um jornal-mural na entrada do teatro, onde divulgava temas políticos evidentemente ao gosto do PCB. "O Vianinha era o mais empenhado em sua ideologia, não tinha veleidades materiais", depõe Milton Gonçalves. "Seguramente, era o mais coerente de todos nós, porque levava a sério seu posicionamento ideológico." Embora alinhado partidariamente e disposto sempre a conversar sobre política, Vianinha, segundo os colegas, não era um doutrinador. "Sentíamos que a cada dia ele estava mais firme na defesa de sua ideologia, mas não incutia nada em ninguém", garante Milton Gonçalves. "O máximo que ele falou para mim foi que, no dia em que quisesse discutir política a sério, o procurasse", diz Sérgio Rosa.

Não somente teatro, política e futebol uniam a turma do Arena. Os feitos amorosos eram assunto obrigatório. "O nosso grupo naturalmente gostava muito de mulher", salienta Milton Gonçalves. "Os segredos de uns eram curiosamente os mesmos dos outros. Os sonhos eróticos de uns eram parecidos com os dos outros."

Numa ocasião, foram a uma festa e, sentimento coletivo, não tiraram o olho da dona da casa. Suspiravam pela oportunidade de dançar a sós com ela. Cada um deles ficou arquitetando uma forma sorrateira de retornar ao apartamento. Milton Gonçalves esqueceu o paletó de propósito, crente de que teria, afinal, a chance de se encontrar com a moça. Despediu-se dos amigos, dizendo que ia para casa dormir — e tratou de voltar lá. Doce ilusão. Outros haviam traçado a mesma estratégia, esquecendo óculos, carteiras, relógios...

Segundo Milton, Vianinha era um "tremendo namorador, um verdadeiro gavião, mas paquerava sem ser agressivo — e repetindo que só amava Vera Gertel. Ele era fogo, não brincava em serviço. E, além de charmoso, era bem-dotado... Tanto que o chamávamos, brincando, de tripé!"

*

Os progressos na preparação dos atores não ocultavam os problemas que o Arena enfrentava na definição de seu repertório. Depois de *Ratos e homens*, o Arena apresentou cinco espetáculos, dois dos quais de autores nacionais: *Marido magro, mulher chata*, de Augusto Boal, e *Só o faraó tem alma*, de Silveira Sampaio. Nenhum deles estancou o contínuo distanciamento do público, que deixou a companhia, durante todo o ano de 1957, com déficits de caixa.

Boal tentou empurrar o repertório para uma variante social com *Juno e o pavão*, de Sean O'Casey, em junho de 1957. Contracenando com Sadi Cabral, Vianinha teria um de seus mais sensíveis desempenhos. "Dos papéis menores, Oduvaldo Vianna Filho é o melhor, talvez a mais perfeita criação de todo o espetáculo, exatamente por ficar fora da farsa", avaliou O *Estado de S. Paulo*. Por seu trabalho, recebeu o Prêmio Saci/Governador do Estado, como melhor ator coadjuvante do ano.

Com o malogro da montagem, José Renato articulou uma excursão ao Nordeste, atrás de receitas para saldar dívidas. "Olha, temos que fazer comédias ligeiras porque isso dá dinheiro certo", disse Renato a Vianinha e Guarnieri, que integravam o elenco ao lado de Vera Gertel, Milton Gonçalves e Flávio Migliaccio.

A temporada em Salvador, a mais esperada da viagem, não rendeu financeiramente tanto quanto José Renato imaginara, mas, do ponto de vista artístico, foi compensadora. O público aplaudiu de pé e os jornais estamparam comentários elogiosos. A Rádio Clube cedeu 15 minutos diários a um programa produzido e redigido por Vianinha e Guarnieri sobre as propostas do Arena. Por outro lado, valeu a pena o contato com movimentos culturais locais, como o Jogralesca, que reunia poetas, músicos e pessoal de teatro, entre os quais um rapaz que Guarnieri definiu como "muito preocupado com o Brasil": Glauber Rocha.

Migliaccio protagonizou um episódio hilariante durante a excursão. Seu personagem em *Ratos e homens* tinha uma barba postiça. Por azar, faltou crepe para compor a barba. Migliaccio deu então de criar um cachorrinho que havia aparecido no teatro. Um dia, os companheiros perceberam que o rabo do cão estava ficando cada vez mais fino. Mataram a charada: Flávio cortava o pêlo do rabo para fazer a barba. "Era por isso que a barba dele em cena estava horrorosa", graceja Milton Gonçalves.

Para Vianinha e Vera, a viagem adquiriu sabor de lua-de-mel, como ele relatou em carta enviada à mãe em 19 de outubro de 1957:

"Fomos a Abaeté — ônibus especial fretado pela Reitoria —, nadamos, jogamos bola, comemos num restaurante que dá vista para o mar — o mar daqui é nativo, quebra entre palmeiras — sem guarda-sóis, sem fiscais da morte da gente —, é puro. A coisa melhorou em todos os sentidos. Conhecemos Caribé e Mário Cravo — famosos artistas baianos —, que nos levaram a uma capoeira (depois eu faço a capoeira direitinho para vocês). Domingo parece que vamos a um candomblé. "A Bahia é irresistível. Tem Brasil, tem verde e amarelo, é verde e amarela, não é? Valeu a pena."

Na mesma correspondência, o coração político vibrava com a subida do Sputnik soviético, o sucesso no Ocidente dos pianistas russos e do Balé Bolshoi, e as vitórias da URSS no basquete. "E isso tudo num ano só! Deve estar amargurando o [Carlos] Lacerda e cia."

Num bilhete anexo, Vera confirmava o ótimo estado de espírito do casal: "Com certeza, estamos ótimos, a Bahia está nos fazendo um grande bem! Estamos inclusive transbordando de imaginação com as coisas que vimos aqui. O Vianinha está um morenão, bastante queimado e, por incrível que pareça, está cabeludo."

De Salvador, o Arena seguiu para João Pessoa. O verão batendo à porta, clima abafado. No bolso, Vianinha levava nomes de pessoas que poderiam fazer palestras sobre a economia da região e problemas sociais e culturais. Na Paraíba, encabeçava a lista Paulo Pontes, jovem redator e produtor de programas humorísticos de grande audiência na Rádio Tabajara e colunista de cultura do jornal *A União*. No momento, basta saber que Paulo estava num leito do Hospital Santa Isabel, em Tambaú, bairro de João Pessoa, com um problema de pulmão.

Numa tarde, ligeiramente entorpecido por remédios, Paulo ouviu ruídos na porta do quarto. Alguém disse:

— Não precisa acordá-lo, a gente volta depois.

A voz de Vianinha chegava a Paulo Pontes, que abriu imediatamente os olhos, ajeitou-se na cama, vencendo a um só golpe o torpor. O homem à sua frente — descreveria Pontes 15 anos depois — era um "moço alto, magro, rosto bonito, desengonçado". Identificação imediata.

"O Vianinha foi me visitar a troco de nada, só porque ouviu falar que escrevia uns programas de rádio fora da bitola. Aquele moço me transmitia, a cada minuto, uma tão agradável confiança em minha própria experiência, me punha em estado de tão orgulhoso auto-respeito, de confiança nas possibilidades de meu trabalho, que eu não parei de falar a tarde toda. Sua extraordinária capacidade de formular teoricamente a experiência real, uma das marcas mais fecundas de sua inteligência, já estava amadurecendo nessa época. Num dos poucos momentos em que falou, fez algumas generalizações a respeito da cultura brasileira que me impressionaram muito. Ele tinha um jeito especial de falar quando estava querendo formular um juízo de maior complexidade; havia uma ligação motora meio desordenada entre o cérebro e as mãos, de um jeito que parecia que ele estava arrancando o raciocínio da cabeça com a ajuda dos braços. Depois da sua visita ao hospital, quando nos tornamos amigos, eu não poderia contar quantas vezes vi aqueles braços em movimento ajudando sua inteligência a extrair sempre a observação mais insuspeitada, a abstração mais exemplar. (...) Vianna não se iludia, não se superestimava, não se subestimava, nem se mitificava, nem mistificava. Seu instinto para concluir, sem esquecer nenhum dado real da questão, era animal."

Uma das nítidas lembranças que Paulo Pontes guardou daquele encontro foi o estímulo de Vianinha para que escrevesse peças teatrais. Ao se despedir, deixou-lhe um ensaio sobre cultura popular, mimeografado, e exigiu-lhe a promessa de que enviaria ao Rio seus *scripts* de rádio. Anos depois, Pontes narraria o desfecho do trato:

"Li a tese dele sobre cultura popular, mas não mandei meus *scripts*. Eu mesmo vim morar no Rio e aqui ficamos muito amigos, muito mais que amigos, mais que irmãos, talvez. Fizemos muita coisa juntos, trabalhamos nos mesmos lugares, moramos debaixo do mesmo teto. Foi ele quem despertou em mim o amor pela cultura do povo brasileiro, foi ele quem me deu as primeiras e melhores injeções de confiança em meu trabalho, foi ele quem motivou em mim o apetite pelo conhecimento da realidade brasileira, foi ele quem orientou a minha compreensão da dramaturgia e foi ele, finalmente, quem me vacinou contra o vírus do sectarismo em arte, me levando à compreensão de que a estética tem as suas próprias categorias."

Como se não bastasse a empolgação de Vianinha, o Arena, por onde passava, despertava novos autores, atores, críticos e poetas. Paulo Pontes atestaria:

"Quando o pessoal do Teatro de Arena viajava pelo interior, criava em torno de si, em cada cidade, durante seis, oito, dez dias, um verdadeiro centro de estudos, debatendo, transmitindo experiência, vendo de perto as condições de vida dessa abundante geografia humana do Brasil e recolhendo, da cultura do povo, o material vivo para a sua dramaturgia. Vianinha representava um papel fundamental nessas excursões, porque era dotado de uma rara capacidade de diálogo, com esse ser humano especial que é o jovem artista imaturo, indeciso, inseguro de suas possibilidades. Ele estimulava, procurava, descobria significados, punha-se como igual, interessava-se, perguntava e, sobretudo, ouvia. (...) E Vianinha era mestre na arte de dar ao jovem artista a certeza de que tinha talento para escrever sobre a sua realidade."

Se acompanharmos o regresso do Arena a São Paulo, veremos que o saldo favorável da excursão — com a ampliação do prestígio do grupo pelo interior do país — seria amortecido pelo balanço contábil nada animador. Parecia uma praga: as contas teimavam em ficar no vermelho.

Angustiado com o quadro sombrio que se apossava do Arena, Vianinha se surpreenderia com a notícia de que Vera estava grávida.

A DRAMATURGIA SEM *BLACK-TIE*

Cinco anos de namoro, e agora como solucionar o problema? Vianinha, aos 21 anos, e Vera, aos vinte, falavam em casar, mas havia muita coisa a fazer antes. "Eu não posso dizer que o Vianna tenha pulado de alegria com a história do filho. Nem eu pulei. Éramos jovens demais, tínhamos outros planos. Mas decidimos nos casar", recorda Vera. A cerimônia foi só no civil, tendo como padrinhos Gianfrancesco Guarnieri, o dirigente comunista Joaquim Câmara Ferreira e a prima Mariúsa Vianna. Mudaram-se para um apartamento em Campos Elíseos, onde ficaram por pouco tempo.

Oduvaldo e Deocélia, angustiados com a difícil situação do filho, sugeriram que ele e Vera se transferissem para o Rio, o que implicava se desligarem do Arena. O fechamento do teatro era dado como certo. Terminados os ensaios de *A mulher do outro*, Augusto Boal começou a procurar emprego. O *Estado de S. Paulo*, de 18 de janeiro de 1958, pôs a descoberto o impasse: "Ninguém desconhece que o Teatro de Arena atravessa uma crise pelo malogro das últimas apresentações. Deve o grupo, para reencontrar a fase anterior de prestígio e aceitação, recompor com urgência o elenco e não temer o risco dos grandes textos — único caminho capaz de justificar-lhe o lugar entre as primeiras companhias de São Paulo."

No Rio, os pais poderiam encaixar Vianinha no *cast* da Rádio Nacional, como redator de esquetes humorísticos. "Talvez nós fôssemos um pouco comportados demais, e o fato é que topamos isso", assinala Vera.

Antes de embarcar, Vianinha concluiu sua primeira peça para adultos, *Bilbao via Copacabana*. Com um ato e seis personagens, significava um passo adiante na sucessão de escritos que, sozinho ou com Guarnieri, esboçava. Nada, até ali, o havia agradado. *Bilbao* focaliza, em tom de farsa, pequenos conflitos provocados por um vigarista que aplica golpes em moradores de um balança-mas-não-cai em Copacabana, na Zona Sul do Rio. Preponderam os diálogos ágeis e as tiradas bem-humoradas dos personagens. O texto inspirou-se na tradição da comédia de costumes para analisar o sistema de valores sociais dominantes, que acaba por impelir a pequena burguesia ao consumo. Vianinha reconheceria, mais tarde, a sua dívida para com os estilos de comicidade de Martins Pena e de Oduvaldo Vianna, principalmente deste: "Acho que aprendi sempre vendo meu pai ditar as peças dele, as novelas dele, durante toda a vida. Ele não parou de escrever até hoje. E eu acho que foi através disso que fui muito influenciado, mesmo. Inclusive eu tenho impressão de que a influência é direta até no tipo de tratamento, no tipo de diálogo, um pouco sincopado, uma série de coisas que o meu pai teve como característica."

Por ora, o texto ficaria guardado na gaveta.

Enquanto Vianinha deixava temporariamente para trás o sonho de um teatro participante, Guarnieri, em dezembro de 1957, tomou coragem de mostrar a José Renato *O cruzeiro lá no alto*, que escrevera em madrugadas de insônia, sem pretensão de vê-la encenada. Chegou a discuti-la com amigos do meio teatral, na casa da atriz Beatriz Segall. A peça, rebatizada de *Eles não usam black-tie*, representaria um divisor de águas do teatro brasileiro. Dois textos anteriores indicaram novos rumos para a dramaturgia nacional: *A moratória*, de Jorge Andrade, encenada em 1955, no Teatro Maria Della Costa, sob a direção de Gianni Ratto; e *O auto da compadecida*, de Ariano Suassuna, apresentada pelo Teatro Adolescente do Recife, no I Festival de Amadores Nacionais, em janeiro de 1957, no Rio de Janeiro. *Black-tie* enquadrava-se no figurino idealizado desde o TPE. Abordava as lutas reivindicatórias do proletariado, em busca de melhores salários, tendo como pano de fundo a industrialização do país e o aguçamento das contradições sociais.

"Todo mundo gostava da peça — o Vianinha, por exemplo, me dera a maior força —, mas não vislumbrava que poderia ser encenada numa temporada normal. O colonialismo era tão grande que não se imaginava que um texto como aquele tivesse espaço. Dramaturgia brasileira ainda era uma bobagem", conta Guarnieri.

A reação de José Renato lhe tirou o sono: "Vamos fechar o Arena com alguma coisa da dramaturgia brasileira. A gente monta a sua peça e fecha bem o teatro." Os ensaios transcorreram em ritmo frenético. O elenco era liderado por Guarnieri, no papel de Tião, filho do operário e militante comunista Otávio (Eugênio Kusnet), que, numa saída individual, prefere furar a greve na fábrica para tentar garantir o seu futuro e se casar com a operária Maria (Miriam Mehler). Otávio entra em conflito aberto com Tião, que não esperava o desprezo de Maria. Acaba expulso de casa.

Uma semana antes da estréia, marcada para 22 de fevereiro de 1958, Sábato Magaldi pediu uma cópia do texto para comentá-lo em O *Estado de S. Paulo*. "Meu entusiasmo foi tão grande que não hesitei em comunicar a José Renato, antes do lançamento, a certeza de que a peça iria revolucionar a dramaturgia brasileira", relembra Sábato.

Guarnieri inspirou-se no neo-realismo italiano, gênero que se consolidara no cinema do pós-guerra em clássicos como *Roma, cidade aberta*, de Roberto Rossellini, e *Ladrões de bicicleta*, de Vittorio De Sicca. "Na minha cabeça tinha o neo-realismo italiano. Aliás, na minha e na do Vianinha. O que nos impressionava era a maneira como eles enfocavam o tema, era a necessidade de mostrar as coisas com bastante realismo, sem confetes e serpentinas. Você observa que nas minhas peças e nas do Vianinha as cenas são curtas e justapostas, há contrapontos nas mudanças das cenas, a narrativa é bem veloz. Tivemos uma influência muito grande do cinema italiano."

O drama social e humano exposto de forma direta, a simplicidade da encenação, a emoção que o elenco transmitia, tudo isso resultou numa incrível comunicação com a platéia. Na terceira semana, os ingressos se esgotavam com dias de antecedência. A crítica não economizou aplausos.

Quase três décadas depois, em depoimento a Jalusa Barcelos, Guarnieri atribuiu a receptividade à abordagem humanista de conflitos familiares e sociais: "*Black-tie* fala de problemas extremamente graves, sérios, como a luta de classes, a questão da saída individual, essa coisa toda, mas tudo isso de uma forma bonita. No fundo, a peça te diz que, apesar das contradições, chegaremos a bom termo, porque a ligação das pessoas é muito saudável. O conflito que se dá ali é universal. É do ser social, não das pessoas. Ali todo mundo se ama. As pessoas discordam, divergem, mas divergem do mesmo lado. Mesmo o provável 'traidor'. Todos sabem que ele está sendo empurrado pela sociedade."

Eles não usam black-tie salvou o Arena da falência, com um retorno financeiro obtido por poucas companhias da época. Para driblar a disputa por um dos 163 lugares, o então governador Jânio Quadros mandou solicitar entradas à direção do teatro. Ficou em cartaz um ano, com 512 apresentações em quarenta cidades do interior, sindicatos e até circos. "Nas cidades por onde passamos, o teatro floresceu", recorda a atriz Lélia Abramo, que fazia Romana, mulher de Otávio. "Num circo, vimos verdadeiras torcidas divididas entre Tião e Otávio, duas encarnações do social que se confrontavam — e houve guerra de amendoins entre camarotes e arquibancadas."

Vianinha assim interpretou o abalo sísmico provocado pelo espetáculo: "*Black-tie* representa um símbolo de todo um movimento de afirmação do teatro brasileiro. *Black-tie* levanta a confiança e a responsabilidade do artista brasileiro de teatro para realizar seus pronunciamentos sobre o mundo. *Black-tie* afirma que as conquistas formais precisam estar ajustadas à capacidade perceptiva de um povo, se se quiser realmente instalar sentimentos novos e originais na consciência do povo. *Black-tie* afirma ainda que a arte é uma arma do homem na sua luta de liberdade e libertação."

A perspectiva de uma dramaturgia nacional, em novas bases estéticas e com temática social, encontrava eco num público potencialmente aberto ao questionamento político — estudantes, intelectuais e frações engajadas da classe média. O êxito de *Black-tie* despertaria em outros grupos o desejo de encenar autores brasileiros, demonstrado, por exemplo, nas primeiras montagens do núcleo teatral liderado por José Celso Martinez Corrêa, embrião do Teatro Oficina. Até o TBC resolveu valorizar o que é nosso — reviravolta apreciável para uma companhia que, entre 1949 e 1955, apresentara 51 montagens, sendo apenas nove de autores nacionais. Tratava-se, enfim, segundo o crítico Décio de Almeida Prado, de "transportar ao espetáculo a intenção nacionalizante, procurando-se um estilo brasileiro capaz de preservar a nossa maneira peculiar de ser, as nossas idiossincrasias idiomáticas e gestuais, mesmo perante as grandes peças estrangeiras".

Com efeito, a trilha aberta por *Black-tie* captava a compulsão de pensar o Brasil que desafiava a intelectualidade. O nacionalismo convertera-se em pedra de toque dos setores progressistas, conjugado à idéia desenvolvimentista. O Instituto Superior de Estudos Brasileiros (ISEB), fundado no governo de Café Filho e implementado por Juscelino Kubitschek, se constituiria na matriz da concepção de cultura como elemento impulsionador de transformações socioeconômicas. A nova perspectiva estimulava artistas e intelectuais a encontrar caminhos criativos para levar às classes populares uma consciência crítica dos problemas sociais. Era um curto-circuito na visão clássica do intelectual como um ser circunscrito à dimensão etérea do conhecimento. As teses do ISEB compeliam a um compromisso político explícito: os agentes culturais deveriam intervir na realidade concreta. Talvez seja excessivo dizer que estávamos atrás da construção da identidade nacional. Mas parte apreciável da intelectualidade se imbuía da determinação de romper as barreiras do subdesenvolvimento e livrar o país da estagnação e da dependência externa. O reformismo nacionalista se expandia justamente numa época em que Kubitschek estimulava a internacionalização da economia, atraindo novos capitais para empreendimentos industriais, como os do ramo automobilístico.

Por outro lado, a linha moderada vigente na URSS e as teses do ISEB sobre o papel a ser desempenhado pela burguesia nacional no processo de libertação nacional repercutiram no PCB. Em 1958, o partido modificou sua plataforma política com a "Declaração de Março", ratificada dois anos depois no V Congresso. Os comunistas propugnavam agora por "um governo nacionalista e democrático", recomendando à classe operária "aliar-se à burguesia ligada aos interesses nacionais". O caráter da revolução brasileira, dizia o documento, era antiimperialista e antifeudal, nacional e democrático. Defendia-se a via pacífica para o socialismo, através da formação de uma "frente única nacionalista e democrática", integrada pelo proletariado, o campesinato, a pequena-burguesia e até setores de "latifundiários em contradição com o imperialismo norte-americano". Sob o regime de liberdades democráticas assegurado por JK, os comunistas puderam atuar numa semilegalidade. Na última semana de março de 1958, após 11 anos confinado em aparelhos clandestinos, Luiz Carlos Prestes reapareceu à luz do dia. O seu sonho era correr o Brasil de jipe, até o Araguaia, ao lado da filha Anita Leocádia.

*

A 450 quilômetros da Teodoro Bayma, Vianinha experimentava uma dupla e incômoda sensação: de contentamento com o sucesso de Guarnieri e do Arena; de amargura diante da constatação de que, no Rio, ganhava mais que nos tempos de sufoco em São Paulo, porém estava profundamente infeliz. Em poucos meses, Vera Gertel percebeu que ia ser a desgraça total para a vida dele e, portanto, para a dela também.

Vera resolveu agir por conta própria. Até hoje desconhece se Vianinha ficou sabendo que foi ela quem, por trás do pano, intercedeu para que o Arena o convidasse a se reintegrar ao grupo. "Escrevi às escondidas uma carta para o Guarnieri, que era como se fosse um irmão nosso, perguntando quanto ele ganhava e se era possível propor ao Zé Renato chamar o Vianna de volta, recebendo salário idêntico. Na verdade, era uma quantia que mal daria para nós dois vivermos, pois, grávida, não podia continuar fazendo teatro. Eu disse: é pouco, mas não tem importância, a gente dá um jeito. A combinação era não contar nada ao Vianna, que era muito orgulhoso." Para José Renato, a sugestão caiu do céu: estafado e de casamento marcado, Guarnieri precisava ser substituído no elenco de *Black-tie*. Quem melhor do que Vianinha para representar Tião?

O retorno a São Paulo coincidiu com o início do Seminário de Dramaturgia, organizado em caráter permanente por Augusto Boal, que se inspirara na metodologia da Columbia University. O Seminário incentivaria leituras e debates de clássicos e a produção de textos calcados na realidade brasileira.

Em 11 de abril de 1958, foi dada a partida para as discussões. Além de Boal, participavam Vianinha, Guarnieri, José Renato, Flávio Migliaccio, Chico de Assis, Milton Gonçalves, Nélson Xavier, Beatriz Segall, Maria Thereza Vargas, Raimundo Duprat, entre outros. Incorporaram-se ao Arena Ruggero Jacobbi, o folclorista Barbosa Lessa, o cineasta Roberto Santos, os críticos Sábato Magaldi e Zulmira Ribeiro Tavares, o jornalista Paulo Afonso Grisolli e os escritores Roberto Freire e Manoel Carlos.

O reingresso no Arena revigorou Vianinha, que foi morar com Vera num pequeno apartamento na alameda Barão de Limeira. Ensaiou rápido para entrar em *Black-tie* e passou a estudar com afinco filosofia e história, como autodidata. Adquiriu o hábito de ler onde estivesse, inclusive no camarim antes de entrar em cena, como se pressentisse que a vida lhe seria escassa. Costumava encher as margens dos livros de anotações, guardava papéis, separava antigos textos da dramaturgia brasileira para levar à discussão no Seminário.

Como as sessões se realizavam aos sábados de manhã, Vianinha se empenhava a semana inteira para apressar a peça que pretendia submeter a debates — *Chapetuba Futebol Clube*. O futebol, a despeito de ser uma preferência nacional, jamais fora abordado em profundidade pelo teatro. O momento era mais do que propício: o país não fazia outra coisa senão acompanhar os jogos da seleção brasileira na Copa do Mundo da Suécia. O universo futebolístico, a partir da difícil sobrevivência de um time do interior, servia de pretexto para Vianinha examinar a engrenagem social que determinava as relações humanas e profissionais, tolerava os métodos escusos (subornos, traições) para a ascensão social e condenava os setores desfavorecidos a se perpetuarem na exclusão.

"Eu não escolhi o futebol como posição e nem decidi escrever uma peça sobre futebol partindo de uma idéia que me dirigisse a ele. O futebol é que chegou a mim", esclareceria Vianinha numa entrevista em 1959. "Eu me interessei pela coisa e fui escrever. Agora, tenho impressão de que isso é um reflexo, um sintoma, ainda, de um surto nacionalista de teatro. E *Chapetuba* sofreu muito disso, no sentido de trazer pro palco a nossa realidade, procurar retratá-la quase que cronisticamente, sem discuti-la muito, sem procurar levantar seus problemas, suas causas, suas origens — mas trazer simplesmente a nossa realidade, a nossa fala, a nossa maneira, e procurar pesquisar o sentido que nós temos."

Fiel à sua veia autocrítica, apontou erros e acertos na peça: "*Chapetuba F.* C. tem defeitos graves, de ordem essencial, causados pela ingênua satisfação de muitas vezes permanecer no pitoresco, no detalhe digestivo. Mas *Chapetuba* tem enorme importância atualmente porque, além de nacional, foi escrita numa tentativa de superar o melodrama jornalístico, a denúncia de efeito, a fala vazia. É cedo para um rendimento satisfatório total. Mas fica a proposta."

O clima no Seminário logo se delineou: na ânsia de sustentar pontos de vista, de propor rumos e corrigir desvios, a paixão muitas vezes sobrepujava a ponderação. "O Seminário, apesar de todos os seus erros e de todo o radicalismo, foi um grande acontecimento. Houve erro porque estávamos começando, não sabíamos nem o que era propriamente um seminário, quanto mais como deveríamos nos exercitar dentro dele", explica Guarnieri. José Renato tem opinião semelhante: "Houve muitos erros de nossa parte na avaliação dos trabalhos apresentados, motivados por uma certa imaturidade nossa, que às vezes fazia com que a gente avaliasse o trabalho dos outros querendo impor o nosso próprio estilo."

E Vianinha, como vivenciou a experiência? "O Seminário de Dramaturgia, gestado no Teatro de Arena, mesmo incipiente, de calças curtas, é aquele tímido início que pode resultar na deflagração do salto qualitativo. Espetáculos em praça pública, em sindicatos, tantas outras experiências, tantas outras vitórias vão somando confiança. A certeza do caminho escolhido, de fôlego vivo ao espinhoso autodidatismo, desenvolve a capacidade autocrítica", escreveu ele no programa de *Chapetuba F. C.*

Para os autores que agarravam com unhas e dentes a chance dada pelo Arena, as "caneladas" recebidas durante os debates doem até hoje. Chico de Assis, que viu sua peça *Outra paisagem* ser alvejada por tiros de obuses, diz que as restrições "começavam pela parte estrutural das peças e terminavam ideologicamente". Paulo Afonso Grisolli lembra bem-humorado que o Seminário "era uma desgraça, uma malhação terrível das peças dos outros". Confessa que, ainda hoje, quando lhe apresentam roteiros para dirigir, sente presente "a capacidade de estraçalhamento da estrutura dramática" que testemunhou no Arena. "O clima de participação, de disputa, de emulação e até de inveja acabava criando atritos e rusgas que, em certos casos, persistiram por muitos anos. O fundamental, entretanto, é que o Seminário reunia talentos indiscutíveis, frutos de um período de amplas liberdades, de intensas especulações sobre o futuro do país."

Boal repetia que o fundamental era cada um dizer o que pensava, sem se preocupar com a susceptibilidade dos autores, que podiam mudar o que bem quisessem. "É um trabalho coletivo. O autor faz o que quer. Nunca perde sua individualidade. E, inclusive, quando é muito atacado, isso o obriga, se não concorda com os ataques, a assumir uma posição mais forte e mais intensa para defender-se."

Segundo Maria Thereza Vargas, assistente de direção de Boal, Vianinha discutia muito com Jorge Andrade sobre *Pedreira das almas* e com Roberto Freire sobre *Gente como a gente*. A raiz das controvérsias, segundo ela, era quanto à função política do teatro:

"Jorge Andrade não era marxista. E creio que a intenção do Vianinha era fazer daquele Seminário e do Arena principalmente veículos de transmissão de idéias e maneiras de vida que mudassem alguma coisa. Ele brigou feio com o Roberto Freire devido, sem dúvida, às posições cristãs do dramaturgo. A coragem, a determinação e uma profunda crença faziam com que a doçura do Vianinha muitas vezes ficasse encoberta — principalmente nos momentos de discussão — pelo que eu chamaria de uma certa ferocidade na defesa daquilo que era a sua certeza."

Mas eventuais divergências não lhe tolhiam a sensibilidade em instantes decisivos. "Havia no Vianinha, já bastante desenvolvido, o verdadeiro homem de teatro, herança do pai", diz Maria Thereza. "Se andou brigando com o Freire, devido às 'idéias mornas, alienadas e de nenhuma valia para o homem futuro', foi, no entanto, o primeiro a sair colhendo assinaturas para um abaixo-assinado contra a censura da peça *Quarto de empregada*, proibida de ser encenada na Escola de Arte Dramática."

Chapetuba foi um dos textos mais exaustivamente discutidos no Seminário. "Vianinha às vezes aceitava as críticas, às vezes não. Mas só o fato de ele reagir a uma proposta reafirmava a sua convicção", revela Boal. De tanto refazer os diálogos e as situações dramáticas, nem se importava de sentar novamente à máquina e pesquisar um modo diferente de comunicar as idéias. "Ele era o mestre de reescrever. Porque não ficava satisfeito nunca com o que escrevia", rememora Chico de Assis. "Você não precisava nem se preocupar porque ele vinha logo com a autocrítica. Era perfeccionista, fazia e desfazia. Sem brincadeira, *Chapetuba* deve ter sido escrita umas 35 vezes."

Nem tanto. Segundo Vianinha, houve sete versões. Boal fala em oito ou nove.

Grisolli acredita que a sofreguidão com que Vianinha se entregou à elaboração da peça evidenciava "uma certa inveja sadia" pelo êxito fantástico de *Eles não usam black-tie*. "Ele, que vinha fazendo exercícios dramáticos como *Bilbao via Copacabana*, tratou de escrever logo outro texto, com temática brasileira tão pungente quanto a de Guarnieri. Vianinha era sôfrego nesse sentido: não deixava por menos. Foi lá e batalhou mesmo."

A lealdade de Vianinha ao grupo chegava a extremos. José Renato passou quase todo o ano de 1958 viajando, e Vianinha lhe escrevia religiosamente todo mês, contando as coisas do Arena. Quando o diretor desembarcou no Brasil, em 1959, de navio, Vianinha foi esperá-lo no porto de Santos "com o mesmo ar risonho, com a mesma sinceridade". Características que se mantinham nas controvérsias: "Houve ocasiões em que nós brigamos violentamente, mas jamais me disse coisas pessoais. Defendia com veemência suas idéias, que eram às vezes diferentes das minhas, porém sem perder aquele sentimento de respeito que um tinha pelo outro."

A desenvoltura com que Vianinha se conduziu durante o Seminário, acatando o que julgava pertinente e expondo francamente suas divergências, reforçaram, segundo José Renato, sua vocação para a liderança do grupo. "Ele pontificava por seu dinamismo, seu brio e sua inteligência. Uma das poucas pessoas leais que conheci na vida. Capaz de te dizer sinceramente o que pensava. Não é como certas pessoas que falam uma coisa e fazem outra."

Na verdade, a fisionomia definitiva do Arena consolidou-se no entrelaçamento do sucesso de *Black-tie* com o surto de criatividade durante e a partir do Seminário. Para Décio de Almeida Prado, a projeção do grupo como vertente revolucionária da dramaturgia brasileira construiu-se também na confluência de elementos artísticos e sociais e das interações entre três jovens "na idade da maior incandescência emocional e intelectual" (Vianinha, Guarnieri e Boal), e um homem de teatro com a envergadura de José Renato.

*

Uma pausa na dedicação ao Seminário. Em junho de 1958, nasceu Vinícius, filho de Vianinha e Vera. Um garoto robusto que encantaria a família. Vianinha, aos 22 anos, não demonstrava muito jeito com o bebê, mas adorava chegar em casa e brincar ao seu lado. Como os pais tinham uma vida atribulada no teatro, Vinícius ficava às vezes com os avós Noé e Rachel Gertel, em São Paulo, ou Oduvaldo e Deocélia, no Rio.

À medida que transcorriam os meses, Vianinha curtia mais e mais o filho. Prosa mas embaraçado, como todo marinheiro de primeira viagem. Aos pais, falaria, de forma divertida e carinhosa, sobre o convívio com o menino:

"O filhão vai bem mesmo, bem e safado. Ele é inteligente e meio quietarrão. A Raquel (*sic*) já protestou, a Verinha também: quietarrão é a mãe! Mas eu acho o Vinícius quietarrão, e não acho isso defeito, acho jeito mesmo. A gente não sabe bem o que fazer com a criança, se afinal de contas educá-la ou favorecer a auto-educação. E às vezes fico meio embananado, não sabendo se tiro ou não um objeto da mão dele. Se tiro, ele não sabe por que tirei — e não adianta explicar que lá vem ele com o gugugu. Se não tiro, adeus objeto. Portanto... eu prefiro que esse problema não seja criado e às vezes amarro o Vinícius na porta do armário (só assim mesmo); ou então, outras vezes, tranco o garoto na área do tanque. Tô brincando, sim. O que não é brincadeira é que, quando ele faz alguma coisa errada, ponho ele fora de casa por dois dias. Ele volta, barbudo, sujo... mas bonzinho que só vendo. Assistiu à peça no Arena. Saiu. Me abraçou. Disse daquele jeito — puxa, perto disso daí você é Shakespeare. Mas ficou quieto acompanhando tudo, observando uma porção de coisas."

Quando o Arena organizava uma excursão pelo interior paulista, com *Eles não usam black-tie*, aconteceu um imprevisto sentimental. A circunstância de contracenarem todas as noites como Tião e Maria aproximaria Vianinha e Miriam Mehler, jovem atriz formada na Escola de Arte Dramática e que fora convidada por José Renato a integrar o elenco de *Black-tie*. Filha de pais ricos, que não se conformavam com a sua opção pelo teatro, Miriam enfrentava outra objeção: havia escolhido o Arena e não o TBC, com sua galeria de astros.

O contato inicial dela com Vianinha foi frio e distante:

"Nunca tinha falado com o Vianinha. Já o tinha visto atuar no Arena, mas o conheci mesmo no *Black-tie*, quando ele substituiu o Guarnieri. Achava-o uma pessoa formidável, maravilhosa. Eu era considerada no Arena uma burguesinha. As pessoas me olhavam meio esquisitas, mas consegui me afirmar. O Vianinha, que tinha posições políticas radicais, começou a me tratar com distanciamento. É como se dissesse: 'Ela não é das nossas.' Mas, fazendo *Black-tie* juntos, com todo o envolvimento, provavelmente ele percebeu que eu não era nada daquilo, que era igualzinha aos outros. E foi assim que surgiu uma paixão enlouquecedora entre nós, uma coisa meio de adolescentes."

A aproximação ocorreu durante uma viagem de trem a Bauru. Os vagões tinham cabines individuais e a de Miriam ficava curiosamente ao lado da de Vianinha. Como se aproximar dela com discrição, sem que os outros percebessem? De madrugada, quando todos estavam dormindo, ele começou a acender e a apagar a luz de sua cabine, como se fosse uma mensagem cifrada: "Olha, estou aqui!" Tomou coragem e foi até a cabine de Miriam, onde nem sentiram o tempo passar. "Falamos sobre tudo, mas a idéia-chave era mudar o mundo, o que deveríamos fazer para alcançar as transformações. A partir daí, quando nos encontrávamos à noite, o pessoal percebia que havia alguma coisa no ar", conta Miriam.

Vianinha a impressionava pela inteligência e pela inesgotável energia: "Ele era muito charmoso, bonito e, obviamente, jogava charme. Tinha dentro dele aquele anseio de realizar as coisas. Não só falava que ia fazer — ele fazia. Estudava, discutia, escrevia, era realmente empreendedor. Isso me atraiu muito. Nunca tinha conhecido uma pessoa assim; me parecia um homem completo, jovem, cheio de vida, com um humor incrível. Isso, aliás, era algo que o distinguia no Arena, onde as pessoas, talvez pela politização, viviam se queixando da vida. Ele, não; achava tudo ótimo, tinha alegria de viver."

O caso durou pouco tempo, com pressões de várias ordens, inclusive familiares. A maioria dos atores do Arena deixou de falar com Miriam, em solidariedade a Vera Gertel.

"A situação ficou insuportável", lembra Miriam. "Era impossível representar sem que ninguém falasse comigo. Havia pessoas ali que quanto mais politizadas, mais moralistas eram. Me consideravam de puta para baixo. E o pior é que eu não tinha feito nada demais. Olhavam para mim como se dissessem: 'Olha o que ela fez: destruiu um casamento.' Na verdade, Vianinha e Vera estavam em crise conjugal, até porque ninguém se apaixona impunemente. A Verinha, mulher inteligente e sensível, sabia disso, mas os outros, não. E o julgamento foi dos outros, e não dela."

Vera realmente percebera que a relação não ia bem. Tanto assim que deixou Vinícius com os pais e foi encontrar-se com Vianinha em Campinas, última cidade em que o Arena se apresentaria. Notou o marido estranho, calado e pensativo. Vianinha pediu a Guarnieri que fizesse o seu papel naquela noite, pois desejava regressar a São Paulo com Vera, que relata:

"Fiquei em cima dele: 'O que há, Vianna? O que você tem? Com o que você está preocupado?' Como ele já era normalmente angustiado, esperei o dia seguinte para lhe fazer a última pergunta: 'Você está apaixonado por outra?' Aí, ele ficou em silêncio. Era isso. Então virei para ele e falei que não tinha problema, que a gente se separava e que ele não precisava ficar infeliz por causa daquilo. Falei isso, mas a coisa não foi tão tranqüila para mim. Acho até que ele se assustou um pouco com essa minha tranqüilidade. Por motivos que ignoro, ele acabou não ficando com a outra, pela qual chegou a ter um amor platônico. Não chegamos a nos separar, mas aí o casamento desandou, já não seria uma coisa tão perfeita."

Miriam Mehler deixa claro que ficou com medo de assumir a relação:

"Ele me dizia: 'Não me conformo com esse tipo de coisa. Nem fomos até o fim e você quer desistir?' Mas o fato é que não tive peito de enfrentar aquelas pressões. Depois, namorei, casei, tive grandes paixões, mas sempre o Vianinha foi uma coisa inacabada, que não teve fecho, que não cumpriu o ciclo normal, que não acabou. Anos depois, quando eu dava de cara com ele, havia uma sensação estranha entre nós, algo parado no ar. Jamais tivemos coragem de bater um papo sobre tudo aquilo que nos aconteceu. É muito frustrante você ter uma paixão e não chegar a realizá-la. Foi uma coisa mal resolvida."

Miriam afastou-se do Arena, sendo substituída no elenco de *Black-tie* por Vera Gertel.

*

O Arena escolheu *Chapetuba F. C.* para dar seqüência à linha de dramaturgia nacional. A direção coube a Augusto Boal — José Renato fora para a Europa com uma bolsa de estudos. Os atores chegaram a procurar jogadores de futebol, em busca do maior manancial de informações possível.

Ex-aluno da Escola de Arte Dramática, Nélson Xavier ingressou no Arena para fazer o protagonista de *Chapetuba*, o experiente goleiro Maranhão, que se deixa subornar para não participar da final do campeonato da Segunda Divisão. Xavier define a experiência como inesquecível: "Ensaiando *Chapetuba*, eu comecei, pela primeira vez como ator, a vivenciar plenamente minhas — eu vou chamar assim — emoções brasileiras: maneiras de sentir e de ser como só nós, brasileiros, somos e sentimos. Ora, foi um deslumbramento poder viver personagens nossos. O prazer de viver a si mesmo; o prazer de se permitir uma fala do jeito que se fala nos subúrbios, debaixo das pontes, diante das máquinas nas fábricas, nas ruas; o prazer de soltar meu corpo do jeito dele, sem ter de aparentar um barão russo ou um juiz alemão."

Nos ensaios, Boal tirou o couro dos atores — além de Milton Gonçalves e Xavier, Vianinha, Flávio Migliaccio, Chico de Assis, Xandó Batista e Riva Nimitz. "Levamos seis meses ensaiando. Nunca tive tanto tempo para preparar um espetáculo", diz Boal, para quem a obra tem duas características fundamentais: a análise psicológica dos personagens e a denúncia de que o futebol "sacrifica os homens que o praticam, condiciona-os pelo prestígio, pelo dinheiro e pela burocracia".

A primeira apresentação de *Chapetuba* foi em Marília, e por azar logo com um incidente. O ator Xandó Batista levou às últimas conseqüências o "laboratório" para interpretar Durval, o ex-ídolo que, cético e decadente, termina jogando num time do interior. No segundo ato, o personagem toma um porre, sucumbindo diante da evidência de que não é mais o grande craque cortejado por todos. Para dar realismo à cena da bebedeira, Xandó tomou doses de conhaque. Mas, no terceiro ato, ele deveria estar sóbrio, no domínio de suas faculdades — e isto Xandó não conseguiu por nada. Foi uma estréia melancólica, porque o público que lotava o ginásio de esportes da cidade notou que ele estava bêbado.

Antes da temporada em São Paulo, uma prova de que o Arena incomodava os setores mais retrógrados. A Censura era ainda tênue: as companhias podiam recorrer de eventuais cortes. Após o ensaio geral, o censor procurou Boal e Vianinha para dizer que gostara da peça, mas que cortaria no texto a palavra *merda*, que aparecia cinco vezes, e a expressão *puta que pariu*, dita uma vez. Vianinha tentou demovê-lo:

— O primeiro *merda* o senhor pode deixar porque faz parte do contexto. O segundo não pode sair porque perderia o sentido da fala...

E, assim por diante, justificava cada palavrão. De tanto insistir, acabou convencendo-o a suspender os cortes dos cinco *merdas*. Mas o *puta que pariu* teria de ser cortado, exigiu o censor. Vianinha propôs trocar os cinco *merdas* pelo *puta que pariu*. O censor, doido para se livrar do assédio, liberou o texto sem cortes.

A crítica recebeu bem a montagem. Embora apontando "defeitos graves, causados pela ingênua satisfação de muitas vezes permanecer no pitoresco, no detalhe digestivo", Sábato Magaldi saudou Vianinha pela "sensibilidade de fixar pela primeira vez no teatro um tema eminentemente nacional". E acrescentou: "*Chapetuba F. C.* examina, por dentro, o mecanismo do esporte, engastando-o no quadro amplo da realidade social, que o condiciona e sem dúvida lhe determina as características. O texto transcende, nesse caminho, as fronteiras da tipificação de um grupo humano, para situar-se como estudo de indivíduos de uma classe desfavorecida, em face da ordem social injusta. Os vários jogadores, sem serem abstrações, simbolizam as diversas fases de uma evolução, em que lutam desesperadamente por sobreviver. E sabe-se, com certeza, que o tempo os esmagará." O fecho da análise de Magaldi incensava o jovem autor: "A peça de Oduvaldo Vianna Filho representa mais um passo significativo para a instauração de uma dramaturgia brasileira autêntica. Essa estréia é muito mais que a simples estréia de um autor talentoso; ele se coloca desde já na primeira linha do nosso teatro, entre os poucos dramaturgos que merecem consideração. Prestigiar o espetáculo do Arena é fazer a única política elevada para a emancipação da cena brasileira."

Vianinha e o elenco comemoraram no Redondo, bar-padaria na esquina da rua da Consolação com a avenida Ipiranga, um dos redutos prediletos do pessoal do Arena e do Oficina. Com sorriso de triunfo, Vianinha abraçou Guarnieri com força. Boal, que conversava em outra mesa com o jovem Plínio Marcos, propôs um brinde regado a chopes. Só depois da quarta rodada é que Guarnieri notou que Vianinha não largava uma pasta de papelão onde, cuidadosamente, guardava os recortes de críticas publicadas pelos jornais.

Mesmo sem nivelar-se ao êxito de *Black-tie*, *Chapetuba F. C.* atravessou três meses em cartaz. O Arena não podia parar: em fins de abril de 1959, ensaiava duas peças de autores nacionais para ocupar o Teatro das Segundas-Feiras: *Bilbao via Copacabana*, de Vianinha, e *Quarto de empregada*, de Roberto Freire, ambas dirigidas por Fausto Fuser. Ao analisar *Bilbao*, *O Estado de S. Paulo* considerou o enredo pouco original, mas enalteceu a desenvoltura do autor na esquematização cênica: "A maneira como as réplicas se encadeiam e a felicidade com que algumas situações foram resolvidas mostram que Oduvaldo Vianna Filho pode vir a ser esta raridade no Brasil: um genuíno autor cômico."

Chapetuba e *Bilbao* tinham acabado de ser premiadas com o primeiro e o quinto lugares, respectivamente, no concurso de dramaturgia promovido pela Caixa Econômica Federal. Mas Fausto Fuser só foi descobrir *Bilbao* graças à publicação do texto na *Revista de Estudos Teatrais*, editada pela Federação Paulista de Amadores Teatrais. "Irritantemente modesto, Vianinha nem sequer chegou a comentar entre nós a sua premiação e se recusava a falar da peça que fora ao final daquele julgamento", lembra o diretor.

Embora considerasse *Bilbao* um rascunho ("é uma peça que nada traz ao pensamento moderno, ao questionário filosófico e social que o homem se propõe; apenas brinca"), Vianinha acompanhou com avidez os ensaios. Segundo Fausto Fuser, "parecia um menino, mal se continha sentado diante da alegria de ver serem descerrados, um a um, os presentes de Natal que um Papai Noel inesperado e generoso lhe trouxera. Ria, juntamente com o público, das situações que havia escrito; ele ria, feliz, do rascunho que tomava vida e caminhava com suas próprias pernas aos saltos e cambalhotas que o divertiam muitíssimo, como se dele tomasse conhecimento naquele minuto".

Gente como a gente fracassou — não mais que um mês em cartaz. Numa carta aos pais, Vianinha relataria, em tom amargo, o impacto negativo nas finanças do grupo:

"Vai mal a coisa aqui, minha gente, que só Silki agüenta, e bem-disposto! Não vem ninguém ao teatro, os pagamentos atrasados. Parece que no começo do mês sapecamos o *Black-tie* — tome mais Guarnieri, que realmente conseguiu uma projeção espetacular aqui em São Paulo. Antes, quando não se tinha nada pra fazer, jogava-se palitinho. Hoje, discutem Guarnieri. E tudo isto é bom pra burro, mas principalmente pro Maria Della Costa, porque, aqui, você viu alguém entrar? Nem eu. Mas... teatro é tão lindo, é uma tarefa tão nobre. (...) Aqui... passo fome. Mas vamos ver. As notícias melhores. Há dinheiro para receber da Comissão Estadual — Cr$ 300.000,00. E a possibilidade financeira no Rio de Janeiro é realmente muito grande. Que mais... que mais? Mais nada. Planos para o novo teatro, muita atividade no Seminário de Dramaturgia, com todo mundo querendo escrever pecinha. A linha de apresentação de peças nacionais tem que ser mantida de qualquer maneira e a qualquer preço. O resultado e a repercussão são enormes."

Ele se queixaria da incompreensão para com o repertório do Arena: o público, em vez de prestigiar a qualidade artística, ia atrás dos sucessos. A despeito das dificuldades, continuava defendendo, veementemente, os autores brasileiros, como se depreende de suas palavras ao amigo Neilor, de Varginha. "Procuramos alicerçar uma dramaturgia nacional, a pesquisa de um estilo brasileiro de representação, extraído de nossa realidade. Nós estamos convencidos da urgência e da importância da montagem de autores nacionais, que realmente procuram analisar a realidade brasileira, não apenas ficando na superfície exótica de seus fatos, mas procurando uma razão para eles. Queremos saber e entender as reações do homem brasileiro — não para justificá-lo, mas para esclarecê-lo."

Para tentar reequilibrar o caixa, o Arena programou uma excursão de *Eles não usam black-tie* pelo interior paulista. O momento de crise respingava em Vianinha, que em outra carta a Oduvaldo e Deocélia se confessava confuso e insatisfeito. Pela primeira vez, citou Bertolt Brecht, cujas idéias vinham sendo assimiladas pelo Arena:

"O Brecht dizia que quando o homem vislumbra a verdade começa o sofrimento. Eu digo que começa a confusão. Eu ando terrivelmente confuso sobre tudo. O marxismo, o homem, a arte, as relações entre os três, a relatividade de Einstein, o absoluto, o relativo e todas essas coisas que vão se metendo na cabeça. Confuso porque não sei direito para que serve este estudo todo [illegible] se não seria melhor que a gente estudasse e discutisse tudo isso para jogar alguma coisa para a frente. Senão, não teria sentido para um marxista fazer teatro — deveria fazer só política. Estou estudando violentamente. Mas ando chateado, pensando sempre e não entendo muito isso. Viva a vida, vá! (...) De resto tudo vai mais ou menos. O que vai mesmo bem é o estudo, o mundo que a gente vai descobrindo, o sentido mais profundo que a gente vai dando à nossa vida."

O interesse de Vianinha e do Arena por Brecht se adequava à crescente atenção dispensada ao dramaturgo alemão em nosso meio teatral, particularmente após sua morte, em agosto de 1956, ano em que a temporada do Berliner Ensemble arrebatou Paris. No Brasil, começavam a ser publicados estudos sobre sua concepção de teatro épico, seu pensamento teórico e suas peças. Sábato Magaldi salienta que as primeiras encenações de Brecht entre nós foram marcadas por uma preocupação bastante ortodoxa quanto ao propalado efeito do estranhamento na representação dramática. Em 1958, ocorreu a primeira montagem profissional brechtiana, *A alma boa de Setsuan*, sob a direção do italiano Flamínio Bollini Cerri, no Teatro Maria Della Costa.

Em meio aos estudos de Brecht, surgiu uma luz no fim do túnel para o Arena, com a possibilidade de uma temporada no Rio de Janeiro. A abertura de mercado em outra capital diversificaria os campos profissionais do grupo. O plano era apresentar *Black-tie* no auditório do Automóvel Clube do Brasil, mas depois se optou pelo teatro de arena que a Sociedade Teatro de Arte acabara de construir na rua Siqueira Campos, em Copacabana, na área onde funcionaria um *shopping*. O elenco estava escolhido: Vianinha, Milton Gonçalves, Nélson Xavier, Chico de Assis, Riva Nimitz, Flávio Migliaccio, Henrique César, Lélia Abramo, Vera Gertel, entre outros. Para Vianinha, Vera e Vinícius, não haveria maiores gastos, pois se hospedariam no apartamento de Oduvaldo e Deocélia.

Durante os preparativos da viagem, Vianinha cogitou de criar peças que difundissem uma série de conceitos marxistas. Retomava assim o ideário do TPE: fazer do teatro um instrumento de ação política. Guarnieri publicou o artigo "O teatro como expressão da realidade nacional", na *Revista Brasiliense*, sustentando que só o "teatro popular" posicionava o artista como participante ativo nas lutas sociais: "O único caminho será o aberto pela análise dialético-marxista dos fenômenos, partindo do materialismo filosófico. Não há caminho de conciliação. Não há meio de fugirmos a uma definição político-ideológica se quisermos realmente, como artistas, expressar com exatidão o meio em que vivemos."

A ênfase na demarcação política a ser seguida pelo Arena mostrava que tanto Vianinha como Guarnieri desejavam aprofundar, sob uma ótica marxista, a dramaturgia vinculada às questões populares. A companhia, entretanto, já não era tão coesa quanto antes. Vianinha e Chico de Assis questionavam a validade das montagens de *Gente como a gente* e de *A farsa da esposa perfeita*, de Edy Lima, argumentando que não tinham sentido de participação consciente na conjuntura nacional.

Por outro lado, sentia-se a pressão de uma crise financeira prolongada, e crescia a insatisfação com o modelo empresarial adotado por José Renato. De acordo com Paulo Afonso Grisolli, "embora identificado com toda a renovação estética e de linguagem teatral que revolucionou a imagem do Arena, Zé Renato tinha menos paixão, menor ardor, agia com mais prudência, com a cabeça de empresário. O que complicava tudo era que o grupo tinha um caráter reivindicativo permanente, decorrente de um instinto político muito bem treinado".

A temporada carioca, nesse clima conturbado, ou resolveria as contradições internas, ou precipitaria um racha que se desenhava inevitável.

Uma arena pequena demais

Quando o Arena desembarcou no Rio de Janeiro, em setembro de 1959, a esquerda brasileira ainda suspirava por Fidel Castro. Ele visitara o país em fins de abril, ao regressar de uma viagem aos Estados Unidos, durante a qual tentara mudar a opinião pública norte-americana sobre a Revolução Cubana. Após escalas na Brasília em final de construção e em São Paulo, passeou pela orla marítima do Rio e gravou, no estúdio da TV Tupi, na Urca, o programa *Esta é a sua vida*. Por onde andava, multidões de jovens o saudavam, entre eles o jovem ator Carlos Vereza: "Foi uma coisa fascinante. A utopia chegava até nós. Ver Fidel Castro a meio metro como eu vi na avenida Atlântica, sujeito de dois metros por cinco e meio de largura, charuto enorme... E a barba, aquela farda..."

A imprensa carioca abria colunas a dois temas candentes: os velhos bondes deveriam ser recuperados, ou a melhor solução era comprar ônibus elétricos? E que destino dar às favelas? Nos morros, concentravam-se 10% da população. Entrava na ordem do dia a remoção de favelados para a despovoada Zona Oeste. Os urbanistas advertiam que Copacabana não resistiria a tantos arranha-céus. Por seu turno, o governo federal examinava o edital de construção de um túnel subterrâneo para Niterói, atravessando a Baía de Guanabara. Editoriais exigiam providências imediatas para diminuir a violência no trânsito. E o juiz de menores, Rocha Lagoa, prometia retirar das ruas as crianças abandonadas.

Filas às portas dos cinemas para se assistir a *Deus sabe quanto amei*, com Frank Sinatra, Dean Martin e Shirley MacLaine, e *Amar é minha profissão*, com Jean Gabin e Brigitte Bardot. Comemorava-se o cinqüentenário do Teatro Municipal com a apresentação de *Copélia* pelo Balé de Cuba, liderado por Alícia Alonso. A Companhia Tônia-Celi-Autran encenava *A torre de marfim*, no Teatro Mesbla. Batia recordes de espectadores a revista de Luiz Peixoto *O Brasil é nosso*, com 22 músicas inéditas de Ary Barroso, no novo Teatro Jardel, em Copacabana. Da moderna dramaturgia brasileira, apenas uma peça em cartaz, *A compadecida*, de Ariano Suassuna, no Teatro de Bolso, no Leblon.

Sem o menor exagero, o Arena sacudiu o panorama cultural da cidade com *Eles não usam black-tie*, em cartaz desde 10 de outubro de 1959 no teatro em forma de tablado que funcionava no *shopping center* da Siqueira Campos, em Copacabana. Era a terceira vez que o grupo se apresentava no Rio, mas nas vezes anteriores a repercussão fora tímida. Para Henrique Oscar, do *Diário de Notícias*, o espetáculo celebrava "o milagre teatral por excelência, que é esse de conseguir a participação, a integração dos espectadores na ação, de uma maneira total, envolvente, irresistível". Oscar elogiou o desempenho de Vianinha como Tião (Guarnieri deixara o elenco para excursionar com a companhia de Maria Della Costa, para a qual escrevera *Gimba, presidente dos valentes*): "Está excelente, é um dos dois ou três melhores; e, inclusive, gostamos mais dele no papel do que do próprio autor, que víramos em São Paulo." Augusto Maurício, do *Jornal do Brasil*, afirmou que Vianinha e Vera Gertel [como Maria] "dão perfeito colorido aos seus papéis, às falas de ternura e às de revolta que explodem num grito de sinceridade".

Vocações artísticas foram despertadas ou sedimentadas durante a temporada. "*Black-tie* foi um susto, uma coisa até ameaçadora para a minha geração, acostumada ao TBC", diz o diretor Domingos de Oliveira, que com pouco mais de vinte anos depararia com "um teatro feio, sujo, com atores que tinham cara de gente e transmitiam uma onda de talento". Domingos notou em Vianinha um brilho diferente: "Ele me fez crer que a emoção lhe saía pelos poros, me transmitiu a sensação de que era um homem emocionado com a vida."

O cineasta Antônio Carlos Fontoura, então estudante de geologia, diz que saiu do Teatro de Arena magnetizado pelo que assistira: "Ali senti que a minha vida ia tomar outro rumo." Reação semelhante teve o jovem ator Francisco Milani: "Era a primeira vez que ia ao teatro, com 19 anos, e logo para assistir àquela peça maravilhosa. Foi um choque muito grande. Descobri ali que precisava me dedicar inteiramente ao teatro."

Com seu jeito despojado de representar a realidade brasileira, o Arena abriu uma janela na vida de Hugo Carvana: "Foi o começo do meu entendimento com a arte, no sentido amplo da palavra. O Arena trouxe ao Rio o teatro político e engajado. O homem brasileiro passava a ser personagem nos palcos. Jovem ator, eu achava que representar era assumir uma postura extremamente aristocrática, clássica, como ensinara o TBC. Ao ingressar logo depois no Arena, perceberia que o teatro tinha uma função muito mais ampla do que pensava. Não era só fazer um espetáculo bonito como aqueles que os diretores italianos do TBC tinham trazido para o Brasil."

O Arena resolveu promover no Rio um seminário de dramaturgia, com Vianinha à frente dos trabalhos. Entre os participantes, estavam futuros teatrólogos e amigos seus, como Armando Costa, Domingos de Oliveira e João das Neves. "Vianinha sobressaía no seminário porque tinha uma inteligência nervosa, era agitado e articulava muito bem os problemas do teatro", acentua Domingos.

Simultaneamente, Vianinha, Nélson Xavier, Chico de Assis e Flávio Migliaccio organizaram um ciclo de estudos sobre Bertolt Brecht e Erwin Piscator, com a participação, entre outros, do crítico Miguel Borges e do cineasta Leon Hirszman. Segundo Borges, Vianinha e Chico de Assis firmaram a convicção de que um teatro válido, no Brasil, não deveria permanecer no realismo romântico, de denúncia ou do documentário crítico dos problemas políticos. Para ser eficaz, precisaria aproximar-se da classe operária, tratando de enfocar os problemas a partir de seu ângulo de visão.

Após *Black-tie*, *Chapetuba* movimentou a arena da Siqueira Campos. Van Jafa, do *Correio da Manhã*, atreveu-se a dizer que a peça nada ficava a dever a *Black-tie*: "Além de manter o padrão interpretativo e a categoria do espetáculo, denuncia um autor na figura vibrante de Oduvaldo Vianna Filho, já aprovado como ator de talento e comunicabilidade com a platéia, guardando em si qualquer coisa de *sex-appeal* não em aparência física, mas em atmosfera íntima, do brilhante Gerard Philippe." O controvertido Paulo Francis, de *Última Hora*, destacou a capacidade de Vianinha de inventar situações e personagens tão autênticos: "Ninguém, ao que eu saiba, escreveu sobre futebol com tanta percepção até hoje entre nós. (...) O espectador não precisa de mapa para saber que está no Brasil."

Vianinha lia cada crítica com lupa — a opinião alheia para ele se revestia de uma importância por vezes desproporcional. "A impressão que ele sempre me passou era a de uma pessoa em contínua revisão", depõe o diretor João das Neves. "Tinha uma postura aberta em relação à análise crítica de seu trabalho. O mais curioso é que ele não se agastava com as opiniões contrárias. Procurava a pessoa, tentava compreender as razões, os motivos, e fazia, se fosse o caso, as modificações. Outras vezes, ele revia inclusive a opinião que aceitara."

Chapetuba, que ficou no Rio de Janeiro até os primeiros meses de 1960, valeu a Vianinha cinco premiações: o Troféu Saci, os Prêmios Governador do Estado de São Paulo e do Rio e os das Associações Paulista e Brasileira de Críticos Teatrais.

Nem prêmios nem aplausos aplacaram o ambiente de desencontros no Arena. A exemplo do espaço da Teodoro Bayma, o teatro da Siqueira Campos oferecia um número limitado de lugares. Daí o paradoxo: a temporada era exitosa, entretanto não cobria os gastos com a manutenção da companhia.

Reacenderam-se os atritos e as divergências políticas. No texto "Alienação e irresponsabilidade", de 1960, Vianinha alvejaria, com inusitada agressividade, o diretor José Renato, a quem acusava de estar distanciado das preocupações culturais que deveriam balizar o trabalho do grupo.

Reclamaria ainda da inércia frente à crise financeira: "O Teatro de Arena tem uma média de salário abaixo de dez mil cruzeiros — que é o salário mínimo que está sendo pleiteado. Sem dinheiro não podemos avançar, formar elencos, pagar atores, formar autores — nada. Há pouco tempo Francisco de Assis tinha pudor de pedir verba. Eu também sentia a mesma coisa. Há dinheiro — destinado ao teatro — esbanjado por aí. O Brasil não tem problema de capital — tem problema de organização. Diminuímos permanentemente nosso salário real — ganhamos trinta por cento menos do que ganhávamos há quatro anos. E as necessidades cresceram assustadoramente. Livros, bibliotecas, tempo de estudo, propaganda. Comemos uma vez por dia."

Vera Gertel, que acompanhou de perto o processo de esfacelamento do grupo, acha que a insatisfação de Vianinha decorria de um único fator: o Arena ficara pequeno para ele. "O Vianna queria alguma coisa mais. A necessidade de aliar a política ao teatro, o fazer ao teatro ideológico, participante. Não é que o Arena impedisse, mas o fato é que tinha ficado pequeno. Do seu ponto de vista, o Arena era um teatro burguês, e ele queria fazer teatro popular."

A crise refletia, segundo Milton Gonçalves, um certo cansaço que atingia a todos. "A gente não dava um salto qualitativo, não partia para uma outra forma de teatro. Tínhamos o desejo individual de sair voando, embora vários de nós fizéssemos apelos para que o grupo se mantivesse unido, que aquele não era o momento de rachar, de se separar. Alguns achavam que não, que se tinha que mudar para tentar evoluir. Ali começamos a não nos entender mais quanto à metodologia de luta. De repente, todo mundo ficou num beco sem saída."

Para burlar o impasse, Vianinha sugeriria, no ensaio "O artista diante da realidade", também de 1960, a imediata ligação do Teatro de Arena a entidades que ampliem a sua capacidade administrativa: "ISEB, FAU (Faculdade de Arquitetura e Urbanismo), sindicatos, partidos políticos que expressem ou procuram expressar sua intervenção política na realidade — da mesma maneira que nós queremos intervir culturalmente." Estrategicamente, aconselhava uma aproximação do Arena com o

PCB: "Não digo que o Teatro de Arena deva ser subsidiário do Partido Comunista. A ligação porém seria fecunda — mantidas as independências. Os contatos seriam abertos por ele. Ele auxiliaria a administração do Arena."

Ele acreditava que o raio de ação do Arena, como movimento cultural, se ampliaria na coligação com organismos da sociedade civil que batalhavam por mudanças sociais. Na verdade, o alvo de Vianinha era o próprio teatro brasileiro, cuja estrutura carecia de "um grande plano de reformas radicais". Hora de reorganizar e fortalecer a infra-estrutura teatral. Sair das quatro paredes em busca das massas. Sintonizar-se com as lutas contra as desigualdades e as seqüelas do subdesenvolvimento, inclusive as que entravavam a produção cultural. Assim resumia a sua perspectiva: "Um teatro brasileiro que faça viver o homem, o sentido de sua responsabilidade na criação dos valores a que se encontra submetido, não é um teatro político — é um teatro que vai ter que se incluir na mediação que o homem tem da realidade concreta, para poder aguçá-la e permitir uma intervenção precisa. O problema brasileiro é de cultura — política e teatro ganham fenomenal importância. As condições estão dadas para a modificação. É preciso que isto ganhe a consciência. Esta é nossa tarefa."

Nos dois textos elaborados em 1960, nota-se um Vianinha mais embasado teoricamente, com maior domínio filosófico na abordagem da arte e do teatro. Seu livro de cabeceira era *História social da literatura e da arte*, de Arnold Hauser, mas sobressaíam citações de Jean-Paul Sartre, Carlos Drummond de Andrade, Mário de Andrade, Sófocles, Pirandello, Shakespeare, Maquiavel, Tennessee Williams, Bergson e Marx.

A referência central era Brecht, em particular as formulações sobre ética e alienação, que lhe pareciam indispensáveis para a definição de uma consciência revolucionária no trabalho artístico. "Brecht é artista antes de ser homem. É consciente de suas responsabilidades. Faz o preciso e não faz o que pode fazer com as armas anárquicas que lhe entrega uma sociedade alienada. (...) Brecht faz um teatro ético. Exclusivamente ético.

A arte para ele é o que trata da ética instintiva do homem que ele apanha empiricamente da realidade — e que só a arte pode organizar e dirigir conscientemente. Isso não exclui a inspiração, a intuição etc. Dando-lhes os lugares certos e correspondentes na escala normal de necessidade e causalidade, libertam-na para os mais altos vôos. Os do pensamento. (...) Brecht não mede o homem eticamente pela sua coragem, pela sua honestidade, pela sua sinceridade — a medida ética do homem, para Brecht, é a alienação. Nesse sentido, todos nós somos um mau caráter. Isto que é fundamental. Deus, no duro, no duro, somos nós mesmos. E os deuses podem estar em impedimento."

Na seqüência de suas meditações em "O artista diante da realidade", o jovem Vianinha arriscava-se a delinear um conceito de arte inspirado na estética marxista. Recusava o esteticismo, a experiência contemplativa e sensorial como um fim em si mesma. A obra de arte deveria estabelecer elos e nexos com "as necessidades históricas objetivas", incluindo-se na cultura humana como aparato de apreensão da realidade concreta e de representação de sentimentos, aspirações e fenômenos sociais. "A arte para mim é a transmissão de vivências, emoções, relações, representações e valores, que se incluem no aparelho imediato de conhecimento com que enfrentamos a realidade — desenvolvendo nossa capacidade de reagir sôbre ela, nossa capacidade de inteligi-la e representá-la."

*

A ebulição ideológica no Arena não fugia à regra que dominava o país: a passagem dos anos 50/60 se fazia com acelerada politização da sociedade, por meio de amplos debates sobre a eficácia revolucionária da arte, da explosão de reivindicações dos trabalhadores urbanos e rurais, organizados em sindicatos, associações de classe e ligas camponesas. A euforia desenvolvimentista se traduzia do futebol (com a conquista da Copa do Mundo de 1958) à Bossa Nova, da indústria automobilística recém-instalada ao Cinema Novo.

O sentimento de participação contagiava; manter-se alheio aos problemas sociais e políticos equivalia ao pior dos pecados. O "novo" era o povo e cabia a estudantes, artistas e intelectuais descobrir fórmulas capazes de utilizar a cultura como ferramenta na batalha pelas transformações sociais. A Cuba revolucionária embalava o vigor nacionalista e os sonhos libertários.

No Brasil, Jânio Quadros caminhava a passos largos para massacrar nas urnas o general Henrique Lott, candidato das forças progressistas. Mas isso não arrefecia o ímpeto revolucionário de nossa juventude, que vibrara com as visitas ao país de três símbolos do "novo mundo" — Ernesto Che Guevara, Jean-Paul Sartre e Simone de Beauvoir. Os dois últimos para aqui vieram depois de conhecer a Cuba de Fidel e Guevara. A conferência de Sartre atraiu longas filas à entrada da sede do ISEB. A repercussão de seu périplo por vários estados dividiu a grande imprensa. O *Diário Carioca* falou em "inexplicável histeria sartriana", enquanto a *Última Hora* de Samuel Wainer asseverou que, se o papa do existencialismo ficasse dois anos no Brasil, "isso mudaria o futuro do nosso povo".

A luta interna no Arena não engessou as energias de Vianinha. Atuou em *Revolução na América do Sul* e finalizou a peça *A mais-valia vai acabar, seu Edgar*, com o propósito de desvendar os efeitos sociais da teoria marxista da mais-valia. Por que exatamente a mais-valia? "A mais-valia é o fenômeno econômico que desencadeia a lei do valor que caracteriza o ser social desumano em que vivemos", explicaria Vianinha. "Na mais-valia e na lei do valor estão contidos o desemprego, o utilitarismo, a individualização, o mundo segundo nossa consciência. Na mais-valia está encravada a progressiva pauperização do proletariado, a estagnação das forças produtivas, o desfalecimento e o abandono."

As situações dramáticas giravam ao redor de quatro operários que trabalhavam juntos numa fábrica, sendo que um deles, agonizante após um ataque cardíaco, fizera um apelo aos colegas: que saíssem pelo mundo para descobrir aquilo que tentara entender a vida inteira — de onde vinha o lucro do patrão. Os companheiros percorreriam rotas distintas, mas só um acabaria desvendando o mistério (e seria preso por isso): o tempo de trabalho é igual ao valor da mercadoria e o lucro é a mais-valia. Tudo era pretexto para denunciar a exploração da força de trabalho no sistema capitalista, as más condições de vida do proletariado e a ganância dos proprietários dos meios de produção.

A idéia amadurecera em conversas com Chico de Assis e Miguel Borges. Nenhum deles sabia direito qual a melhor maneira de explicar didaticamente a questão do lucro na sociedade capitalista. Na dúvida, resolveram procurar alguém no ISEB para auxiliá-los. O professor Álvaro Vieira Pinto era o preferido. Diretor de pesquisas do Instituto, com sólida formação marxista e sem vínculo partidário, Vieira Pinto galvanizava os jovens com suas aulas de ciência e materialismo dialético na Faculdade Nacional de Filosofia. Às sextas-feiras, promovia debates no ISEB sobre filosofia, cultura e problemas brasileiros. Ao lado do Centro Acadêmico Cândido de Oliveira (Caco), da Faculdade Nacional de Direito, a FNFI constituía o pólo da agitação estudantil no Rio e celeiro de militantes para o PCB. Chico de Assis, que freqüentava o ISEB, acabou consultando o jovem sociólogo Carlos Estevam Martins, assistente de Álvaro Vieira Pinto. Estevam elaborou um esquema explicativo sobre a mais-valia, utilizando *slides* e cartazes.

Logo no primeiro diálogo, Carlos Estevam simpatizou com Vianinha: "Nós nos encontramos em frente ao prédio da União Nacional dos Estudantes, onde acabava de se realizar uma manifestação estudantil. Ansioso, ele me fez abrir os papéis em cima do capô de um carro. Mal comecei a explicar-lhe, ele já estava elogiando tudo. Gostei de seu jeito ativo, do temperamento generoso. Senti que estava diante de uma pessoa insubstituível, que me tratava como se eu fosse uma grande sumidade."

Ao cabo de uma semana, Chico de Assis e Miguel Borges só haviam conseguido escrever duas laudas cada. Quando se reuniram para trabalhar a seis mãos, levaram um susto: Vianinha apareceu com a peça pronta. "Ele era um trabalhador incansável", diz Chico. "Agüentava vinte horas de máquina de escrever. Sem dúvida, era o mais persistente de nós. A gente às vezes encontrava um obstáculo e voltava para trás. O Vianinha, não; era um aríete: batalhava, batalhava, até conseguir realizar. Nós pegávamos mais de leve, dávamos uma volta, pulávamos de pára-quedas... Ele encarava o negócio, ia em frente."

A grande novidade é que, disposto a enfocar o tema da mais-valia de uma forma descontraída, Vianinha incluiu números musicais na peça e os Coros dos Desgraçados e dos Capitalistas — dois indícios da assimilação de Brecht. Ele encarregou-se de escrever as letras, musicadas por Carlos Lyra, a convite de Chico de Assis. Um dos pioneiros da Bossa Nova, Lyra lembra a "experiência alucinada" com Vianinha para adequar as melodias às letras:

"Nós fazíamos o trabalho em cima do lance. Quando era preciso modificar alguma coisa, o Vianinha sentava na máquina de escrever e rapidamente alterava. O mais fantástico é que ele não entendia nada de música, não sabia diferenciar uma nota da outra. Mas tinha um ouvido incrível Aprendia a entrar na música e, a partir daí, cantava sempre da mesma forma, muito afinado e sem precisar aprender sequer o tom."

As letras reiteravam o conflito social levado à cena. De um lado, o "Coro dos Desgraçados" reagia à situação de miséria e submissão: "Não é hora de chorar/Todos nós vamos pensar/Não é hora de chorar/Todos nós vamos lutar." De outro, o "Coro dos Capitalistas" defendia seus privilégios: "Hei de vencer/Lutar até morrer/Pela história/Pelo meu bem-querer/Hei de vencer/Cobrir mamãe de glória/Hei de sorrir/Hei de mamar."

No momento-chave da peça — a descoberta, por um dos "desgraçados", do que é a mais-valia —, Vianinha trocava a sisudez dos manuais marxistas por uma paródia didática, tipicamente brechtiana:

"D1 — Eu sou mercadoria?

Indivíduo — Pois então.

D4 — É assim, 1. Não dependeu de mim, do Amin, de você. Nossa força de trabalho é mercadoria. E sabe quanto vale? O tempo de trabalho que leva pra fazer ela.

D1 — E quanto é que a gente vale?

Indivíduo — Cinco mil-réis e uma casca de laranja.

D4 — Nossa força de trabalho vale o tempo de trabalho que gastam pra fazer as coisas que a gente come, veste... E agora você viu... Isso vale duas horas... Você trabalha oito. As seis horas que sobram eles embolsam. Tudo é vendido pelo valor certinho... só que é vendido. Tem dono e endereço direitinho."

Vianinha e Chico de Assis, segundo Carlos Lyra, eram "mestres em fazer a cabeça política dos outros, pelo grande poder persuasório que tinham". Com eles Lyra desenvolveu a sua formação ideológica, assumindo de vez a convicção socialista. "O Vianna estava convicto de que era possível mudar o Brasil. A Revolução Cubana, nesse sentido, teve uma preponderância muito grande na crença da gente", diz o compositor. Um dos aspectos que lhe chamavam a atenção era a transigência de Vianinha: "Apesar de radical na ação, de defender seus argumentos com paixão, ele debatia democraticamente e muitas vezes se convencia do contrário. Era uma pessoa que não guardava rancor de ninguém, que sabia ceder."

Chico de Assis decidiu estrear na direção com *A mais-valia*. Ele se afastara do Arena, insatisfeito com o público restrito alcançado pelo grupo. "Teatro popular sem povo?", perguntava Chico. O elenco de *A mais-valia* (35 personagens) foi recrutado no Teatro Jovem, graças a um acordo com o produtor e diretor Kléber Santos. Dois atores egressos da fase carioca do Arena, Hugo Carvana e Joel Barcellos, completavam a equipe.

Faltava o local para a montagem, e alguém sugeriu a arena da Faculdade de Arquitetura da Universidade do Brasil (atual Universidade Federal do Rio de Janeiro), na Praia Vermelha, Urca, onde aconteciam shows de bossa nova. Ao ar livre, as arquibancadas de concreto do anfiteatro, cercadas por aprazíveis varandas com colunas em estilo neoclássico, tinham capacidade para cerca de duas mil pessoas. Para preencher o amplo palco, um grupo de estudantes de arquitetura bolou um cenário de 15 metros de altura com vários planos — num deles ficaria o conjunto musical e, nos outros, se movimentariam os atores.

Inseguro quanto à reação de Vianinha à sua concepção cênica, Chico de Assis "proibiu-o" de assistir aos ensaios. A princípio, o autor resistiu à imposição, houve bate-boca, mas afinal aquiesceu em aguardar até a véspera da estréia. "O pior é que o Vianinha ficou com raiva de mim porque permiti que o pessoal do Arena — Nélson Xavier, Flávio Migliaccio, Milton Gonçalves, Henrique César e Arnaldo Weiss — acompanhasse os trabalhos, enquanto ele, que era o autor, ficava de fora", rememora Chico.

Embora tivesse afinidades teóricas com Vianinha — ambos admiravam Brecht e Piscator —, Chico de Assis pretendia levar às últimas conseqüências a sua liberdade de criar: "Eu tinha uma íntima busca de um teatro acessível ao grande público e teimei em usar uma base estrutural de revista da Praça Tiradentes. Desta mistura, acrescentando formas estratificadas pelo cinema americano, saiu a encenação." O espetáculo englobava números musicais e trechos de documentários sobre temas afins, selecionados por Leon Hirszman.

No ensaio geral, Vianinha torceu o nariz para o que viu.

— Como é, rapaz, gostou? — perguntou o diretor.

Com a cara amarrada, Vianinha respondeu:

— Gostei nada! Você desviou o eixo da peça, muita coisa perdeu o sentido.

— Calma, vamos ver como funciona para o público.

Quase 1.800 pessoas, entre estudantes, artistas e intelectuais, lotaram a Faculdade de Arquitetura na estréia, em julho de 1960. O espetáculo arrojado de Chico de Assis agradou à platéia e dividiu a crítica. Paulo Francis demonstrou frieza: "Vianna é um autor jovem, em fase de experimento. É natural que erre muito. E, pessoalmente, tenho simpatia pelo seu erro aqui, pois ele ousou muito num teatro em que quase todo mundo quer jogar certo. Mas fica pouco de teatro do seu texto."

Miguel Borges saiu em defesa da montagem, atacando os "comentaristas de teatro que se afundaram em erros e tolices". Ele recomendou a peça tanto para os aficionados por teatro como para os indiferentes:

"Os primeiros verão na *Mais-valia* algo de novo e vibrante: um teatro que não é contemplativo, nem bem-humorado, nem inócuo. Os segundos terão uma oportunidade de ver no teatro uma nova dimensão, que pode levá-los a se interessar por ele."

A polêmica contribuiu para a média de quatrocentos espectadores por sessão, durante os oito meses de temporada. Pelos corredores e varandas da faculdade, formavam-se grupos de estudantes e jovens intelectuais que ali se encontravam para rever a peça ou para discuti-la. "O pessoal parecia embebido pelo espetáculo", recorda Carlos Estevam Martins. "A Faculdade de Arquitetura, de repente, virou um ponto de encontro. Às vezes, os bate-papos se prolongavam até a madrugada. O público ia embora e a rapaziada ficava pelos corredores e salas falando sobre cultura, política..."

As objeções iniciais à direção de Chico de Assis foram se diluindo à medida que Vianinha percebia que *A mais-valia*, no ritmo de revista musical, fascinava os espectadores.

O envolvimento de Vianinha com *A mais-valia* — substituiu Hugo Carvana no elenco sofreu restrições dentro do Arena. Encerrada a temporada de *Revolução na América do Sul*, em setembro de 1960, a companhia resolveu retornar a São Paulo. Houve quem acusasse Vianinha de ter menosprezado os compromissos assumidos com o grupo — a rigor, um sofisma, pois a maioria dos integrantes do Arena se dedicava a projetos paralelos.

Se o ambiente não era bom, complicou-se de vez. Vianinha decidiu não regressar a São Paulo, afastando-se a um só tempo do Arena (embora preservando as relações pessoais) e de uma crise conjugal. "Foi uma separação geográfica, porque não tinha ficado decidido se a gente ia se separar mesmo ou não", relembra Vera Gertel. "Na minha opinião, o que faltava ao Vianna era conhecer todas as mulheres do mundo que fossem possíveis. Ele casou com 21 anos, então estava faltando um pouco disso. A partir daí, quem ficou com o encargo do filho, tanto para sustentar como para criar, fui eu. Porque o Vianna levava uma vida de jovem solteiro, para poder fazer tudo o que desejava."

No texto "Do Arena ao CPC", de 1962, Vianinha apresentou a sua versão para o desligamento da companhia paulista:

"O Arena era porta-voz das massas populares num teatro de 150 lugares. Não atingia o público popular e, o que é talvez mais importante, não podia mobilizar um grande número de ativistas para o seu trabalho. A urgência de conscientização, a possibilidade de arregimentação da intelectualidade, dos estudantes, do próprio povo, a quantidade de público existente estavam em forte descompasso com o Teatro de Arena enquanto empresa. Não que o Arena tenha fechado seu movimento em si mesmo; houve um raio de ação comprido e fecundo que foi atingido com excursões, com conferências etc. Mas a mobilização nunca foi muito alta porque não podia ser muito alta. E um movimento de massas só pode ser feito com eficácia se tem como perspectiva inicial a sua massificação, sua industrialização."

E argumentava:

"O Arena contentou-se com a produção de cultura popular, não colocou diante de si a responsabilidade de divulgação e massificação. Isto sem dúvida repercutiria em seu repertório, fazendo surgir um teatro que denuncia os vícios do capitalismo, mas que não denuncia o capitalismo ele mesmo. O Arena, sem contato com as camadas revolucionárias de nossa sociedade, não chegou a armar um teatro de ação, armou um teatro inconformado. Guarnieri, Boal podem ou não escrever peças de ação, mas um movimento de cultura popular não pode depender de talentos pessoais — é preciso que a empresa tenha uma existência objetiva de tal tipo que a obrigue a mobilizar todos os seus elementos na criação de um tipo de teatro. Uma empresa que seja sustentada pelo povo para, objetivamente, ser obrigada a falar e ser entendida por esse povo. (...) Nenhum movimento de cultura pode ser feito com um autor, um ator etc. É preciso massa, multidão."

Nas discussões sobre a possibilidade de desenvolver no Rio um verdadeiro teatro popular, Vianinha costumava repetir uma frase:

— Estamos ficando cinzentos e precisamos tirar essa névoa de cima de nós.

A bifurcação de caminhos, segundo Nélson Xavier, era inevitável, porque o grupo vinha há algum tempo se equilibrando precariamente para não se atomizar: "Cada um de nós estava com a cabeça pronta para outra. O Vianna — com quem eu discutia muito se deveria me filiar ao partido, pois já aderira ao marxismo — era uma pessoa de partido, que pretendia trabalhar no sentido de modificar até a política cultural do partido. Éramos muito stalinistas e acreditávamos que o teatro podia modificar a história. Colocar o povo no poder era algo concreto na cabeça da gente."

Xavier viajou para Recife a fim de integrar-se ao Movimento de Cultura Popular (MCP). Nem poderia supor que as antenas de Vianinha, Carlos Estevam e Leon Hirszman em breve estariam captando as ondas do projeto de educação popular que o MCP desenvolvia em Pernambuco, arquitetando o plano mirabolante de criar, no Rio de Janeiro, o Centro Popular de Cultura.

A CHAMA ACESA DO CPC

Legitimado por seis milhões de votos, Jânio Quadros prometia combate sem tréguas à corrupção e um programa de estabilização econômica que atendesse ao Fundo Monetário Internacional e facilitasse o aval a novos empréstimos externos. Os trabalhadores pagariam a fatura pelo arrocho monetarista: salários parcialmente congelados, perda do poder aquisitivo e restrições ao crédito. Éramos um país dominado pelo latifúndio: o Censo de 1960 indicava que as propriedades com mais de mil hectares representavam quase a metade da área rural.

Para a esquerda, os remédios amargos receitados por Jânio escamoteavam a urgência de reformas sociais que assegurassem redistribuição de renda, democratização do acesso à terra, punição aos especuladores e limites à penetração estrangeira no país. Vianinha, Leon Hirszman, Carlos Estevam, Antônio Carlos Fontoura e Armando Costa abordavam tais temas nas infindáveis rodadas de chope em bares da Zona Sul do Rio. O QG do grupo era o Scaramouche, no Posto 5 de Copacabana. Passavam horas especulando sobre o futuro da humanidade. "Depois, íamos acabar de encher a cara no Jangadeiros, em Ipanema. O Vianna era um espírito boêmio, não desprezava um chope", acrescenta Fontoura.

Descolado do Arena, Vianinha se repartiu em diversas frentes: continuava no elenco de *A mais-valia*, atuara em *Amor para três*, despretensioso filme de Carlos Hugo Christensen, e não arredava pé da preocupação com um "teatro da classe operária".

Um fiel instantâneo de seu estado de espírito é o longo bilhete que deixou certa noite para a mãe, nitidamente dividido entre o desejo de prosseguir como ativista no Rio e a angústia, quase complexo de culpa, pela momentânea indefinição profissional, que o mantinha dependente da casa dos pais, aos 24 anos.

"O negócio aqui no Rio está ficando bom, Deocélia. É capaz de sair coisa. Se não sair agora, nunca mais; é falta de jeito e de tudo. Arriscar a gente precisa. Firma aí, não fica chateada; não fica pensando que o problema é dele. Me dá vergonha eu olhar pra sua cara e desconfiar que você me olha com jeito de quem pensa que eu não quero é trabalhar. Firma aí, Feliz Ano Novo. Precisa é esperar, Deocélia. Já esperou vinte e quatro anos, saiu coisa errada. Espera um pouco mais. Tudo que eu faço tem o respeito e a admiração por você e pelo pai; tem a teimosia e a caturrice que vocês me ensinaram. Espera e enquanto espera vá passando feliz mais um infeliz ano novo do Brasil. O filho.

"Me acorda meio-dia e meia. E, de leve, com um sorriso. Me ajuda que eu ajudo, vá. Se não for sorrindo, eu penso que é por falta de pagamento do mês e fica pior, é ou não é?"

Ao final da temporada de *A mais-valia*, Vianinha, Carlos Estevam e Leon Hirszman se persuadiram de que as quarenta, cinqüenta pessoas aglutinadas no anfiteatro da Faculdade de Arquitetura poderiam se dissolver de uma hora para outra. Gente jovem, voltada para as artes plásticas, música, teatro e cinema. Ninguém menos que os futuros cineastas Carlos Diegues, Arnaldo Jabor e Eduardo Coutinho, além de Carlos Lyra, Joel Barcellos, Grisolli, Armando Costa, Antônio Carlos Fontoura, para citar apenas alguns. "Percebemos que todo aquele pessoal se distanciaria se não houvesse uma organização que canalizasse seus anseios", recorda Estevam.

Carlos Estevam sugeriu um curso de filosofia como meio de manter coeso o grupo. O professor José Américo Motta Pessanha, idolatrado pelos alunos da Universidade do Brasil, topou a tarefa. Vianinha encarregou-se de arranjar o local: o auditório da União Nacional dos Estudantes, na Praia do Flamengo.

A UNE, na gestão de Aldo Arantes, pregava a reforma educacional, criticando o elitismo e a incapacidade da Universidade de responder aos desafios do país. Os estudantes reclamavam participação nas instâncias decisórias, mais verbas para a educação pública e a renovação dos currículos.

As aulas de filosofia eram concorridíssimas, com duzentos alunos de distintas tendências políticas. Não se pretendia ensinar a história da filosofia, mas fazer com que as pessoas aprendessem novas formas de pensar a vida, com um levantamento da questão social no país. "O curso favoreceu uma discussão muito rica, muito viva, e o aparecimento de um organismo que desse continuidade a toda essa discussão, que foi o CPC", explicaria Leon Hirszman.

Estevam, Vianinha e Leon costumavam sair da UNE e ir para o apartamento do primeiro, em Copacabana, avaliar os rumos de toda aquela movimentação e encontrar resposta para a indagação: o que fazer para conquistar um outro tipo de público, mais popular? "Nossas posições convergiam para a criação de algo realmente novo, que pudesse contribuir para a conscientização do povo", conta Carlos Estevam.

Uma influência determinante foram as conferências de Paulo Freire no ISEB sobre o trabalho do Movimento de Cultura Popular, no Nordeste. O MCP valia-se do apoio financeiro e logístico da Prefeitura de Recife, na gestão de Miguel Arraes, e estruturava-se com base na mobilização de professores primários e educadores adeptos do método de alfabetização de Freire. Só alfabetizadas as massas estariam aptas a tomar consciência da dominação de nossa economia por forças externas e pelo latifúndio. Os horizontes no Rio de Janeiro pareciam distintos. Não se poderia contar com a simpatia do governador da Guanabara, Carlos Lacerda, e o núcleo oriundo do anfiteatro da arquitetura queria interferir no processo social por meio de atividades artísticas.

Em qualquer dos cenários, a cultura popular deixava de ser apêndice nos manuais sobre folclore e atraía os setores progressistas empenhados na elevação dos padrões de vida. O novo era o povo.

O empurrão final para concretizar o Centro Popular de Cultura, esclareceria Vianinha em 1974, foi a necessidade de se "horizontalizar a cultura, levá-la ao povo que se manifestava através dos sindicatos, dos seus jornais, de suas organizações". A tese da horizontalização retomava o ideário do Teatro Paulista dos Estudantes: popularizar a arte para chegar às massas. Vianinha explicaria: "Ao mesmo tempo em que nós bebíamos das classes trabalhadoras todas as informações sobre a sua situação, sobre as suas condições de lutas, sobre as suas aspirações (e essa era uma coisa não literária, mas vivida, uma coisa real), nós tínhamos possibilidade de tentar levar a elas os instrumentos culturais que são privilégio de setores minoritários na sociedade."

Curioso que Guarnieri, um dos mentores dessa concepção no TPE, divergiu de Vianinha quanto à oportunidade de se criar outro instrumento — o CPC — para viabilizar a proposta. Guarnieri priorizava as posições conquistadas no campo teatral. Ele participou da campanha para que a Comissão Estadual de Teatro, de São Paulo, subvencionasse o TBC, praticamente falido. A única exigência era que se redirecionasse o repertório para o autor nacional. "Ora, era fundamental manter vivo o TBC, comprometê-lo com a dramaturgia brasileira, não deixá-lo cerrar as portas. Enfim, achávamos que não podíamos perder aquilo que conquistamos com tanto esforço. O Vianinha acreditava que era possível atingir aqueles mesmos objetivos no CPC. O Arena, para ele, era limitado; sentia vontade de mudar, de ampliar a luta", assinala Guarnieri. Na nova fase, o TBC montou sua peça *A semente*, juntamente com *O pagador de promessas* e *Revolução dos beatos*, de Dias Gomes, *Vereda da salvação* e *A escada*, de Jorge Andrade.

Paralelamente à organização do CPC, Vianinha intensificava a militância no Comitê Cultural do PCB, do qual faziam parte os filósofos Leandro Konder e Alberto Coelho de Souza, o teatrólogo Dias Gomes, o crítico de cinema Alex Viany e o ator Rafael de Carvalho. O Comitê deveria formular políticas culturais, não contempladas nos documentos partidários. Tratava-se de um organismo sem poder decisório, na verdade um ponto de encontro para a troca de avaliações sobre a conjuntura.

O Comitê propiciou a Vianinha proximidade com figuras históricas do PCB que editavam a revista teórica *Estudos Sociais*, entre elas Astrojildo Pereira, Armênio Guedes e Mário Alves. Embora de tendência marxista, *Estudos Sociais* às vezes publicava, na seção "Problemas em debate", textos não comprometidos com a ortodoxia soviética. Para a nova geração de intelectuais comunistas, o arejamento editorial sinalizava que, dentro do partido, havia margem para a difusão de idéias.

Em sua autobiografia *Apenas um subversivo*, Dias Gomes garante que o Comitê não interferia na liberdade de criação. Ele nem falou aos companheiros que escrevia *O pagador de promessas*: "Acredito mesmo que poderia haver restrições ideológicas não muito graves, caso a peça fosse submetida à análise do partido. Digo isso para acabar com a falácia de que no Comitê Cultural se discutiam e aprovavam ou reprovavam obras de membros ou não-membros do partido. Nunca tive uma peça ou romance analisado ou discutido no Comitê Cultural ou em qualquer organismo partidário."

Jovens como Vianinha e Konder, com a cabeça cheia de teses audaciosas, conviviam no Comitê com velhos militantes como Rafael de Carvalho. Dessa simbiose resultaram situações desconcertantes. Rafael relutava em compreender o específico da política cultural. Numa das reuniões, tomou a palavra para anunciar que recrutara um eletricista com quem trabalhava na televisão.

— Pô, mas não foi para isso que criamos o Comitê Cultural! — reagiu Vianinha.

Perplexo, Rafael argumentou:

— Mas o eletricista é classe operária!

Francisco Milani, que pertencia a outra base comunista mas acompanhava o trabalho do Comitê, diz que Vianinha foi um dos que se empenharam por um projeto político que estivesse sintonizado com as idéias marxistas, mas que, ao mesmo tempo, guardasse relação com a realidade social brasileira. "Que não fosse um projeto cultural importado diretamente de Moscou para ser colocado em prática no Rio de Janeiro. O grupo do qual Vianinha fazia parte não estava preocupado em transplantar um projeto cultural. Pelo contrário: tentava-se estudar dialeticamente a realidade social e adaptar a ela um plano cultural fundamentado no marxismo. Ou seja: que através do materialismo dialético pudéssemos contribuir para a solução dos problemas nacionais."

Em abril de 1961, quando contra-revolucionários cubanos patrocinados por cofres americanos fracassaram na tentativa de invasão da Baía dos Porcos, o Comitê Cultural delegou a Vianinha a missão de preparar um folheto de solidariedade ao povo cubano, a ser distribuído como encarte de uma edição extra de *Novos Rumos*. Vianinha não perdeu tempo: correu ao apartamento de Leandro Konder, que havia saído, e deixou um bilhete: "Seja qual for a hora que você chegar em casa, venha à minha casa preparado para varar a noite, porque nós temos uma tarefa importante para cumprir."

Os dois tinham a mesma idade (25 anos), mas, segundo Konder, Vianinha era mais vivido e formava sua opinião com invejável rapidez. "Minha tendência para questionamentos teóricos, abstratos, parecia diverti-lo; Vianinha era um ser possuído por certa urgência de criação e não levava a sério o que em mim era, a seu ver, inclinação para a perda de tempo", depõe o filósofo.

A dupla passou a madrugada em claro, às voltas com a elaboração do suplemento. Vianinha consultava livros de história e política, andava de um lado para o outro e destilava idéias que Leandro Konder anotava. Quando raiou o dia, apareceu Armando Costa, disposto a colaborar com ilustrações.

"Foi uma longa noite aquela", lembra Konder. "Sentíamos sono, tomávamos café e conversávamos sem parar. Eu fiquei muito impressionado com a excepcional fecundidade da cabeça do Vianinha. Passou a noite inteira inventando besteiras que não podiam ser aproveitadas, porque tinham um teor de sacanagem muito elevado para os cânones da época. Não passariam pelo crivo de *Novos Rumos*, poderiam escandalizar os militantes do PCB."

— E se eu insinuasse que o Kennedy [presidente dos Estados Unidos] entrou nessa fria da Baía dos Porcos e financiou a tentativa de invasão só por dor de corno, por sentir ciúmes da Jacqueline, que era vidrada no Fidel Castro? — satirizava Vianinha.

A situação, segundo Leandro Konder, era hilariante porque a esquerda levava a política a sério. "Imagine o que diriam da gente quando lessem no jornal uma gozação dessas." Exaustos, Vianinha, Konder e Armando deram a tarefa por cumprida às sete horas da manhã. O texto final, embora descontraído, precisou ser bem mais comportado do que desejavam.

Ao lado de quase duzentos intelectuais e artistas, Vianinha e Konder assinaram o manifesto de repúdio à agressão norte-americana a Cuba. Um ano depois, o documento foi anexado ao dossiê sobre o Instituto Cultural Brasil-Cuba, elaborado sigilosamente pelo Departamento de Ordem Política e Social. Presidido pelo arquiteto Oscar Niemeyer e tendo Vianinha como membro do Conselho Diretor, o Instituto fora fundado em 6 de abril de 1962, com direito a discurso do poeta cubano Nicolás Guillén, representante de Fidel Castro. No dossiê, protocolado sob o número 23.980/L-A/3, o DOPS classificava a entidade da seguinte forma: "É, na essência, uma sociedade cujas finalidades estatutárias, aparentemente culturais, visam encobrir atividades de propaganda e de proselitismo em favor da doutrina marxista."

*

Uma saleta de dez metros quadrados, nos fundos do auditório. Este foi o espaço cedido pela UNE ao grupo que organizava as primeiras ações do CPC. Nascia ali o indispensável suporte institucional para o novo organismo alçar vôo. O entra-e-sai deixou claro que aquele lugarzinho acanhado em pouco tempo teria de ser ampliado. Para ali confluíam jovens atores, cineastas, professores, pintores, todos os que queriam aumentar o poder de fogo da intelectualidade brasileira.

Foram criados os departamentos de teatro (o primeiro a se estruturar), cinema, música, literatura e artes plásticas. Vianinha convidou Augusto Boal a dar cursos de dramaturgia e rapidamente formou elencos para as futuras montagens. Um dos atores cooptados foi Carlos Vereza, que conhecera Vianinha na TV Tupi, no teatro de comédias que faziam aos sábados. Vereza achou muito interessante o projeto que visava levar arte às ruas, em cima de caminhões, de bancos de praça, enfim, um teatro para o povo. Quando acabou o seu contrato na TV, foi até a UNE. "Senti que era bom o clima que estava rolando. Mais do que isso: senti que estava diante de uma usina de energia."

O trabalho no CPC fluía a mil quilômetros por hora, como se desconfiassem que o tempo seria escasso para tantos sonhos. "A coisa era tão apaixonante que a gente às vezes ficava direto por lá", diz Carlos Estevam. "O único troço que nos desagradava era saber que chegaria uma hora em que teríamos que ir embora para casa. Foram meses e meses nesse ritmo absolutamente inacreditável. Era uma vibração monumental. E poucos tinham a disponibilidade humana do Vianinha. Ele foi capaz de se colocar inteiramente a serviço do nosso conjunto de idéias, da nossa proposta."

Compunham o núcleo de teatro do CPC, entre outros, Armando Costa, Vereza, João das Neves, Joel Barcellos, Antônio Carlos Fontoura, Arnaldo Jabor (que depois colaboraria com o departamento de cinema), Cláudio Cavalcanti, Cecil Thiré, Helena Ignez, Carlos Miranda, Flávio Migliaccio, Pichin Plá e Chico de Assis. Além de quatro atores negros cujas vocações se firmaram no CPC: Jorge Coutinho, Haroldo de Oliveira, Procópio Mariano e Waldyr Onofre. A uni-los, a vontade de se expressar através da dramaturgia; a motivá-los, o chamamento de Vianinha à ação. "O Vianna era uma pessoa que fazia os outros saírem de si, trabalharem loucamente, darem o melhor de si", testemunha Thereza Aragão. O ator Cláudio Cavalcanti ressalta que é impossível esquecer "aquele rapaz alto, magro e pálido que pairava sobre todos nós; um rapaz tímido, nervoso, dinâmico, uma espécie de ídolo para nós". No CPC, aduz Cláudio, "trabalhávamos por amor à arte e por um sorriso de aprovação do Vianinha".

A identificação era facilitada, segundo João das Neves, pela empolgação com as idéias e pelo idealismo romântico de Vianinha. "O que ele tinha de particularmente interessante era o fato de ser uma pessoa muito aliciadora, com uma capacidade grande de fazer os outros vibrarem com suas próprias idéias. Era carismático, atraente."

Um problema inquietava Vianinha: como arranjar recursos para cobrir os gastos, mínimos que fossem, do CPC? Leon Hirszman teve a idéia de procurar o poeta Ferreira Gullar, seu amigo, que dirigia em Brasília a Fundação Cultural do Distrito Federal. Hirszman levara para o CPC a mulher do poeta, Thereza Aragão. Gullar conseguiu, com o apoio do secretário particular do presidente Jânio Quadros, José Aparecido de Oliveira, o repasse ao CPC de uma verba do Ministério da Educação. Na mesma rubrica orçamentária, por sugestão de Gullar, foram beneficiadas a Escolinha de Arte do Brasil, o Museu de Arte Popular de Caruaru e a Associação Brasileira de Críticos de Arte.

Em meio à movimentação, pensava-se numa solução criativa para contornar o problema da falta de um lugar para as montagens. Surgiu a idéia do "Tomatão" — uma espécie de circo, com lona vermelha cobrindo uma armação de alumínio leve e desmontável. Rebocado, poderia ser transportado a outros locais, funcionando como palco móvel. Segundo Vianinha, o "Tomatão" correria os bairros e subúrbios da Guanabara, levando espetáculos, filmes, palestras e exposições de arte. Ficaria vinte dias em cada local, até deixar organizado um núcleo de cultura popular. A experiência durou pouco. A falta de um jipe inviabilizou a locomoção, sem falar nos altos custos dos equipamentos de som e iluminação. "O Tomatão era inexeqüível. Caríssimo. O público espectador jamais poderia pagar um empreendimento desse tipo. Só subvenções poderiam resolver", justificaria Vianinha, dois anos depois.

Nas apresentações em sindicatos, clubes de subúrbios e quadras de escolas de samba, o CPC, a despeito de seu sincero empenho, esbarrava na dificuldade que atingira no passado os propósitos do TPE e do Arena: no fundo, o teatro não chegava às massas. A cultura cepecista, embora solidária às reivindicações das classes subalternas, não era a cultura orgânica daqueles setores. "Nós apanhamos muito porque não tínhamos clareza sobre como fazer um trabalho de base na área cultural", sintetiza Liana Silveira, hoje professora de belas-artes e, à época, presidenta do Diretório Estudantil da Universidade do Brasil e militante do CPC. "Que ingenuidade a nossa: pensávamos em levar cultura para o povo, quando ele tem a sua própria cultura, muito rica por sinal. Nossa proposta era uma coisa ideal, partia do pressuposto equivocado de que o povo não sabia nada, quando sabia e muito."

O comando do CPC se confessaria perplexo com o insucesso da experiência nos sindicatos. Ora, não era lá que estavam os operários organizados? O grupo de teatro se surpreenderia ao ver poucos trabalhadores na platéia. Houve espetáculos cancelados por absoluta falta de quorum. Como entender o fenômeno? Carlos Estevam Martins com a palavra:

"A dificuldade não estava em montar espetáculos que pudessem ser levados à massa: a dificuldade estava em entrar em contato com o povo, uma vez que não existiam estruturas de conexão entre o grosso da população e os grupos culturais politizados que queriam sair fora dos circuitos elitistas. Não tínhamos uma sociedade civil desenvolvida o bastante para oferecer associações ou organizações populares que fossem vividas e freqüentadas pela população."

Em texto inédito e datilografado provavelmente em fins de 1962 ou começo de 1963, Vianinha admitia que o grupo fundador do CPC não levara na devida consideração que a unidade estava selada em torno de posições estéticas e culturais, mas faltavam ser cimentadas as bases políticas para as tarefas de conscientização popular. Segundo ele, posteriormente o comando da entidade atentou para a exigência de "os artistas e os intelectuais assumirem atitudes políticas para organizar, mobilizar e unificar contingentes da população, e assim conseguir as condições materiais necessárias para, objetivamente, poder se instalar um projeto mais consciente de desenvolvimento da nova cultura brasileira".

Vianinha entendia que o revés inicial decorria do fato de os dirigentes do CPC não perceberam a tempo que, antes de eventos ambiciosos, "era preciso fazer peças de caminhão, exibir filmes em organizações sindicais, pintar faixas e cartazes; era preciso fazer assembléias em faculdades, reuniões com a intelectualidade, com lideranças sindicais e universitárias, instalando a consciência da necessidade inadiável de novas formas de culturalização para o desenvolvimento e a libertação do Brasil, relacionadas à dinâmica da época". Nessa perspectiva, considerava que "as pretensões de trabalho cultural e artístico em nível mais alto, mais rico, teriam que esperar algum tempo, para surgirem realmente embasadas na mobilização da jovem intelectualidade e do povo". Em suma: primeiro, encontrar os instrumentos adequados à mobilização popular; depois, aprimorar esteticamente as obras artísticas.

Era urgente espantar a decepção com as cadeiras vazias, descobrir uma linguagem capaz de aproximar a vanguarda do CPC da platéia popular. Vianinha aproveitou o impacto da fracassada invasão da Baía dos Porcos para escrever, juntamente com Armando Costa e Antônio Carlos Fontoura, *Pátria o muerte*. A peça dramatizava, em rápidos esquetes, o esforço heróico do povo cubano contra a agressão imperialista. "Éramos francamente pró-Cuba e fizemos da peça o nosso carro-chefe", recorda Chico de Assis. "Sem brincadeira, ao todo, foi encenada umas seiscentas vezes pelo país."

Pátria o muerte lançava o teatro de rua, sem esquema previamente estabelecido, itinerante: ora num ato público, ora nas escadarias da Assembléia Legislativa, ora numa praça da periferia, numa porta de fábrica. Importava apropriar-se da linguagem teatral como veículo de denúncia, espécie de panfleto dramatizado, com "tramas simples, evidentes, que se desenrolam marcadas, rápidas, sem nuances definidas", como conceituava Vianinha no texto "Teatro de rua". Segundo ele, a inspiração vinha dos esquetes do teatro de revista, com a tradição de sátira impiedosa e crítica de costumes. As encenações deveriam apoiar-se em quadros isolados, "com uma ligação dinâmica que permita a permanente chamada de atenção do público".

Os escritos de Erwin Piscator sobre o teatro político exerciam forte influência sobre Vianinha, Chico de Assis e o setor de teatro do CPC. Fernando Peixoto comprova que o CPC nascia sob o signo de Piscator:

"A gente andava com o livro *Teatro político* debaixo do braço o tempo todo. Afinal, ele propunha um teatro de agitação, deliberadamente proletário, que procurava levantar as massas. (...) Não estou querendo reduzir o CPC a Piscator, mas sim querendo dizer que essa noção meio sectária, meio dogmática do Piscator penetrou muito no CPC. Piscator foi a primeira bíblia do teatro político que caiu nas nossas mãos."

Apesar do fascínio despertado por *Pátria o muerte*, Cuba não era uma unanimidade nacional — e acirrados debates se desenrolavam, recortando divergências ideológicas que se cristalizavam na sociedade brasileira. A brisa revolucionária do Caribe incomodava o que havia de mais retrógrado nos meios políticos e intelectuais.

A adesão de Vianinha ao movimento pró-Cuba seria criticada pelo dramaturgo Nelson Rodrigues, em artigos no semanário *Brasil em Marcha*. Cansado de "apanhar", Vianinha sentou-se à máquina e sapecou uma malcriada resposta, publicada no mesmo jornal, em 11 de abril de 1961. A carta alternava tiradas de bom humor com incisivos ataques a Nelson, a quem chamava várias vezes de "reacionário".

Eis um trecho:

"Na superficialidade de sua constatação do real, você sobrepassa a ordem capitalista e ataca o humano, negando o conhecimento. Seus personagens nunca têm um problema racional, de consciência, em que as ações subordinam-se a um projeto, a razões e motivos retirados de uma perspectiva que o homem tem de seus condicionamentos. (...) Todos os seus personagens, quando pensam, degradam-se. Quando não são imediatos, irrefletidos, instantâneos, fulgurantes, é que abaixaram a crista e entram pelo cano. (...) Acima de tudo você propõe que o homem não reflita, que lasque a pua sem contar até dez. Você não quer trocar a ordem configurada por uma outra onde o homem possa adequar sua paixão natural, para si. Não. Você não quer ordem, quer a paixão pura e limpa, como se ela não precisasse de um fundamento ideológico para se manifestar e exigir."

Mais espetadelas em Nelson:

"Você nega o conhecimento, única arma que o homem possui para sobreviver. Você acha que o que atrapalha são, exatamente, as instituições, as leis; não determinadas leis, todas elas. Você quer o homem imediato, consumindo sempre, não pensando, não projetando e não produzindo nunca. (...) Suas peças exaltam o indivíduo que abdicou de sua máxima aspiração de dominar o real e resolveu passar o resto da vida se desencontrando, fulgurante, urrando e batendo no peito como um animal, feliz por não ter de pensar. Exaltação da marginalidade. Exaltação e loas ao homem que escolheu deixar de ser homem."

Segundo Vianinha, a dramaturgia rodriguiana estava ficando para trás, diante das mudanças de comportamento do homem brasileiro, que não era mais o pequeno-burguês passivo "e preocupado com a fidelidade da mulher, torturado com as opiniões sobre sua honra, com as pernas da vizinha, com a missa que deve ir e com a gorjeta que vai ganhar para apressar um processo". E disparava:

"Já não é mais ponto pacífico no Brasil que não precisamos conhecer bulhufas; que os americanos pensam e os franceses fazem as piadas. Há uma sede de pensar varrendo o Brasil. O seu pequeno-burguês (...) já não é mais o homem que cozinha com carinho sua irresponsabilidade. Não; ele não se pensa mais sozinho. Cada vez mais é capaz de reconhecer seus interesses a longo prazo, cada vez mais se pensa como homem social, responsável, metido numa classe. (...) O seu pequeno-burguês já não está muito disposto a sublimar a raiva que tem do racional assistindo às suas peças."

No fecho da resposta, a ironia prevalecia: "A peça sobre Cuba não é ruim porque é sobre Cuba; é ruim porque não expressa Cuba. Outra coisa: é *Pátria o muerte* o nome dela e não *Independência o muerte*. Esse último foi o berro de Pedro I, lembra — que aliás ficou só no berro. *Pátria o muerte* é lema de Cuba. Uma indireta, você mora? Com *Pátria o muerte* eles querem dizer, de leve, que americano não põe mais a mão."

Nelson Rodrigues enfrentou os torpedos com dose cavalar de sarcasmo. "Por que me 'escracha' o meu colega cubano? Digo cubano e explico — o Vianinha mora fisicamente no Brasil, mas sua residência sentimental, ideológica, é Cuba. Seu processo de alienação pode levá-lo a confusões ainda piores; ainda hei de ver o Vianinha consultando um guia turístico para saber onde é a avenida Rio Branco."

Com sua habitual implicância, desdenhava da vocação militante de Vianinha: "Amigos, eu ignorava, sob a minha palavra de honra, que, todas as tardes, o Vianinha vai para a porta da UNE. E lá, em exposição, faz um sucesso imenso. Posa de sanguinário. Mas para sustentar esse êxito tem de parecer bestial, tem de parecer feroz. Seu ar, na porta da UNE, é de fanático sempre disposto a ferrar os caninos na carótida mais à mão. E, de repente, venho eu e digo: — O Vianinha é um drácula de araque! O Vianinha é a cambaxirra da Revolução!"

Magoado com as objeções de Vianinha à sua obra, Nelson acusou-o de sectarismo e de patrulhamento ideológico: "No seu ressentimento, o Vianinha nega, de alto a baixo, o meu teatro. E por que nega? É simples: porque eu não faço propaganda política, porque não engulo a arte sectária. Em suma: o Vianinha queria que o Boca de Ouro parasse a peça e apresentasse um atestado de ideologia. Mas ele quer mais. Não basta o personagem. Exige também do autor o mesmo atestado. A minha vontade é perguntar ao Vianinha: 'Ô rapaz! Você é revolucionário ou tira?'"

Nas três linhas que encerravam a tréplica, Nelson Rodrigues arrancava, à custa de Vianinha, risos dos leitores: "Dizia Machado de Assis: 'Suporta-se, com muita paciência, a cólica alheia.' Pois com o Vianinha dá-se o contrário. Nem pia com a nossa dor de barriga. E só geme com a cólica cubana."

*

Voltemos ao CPC. Embates ideológicos como o que presenciamos entre esses dois pesos-pesados da dramaturgia brasileira se acentuariam, em diferentes esferas, a partir da renúncia de Jânio Quadros, em agosto de 1961. De uma hora para outra, as elites conservadoras nacionais e multinacionais, órfãs e desorientadas, se viam apeadas do poder. Por outro lado, o malogro da era da vassoura funcionaria como mola propulsora para aquele bando de jovens reunidos no CPC sonhar com o socialismo a curto prazo.

Símbolo de modernidade eram as reformas de base (agrária, urbana, fiscal, bancária etc.), reivindicadas pelos segmentos populares. Passado o impacto inicial, o CPC, a UNE e as correntes progressistas perceberam que não seria nada fácil Jango emplacar no Palácio do Planalto. Na esteira da formidável mobilização pela legalidade democrática, comandada pelo governador gaúcho Leonel Brizola, com o apoio do III Exército, a UNE transferiu sua sede para Porto Alegre.

No Rio, os estudantes lideraram um dos pólos de resistência à tentativa dos ministros militares de impedir a posse do vice-presidente. Instalado no sótão da casa de um amigo, em Copacabana, Vianinha captava num velho rádio os discursos de Brizola conclamando a população a repudiar o golpe. Em seguida, batia, em folha de estêncil, os textos de panfletos a favor de João Goulart e convocando a população a comparecer ao "Comício pela legalidade", na Cinelândia, em 28 de agosto de 1961. Cepecistas ajudavam a rodar o mimeógrafo e a distribuir os folhetos pelos quatro cantos da cidade.

No dia da manifestação, Vianinha tentou convencer os pais a ficarem em casa, receoso de que pudesse haver confrontos com a Polícia.

— Eu acho que vocês deviam ficar em casa, nada de irem ao comício.

— Iremos sim, estaremos lá — replicou Oduvaldo Vianna.

— Continuo achando que vocês deviam ficar em casa, bonitinhos, sossegadinhos, e não se meterem em confusão — insistiu Vianinha.

— Não fomos nós que fizemos a confusão — redargüiu Deocélia.

— Fiquem em casa, bem-comportadinhos, e eu conto tudo pra vocês, depois.

— Ora, vá lamber sabão! Cuide de sua vida que nós cuidamos da nossa! — a mãe encerrou o assunto.

Na Cinelândia coberta de faixas e cartazes pró-Jango, a vibração da multidão durou pouco. O centro da cidade virou uma praça de guerra.

Bombas de gás lacrimogêneo não paravam de ser lançadas. Policiais espancavam populares. O Brucutu da Polícia Militar jogava potentes jatos d'água sobre a massa humana. No tumulto, Deocélia viu Leon Hirszman e Armando Costa correndo com lenços molhados nos rostos.

E Vianinha?

A família só ficaria sabendo de seu paradeiro horas depois, quando Alex Viany e Nélson Lins de Barros, seus amigos, foram ao apartamento de Deocélia e Oduvaldo comunicar que ele havia sido preso durante o comício. Pior: ninguém sabia para onde fora levado. Nas delegacias próximas não estava. Uma rede de amigos, parentes e companheiros do CPC se movimentou em busca de informações.

As circunstâncias da prisão pareciam antecipar os métodos terroristas disseminados após a decretação do Ato Institucional número 5, em dezembro de 1968. Vianinha discutia com um grupo de pessoas a crise político-militar, na esquina da avenida Rio Branco com a rua Araújo Porto Alegre, a dois passos da Cinelândia. De repente, dez policiais à paisana exigiram aos berros que se encostassem na parede e entregassem os documentos. Vianinha mal teve tempo de exibir os seus, pois um dos homens mandou prendê-lo: "O moço falador vai com a gente." Jogaram-no dentro de um carro de chapa fria, que arrancou a toda velocidade.

"Fui levado a pescoções para um carro de passeio e metido em um prédio ao lado da Maison de France", contou Vianinha em entrevista à *Última Hora*, dias depois. "Um tira, fungando, queria empurrar-me para uma sala vazia, para completar o serviço de espancamento, mas os outros não deixaram. Em um cômodo onde se encontravam outros policiais, a surra prosseguia. Cuspiram em meu rosto, me disseram palavrões e rasgaram a minha roupa. Fui obrigado a tirar os sapatos e, quando apalpei os bolsos, a caneta desaparecera durante o festival de pancadaria. A ordem era total intimidação, a mais completa humilhação. Cheguei à conclusão de que, com aquela Polícia, até mesmo um homem santo como dom Hélder ou um retardado como o almirante Pena Boto poderiam ser transformados em revolucionários."

Vianinha foi transferido para o DOPS, na rua da Relação. Durante o percurso, compreendeu que a ira da repressão não era apenas por seu envolvimento com a campanha da legalidade, como também pelas ostensivas posições pró-cubanas. Um dos agentes o provocava:

— Cachorro, queria ver se você em Cuba teria a liberdade de falar no meio da rua. Tem liberdade em Cuba, cachorro?

Em seguida, ameaçava-o:

— Espera só para ver o que está te esperando no Alto da Boa Vista...

No DOPS, arranjaram-lhe barbante para amarrar as calças rasgadas. O clima de intimidação permaneceu inalterado até ser posto em liberdade. Fichado e fotografado como se fosse um criminoso, enfrentou outro constrangimento, quando o agente lhe perguntou qual era a sua profissão:

— Sou ator.

O policial debochou da resposta:

— Ator? Quer dizer então que, além de comunista, você é veado?

Após infindáveis depoimentos, Vianinha foi recolhido a uma cela imunda, onde passou 24 horas literalmente a pão e água. Ainda por cima, não pregou no sono, apavorado com o que chamou de "exército de percevejos" a perambular pelos cantos do xadrez. Pelo menos livrara-se da Invernada de Olaria e da Delegacia do Alto da Boa Vista, denunciadas como antros de torturas. Não esqueceria, todavia, as horas de horror vividas nas garras da Polícia Política: "Vi pessoas serem presas apenas por estarem ouvindo rádio de pilha. Apanhei e fui torturado pela sede. Quando se decidiam os destinos da nação, o democrata Lacerda preferiu que o povo fosse espancado e silenciado a borrachadas. Ele se esquece de que um povo não se cala nunca, principalmente quando é esbulhado e usurpado."

Abortada a tentativa golpista e empossado João Goulart na presidência da República, embora com poderes limitados pelo parlamentarismo, os movimentos sociais ganharam considerável impulso. O CPC, por exemplo, se estruturava com relativa rapidez. O departamento de teatro saltara à frente e o de cinema seguia-lhe as pegadas com o filme

Cinco vezes favela. Os cinco episódios independentes denunciavam as péssimas condições de vida nas favelas cariocas. No conjunto, o filme reproduzia o caráter pedagógico, politizador e conscientizador das obras do CPC. Expunha a miséria como decorrência de um modelo econômico perverso. Vianinha trabalhou como ator em *Escola de samba alegria de viver*, dirigido por Cacá Diegues — na essência, uma exortação a que os favelados se preocupassem menos com o samba e mais em defender seus direitos nos sindicatos. Os outros episódios foram realizados por Joaquim Pedro de Andrade (*Couro de gato*), Leon Hirszman (*Pedreira de São Diogo*), Miguel Borges (*Zé da Cachorra*) e Marcos Farias (*Um favelado*). Exibido em sete cinemas da cidade, saiu logo de cartaz, sendo apresentado depois no circuito estudantil e em sindicatos. *Cinco vezes favela* contribuiu, na avaliação de Vianinha, "para o aparecimento de técnicos e cineastas perfeitamente identificados com a nova realidade brasileira, atentos para a luta da infra-estrutura do cinema brasileiro, luta que não pode ser subestimada se se pretende atingir níveis realmente superiores na expressão cinematográfica de nossa realidade".

O departamento de música, coordenado por Carlos Lyra, Sérgio Ricardo, Carlos Castilho e Geraldo Vandré, pesquisou as raízes da MPB, levando o CPC a aproximar a intelectualidade artística e a juventude universitária de compositores populares como Cartola, Nélson Cavaquinho e Zé Kéti, relegados ao esquecimento pela cultura oficial.

A provação nos porões do DOPS não abalou Vianinha. Ele desempenharia papel semelhante ao de um eixo giratório, interligando os departamentos do CPC nas discussões políticas e estéticas. "Além de brilhante nas suas intervenções, ele tinha uma energia inacreditável", afirma Cacá Diegues. "Podia ficar horas falando, e suas idéias eram formuladas no momento, com uma extraordinária capacidade de improvisar. Varava noites debatendo."

O repertório do teatro de rua precisava voar para o papel, municiar a agitação. Os autos montados pelo CPC se referiam a acontecimentos da atualidade, explorando a luta de classes — pela ótica dos oprimidos —, a alta do custo de vida, o achatamento salarial, a dominação estrangeira, a violência policial, a acumulação de capital nas mãos da burguesia associada aos trustes internacionais, a crise do ensino e o domínio dos latifundiários no campo.

Tratava-se de um novo formato teatral, imediatista, em que a formulação estética fatalmente perdia terreno para o didatismo político. "Os espetáculos de rua eram uma coisa do capeta", avalia Carlos Estevam Martins. "Estabeleciam com o público uma relação mais direta, aproveitando os fatos do cotidiano, imitando os tipos humanos, e com isso passando mensagens de educação política."

Inaugurando a nova etapa, Vianinha escreveu o *Auto do cassetete*, um acerto de contas com as arbitrariedades praticadas pela Polícia de Lacerda. Quem melhor do que ele poderia transportar para a ficção assunto tão presente no dia-a-dia da cidade? Vianinha gastou 15 minutos escrevendo o auto, assegura Carlos Vereza.

Talvez a rapidez se devesse à memória ainda quente da violência da Polícia da Aeronáutica contra a pequena multidão que se dirigiu ao Aeroporto do Galeão para recepcionar o astronauta soviético Yuri Gagárin, em visita ao país. Vianinha fazia parte do grupo do CPC e da UNE que fretara um ônibus para ir ao aeroporto. Temendo alguma manifestação de protesto, soldados impediram o acesso à ponte do Galeão. Os jovens ficaram ali aguardando a comitiva. Bem que a Aeronáutica tentou afugentá-los com jatos d'água, e no empurra-empurra poucos livraram-se dos cassetetes. A persistência, contudo, surtiu efeito: os estudantes gritaram em coro o nome de Gagárin, que fez parar o carro e abriu o vidro para receber uma braçada de flores — a essa altura, murchas de tanta água atirada pelo Brucutu.

O elenco do CPC jamais pedia permissão às autoridades para representar em praça pública — até porque, se pedisse, a resposta seria a pior possível. "Os autos, na verdade, eram um teatro de guerrilha, ágil, deslocando-se a todo instante", diz Vereza. Em contrapartida, a Polícia não hesitava em pulverizar as aglomerações. "Quando ocorria uma repressão policial na cidade, imediatamente escrevíamos um auto denunciando aquilo. Nem ensaiávamos direito", pontua Vereza, para quem era uma "aventura fascinante" participar daquela agitação nas ruas, com os policiais sempre nos calcanhares. "Nós costumávamos dizer, brincando, que, no CPC, quem não corresse muito não era um ator completo. Você tinha que fazer e correr, porque os caras vinham furiosos para baixar a porrada." O *Auto do cassetete*, por exemplo, teve uma apresentação dissolvida à bomba na Cinelândia e foi proibido nas escadarias da Escola de Engenharia pelo aparato militar que ocupou o largo de São Francisco.

Outro desafio eram os esquetes escritos por Vianinha baseados em cenas de *Revolução na América do Sul*, de Augusto Boal. Vianinha costumava representar o Tio Sam, vestido a caráter, com fraque e cartola, enquanto Vereza e João das Neves se revezavam como o operário Brasilino. Copiando o modelo testado anos antes por Vianinha e Guarnieri na praça da Sé, em São Paulo — quando recitavam versos para pedir votos para Juscelino Kubitschek —, o CPC adotava uma estratégia toda especial para atrair o público em pontos movimentados, como a Central do Brasil. Os atores iniciavam uma discussão e, quando o povo curioso se juntava à volta, vestiam-se de Tio Sam e Brasilino e discursavam sobre a exploração do povo brasileiro pelo imperialismo americano.

"O imediatismo das respostas dos autos aos acontecimentos realmente entusiasmava o público", diria Vianinha em 1962. "É um jornal vivo, um informativo. Só teria importância e peso social se pudesse ser feito em grande escala e com continuidade. Fora disso, serviu sempre mais para o fortalecimento geral do CPC e para a experimentação interna do próprio grupo."

João das Neves tem opinião semelhante à de Vianinha quanto à "comunicabilidade rápida e ampla" que os autos, na maioria das vezes, alcançavam. Mas questiona até que ponto influenciavam concretamente platéias populares: "O que havia de ruim era a necessária esquematização a que esse tipo de trabalho levava: nunca a discussão, mas apenas a apresentação do fato consumado. Inclusive porque o nosso trabalho era proibido, o que impossibilitava qualquer tipo de debate. O resultado era muito pouco mensurável."

O molde político-cultural do CPC seduzia a jovem intelectualidade de esquerda, mas não a Leandro Konder, que ficou de fora, com dúvidas e restrições. Foi o bastante para uma polêmica com Vianinha. A leitura do filósofo marxista húngaro Georg Lukács convencera Konder de que a arte panfletária era pouco eficiente na esfera política e necessariamente ruim no plano estético. "Procurei explicar minha posição, 'vomitei' as teorias de Lukács, mas Vianinha achou que o que eu dizia não levava a nada, era inócuo, ao passo o CPC podia levar a alguma coisa."

Para Konder, Vianinha defendia uma linha sectária e esquerdista, no sentido de instrumentalizar a arte a serviço de objetivos políticos imediatos. "Embora não tenha sido teórico dessa linha sectária, Vianinha embarcou nela. A meu ver com certa sabedoria, porque aquelas pessoas do CPC podiam estar errando na avaliação do que faziam, mas estavam empenhadas numa atividade que fatalmente ia abrir os seus horizontes. Era como se dissessem: 'Vamos fazer as coisas.' Não faz mal que estivessem pensando de maneira estreita, porque a experiência era enriquecedora e elas acabariam revendo, como aconteceria depois, as suas posições."

Certa vez, levado por João das Neves, Leandro Konder esteve na UNE para expor os ensinamentos de Lukács. O pensador húngaro pregava o valor da arte como forma de conhecimento que não poderia ser reduzida ao uso político imediato. Em seu célebre livro *Ensaios sobre literatura*, de 1945, opôs-se à sujeição da liberdade de criação estética ao compromisso político-ideológico. Acima das prédicas, deveria prevalecer "a honestidade estética incorruptível, isenta de qualquer vaidade, própria dos escritores e artistas verdadeiramente grandes". Lukács ensinava: "Não é absolutamente necessário, a nosso ver, que o fenômeno artisticamente fixado seja atingido como fenômeno da vida cotidiana e nem mesmo como fenômeno da vida em geral. O que quer dizer: até mesmo o mais extravagante jogo da fantasia poética e as mais fantásticas representações dos fenômenos são plenamente conciliáveis com a concepção marxista do realismo."

Vianinha encarregou-se de contestar a exposição de Konder, argumentando que não apontava alternativa prática condizente com os anseios dos ativistas. Hoje, Konder acredita que, no essencial, Vianinha tinha razão:

"Minha postura era acentuadamente doutrinária. Fiquei de fora numa posição meio boba de caga-regras. E o Vianinha, empenhado em agir e lutar, teve o bom senso de não aceitar as minhas posições, mesmo quando elas estavam certas — porque elas estavam certas num todo abstrato. Vianinha não era anti-Lukács, mas também não tinha as ilusões que eu cultivava a respeito da eficácia de suas idéias, em termos imediatos. Então, não embarcou na canoa lukacksiana. Naquele instante, eram eles que agiam. Mesmo com suas posições equivocadas, o que valeu foi a ação."

Daí para a frente, sempre que Konder ensaiava algum passo na discussão teórica, Vianinha o interrompia com uma gozação:

— Pô, lá vem você com Lukács. Você é um chato!

*

A devoção de Vianinha ao CPC repercutia em sua vida pessoal e profissional. Em fins de 1961, a separação de Vera Gertel se consumou. Poucas vezes estivera com ela e Vinícius nesse meio tempo. Tempos depois, Vera casou-se com o compositor Carlos Lyra, que conhecera no Arena, e retornou ao Rio. Vianinha mais do que nunca era um pai de fim de semana. Certa vez, Lyra, de quem era amigo, lhe procurou, pois sentia que ele se constrangia em ir ver o filho.

— Rapaz, olha aí o seu filho, ele está crescendo e você não está lhe dando atenção. Às vezes, ele pensa que eu é que sou o pai dele.

Vianinha baixou os olhos, sem saber o que dizer.

— Você não vai se importar se eu aparecer na sua casa para ver o Vinícius? Pô, é sua casa, não quero me intrometer.

Carlos Lyra deixou-o à vontade para visitar o filho. Mas a verdade é que lhe sobrava pouco tempo fora da roda-viva do CPC. "Vianna de vez em quando aparecia, levava o Vinícius para passear. Mas realmente estava muito envolvido com o que fazia. A paixão dele era a política. As outras vinham depois", diz Lyra. (No início dos anos 70, Vianinha retribuiria, com um gesto comovente, a fraternidade do amigo no passado. Sabendo que Carlos Lyra havia regressado ao país, depois de anos de exílio, levou o filho adolescente até o Teatro de Arena do Rio, onde o compositor ensaiava um show. "Foi um momento de grande emoção em minha vida", confessa Lyra. "Há anos eu não via o Vinícius. Um reencontro como esse só podia partir mesmo de uma pessoa sensível como o Vianinha".)

Para não se afastar do CPC, Vianinha levava uma vida franciscana. Continuava morando no Leblon com os pais. Uma situação incômoda para um jovem de quase 26 anos, que poderia estar investindo na promissora carreira teatral.

Não o motivavam ambições materiais. O CPC, destacam seus amigos, traduzia-se, para Vianinha, na busca do ideal cultivado desde o TPE: a arte popular, comprometida politicamente, transformadora. Aliás, era lugar-comum a crença de que a causa revolucionária deveria preceder as questões existenciais. "Estávamos tão empolgados com aquilo que chegamos a achar, sinceramente, que com esquetes de rua íamos mudar a realidade do Brasil", reconhece Carlos Vereza.

A disponibilidade total para o CPC acabou modelando um perfil de militante, do qual Vianinha seria um dos paradigmas: aquela pessoa para quem não havia limites, nem fronteiras entre o público e o privado. A existência pessoal e as tarefas culturais e políticas se confundiam.

"A mulher e a revolução, o Brasil e a dor-de-corno, tudo era uma coisa só", analisa Cacá Diegues, engolfado pela mesma onda. "Era como se não nos permitíssemos separar as coisas. Tínhamos certeza — talvez por megalomania própria de nossa formação psicocultural — de que estávamos construindo o futuro, e até de que, no CPC, já vivíamos de certo modo o futuro. Era um pouco da utopia voluntarista, típica dos anos 60. Estávamos de tal forma convencidos de que iríamos construir um mundo melhor que nem alimentávamos dúvida: no dia seguinte, o mundo seria feliz e risonho graças aos nossos filmes, peças etc. Então, isso implicava uma responsabilidade tão grande que a vida privada deixava de existir. A escrita privada e a vida pública tinham se tornado um só universo. A gente não admitia barreiras entre as duas coisas. O trabalho cotidiano e até mesmo as idéias não nos pertenciam, e sim à comunidade que participava daquilo."

Vianinha chegava a dormir noites seguidas no prédio da UNE. "Várias vezes o encontrei na UNE tomando café da manhã. A agitação era tanta que ele sofria de insônia. A gente fazia reuniões longuíssimas, intermináveis, e ele saía dali para escrever", depõe Cacá Diegues. "O Vianinha já batia direto na folha do mimeógrafo! Não raro, escrevia, mimeografava e rodava... O Vianinha exacerbou nessa entrega."

Numa ocasião, Arnaldo Jabor admoestou Vianinha e outros integrantes do setor de teatro pela mania de escrever em papel estêncil:

— Shakespeare não escrevia peças direto no mimeógrafo. Não é possível vocês escreverem coisas profundas no mimeógrafo.

Imagine as horas de debates suscitadas por Jabor.

Fora da UNE, do teatro de rua, das reuniões em casa de Leon Hirszman ou do Comitê Cultural do PCB, Vianinha só se deixava tragar pelo mundo exterior para namorar. No CPC, ganhou fama de namorador, de homem disputado. "O Vianinha foi um dos caras mais charmosos que eu conheci. Charmoso até nas conversas de bar", sublinha o jornalista e crítico musical Sérgio Cabral. "No CPC, ele tinha uma capacidade incrível de convencimento político. Nunca dizia assim: 'Você tem que ser comunista.' Ele fazia a cabeça de muita gente com aquele charme. Um guru sem ares de guru. Inclusive era um namorador disfarçado, não atacava, não. O seu charme discreto atraía muito as mulheres. Ora, um cara bonito, inteligente, líder, tinha mesmo que fazer sucesso."

Nem os freqüentes namoros encurtavam o tempo absorvido pela política. Ele julgava a militância sempre prioritária, inadiável, irrefreável. Perda de tempo alguém imaginar que poderia concorrer com a sua visceral disponibilidade para o trabalho coletivo. A vida particular esvaía-se diante do apelo à ação. "Acho que o Vianinha se sentia roubando o tempo da luta", resume Liana Silveira, que o namorou durante um ano.

Do Vianinha que "despertava paixões intensas nas moças da UNE", Liana guarda a lembrança de um homem que raramente socializava os seus problemas pessoais, embora fosse extrovertido com os amigos. Uma ambivalência que a ex-mulher Vera Gertel nos apontara ao descrever o jovem dos anos 50, na intimidade fechado e angustiado, mas expansivo no grupo.

O relacionamento com Liana Silveira evidencia esse Vianna cioso da primazia do público sobre o privado, do político sobre o pessoal. "O namoro da gente era fazer as coisas juntos. Restava pouquinho tempo para nós, porque estávamos muito envolvidos com o trabalho. O dia era tão ocupado que muitas vezes namorávamos na hora em que íamos comer ou depois de tudo, quando ele ia me levar em casa, no Leme." Mesmo assim, Vianinha não perdia a ternura. Adorava dar uma esticada ao bar Alcazar, na avenida Atlântica, em Copacabana, ou saborear a sopa de beterraba preparada por Liana. Quando a jornada no CPC terminava tarde, gostava de ir com ela ao Arpoador ver o sol nascer.

No auge da radicalização do CPC, o idealismo de Vianinha cresceu na mesma proporção. Sem vaidades pessoais — andava com uma calça surrada e revezava duas ou três camisas —, enfiou na cabeça que deveria morar numa favela. "Ele achava que só poderia servir bem ao movimento socialista se participasse da raiz dos problemas do povo", interpreta Liana.

Duas ou três vezes despediu-se da namorada determinado a arrumar as malas e tomar o rumo de um morro, mas acabou retrocedendo. Até o dia em que apareceu de mala em punho. Um custo fazê-lo desistir da aventura. Andaram alguns quilômetros pelo calçadão da praia, discutindo. Afinal, deu-se por vencido e arquivou a idéia.

Na campanha eleitoral de 1962, quando os comunistas do CPC apoiaram a candidatura a deputado estadual do ex-tecelão Hércules Corrêa, Vianinha teve numa favela experiência frustrante. Ele, que estivera em diversas delas representando os autos, resolveu panfletar na

Rocinha. Ao saltar de um carro, ao lado de Liana e outros companheiros, foi barrado por um grupo de moradores:

— Aqui comunista não entra — gritou um dos favelados ao ver o retrato de Hércules num "santinho".

Vianinha tentou argumentar, mas não adiantou. Que desconsolo: repelido numa favela, logo onde...

O ardor revolucionário dos cepecistas, que os levava a glorificar a classe operária, ressurge, sem retoques, no nostálgico relato de Arnaldo Jabor, publicado em 14 de outubro de 1997 pela *Folha de S. Paulo*. "Eu tinha 18 anos e vivia na UNE, ali na praia do Flamengo, ao lado do botequim Cabanas, onde, com Carlos Estevam e Vianinha, fundávamos o CPC, saindo pelo Brasil para 'conscientizar o povo alienado, a classe média conformista e os operários desinformados da sua condição de explorados nesta sociedade do Terceiro Mundo, com uma classe dominante sem projeto histórico e títere do imperialismo norte-americano.' (...) Que saudades tenho desse tempo nacionalista, em que tudo era tão claro, quando os operários eram figuras alegóricas, de dorsos fortes, com martelos na mão. Eu e meus colegas fazíamos o jornal O *Metropolitano* e ficávamos até altas horas na oficina vendo os operários a fechar o jornal no chumbo. Nós olhávamos fascinados aqueles homens, cobrindo-os de perguntas e gentilezas. E os operários até estranhavam nosso forte amor. 'Serão veados?', pensava o povo. Não; éramos comunistas. A miséria era irresistível. Como não cair na sedução revolucionária, com Che dirigindo Cuba, com jovens *beatniks* políticos?"

Duelo com a agitação

Nos primeiros meses de 1962, dois fatos contribuíram para que o CPC se ligasse mais à UNE: o atentado contra a sede da entidade, em 6 de janeiro, e a famosa greve do 1/3. No manifesto em que denunciava a agressão, a UNE fazia uma advertência profética: "As forças reacionárias do país se organizam e por processos fascistas tentam intimidar o povo, as classes trabalhadoras e gerar um clima de perturbação favorável à ditadura militar."

Os estudantes exigiam a participação de seus representantes nos órgãos colegiados das universidades, na proporção de 1/3. A UNE-Volante seria o instrumento para difundir a greve em todo o país. Para o CPC, era a oportunidade de levar a arte revolucionária aos quatro cantos do Brasil.

Restavam poucas semanas para a partida da UNE-Volante e Vianinha precisava concluir *Brasil, versão brasileira.* A peça reeditava os diálogos secos e rápidos de *Chapetuba Futebol Clube*, mesclados com o ideário político-ideológico do CPC. Em cena, o Brasil subdesenvolvido, submetido à espoliação estrangeira, que sugava nossas riquezas naturais sob as vistas complacentes ou cúmplices da burguesia.

A trama desenrola-se a partir da relutância do industrial Hipólito Vidigal em aceitar as pressões para que vote, como membro do Conselho Nacional do Petróleo, contra a investigação das negociatas de grupos estrangeiros na construção de uma refinaria. Os operários de sua fábrica entram em greve, o que o leva a buscar empréstimos. Só que se condicionava a obtenção de crédito ao seu voto no CNP. Produto do maniqueísmo vigente no CPC, os empresários são apresentados como inescrupulosos e corruptos, e os operários como paladinos das virtudes.

Vianinha demonstra a fraqueza estrutural da burguesia nacional frente à penetração das forças imperialistas — o que contrariava a tese, sustentada pelo PCB, de que era viável uma aliança entre a classe operária e a burguesia "progressista".

Não deixa de chamar a atenção essa crítica de Vianinha à linha programática do PCB. É possível compreendê-la no contexto em que se movia o CPC: embora a maioria dos ativistas pertencesse ou fosse simpatizante do partido, a entidade gozava de autonomia. A direção comunista não lhe dava maior importância. Os responsáveis pelo setor estudantil convocaram apenas um ativo nacional para discutir as suas metas. Na verdade, segmentos expressivos da esquerda julgavam inaceitável que, diante da carcomida estrutura socioeconômica brasileira, o partido de Prestes pregasse a revolução pela via pacífica, a reboque da burguesia. A novíssima geração pensava da mesma forma. Ressalve-se que, no caso de Vianinha, eventuais desacordos não afetavam a lealdade às deliberações gerais do partido.

A caravana da UNE-Volante partiu em março de 1962 para três meses de viagem pelo Brasil. Do total de 25 pessoas, 18 eram artistas, capitaneados por Vianinha, e sete diretores da UNE, que haviam obtido vagas em vôos da Força Aérea Brasileira. Doações feitas pelos governadores Leonel Brizola e Miguel Arraes cobriam os gastos. Na bagagem, documentários sobre problemas econômicos e sociais e três peças: *Brasil, versão brasileira*; *Miséria ao alcance de todos*, de Arnaldo Jabor; e *Auto dos 99%*, criação coletiva. O *Auto* tratava de uma questão crucial: a democratização do acesso ao ensino superior. Apenas um dentre cem brasileiros ingressava numa universidade — 99% ficavam de fora.

Sob o lema "A UNE veio para unir", a UNE-Volante foi um estrondoso sucesso: de Manaus e Porto Alegre, duzentas assembléias estudantis, precedidas ou encerradas pela trupe do CPC. Na Bahia, cinco mil jovens lotaram a concha acústica do Teatro Castro Alves. Um deles era o hoje jornalista e diretor teatral Luiz Carlos Maciel, que se recorda do impulso dado por Vianinha à formação do CPC em Salvador: "O projeto de cultura popular era entusiasmante. Foi uma coisa que pegou as pessoas pela possibilidade de participação. Havia uma grande identidade de propósitos com a idéia de um teatro popular. Eu me lembro de que, num contato rápido que tivemos com o Vianinha, ele nos insuflou a fazer o CPC na Bahia, dizendo que era fundamental abrir frentes, tocar a coisa." Logo depois, Vianinha estaria em João Pessoa para rever Paulo Pontes, outro que não resistiria à sedução. Em questão de dias, o CPC começaria a funcionar na Paraíba. Os autos encenados durante a passagem da UNE-Volante por Curitiba apressaram a criação do CPC do Paraná. "Aquela forma absolutamente irreverente de fazer teatro popular bateu muito forte em nós", diz o diretor e ator João Siqueira.

Ao todo, 12 CPCs foram fundados nos estados. No Rio, núcleos espalharam-se por faculdades e sindicatos. Em São Paulo, Chico de Assis e Augusto Boal colaboraram para a formação do núcleo do CPC de Santo André, constituído basicamente por operários metalúrgicos. Encerrada a UNE-Volante, dizia Vianinha, estavam dados os primeiros passos para o consolidação do CPC. Até ali, a palavra de ordem fora a mobilização de quadros. Faltava dar expressão social ao movimento.

Com a repercussão da UNE-Volante, o CPC evoluiu como canal de expressão política. Claro que essa penetração não se dava de forma homogênea, nem se estava diante de uma força mobilizadora incontrolável. Mas se expandia e fisgava a atenção de outras áreas. Sob a presidência de Vinícius Caldeira Brant, a UNE se encarregou de amplificar a ação cepecista. A entidade, amparada por verbas do MEC, dispunha agora de uma gráfica que imprimia suas publicações — o semanário *O Metropolitano* e a revista *Movimento*. Encartado na edição dominical do *Diário de Notícias*, *O Metropolitano* tinha, entre seus colaboradores, Cacá Diegues, Arnaldo Jabor, David Neves, Sérgio Augusto e Rubem César Fernandes.

Um batalhão de universitários reforçou o CPC, auxiliando voluntariamente nas tarefas. Criaram-se os departamentos de alfabetização de adultos, de relações externas e o de arquitetura, que projetaria a carreta, usada para apresentações itinerantes, e o Teatro da UNE.

O ponto crucial continuava sendo a escassez de recursos. A sobrevivência do CPC não poderia depender eternamente de doações ou de vendas de livros e shows em universidades. Carlos Estevam Martins, eleito presidente do CPC em 1961, defendia o funcionamento do órgão como empresa prestadora de serviços, sem fins lucrativos. Como desdobramento dessa política, criou-se a Prodac, uma distribuidora de livros e discos em faculdades e sindicatos. O esquema, num primeiro momento, emplacou: editoras como a Fulgor, a Vitória e a Civilização Brasileira procuraram o CPC para colocar no circuito universitário livros de Marx, Engels, Lenin, Mao Tsé-tung, Brecht e Roger Garaudy, entre outros. De acordo com o editor da Civilização, Enio Silveira, havia um rico filão editorial a explorar: obras que tinham um papel de conscientização para as grandes questões políticas e culturais. Apesar do interesse crescente pela leitura, a distribuidora do CPC enfrentaria obstáculos, pois alguns pontos de venda nem sempre repassavam a receita obtida.

Da parceria com a Civilização Brasileira resultou uma das sensações editoriais do período 63-64, os *Cadernos do Povo Brasileiro*. Com deliberada intenção didática (ou dogmática, segundo seus críticos), abordavam questões como imperialismo, nacionalismo, Igreja popular, reforma agrária, socialismo e revolução. No elenco escalado para redigir a série (editada em volume de bolso, a preços acessíveis), um time de respeito: Nelson Werneck Sodré, Osny Duarte Pereira, Álvaro Vieira Pinto, Francisco Julião, Franklin de Oliveira e Wanderley Guilherme dos Santos. A maioria dos títulos alcançava tiragens de 20 mil exemplares, significativas para a época.

Nos encontros para concretizar os *Cadernos*, Enio Silveira notava o desembaraço de Vianinha em defesa de suas propostas: "Ele era uma pessoa vigorosamente disposta a dar o melhor de si, de sua alta capacidade especulativa. Ao contrário dessas pessoas que são muito cerebrais, que têm sempre um projeto e um cálculo, atirava-se com intuição e profunda emoção em tudo o que fazia. Éramos elementos que tentávamos divulgar as posições do PCB na intelectualidade e dinamizar trabalhos voltados para a análise objetiva e crítica das instituições vigentes no país. Não se tratava de *agit-prop* [agitação e propaganda], nem de proselitismo. Era efetivamente uma agitação de idéias, para a qual ele concorreu com seu brilho intelectual."

Enio Silveira percebia uma certa impulsividade nas ações políticas de Vianinha, o que por vezes o desviava para posições extremadas:

"Em algumas ocasiões, ele me chocava um pouco, porque, no afã de transformar em ação o pensamento, não tinha muita paciência com as fases intermediárias realmente necessárias à luta. Às vezes, queria ir direto às conclusões, passando por cima de tudo. Eu lhe dizia: 'Não é assim, Vianinha. Temos que ter método.' Por querer ir direto ao assunto, por vezes se precipitava. Mas, com a honestidade que lhe era própria, se punha o tempo todo em julgamento."

Vianinha e Ferreira Gullar, já integrado ao CPC, propuseram ao poeta Moacyr Félix a organização de uma antologia de poesia engajada. Os olhos de Moacyr mal tiveram tempo de brilhar, porque Vianinha foi logo despejando na mesa um bolo de poemas, inclusive alguns seus.

— Toma aí, poeta, você seleciona, faça como quiser. Se achar que isso aqui é porcaria, arranje outros poetas para nós. O que eu quero mostrar é a opressão, mostrar como esse país está desumanizado, eu quero mostrar as possibilidades de mudança... Em suma, poeta, eu quero falar como comunista...

Eletrizado por "aquelas mãos, olhos e cabeça que falavam pela voz de Vianinha", Moacyr Félix cedeu à coletânea até o título do que seria o seu próximo livro, *Violão de rua*. Mas logo percebeu que a maioria dos poemas trazidos beirava o panfletário.

Nas sucessivas reuniões para debater a edição, iriam se revelando a Moacyr diferentes Vianinhas. O primeiro a aparecer foi o militante com fervor ideológico, a quem não interessava outra consideração que não fosse a política:

— Poeta, temos que escolher os poemas feitos na grossura. O problema é político, esse negócio de arte já acabou. Nós temos que ir aos morros, às praças, à Central do Brasil, atrás dos operários...

Pacientemente, Moacyr tratou de convencê-lo de que o compromisso político expresso num poema não o impedia de ser artisticamente bem executado.

— Vianinha, dá licença, mas eu estou estudando há mais tempo que você. Você tem uma coisa que eu não tenho. Você está aí na rua, me traz todo aquele burburinho, mas junto dele você me traz, também, os erros desse burburinho. Quer dizer, você me traz um lado paixão, onde não há conhecimento. Você quer sair para o berro, para o grito.

Vianinha quis interrompê-lo, mas Moacyr rapidamente encadeou o raciocínio:

— A minha tese é que, se nós fizermos poemas de baixo nível, estaremos fazendo uma coisa reacionária. O Marx dizia: 'Quando você escrever para o burguês, capriche. Mas, quando escrever para o operário, capriche duas vezes mais, porque é muito mais sério."

Diante da citação de Marx, de repente Vianinha domou a vontade de cortar a preleção. Moacyr acelerou o raciocínio:

— Se você fizer um poema superficial, que no fundo só tenha aparência de realidade e não a causa dessa aparência, você vai ter um poema politicamente falho. Quer dizer, vai mostrar um operário que só existe no papel. Isso não é fazer política, é idealizar as coisas.

— Você é a figura, poeta! — reagiu Vianinha. — E temos até o título. Esse *Violão de rua* já é nosso!

Algumas semanas depois, Vianinha aprovou, sem restrições, os poemas escolhidos para compor o volume, assinados por Vinicius de Moraes, Ferreira Gullar, Affonso Romano de Sant'Anna, Geir Campos, Carlos Pena Filho, Paulo Mendes Campos, José Paulo Paes, Reynaldo Jardim, Félix de Athayde.

— Que beleza! Vamos imprimir rapidamente.

Moacyr Félix receava que Vianinha se contrariasse com o prefácio que havia escrito. Isto porque, ao lado da profissão de fé na poesia como meio para a tomada de consciência sobre a realidade brasileira, Moacyr reivindicava para a antologia a intenção de "desviar-se do sectarismo, do dogmatismo dos *slogans* e de uma estética que resulta apenas da aplicação mecânica de esquemas ideológicos". Alguém duvida de que o alvo do puxão de orelhas era o CPC?

Vianinha deixou o poeta de queixo caído, ao avalizar o prefácio com duas exclamações:

— Formidável, poeta! Magnífico!

Não ficaria só nisso. Levantou-se, com os originais de *Violão de rua* nas mãos, abraçou Moacyr, deu murros no ar e quase gritou de satisfação:

— Vamos espalhar isso por aí!

Com parte da verba repassada pelo MEC, o CPC financiou o LP *O povo canta*, que vendeu 10 mil cópias. O lucro permitiu o início das obras do Teatro da UNE, no local onde funcionava o velho auditório da Praia do Flamengo, e ajudou nas despesas do dia-a-dia. O carro-chefe do disco era a *Canção do subdesenvolvido*, de Carlos Lyra e Chico de Assis, consagrada como o hino do CPC. "A *Canção do subdesenvolvido* é a encarnação de um novo espírito nacional confiante mas não ufanista", dizia Vianinha. "Esta música é hoje cantada, discutida, citada em todo o Brasil, revivendo as melhores tradições da nossa música popular crítica, popular, saborosa." Realmente, não havia estudante politizado que não adorasse repetir o refrão: "País amigo subdesenvolvido/País amigo, país amigo/Amigo do subdesenvolvido/Pais amigo, país subdesenvolvido."

Vianinha reprovava o caráter empresarial que se tentava impor ao CPC. Temia que a entidade se descaracterizasse pela conotação comercial. "Essa foi uma briga entre nós", diz Carlos Estevam. "Pensar o CPC como empresa era alguma coisa que arrebentava a cabeça do Vianinha. Para ele, tudo aquilo era uma doação. O CPC representava, sem qualquer dúvida, o pedaço mais precioso da vida dele. Ora, querer transformar a coisa mais querida dele em empresa! Ele não podia aceitar."

Estevam insistia que a sobrevivência do CPC dependeria da receita própria. Vianinha conformou-se, mas nunca apostou no êxito da mentalidade empresarial. Tanto que se desentendeu com Estevam quando se decidiu cobrar dos políticos de esquerda pela participação dos artistas do CPC em seus comícios. O diálogo foi ríspido:

— Olha, para fazer um comício, vai custar tanto — calculava Estevam.

— Não, não vamos cobrar. Vamos lá porque nos interessa politicamente. Temos que prestigiar — respondeu Vianinha.

A tréplica foi instantânea:

— Não estamos aqui para prestigiar político algum. Estamos aqui para fazer um espetáculo dentro da nossa linha política e ideológica, e quem quiser vai ter que dar um jeito e nos pagar.

Repensando as divergências, Estevam compreende as objeções de Vianinha: "Ele queria se dar aos outros, não concorrer com os outros. Queria oferecer o melhor de si, não precisava receber em troca. Nessa questão, tínhamos mesmo que ficar em lados opostos. Afinal, na hora do pagamento, quem tinha que pagar era eu. E, por incrível que pareça, sempre pagamos as nossas contas."

*

As discordâncias internas não se restringiam à gestão do CPC como empresa. As fissuras resvalavam para a seara político-ideológica. A publicação do *Manifesto do CPC* acirraria os ânimos quanto à aplicação da tese central: a arte popular revolucionária. O documento definia três opções para o artista: o conformismo, o inconformismo ou "a atitude revolucionária conseqüente". O *Manifesto* optava pela terceira via, "por ser o CPC parte integrante do povo, destacamento de seu exército no *front* cultural". E acrescentava:

"Para nós, tudo começa pela essência do povo e entendemos que essa essência só pode ser vivenciada pelo artista quando ele se defronta a fundo com o fato nu da posse do poder pela classe dirigente e a conseqüente privação do poder em que se encontra o povo enquanto massa de governados pelos outros e para os outros. Se não se parte daí, não se é revolucionário, nem popular, porque revolucionar a sociedade é passar o poder ao povo."

A dimensão artística deveria subordinar-se aos conteúdos ideológicos, com o que se incorria no erro de simplificar e subestimar as preocupações estéticas. O artista teria de sacrificar a pesquisa por novas formas de expressão em nome de uma comunicação supostamente rápida e direta. Vianinha reinterpretaria criticamente tais formulações numa entrevista em 1974: "O elemento estético não era visto como um campo de conhecimento e de atividade do homem, conquistado através de lutas de séculos e que tinha que ser desenvolvido. Nós achávamos que ser artista sem uma atuação imediata, direta, evidente através da própria criação, correspondia a uma fuga diante das condições de miséria e do sofrimento do povo. Fazíamos algo como um pronto-socorro político por meio do aparato artístico. A urgência da arte, como instrumento direto de libertação, impunha que lhe retirássemos qualquer aura estética, qualquer elaboração mais detida e aprofundada do real."

O núcleo de cinema não se conformava com a desvalorização dos elementos estéticos. Celeuma dos diabos. Houve quem comparasse Carlos Estevam a Andrei Jdanov, o ideólogo do realismo socialista. Nem a queda pela doutrinação demonstrada por Estevam autorizava comparação tão descabida. O sinistro Jdanov, comissário para a literatura e as artes no pós-guerra, comandou a férrea coerção ideológica sobre a intelectualidade comunista, tanto na União Soviética e nos países do Leste Europeu quanto nos Partidos Comunistas aliados, inclusive o PCB. Na tosca visão do Kremlin, a produção cultural deveria enaltecer os heróis positivos do proletariado e as virtudes do marxismo-leninismo, servindo aos propósitos da agitação e propaganda anticapitalistas. A cartilha jdanoviana exigia combate ao formalismo estético e aos "desvios burgueses" que levavam escritores e artistas ao existencialismo, ao abstracionismo e à alienação. O panfletarismo sobrepunha-se à imaginação criadora.

Boa parte do setor de cinema perfilava-se com uma arte política engajada, porém sem se limitar aos preceitos ortodoxos do realismo socialista, e sem imaginar que o único público para o qual deveria dirigir-se era o proletariado. A formação intelectual dos jovens cineastas geralmente misturava fundamentos do marxismo, o existencialismo sartriano, a Nouvelle Vague, o neo-realismo italiano e os postulados teóricos que preenchiam as páginas do *Cahiers du Cinéma*. Por mais que as classes oprimidas merecessem uma atenção preferencial, eles não viam motivos para excluir as platéias de classe média, em especial aqueles segmentos alinhados às lutas libertárias. Na maioria das cabeças pensantes do Cinema Novo, era perfeitamente possível construir um cinema nacional preocupado com a miséria e o subdesenvolvimento, e conciliá-lo com a sensibilidade estética e as marcas autorais. "Queremos fazer filmes antiindustriais; queremos fazer filmes de autor, quando o cineasta passa a ser um artista comprometido com os grandes problemas de seu tempo; queremos filmes de combate na hora do combate e filmes para construir no Brasil um patrimônio cultural", proclamava Glauber Rocha, para quem "o centralismo do CPC impedia o desenvolvimento artístico".

A corrente identificada com o *Manifesto* não poupava de flechadas os cinemanovistas, acusando-os de elitistas e intelectualóides. Esses brigadistas levaram para a pré-estréia de *Porto das Caixas*, de Paulo César Saraceni, um gato indisciplinado que não parava de miar no meio da sessão. O filme, de ritmo lento e roteiro um tanto hermético, ficou insuportável com as travessuras do animal. Reza a lenda que teria sido Vianinha o mentor intelectual dos miados.

No curso das refregas, Cacá Diegues protestou contra a ameaça de intervenção em um de seus roteiros, sob a alegação de que era preciso torná-lo "mais revolucionário". Assinou um duro artigo em *O Metropolitano* que terminava assim: "Entre nós há cem mil flores, todas têm que florescer."

Cacá sorri ao lembrar-se dessas escaramuças, em que a paixão fazia o grupo de teatro ser acusado de "stalinista" e o de cinema, de "trotskista":

"Eram discussões puramente teóricas. Geralmente, polemizava-se sobre o realismo socialista, se a arte deveria ser colocada a serviço da política, como seu braço cultural. Nós, de cinema, resistíamos à idéia de submeter a criação artística a uma estratégia política. Num primeiro momento, o CPC caiu numa espécie de realismo socialista; em outra etapa, num pré-consumismo popular que gerava uma coisa que nós, do Cinema Novo, achávamos que era populista, demagógica. Inclusive sem resultados úteis, porque, contra a metralhadora, o discurso não vale nada. Isso inibia a obra de arte."

Quando a poeira baixava, Vianinha procurava mediar os conflitos, com a preciosa ajuda de Leon Hirszman. "Sempre que havia uma fratura, Vianinha costurava a negociação, o acordo", diz Cacá. "Ele tinha uma capacidade muito grande de reaproximar as pessoas. Embora fosse radical na discussão, incisivo em seus pontos de vista, no plano da ação política ele exercia a sua liderança natural, como um grande conciliador."

Por trás das controvérsias sobre as relações entre arte, política e revolução, insinuavam-se antagonismos entre a ortodoxia soviética e a teoria estética de Lukács — como os demonstrados nas discussões entre o Vianinha e Leandro Konder. Lukács contrapunha-se às deturpações filosóficas promovidas pelo realismo socialista. Pregava um realismo crítico, "verdadeiro como a vida", capaz de elevar a autoconsciência do homem e desmistificar as ideologias decadentes, irracionalistas e anti-humanistas. A influência de suas idéias junto a segmentos da intelectualidade comunista iria aprofundar-se ao longo da década, mas antes de 1964 serviu para contrabalançar o sectarismo teórico do CPC. Carlos Nelson Coutinho, José Paulo Netto e Leandro Konder empenharam-se na divulgação de sua obra no Brasil. Na visão de Carlos Nelson, as posições do filósofo húngaro foram importantes para combater a estreiteza de uma linha de pensamento, quase sempre apresentada em nome do marxismo, que reverberava no *agit-prop* do CPC. A seu ver, os escritos de Lukács estimularam "um marxismo na crítica que fosse mais aberto, menos fechado e menos dogmático".

*

A travessia de Vianinha para uma concepção ampla de cultura popular começou no decorrer de 1963. Inquietavam-no dúvidas sobre a renúncia da qualidade estética pela pressa de acelerar a mobilização. Os atritos com o Cinema Novo colocaram em xeque uma diretriz ideológica que se imaginava infensa a críticas.

Um episódio envolvendo Vianinha demonstra bem o descompasso entre a formulação ideológica e sua recepção por platéias populares. Ao representar, num subúrbio carioca, um dos autos que denunciavam o imperialismo no Brasil, Vianinha entrou em cena vestido de Tio Sam e, desapontado, ouviu um cidadão rindo e comentando: "Olha só o Papai Noel..."

O fato foi confidenciado a Leandro Konder por um Vianinha com fisionomia abatida. "Vianinha me disse que a prática lhe havia mostrado concretamente a inviabilidade da simplificação agitativa dos espetáculos do CPC. O incidente sacudira-o profundamente. E ele, com a vitalidade que lhe era característica, dispôs-se a repensar o esquema paternalista que levava o CPC a 'ensinar' à massa, enveredando pelo caminho mais modesto da coleta de experiências."

Jorge Coutinho protagonizou outro episódio eloqüente. Nas reuniões do setor de teatro, ele cobrava um maior vínculo do CPC com o povo: "Cadê a massa? Acho que o nosso discurso está errado..." A oportunidade não tardou a aparecer. Durante a UNE-Volante, houve uma apresentação de *Brasil versão brasileira* no Sindicato dos Metalúrgicos, em Salvador. Coutinho, que fazia o papel do líder operário em luta contra o patronato, abria o espetáculo com a fala: "Eu sou o presidente do Sindicato dos Metalúrgicos..." A multidão que lotava a quadra do sindicato julgou-o um impostor. Começaram os gritos: "Veado! Fora daí, macaco!" Atiraram bolas de papel e cascas de banana no palco. Coutinho manteve o sangue-frio e repetiu à exaustão a frase inicial, até a platéia se convencer de que se tratava de uma simples encenação. Quando saiu de cena, disse para Vianinha: "Aí está a massa!" Vianinha morreu de rir. Mas a verdade é que o texto não agradava àquele tipo de público. "O CPC revolucionou — e muito — a questão da realização artística. O CPC me ensinou e me ajudou a entender melhor o mundo cão. Mas faltaram as condições para se ter alguém que fosse estudar a realidade e trouxesse

esse material para a gente fazer nossos trabalhos", interpreta Jorge Coutinho.

O sintoma de que Vianinha já não endossava os termos do *Manifesto* emergiu no artigo "Do Arena ao CPC", publicado por *Movimento* em outubro de 1962. Ele advertia os setores radicais do CPC para a ineficácia de espetáculos que abusavam de um discurso excessivamente ideologizado:

"As peças ideologicamente perfeitas podem ser mudas para o povo se não lhe dão meios para a compreensão. É preciso um teatro ajustado à capacidade intelectual do povo brasileiro. Um teatro com formas já consagradas pela percepção popular. (...) A aproximação metódica e contínua junto ao povo é condição decisiva para um verdadeiro e extenso movimento cultural de massas."

Nessa fase, a recepção das idéias de Brecht suplantou as de Piscator na área teatral do CPC. Brecht, conforme seu biógrafo Fernando Peixoto, não colocava a agitação e o esquematismo panfletário como normas básicas para o teatro político. Pregava um aprofundamento da reflexão produtiva e crítica entre palco e platéia, mas de igual para igual, dialética. Significava problematizar as formas de inter-relação com o público-alvo e os modos de compreensão do fenômeno teatral como um todo.

Vianinha formou um grupo de estudos sobre a obra de Brecht. Segundo João das Neves, as discussões sobre o dramaturgo alemão foram extremamente ricas, porque provaram que o teatro político transcendia o *agit-prop*. "Brecht nos mostrou que o teatro, por ser político, não excluía a possibilidade do aprofundamento, quer nos sentimentos, quer no mecanismo da existência do homem em sociedade. Ele não precisava ser tão imediato para ter sua contundência, sua eficácia política comprovada."

Daí em diante, Vianinha insistiria na tese de que o teatro, político e popular, precisava ser "um teatro de criação e não de imitação do real. Um teatro otimista, direto, violento, sátiro e revoltado, como precisa ser o povo brasileiro". Em resumo: o teatro popular não desce ao povo, sobe ao povo. Este, aliás, é o título de um ensaio de 1963, sobre a visão equivocada de arte popular dentro do CPC. Frisaria ele:

"Não há que, em nome da participação, baixar o nível artístico das obras de arte, diminuir sua capacidade de apreensão sensível do real, estreitar a riqueza de emoções e significações que elas podem nos emprestar. O CPC da UNE já assumiu essa posição de conceituar a obra de arte, de transmitir por discursos inseridos, introduzidos, de descrição conceitual do mundo, de poetizar juízos, valores e não poetizar a realidade. O público demonstrou a inutilidade dessas tentativas."

Em paralelo, Vianinha recriminava o caráter elitista da chamada cultura oficial, a partir da hegemonia burguesa nos sistemas de produção e transmissão culturais:

"Estamos longe de uma atividade sistemática e profunda junto ao povo, com o povo, mas [com o CPC] estão lançadas as bases iniciais do movimento que agora é irreversível. O processo como se organiza a cultura brasileira, a consciência social, é profundamente antidemocrático, adotando sempre as figurações e os valores lançados pelos setores mais aristocráticos e retrógrados do pensamento brasileiro. Não deixa emergir o pensamento mais vivo e dinâmico que se restringe a grupos, a camadas, a setores — mas que, pelo processo infra-estrutural de aparecimento da cultura, não chega a ter acesso às grandes camadas que ainda estão à margem da cultura e, portanto, à margem da luta social."

Curiosamente, a aproximação do CPC com a cultura popular, reivindicada por Vianinha, não se deu no setor de teatro, e sim por intermédio do núcleo de música, que vinha ouvindo atentamente compositores como Nélson Cavaquinho, Cartola e Pixinguinha. Símbolos da Bossa Nova como Carlos Lyra, Tom Jobim e Vinicius de Moraes ficaram mais abertos à influência da chamada "música de raiz".

"Com o CPC, a Bossa Nova deu uma segunda virada", opina Lyra. "O amor, o sorriso e a flor eram muito bonitos, mas não podíamos ficar só nisso. Além do jazz, as coisas novas que estavam acontecendo na cultura brasileira nos influenciaram, e o morro passou a ter vez. Até o

Tom Jobim, que era de direita, pelas mãos de Vinicius, que compunha comigo, assumiu uma participação social maior. Depois que conheci gente como Cartola, João do Vale e Zé Kéti, pensava comigo: 'Vou pegar esses crioulos que fazem uma música divina e absorver tudo o que puder.'"

Vianinha estimulou o namoro com os "intelectuais orgânicos". Tudo começou quando Sérgio Cabral, titular da coluna "Música naquela base" no *Jornal do Brasil*, participou de um show de música popular, na Faculdade Mackenzie, em São Paulo. Lá estavam Sílvio Caldas, Araci de Almeida, Ciro Monteiro, Vinicius de Moraes e Sérgio Porto (Stanislaw Ponte Preta), este como apresentador.

Cabral publicou uma nota estranhando que os estudantes do Rio não se preocupassem em fazer um espetáculo como aquele. Resposta imediata: o Diretório Acadêmico da Faculdade Nacional de Filosofia programou um seminário de música popular. Cabral falou sobre escolas de samba; Vinicius de Moraes, sobre Bossa Nova; Jota Efegê, carnaval; Edson Carneiro, música folclórica; e José Ramos Tinhorão, fundamentos sociológicos da MPB. Sérgio Cabral e Tinhorão resolveram levar, para ilustrar suas conferências, Cartola, Zé Kéti, Nélson Cavaquinho e Ismael Silva.

A platéia vibrou, e Vianinha pediu a Cabral que integrasse os compositores populares ao CPC. Era o início de um processo que, segundo Paulo Pontes, faria de Vianinha "o mais destacado teórico da necessidade de criar um nexo entre o artista da classe média, saído das universidades, e a cultura do povo". E mais: "Vianna não queria uma aliança em que o artista da classe média se transformasse num parasita das formas exóticas da cultura popular. Ele propunha — e levou à prática —, antes de qualquer consideração estética, uma aliança política, na qual o artista da classe média e o povo se reconhecessem atingidos pelo mesmo conjunto de contradições, e se encontrassem para superá-lo."

Os sambistas viraram presença obrigatória nos shows em faculdades e nos festivais. Após os aplausos no final de cada evento organizado por Sérgio Cabral na sede da UNE, era de lei o grito de guerra dos estudantes: "Legalidade! Legalidade! Legalidade para o PCB!" Deslumbrados, os cepecistas freqüentavam as gafieiras da praça Tiradentes e as rodas de samba. "Era engraçado ver aqueles jovens, inclusive o pessoal que viera do Arena de São Paulo com o Vianinha, penetrar nas gafieiras", testemunharia o animador cultural Albino Pinheiro, antigo habituê das gafieiras. "Até então, ninguém saía de Ipanema para ir se divertir no centro da cidade, reduto da malandragem carioca."

Vianinha tornou-se assíduo nos ensaios e nos desfiles das escolas de samba, ainda não descobertas pela classe média da Zona Sul. "Existia no meio universitário uma enorme vergonha do Brasil. A juventude não conhecia nada da arte verdadeiramente popular", depõe Liana Silveira. "Depois que o CPC abriu o convívio com gente como Nélson Cavaquinho e Cartola, aqueles jovens tiveram motivo de se ufanar, pois constataram o valor da cultura popular, antes considerada uma coisa menor."

Em dezembro de 1962, a dupla Cabral-Vianinha tramou algo ambicioso: realizar no Teatro Municipal — templo da cultura burguesa carioca — a "Noite da música popular brasileira". Queriam criar um fato de repercussão nacional, congregando num espetáculo de gala os compositores populares e os monstros sagrados da MPB. De Dalva de Oliveira a Ismael Silva, de Tom a João da Baiana, de Lamartine Babo a Zé Kéti, de Carlos Lyra a Donga, de Vinicius a Ciro Monteiro, de Baden Powell a Pixinguinha.

Complicado mesmo era obter a cessão do Municipal, subordinado ao governador Lacerda. "Foi uma das grandes malandragens que fizemos", recorda Cabral. "O Vianinha, através de um amigo, se comunicou com o vice-governador Eloy Dutra, do PTB e adversário de Lacerda. Como o governador tinha uma viagem marcada para dezembro, Eloy assumiria o governo e autorizaria a utilização do teatro." Estratégia perfeita. A Cr$ 50,00, os ingressos se esgotaram dias antes. Cabral, Vianinha e Thereza Aragão trabalharam como loucos na coordenação.

A noite de 16 de dezembro jamais sairia da memória de quem compareceu ao Municipal. Apresentado por Oswaldo Sargentelli, Sérgio Porto e Vinicius de Moraes, a Noite da MPB teve três pontos marcantes:

Pixinguinha e a Velha Guarda executando o célebre choro *Lamento*, o qual 99% dos presentes ouviam pela primeira vez; a estréia do Tamba Trio para o grande público; e o show à parte de Dalva de Oliveira.

Sem saber exatamente o porquê do espetáculo, Dalva aceitou na hora o convite feito por Cabral: "Que bom, vou cantar para estudantes!" Talvez nem imaginasse o engajamento político do CPC e de grande parte dos presentes, que recebia os artistas acenando lenços brancos. Na sua vez, Dalva agradeceu:

— Já sei o que vocês querem: *Lencinho branco*.

E cantou a versão do tango *Lencinho branco*. Houve quem tentasse explicar que os lenços brancos significavam comunhão, paz, mas Dalva nem se tocou. Levou o tango até o fim e saiu aplaudida.

*

Na fase final do CPC, em torno da liderança de Vianinha se agruparia a corrente majoritária que rejeitava a teoria e a prática preconizadas pelo *Manifesto*. Admitia-se abertamente, nas reuniões, que buscar um padrão estético não implicava abdicar dos compromissos políticos.

Uma das conseqüências da nova orientação foi a escolha de Ferreira Gullar para substituir Carlos Estevam na presidência do CPC, após breve interinidade de Cacá Diegues. Embora aliado de Vianinha, Gullar brotara como *tertius* na questão sucessória, como explica: "Para fechar o acordo político, havia necessidade de uma pessoa que não estivesse diretamente ligada ao passado do CPC, aos conflitos entre Vianinha e Estevam. Eu, Vianinha e Leon Hirszman não queríamos que o CPC se tornasse uma coisa dogmática, com uma teoria fechada, que obrigasse o artista a se ater àquela camisa-de-força."

Do estreito convívio com Vianinha, Gullar reteve a imagem do "excelente agitador de reuniões e de assembléias", que trabalhava febrilmente, com absoluta disciplina. "Ele acordava às seis da manhã para ler e estudar, mas achava que os outros eram os intelectuais. Pendurado na parede, um papel continha os seus horários."

De fato, se não se programasse, Vianinha não daria vazão a tantos afazeres. A começar pelo empenho na construção do teatro para o CPC, apoiada pelo novo presidente da UNE, José Serra. "Um teatro só de panfletos, de choque, já não nos satisfazia enquanto artistas", explica Carlos Vereza. "Queríamos fazer também o teatro sobre a condição humana. Os textos que vínhamos encenando no CPC sempre indicavam um caminho e isso não era legal, porque deixava pouca chance ao espectador de tirar suas conclusões. O Teatro da UNE permitiria a diversificação do repertório."

Vianinha escrevia *A besta torta do Pajeú*, rebatizada de *Quatro quadras de terra* — sua primeira incursão na explosiva questão fundiária, retratando a luta pela posse da terra no interior do país. Expunha a problemática social do campo através da exploração dos lavradores pelos latifundiários, focalizando o fenômeno do êxodo rural, provocado pela substituição das culturas agrícolas pela pecuária. Ele pedira a Ferreira Gullar um poema de cordel, no estilo dos cantadores de feira no Nordeste. Gullar escreveu *João Boa Morte, cabra marcado para morrer*. O poema acabou publicado em livro pela Editora Universitária. Vianinha preferiu não incluí-lo na peça, que reelaborou sozinho. Dirigida por Carlos Kroeber, com assistência de João das Neves, *Quatro quadras de terra* constou do repertório da segunda UNE-Volante, que percorreu o país no segundo semestre de 1963. No ano seguinte, conquistaria o primeiro lugar no concurso de dramaturgia da Casa de Las Americas, de Cuba.

Em entrevista a uma publicação cubana, em janeiro de 1964, Vianinha diria que lhe interessava propor "temas que possam, partindo da particularidade de nossos sentimentos, de nossos hábitos e costumes, de nossos valores, partindo da clareza política das necessidades subjetivas do povo brasileiro, conseguir uma visão universal da condição do homem como produtor de sua própria existência e, ao mesmo tempo, produto das condições que cria". Indagado sobre os autores estrangeiros prediletos, não hesitou: "Bertolt Brecht, Sean O'Casey,

Bertolt Brecht, Arthur Miller, Bertolt Brecht." Entre os nacionais, citou Gianfrancesco Guarnieri, Augusto Boal, Antonio Callado, Dias Gomes, Francisco Pereira da Silva, Jorge Andrade e Ariano Suassuna.

Analisando *Quatro quadras de terra*, o crítico Jefferson Del Rios afirma que ela "padece de monótona linearidade ao descrever a luta dos camponeses contra o proprietário que pretende expulsá-los da terra; apresenta visível fragilidade estrutural enquanto enredo dramático, além de incômodos arroubos discursivos". Mas sublinha que, "se não fundiu sempre arte e política com pleno êxito, em compensação alargou no palco o espaço para as lutas e sofrimentos do brasileiro espoliado e anônimo".

Vianinha retomou o tema em *Os Azeredos mais os Benevides*, que inauguraria o Teatro do CPC na primeira semana de abril de 1964. Em comum, não apenas o cenário nordestino e suas monoculturas — o algodão e o cacau —, mas o eixo da trama — as ameaças de expulsão dos trabalhadores de suas terras. As duas narrativas expõem as péssimas condições de vida dos camponeses, em contraste com a opulência e o poder desmedido dos latifundiários.

Os Azeredos mais os Benevides denota maior apuro técnico em relação a *Quatro quadras de terra*. João das Neves, que trabalhou como assistente de direção, acredita que Vianinha, não satisfeito com o resultado da peça anterior e perfeccionista como era, voltou a debruçar-se sobre a temática rural, em busca de uma narrativa mais fluente, de situações menos esquemáticas e de personagens verossímeis.

Precisando de dinheiro (o pouco que ganhava no CPC nem de longe assegurava sua sobrevivência), Vianinha fez alguns trabalhos fora da UNE. Convidado por Flávio Rangel, escreveu, com Antônio Carlos Fontoura, Armando Costa e Dias Gomes, roteiros para o programa de variedades O *Show é o Rio*, da TV Rio, que ficaria no ar um mês e meio.

Atuou também em peças do *Grande Teatro Tupi*, onde conheceu outra namorada, a atriz Isolda Cresta. Filha de pai comunista, diz que foi Vianinha quem a educou politicamente, "com aquela disposição enorme de endireitar o Brasil". Com ele aprendeu a gostar de samba e de futebol. "Vianinha era o que se pode chamar de um cara brasileiro. Curtia tudo o que fosse popular, da feijoada à escola de samba. Alegre, falava muita bobagem, ria, achava graça do mundo." Iam ao Zicartola, bar-restaurante recém-inaugurado na rua da Carioca, que logo se transformaria em ponto de encontro de compositores populares e de jovens artistas de classe média, vários dos quais militando no CPC.

Vianinha convenceu-se de que o CPC deveria optar por espetáculos mais elaborados artisticamente, de modo a se comunicar com um público diversificado. Foi isto o que defendeu num debate sobre cultura popular promovido pela revista *Senhor*. Além dele, opinavam Ferreira Gullar, Leandro Konder, José Guilherme Merquior e Loio Pérsio. A polêmica fora aberta por Konder, ao criticar a "conceituação sectária" sobre a arte popular embutida no *Manifesto do CPC*.

O mesmo Vianinha que, anos antes, refutara com veemência as teses de Konder sobre a ineficácia da arte panfletária agora encampava algumas delas, ponderando: "Para Leandro, a arte não é um pretexto, um invólucro, um envelope colorido onde se coloca uma mensagem. A participação em arte é fazer arte. A participação é a justeza e a densidade de reposição do real. Nada mais justo. Esta posição, porém, não impede que existam obras de arte reacionárias; impede que existam más obras de arte."

E arrematava:

"Para o CPC, há dois campos de luta. Aquele em que militam os artistas, com a linguagem existente, é importante. É preciso não saltar muito, é preciso considerar as condições e trabalhar dentro delas: no abstracionismo, na poesia concreta, no teatro de duzentos lugares, no filme que só pode ser orçado em 15 milhões de cruzeiros etc. Há que aprofundar mais e mais aí. Mas não é possível perder a perspectiva de que, dentro das condições existentes, das conquistas já realizadas no campo artístico, é preciso conquistar formas novas de fazer arte no Brasil, é preciso superar as condições existentes para formas superiores. O CPC procura dirigir sua atividade no sentido do novo campo de atuação. Procura tomar providências, colher experiências."

A revisão teórica encantaria Konder, que estranhou apenas Vianinha ter ficado com a última palavra na matéria, elaborando a sua reflexão a partir do que os demais debatedores haviam dito. Intrigado, perguntou-lhe como aquilo tinha sido possível. Vianinha sorriu e mexeu com o amigo:

— Você é um babaca, meu querido. Eu tive um caso com a moça que escreveu a matéria...

A UTOPIA PEGA FOGO

No segundo semestre de 1963, o quadro político só deixava sossegados os alienados ou os incautos. De um lado, as forças conservadoras aglutinando-se contra as reformas de base e desfechando a ofensiva de propaganda ideológica anticomunista que iria desestabilizar o governo Goulart. De outro, as forças de esquerda formalmente pregando a unidade política, mas na prática divididas quanto a objetivos táticos e estratégicos. Para complicar as coisas, não havia ministro da Fazenda que derrubasse a escalada inflacionária ou contivesse a alta do custo de vida. Fustigado pela direita, pelo movimento sindical — que exigia a reposição das perdas salariais — e pelos setores ultra-esquerdistas — que falavam em acelerar o processo de reformas, na lei ou na marra —, o presidente Goulart equilibrava-se no trapézio.

O agravamento da crise institucional começou a inquietar a cúpula do CPC e o Comitê Cultural do PCB — por extensão, a Vianinha. No CPC prevalecia a avaliação de que a supremacia das forças populares era inquestionável. Ora, os festivais de cultura popular na UNE não tinham segurança externa de soldados do Exército, contra as ameaças de grupos paramilitares? Ilusões alimentadas pela vitória da campanha pela legalidade em 1961, ou por informes de oficiais nacionalistas que garantiam o respaldo da tropa. "A verdade é que nos sentíamos seguros", diz Carlos Estevam. "Pensávamos: 'Que golpe pode haver?' E achávamos que, se os golpistas tentassem alguma coisa, poderiam vir com quantas tropas quisessem, pois iríamos traçá-los. Era um ufanismo ingênuo."

Se no Rio a cúpula cepecista procurava tranqüilizar-se, a equipe que participava da segunda UNE-Volante voltou da viagem de cabelos em pé. "Era como se tivéssemos vivido o prenúncio do golpe", define Carlos Vereza. Em Natal, o primeiro susto: uma bomba explodiu em frente ao hotel em que o grupo estava hospedado. Outro sobressalto em Vitória: o espetáculo foi interrompido por uma bomba de fabricação caseira deixada nas galerias. Pânico em Fortaleza: alguém jogou no palco um vidro com ácido, quase acertando o ator Procópio Mariano. E, em Maceió, durante as apresentações de rua, cortaram a iluminação pública.

"Quando voltamos da excursão, avisamos que a coisa estava feia e ninguém acreditou", sublinha Vereza. "Nós, ingênuos rapazes do CPC, tínhamos percebido, pelos sinais de violência, que o Jango não estava tão forte assim. A esquerda achava que não haveria golpe, não. Houve quem dissesse que estávamos excessivamente preocupados com o golpe, que era porra-louquice nossa."

Publicamente, Vianinha dizia confiar no avanço democrático. Na citada entrevista a uma publicação cubana, declarou que "o povo brasileiro já se organizou o suficiente para não permitir um recuo nas suas conquistas democráticas". A crença não o impediu de alertar os setores mais à esquerda para o perigo de uma radicalização: "Uma justa política de apreciação sobre os setores do povo brasileiro interessados nas transformações da estrutura política brasileira é que permitirá uma aceleração do processo revolucionário. No Brasil, me parece, nesse sentido, a mais importante luta ainda é contra as tendências sectárias que procuram entregar somente a alguns setores as tarefas revolucionárias." Com igual bom senso, remarcava: "É preciso, a cada momento, ter uma tática, um centro tático, realmente baseado nas condições objetivas da realidade."

Segundo Leandro Konder, o pensamento político de Vianinha, a partir daí, "assumiria uma significação muito especial como representante, teórico e argumentador de um deslocamento para a direita, não no sentido de um conservadorismo, mas de que aprendêssemos a exigir algo que correspondesse às possibilidades das forças de que dispúnhamos". Vianinha, diz Konder, se preocupava precocemente com a análise da correlação de forças, "no sentido de que, em vez de endossar propostas programáticas radicais, exigindo mudanças muito grandes, avaliássemos melhor a realidade objetiva. Nós dizíamos: não temos o direito de cometer o erro político de exigir mais do que podemos".

O Comitê, com orientação moderada e moderadora, divergia das correntes que pregavam o rompimento com a "política de conciliação com a burguesia" do presidente Goulart. O inimigo não era Jango e sim a direita que amedrontava a classe média com o fantasma do comunismo, isolando o governo no canto do ringue. Por mais que não se entusiasmassem com a liderança de Goulart — embora o considerassem uma figura simpática e humana —, Vianinha e a maioria do Comitê achavam que a esquerda deveria marchar com ele, somando um conjunto de forças capazes de assegurar as conquistas sociais e deter a conspiração reacionária.

Não se limitou ao Comitê Cultural a ação de Vianinha na fase de agonia do poder civil. Ele ajudou a fundar o Comando dos Trabalhadores Intelectuais (CTI), cujo propósito central era dar um mínimo de organização ao meio cultural face à crise que se alastrava no país. "Sentíamos que estava sendo preparado o golpe de Estado, para barrar o esforço sistemático e conscientização das várias camadas sociais", rememoraria o editor Enio Silveira. "Queríamos alertar as pessoas da área intelectual, fazê-las passar da palavra à ação. Era preciso reunir esse potencial que tínhamos nas mãos — jornalistas, teatrólogos, cineastas, escritores — com um sentido prático. Nossas idéias, até então, se esgotavam em debates parcos."

Vianinha colaborou na redação do documento básico do CTI, que fixava dois objetivos: "Apoiar as reivindicações específicas de cada setor cultural, fortalecendo-as dentro de uma ação geral, efetiva e solidária; e participar da formação de uma frente única nacionalista e democrática com as demais forças populares arregimentadas na marcha por uma estruturação melhor da sociedade brasileira."

A convocação à intelectualidade surtiu resultado imediato: quase quinhentas pessoas assinaram as listas de adesão à entidade, encabeçadas por Enio Silveira, Moacyr Félix, Vianinha e personalidades como Alex Viany, Álvaro Lins, Barbosa Lima Sobrinho, Dias Gomes, Edson Carneiro, Jorge Amado, Aníbal Machado, Nelson Werneck Sodré, Oscar Niemeyer, Osny Duarte Pereira, Affonso Romano de Sant'Anna, Paulo Mendes Campos, Ferreira Gullar, Gianfrancesco Guarnieri, Flávio Rangel, Glauber Rocha, Di Cavalcanti, Cacá Diegues, Nelson Pereira dos Santos, Leon Hirszman, Nara Leão, Carlos Lyra, Chico Anysio e Mário Lago.

O CTI somou-se às entidades populares em atos públicos e comícios como o da Central do Brasil, em 13 de março de 1964, que reuniu 200 mil pessoas em favor das reformas de base. Vianinha e nove entre dez cepecistas compareceram ao comício, postando-se junto aos cartazes que cobravam legalidade para o PCB. Ninguém deteria as forças populares, as reformas libertariam o país do atraso — foi a tônica dos pronunciamentos de João Goulart, Leonel Brizola e Miguel Arraes. Quase impossível não acreditar.

Três dias depois, artistas e intelectuais, de diversas gerações e tendências, lotaram o cine Ópera, na Praia de Botafogo, para assistir à pré-estréia de *Deus e o diabo na terra do sol*, de Glauber Rocha. "O público do filme era formado por mais do que simples pessoas; eram ilhas de idéias", relembraria Arnaldo Jabor, trinta anos depois. "Havia uma gama de tipos, de cores, de maneiras de ver o mundo, todos com a marca aguda da 'mudança', todos operando para 'mudar' o país, todos vagamente se desprezando. Sempre havia alguém à tua esquerda." Vianinha sentou-se numa das primeiras filas. Segundo Jabor, parecia desconfiado, "alma rasgada entre Rimbaud e Kruschev".

Sem imaginar que dentro de duas semanas o ódio reacionário rasgaria a Constituição de 1946, a esquerda deparava com um filme cujas metáforas poéticas destronavam maniqueísmos e certezas prévias. No sertão de Glauber, o vaqueiro-herói Manuel (Geraldo Del Rey) aparece como um pobre-coitado que, em fuga depois de matar o patrão, converte-se ao fanatismo religioso e, depois, ao bando de cangaceiros de Corisco (Othon Bastos). No sertão de Glauber, o matador Antônio das Mortes (Maurício do Valle), que persegue e executa Corisco, era um estranho vilão preocupado em exterminar a miséria.

Uma obra magistral sobre as entranhas de um Brasil que poucos ali conheciam de verdade. "Nós éramos arrancados das cadeiras, da paz de nossos papos ideológicos e atirados dentro do filme", escreveu Jabor. "Acabava a idéia de que a realidade era alguma coisa 'fora' de nós. A partir daquela noite, nós éramos personagens de um Brasil muito mais fundo que nossa vã inexperiência de intelectuais."

Quando as luzes se acenderam no final da sessão, ainda sob o som de Villa-Lobos, o filme foi aclamado. Vianinha ficou de pé na poltrona e pulou de euforia. Ele diria, anos mais tarde, que *Deus e o diabo na terra do sol* era "uma coisa monumental, épica, meio transbordante, que emociona e ao mesmo tira um pouco a respiração".

O Cinema Novo nunca mais seria o mesmo. Nem o Brasil.

*

Uma semana antes do desfecho trágico de 31 de março de 1964, Vianinha foi acordado por um telefonema inquietante: marinheiros e fuzileiros navais se rebelaram, reivindicando melhores condições de vida e a libertação dos 12 diretores da associação de classe que se pronunciaram a favor das reformas de base. Lideranças progressistas apoiaram o movimento. Contudo, os segmentos mais ponderados da esquerda, entre eles o CTI, temiam que, com a quebra da hierarquia nos quartéis, se desse pretexto aos comandos militares para depor Jango. Manobrados por agentes provocadores infiltrados, os marinheiros ocuparam o Sindicato dos Metalúrgicos e consumaram a rebelião.

Nervoso, Vianinha comentou com Oduvaldo e Deocélia:

— Isto é uma loucura!

Ato contínuo, ligou para Moacyr Félix, secretário-geral do CTI.

— Poeta, cercaram o Sindicato dos Metalúrgicos. Há canhões voltados contra o sindicato! Vão atirar contra os marinheiros, jogar aquilo tudo para o espaço! Vai ser um massacre! Temos que fazer algo...

Propôs convocar artistas e intelectuais para um grande show em frente ao sindicato. "Veja a grandeza do Vianinha. Nós éramos contra o movimento dos marinheiros, um profundo erro político, o estopim para a derrubada da democracia. Mas agora ele nos propunha olhar o problema por outro ângulo: tratava-se de defender vidas humanas", assinala Moacyr Félix.

O espetáculo foi feito em questão de horas, com números musicais, esquetes teatrais e declamação de poesia. Lá dentro, os líderes dos marinheiros aceitavam a rendição, desde que fossem — como seriam — anistiados. Levados por tropas do Exército para o Batalhão de Guardas e libertados em seguida, desfilaram triunfalmente pelas ruas da cidade. Enquanto isso, o ministro da Marinha pedia demissão e os chefes militares contrários a Goulart colocavam na ordem do dia a deflagração do golpe.

Na última semana de março, começaram a ser distribuídos os convites para a inauguração do Teatro da UNE, marcada para o dia 30. A programação se estenderia por todo o mês de abril, incluindo um recital em homenagem a Villa-Lobos; a "Noite do Samba", organizada por Sérgio Cabral; a "Noite da Nova Música Brasileira", coordenada por Carlos Lyra e Sérgio Ricardo; e, finalmente, a estréia de *Os Azeredos mais os Benevides*, com direção de Nélson Xavier, música de Edu Lobo e um elenco de 35 atores, entre os quais Vianinha. Sem dúvida, a montagem mais ambiciosa do CPC: cenários e figurinos bem acabados, ensaios freqüentes, previsão de pagamentos de cachês e divulgação na imprensa. Estava em curso a perspectiva de profissionalização do grupo, a sua valorização artística. O teatro dispunha de 283 lugares, palco espaçoso, tratamento acústico e sessenta refletores.

A animação diminuiu à medida que se generalizavam os boatos de golpe. O clima de tensão infiltrou-se nos corredores e salas da UNE. No dia 30 de março, as esperanças momentaneamente renasceram. Luiz Carlos Prestes em pessoa foi à UNE manifestar sua convicção de que os trabalhadores, aliados ao dispositivo militar do presidente, garantiriam a democracia. Expressão confiante, Prestes acalmou os estudantes: "Não tenham medo. Eles que ponham a cabeça de fora..."

Na manhã do dia 31, em meio às notícias de que as tropas dos generais Olímpio Mourão Filho e Carlos Luís Guedes marchavam de Minas para o Rio, Vianinha bem cedo tinha um *ponto* marcado na bucólica praça Nobel, no Grajaú, com Marcello Cerqueira, vice-presidente da UNE e, como ele, membro do PCB. Cerqueira vinha da casa do deputado Tenório Cavalcanti, em Duque de Caxias, na Baixada Fluminense, para onde fora em companhia do presidente da UNE, José Serra, por insistência do deputado Demistoclides Batista. Temia-se que os dois dirigentes estudantis fossem presos. Por segurança, Cerqueira e Serra separaram-se: o primeiro foi para o Grajaú e o segundo voltou de ônibus para a Zona Sul do Rio, onde ficaria perambulando até que se reencontrassem mais tarde, próximo ao Bob's, na esquina das ruas Visconde de Pirajá e Garcia D'Ávila, em Ipanema.

Vianinha e Marcello Cerqueira conversaram sobre a situação do país enquanto caminhavam até a casa do estudante de medicina e simpatizante do CPC Jacob Kligerman, localizada a quarteirões dali. Kligerman se prontificou a esconder o presidente e o vice-presidente da UNE na *garçonnière* que mantinha num edifício da rua Ubaldino do Amaral, na Lapa. Sob chuva fina, entraram no velho Volvo de Kligerman para buscar Serra. "Foi uma viagem muito triste aquela", lamenta-se Marcello Cerqueira. "Eu me lembrava daquela música da Maísa, *Meu mundo caiu*. Era assim que nos sentíamos. Não que o golpe tivesse nos surpreendido, mas só quando vem o desenlace termina o sofrimento."

No percurso, falaram sobre a possibilidade de uma reviravolta no Rio Grande do Sul, como poderiam resistir no Rio, se era conveniente os dirigentes da UNE estabelecerem, nas próximas horas, contatos para se exilar.

Na subida da rua Barão de Petrópolis, no Rio Comprido, o motor do Volvo começou a falhar. Vianinha e Cerqueira entreolharam-se apreensivos. Kligerman optara por aquele trajeto para não ter de passar pelo centro da cidade. Como não existia o Túnel Rebouças, ligando as Zonas Norte e Sul, restava como alternativa a rua Alice, que dá acesso a Laranjeiras, do outro lado do morro.

O Volvo titubeava, e havia uma ladeira pela frente.

— Era só o que faltava! — exclamou Vianinha, suando frio.

— Jacob, não deixa o carro morrer, que depois ele não pega mais — disse Cerqueira.

No extremo da tensão, Kligerman pisou firme no acelerador, de olho na paisagem: soldados por todos os lados. Se o carro enguiçasse, estariam condenados ao pior dos mundos.

Mas a sorte ajudou. Depois de alguns engasgos, o Volvo seguiu viagem.

Apanharam José Serra no local combinado e foram para a Lapa. Vianinha saltou, a caminho da UNE. Perderia de vista os dois amigos por um bom tempo: depois de uma semana trancados na *garçonnière*, Serra e Cerqueira se asilaram na Embaixada da Bolívia, por gestões do ex-presidente Juscelino Kubitschek.

Ao chegar à Praia do Flamengo, Vianinha flagrou um cenário de guerra: estudantes e militantes do CPC erguendo improvisadas barricadas, com móveis, cadeiras e outros objetos. A ordem era resistir. De um telefone público, ele convocou um sem-número de artistas e intelectuais para a noite de vigília. No entra-e-sai de gente, algum acabara de ouvir num radinho de pilha que João Goulart partira para o Sul para se juntar a Leonel Brizola.

Mal se teve tempo de avaliar a informação. Esbaforido, Carlos Vereza chegou à UNE, de carona, aconselhando os companheiros a desistirem de ir à Cinelândia participar de um ato pela legalidade democrática. Ele acabara de assistir a uma cena chocante: oficiais do Exército atiravam, das janelas do Clube Militar, contra uma passeata a favor de Jango na avenida Rio Branco. Perplexo, viu um homem tombar a seu lado, com um tiro na testa. "Que loucura é essa aí? O Exército fazendo pontaria no povo!", pensou Vereza. "Mas não estavam com a gente no comício da Central?! Hoje, estão atirando em nós!"

O relato de Vereza foi subitamente interrompido pelos tiros para o ar disparados, do outro lado da calçada, por um homem que gritava:

— Seus comunistas filhos da puta! Vocês vão ver agora o que é bom...

Vereza e Vianinha não se intimidaram e foram desarmá-lo. Vereza deu-lhe uma pernada, tirou-lhe o revólver e colocou a arma na cintura, enquanto o provocador saía correndo.

— O que você está fazendo com esse revólver, me dá isso aqui! — ordenou Vianinha.

Vereza hesitou:

— É melhor a gente resistir, o golpe vem mesmo.

— Não dá para enfrentar, deixa de loucura, rapaz — replicou Vianinha.

— Tá bom, eu não vou dar tiro em ninguém, mas também não vou te dar o revólver.

E guardou a arma, até porque não sabia atirar.

As emissoras de rádios confirmavam a queda de Goulart. O Sul não se rebelara e esparsos focos de resistência estavam sendo sufocados.

A repressão poderia, a qualquer momento, dar o ar de sua graça na UNE.

A vigília transcorreu em clima de grande nervosismo. Vianinha andava de um lado para o outro no palco, à procura de uma saída inexistente. Quase 200 pessoas ocupavam o prédio, inclusive trinta fuzileiros enviados pelo comandante da corporação, almirante Cândido Aragão, a fim de proteger os estudantes. Um grupo de militantes subiu ao segundo andar carregando tijolos e material para a fabricação de explosivos, os coquetéis molotov. Não se falava em outra coisa senão enfrentar os golpistas.

Houve quem ensaiasse um show para descontrair o ambiente, mas era impossível tapar os ouvidos para o que se passava na Praia do Flamengo: carros e mais carros, com bandeirinhas do Brasil, buzinavam sem parar, festejando o golpe. Outros grupos gritavam *slogans* anticomunistas e atiravam pedras na fachada da UNE. A poucos quilômetros dali, o poeta Moacyr Félix rasgava um a um os documentos e manifestos do Comando dos Trabalhadores Intelectuais. Chovia, e Moacyr ouvia na rua os gritos de "Um, dois, três, Jango no xadrez". O que mais lhe doía era saber que a mobilização cultural nada tinha de subversiva.

De madrugada, veio uma contra-ordem do comando dos fuzileiros: os soldados deveriam regressar ao quartel. Alguns relutaram em acatar, mas acabaram convencidos de que as forças legalistas recuavam no propósito de resistir. Em toda a cidade iniciou-se uma selvagem caça às bruxas. Na sede do Diretório Acadêmico da Faculdade Nacional de Direito, o Caco, cercado por barricadas, dezenas de jovens encontravam-se sitiados por agentes do DOPS, que só não invadiam o local porque se tratava de prédio federal. Diante dos disparos de revólveres e metralhadoras, as lideranças estudantis pediram socorro, por telefone, ao brigadeiro Francisco Teixeira, oficial pró-Jango que comandava a 3ª Zona Aérea. Teixeira mandou um oficial e vinte soldados da Polícia da Aeronáutica para proteger a saída de grupos de dez estudantes até o Campo de Santana, a cem metros, de onde corriam para fugir às hordas do DOPS.

Por volta de três e meia da manhã, o pânico se instalou na UNE — o prédio começou a ser metralhado. "Nesse momento, as pessoas viram, inclusive, que a UNE estava desprotegida, que nós estávamos despreparados para reagir", ressalta, em depoimento à jornalista Maria Célia Teixeira, o cientista político Luiz Werneck Viana, membro do CPC e amigo de Vianinha. "Ninguém tinha arma. Algo em que a gente vinha acreditando há algum tempo, isto é, a capacidade de avanço das forças democráticas e populares, não era bem verdadeiro. O que fazia com que esse pânico se alastrasse mais."

No tumulto que se formou, Vianinha correu à porta de acesso à escada para o primeiro andar e impediu que os mais afoitos saíssem.

— Por aqui, não! Deitem no chão, se protejam! — gritou, sem atinar que poderia ele próprio ser alvejado por uma bala perdida.

Os tiros cessaram logo depois. Apavoradas, as pessoas deixaram a sede do CPC, com o dia 1º de abril amanhecendo. Vianinha, Werneck Viana, Vereza, João das Neves, Armando Costa e Francisco Milani combinaram de voltar, depois de descansarem um pouco daquela madrugada de horror. Vianinha passou em casa, mas não sossegou enquanto não retornou. Havia algo mais a fazer?

Não, não havia. Na UNE, ele constatou que o sonho estava no fim. Grupos se concentravam no portão, vaiando e hostilizando quem ousava entrar. Dentro do prédio, os últimos 15 militantes discutiam a conveniência de permanecer ou não ali, se valia marcar uma posição de repúdio ao golpe. Werneck Viana argumentou que seria inútil correr riscos, mas Vianinha, João das Neves e Vereza relutavam em acreditar que o projeto de suas vidas se desmoronava.

Lacerdistas enfurecidos exigiam que se invadisse aquele "antro de subversão". Não se podia sair pelo portão principal. "Quem tentasse, seria agredido. Para aquela gente, éramos comunistas comedores de pernas de criança, que afrontavam a família e a ordem social brasileira, trazendo uma mensagem alienígena, em desacordo com os princípios cristãos do nosso povo", ironiza Francisco Milani.

Werneck e Armando Costa fugiram pelos fundos, onde havia um muro de dois metros de altura que dava para um terreno da rua do Catete. Com a ajuda de uma escada, conseguiram pular. Das janelas dos prédios vizinhos, moradores os vaiavam e diziam impropérios.

Logo em seguida, Vianinha, Vereza, Milani e João das Neves, pressentindo a invasão, correram para os fundos. João retirou os fusíveis da caixa de força, pensando que assim evitaria um curto-circuito. A essa altura, muita gente se aglomerava nas janelas para presenciar a fuga dos últimos cepecistas. Alguns tripudiavam, numa gritaria louca:

— Fora, seus filhos da puta! Morte à canalha comunista! Vão sacanear a puta que os pariu lá em Moscou!

Os quatro pularam o muro e alcançaram a rua do Catete, onde tomaram um táxi em direção ao Centro. Lívidos, humilhados. Não demorou e invadiram o prédio, iniciando-se o quebra-quebra. Os atos de vandalismo prosseguiram do lado de fora, com os golpistas jogando tochas acesas, estopas com gasolina e coquetéis molotov. Os fusíveis no bolso de João das Neves pareciam peças de museu.

"Cada um de nós, intimamente, sentia uma revolta enorme, porque não merecíamos tudo aquilo", desabafa Vereza. "Éramos um bando de rapazes que pretendiam generosamente mudar o Brasil, através do teatro, da cultura popular. Talvez ingenuamente, mas com muita grandeza de espírito."

Pediram ao motorista que desse a volta pelo Aterro do Flamengo e, chorando, viram o espetáculo mais deprimente de suas vidas: a UNE pegando fogo. Junto com ela, o teatro recém-construído se transformava em cinzas. A utopia confundia-se agora com as nuvens negras de fumaça.

A OPINIÃO SAI DA GARGANTA

Nem Oduvaldo e Deocélia imaginavam o destino do filho. O mesmo táxi que o recolhera nos fundos da UNE o levou direto para a casa de Carlos Lyra e Vera Gertel, na rua Barão da Torre, em Ipanema, onde se encontravam Ferreira Gullar, Thereza Aragão, Leon Hirszman, Vereza, Milani, João das Neves, Armando Costa e Isolda Cresta. Ninguém escapava do desânimo, do sentimento de perda, de uma indignação que não adiantava exprimir. Depois de horas de discussões, o grupo resolveu se dispersar.

De Ipanema, Vianinha e Isolda Cresta seguiram para o apartamento do pai da atriz, também militante comunista. E se os três fossem presos de uma vez? A prudência recomendava que saíssem logo. Mas ir para onde? Se voltasse para casa, Vianinha poderia ser presa fácil para a Polícia Política.

Fumando um cigarro Continental sem filtro atrás do outro, Vianinha mal concatenava o raciocínio. Em menos de 24 horas, despedaçaram-se os quatro anos que a geração do CPC devotara à conscientização das camadas populares. Passou a noite em claro. A qualquer instante, poderiam bater à porta para prendê-lo. Novamente no xadrez do DOPS? Não se apagavam da memória as terríveis imagens exibidas horas antes pelo *Repórter Esso*: montanhas de livros queimados na Cinelândia, prisões, tropas do Exército em pontos estratégicos. Um prédio rosa na rua da Matriz, em Botafogo, fora depredado impiedosamente por um bando de civis armados — a sede do ISEB.

No dia seguinte, a solução para o impasse. O diretor Flávio Rangel prontificou-se a acolher Vianinha e Isolda em seu apartamento, na rua Baronesa de Poconé, na Fonte da Saudade, a cem metros da Lagoa Rodrigo de Freitas. Um esconderijo relativamente seguro: embora filiado ao PCB desde março de 1961, Flávio vivera quatro meses nos Estados Unidos, usufruindo uma bolsa de estudos, e seu novo endereço era pouco conhecido. Pelo menos até a noite do golpe, quando 18 pessoas dormiram lá, receosas de voltarem para suas casas.

O medo de ser detido convenceu Vianinha a permanecer vinte dias trancado no apartamento. Comunicava-se com os amigos em fortuitos telefonemas ou por meio de recados transmitidos por Flávio Rangel. Também por telefone, falou com os pais. Antes não o tivesse feito. Amargurada, Deocélia conteve o choro ao dar a notícia ao filho: Oduvaldo fora demitido da Rádio Nacional, incluído num listão do qual faziam parte Mário Lago, Dias Gomes, Herivelto Martins, Nora Ney, Jorge Goulart, Wanda Lacerda, Paulo Gracindo, Jorge Veiga, Ghiaroni, Jararaca, Heitor dos Prazeres e Hemílcio Fróes. A delação imperava na emissora; a perseguição ideológica se institucionalizava.

Desempregado aos 72 anos, o velho Oduvaldo não perdeu a dignidade, nem a coragem. Entrevistado por *Última Hora*, desabafou: "Sinto-me honrado em ver o meu nome incluído entre os artistas e produtores demitidos da Rádio Nacional, pois acho que o ato honrou as vítimas, e não os algozes." Quatro meses depois, ele teria seus direitos políticos suspensos por dez anos.

No primeiro expurgo do Ato Institucional nº 1, o governo militar cassou os mandatos de 63 deputados federais, dois senadores e dezenas de vereadores, além de suspender por dez anos os direitos políticos de quase quatrocentas pessoas, entre as quais João Goulart, Leonel Brizola, Darcy Ribeiro, Miguel Arraes, Luiz Carlos Prestes, Francisco Julião, Enio Silveira, Josué de Castro, Celso Furtado, Paulo Freire, Nelson Werneck Sodré e Álvaro Vieira Pinto. Ao todo, 3.535 brasileiros foram punidos durante a sua vigência, até outubro de 1965. Milhares de praças e oficiais acabaram expulsos das Forças Armadas; outros tantos intelectuais, políticos, sindicalistas e líderes estudantis arrolados em Inquéritos Policiais Militares ou demitidos de funções públicas. As devassas sucediam-se para banir a "subversão" do mapa. O Ministério do Trabalho interveio em cerca de mil sindicatos, destituindo diretorias legalmente eleitas.

Carlos Heitor Cony descreveu, 35 anos depois, aqueles tempos amargos e tristes: "Um dos espetáculos mais degradantes a que assisti em minha vida profissional foi logo após o golpe militar de 1964. Saíram as listas de cassações. Demissões, expurgos e prisões marcaram aqueles dias de abominação. Pode parecer absurdo, mas alguns jornais e alguns jornalistas aproveitaram a maré e passaram a cobrar das autoridades de então a cabeça de muita gente, sobretudo de intelectuais. 'Falta fulano!', 'E sicrano, por que ainda não foi preso?' Não eram frases soltas no texto. Eram títulos de matérias e, algumas vezes, manchetes de páginas internas. A tanto chegou a infâmia humana."

A ansiedade de Vianinha era a sobrecarga emocional para alguém que tentava sobreviver nos escombros do CPC. Como encurtar o tempo, saber de uma vez se estavam no seu encalço? Nenhum sinal, nada. "O Vianna estava muito triste", testemunharia Isolda. "E não era para menos: um pedaço da vida dele tinha ido junto com o incêndio da UNE. Impaciente, comentava comigo: 'Imagine, essa ditadura vai durar três anos!'"

As conversas inteligentes de Flávio Rangel amenizaram aqueles longos vinte dias. Os dois haviam se conhecido durante a temporada carioca de *A semente*, de Gianfrancesco Guarnieri, dirigida por Flávio. Mas a amizade custou um pouco a brotar. O diretor estranhou a cara amarrada e o jeito meio ríspido de Vianinha. Comentou com o ator Sadi Cabral: "Interessante o Vianinha, porque ele não vai com a minha cara, mas deixa isso bem claro, não tem nenhuma hipocrisia." Sadi passou a observação adiante e Vianinha achou-o franco e leal. Na primeira oportunidade, convidou Flávio para um chope. Tomaram 36!

Vianinha aliviou-se quando constatou que seu nome não constava entre os atingidos pelo AI-1, e que nem o procuravam nos locais que freqüentava. O pai, no entanto, enfrentou dores de cabeça. Dada a semelhança de nome, Oduvaldo Vianna foi confundido, durante os interrogatórios de um IPM, com o ativista do CPC. O coronel que tomava seu depoimento lhe perguntou sobre uma conferência na Bahia, uma palestra no ISEB e a encenação de *Pátria o muerte*, nas escadarias do Palácio Tiradentes. O teatrólogo, claro, enrolou o oficial para não entregar o filho.

Vários membros do CPC foram processados, Vianinha não. Intrigado, comentou certa vez com Ferreira Gullar:

— Vão pensar que eu sou da Polícia...

Com bom humor, Dias Gomes, seu companheiro de Comitê Cultural até os anos 70, recordaria que Vianinha "foi um cara de tremenda sorte, porque nunca pegou um processo. Eu peguei sete IPMs! E olha que o Vianinha talvez tenha tido uma militância até mais agressiva, porque era agitador de rua".

Não faltou ao DOPS vontade de enquadrar Vianinha. Ainda em abril de 1964, a Seção de Atividades Antidemocráticas abriu inquérito sumário sobre o Comando dos Trabalhadores Intelectuais. Oduvaldo Vianna Filho, Enio Silveira, Moacyr Félix, Nelson Werneck Sodré, Astrojildo Pereira, Ferreira Gullar, Carlos Heitor Cony, Carlos Scliar, Iberê Camargo, Joaquim Pedro de Andrade, Paulo Francis, Moacir Werneck de Castro, Aníbal Machado, Wanderley Guilherme dos Santos e Álvaro Vieira Pinto constavam da relação de membros do CTI que deveriam ser averiguados, "por atividades subversivas". Mas as investigações esbarraram na falta de provas.

À medida que os meses se sucediam, Vianinha iniciaria uma reflexão sobre a eficácia política e cultural do CPC. Um dos amigos com quem conversou a respeito foi Enio Silveira: "Sensível como era, o Vianinha percebeu que toda aquela atividade do CPC apenas agitava, mas não sedimentava. Era apenas um estímulo elétrico que não chegou propriamente a levar à reflexão. E destaco que ele fazia essa severa autocrítica sem se colocar como vítima."

Enio louvaria a argumentação de Vianinha sobre a ausência, no CPC, de uma preocupação com as etapas intermediárias da luta política. Gesticulando a todo instante, ele dizia ao editor:

— Acho que nos deixamos envolver pelo oba-oba da luta, talvez pelo prazer esportivo da luta, sem levar em conta as fases necessárias, o passo a passo. Avançando mais lentamente, talvez chegássemos mais fundo. Ficamos na superfície brilhante, sem ter alcançado uma visão completa do processo.

A revisão motivou o importante ensaio "A questão do autor nacional", escrito em fins de 1966 ou começo de 1967. Segundo Vianinha, "o autor de esquerda, na sua ânsia de propor modificações no mundo, procura interferir no pensamento do espectador e não procura intensificar o conhecimento da realidade que o espectador deve ter, organizar seus valores, suas emoções, seus sentimentos, numa hierarquia mais justa e mais própria para enfrentar a realidade". Ele pensava, especificamente, no CPC ao afirmar: "Esta visão esquemática, eu, pessoalmente, levei até as últimas conseqüências, fazendo teatro didático na rua."

Interessante que ele acoplava à sua argumentação as teses do realismo crítico de Georg Lukács, as quais, afoitamente, combatera na primeira fase cepecista. "Lukács diz que o artista não faz modificações no campo político nem no campo da economia — faz modificações no campo dos valores existentes na sociedade, apresentando novos, fixando com profundidade a existência dos valores vigentes."

Para Vianinha, o problema político consistia em escolher, a cada momento, "quais os valores, quais os problemas que precisam mais imediatamente ser solucionados pelo espírito social objetivo, precisam ser superados, onde é mais necessário o surgimento de novos comportamentos, mais livres, mais ajustados à dinâmica da realidade". O obstáculo ao avanço do processo social no Brasil assemelhava-se aos dos demais países subdesenvolvidos, nos quais "as estruturas se modificam muito lentamente — os comportamentos se modificam com mais rapidez —, e é preciso ser rápido e ter paciência ao mesmo tempo".

O vértice do raciocínio centrava-se na exigência de "conhecer a realidade e não desprezá-la". Isto é, ultrapassar a tendência imediatista do Arena e do CPC, que "produziam algo didático e explicativo", baseado em um esquema de compreensão do real que simplificava demais as coisas. O "teatro de denúncia", a seu ver, encarava o espectador como um aluno, não como um indivíduo, rico, contraditório, disposto a aumentar seu grau de liberdade. Esse Vianinha com mais solidez conceitual prescrevia, como tarefa precípua do autor brasileiro, "despertar a ânsia pela vida, pela complexidade de suas relações e pela possibilidade de transformá-la".

*

Na ressaca pós-golpe, o ponto de encontro da intelectualidade, de cassados e adversários do regime era a Editora Civilização Brasileira, que funcionava em um prédio antigo na rua Sete de Setembro, no Centro do Rio. A livraria ocupava o andar térreo e o escritório de Enio Silveira, o terceiro pavimento. Todas as tardes, ali se trocavam informações e idéias, surgiam projetos, atrás da recomposição moral do pensamento progressista.

Uma das reações imediatas à quartelada de abril veio do *Correio da Manhã*. O jornal, que apoiara o golpe, assumiu nos dias seguintes a defesa das liberdades públicas. Notável exceção à regra na grande imprensa. Carlos Heitor Cony distinguiu-se na crítica às arbitrariedades da ditadura; seus artigos no rodapé do segundo caderno eram vorazmente lidos pela esquerda. Uma equipe de articulistas de alto nível — Otto Maria Carpeaux, Antonio Callado, Hermano Alves, Paulo Francis, Márcio Moreira Alves e Edmundo Muniz — revezava-se na página de opinião, espetando o governo e seus áulicos. Carpeaux, por exemplo, utilizava habilmente as crônicas sobre política internacional para propor analogias com "a atmosfera pesada, de tensão sinistra", que caracterizava o país.

O primeiro trabalho de Vianinha após o fechamento do CPC pode parecer estranho a um homem de teatro. A idéia de montar uma gravadora de discos surgiu nos bate-papos de fim de noite no Zicartola e ganhou de pronto a adesão não só dele, mas de Thereza Aragão, Ferreira Gullar, Paulo Pontes (que chegara ao Rio no começo de 1964 para trabalhar na Rádio Mayrink Veiga), Leon Hirszman e Armando Costa. O plano seria facilitado pelo fato de Leon dispor de uma *nagra*, capaz de reproduzir som direto — alta novidade. O cineasta obteve o equipamento no Ministério da Educação, ainda no governo Goulart, para o qual realizara o documentário *Maioria absoluta*, expoente do cinema-verdade.

No repertório do disco de estréia, ninguém melhor do que a prata da casa: Cartola, Nélson Cavaquinho, Zé Kéti e Ismael Silva. Com a parceria iniciada no CPC, a gravadora manteria vivos certos ideais, como a valorização da cultura popular e da MPB. Um atalho de resistência — repetia Vianinha — que não arranhava os alicerces do regime.

A gravação foi no Zicartola. Bem simples, aproveitando um show marcado com antecedência. O som direto prescindia de estúdio e garantia a informalidade. Segundo Thereza Aragão, a qualidade da fita até que ficou boa, mas depois se percebeu a complexidade da tarefa: "O pessoal do meio nos alertava que o maior problema de uma gravadora independente não era gravar, mas distribuir os discos. As grandes empresas monopolizavam o mercado. Aí desistimos."

A aventura fonográfica provara que, se insistissem na improvisação, formariam no máximo um Exército de Brancaleone. De qualquer modo, a aproximação com o mundo do samba de raiz renderia outro fruto: em 24 de dezembro de 1964, Vianinha organizou show no Zicartola em benefício das famílias atingidas pelo AI-1.

Do ponto de vista financeiro, as reservas do grupo limitavam-se a um pequeno saldo de caixa que Ferreira Gullar salvara das cinzas do CPC. Gullar era um dos poucos que tinham uma profissão paralela (jornalista) que lhe assegurava o sustento. Paulo Pontes arranjara emprego numa assessoria do ministro do Planejamento, Roberto Campos. Vianinha voltara a escrever, desta vez duas telepeças, *O matador* e *O morto do Encantado saúda e pede passagem*, premiadas com o primeiro e o quinto lugares num concurso de dramaturgia organizado pelo ator e diretor Sérgio Britto na TV Tupi.

Thereza Aragão e Denoy de Oliveira compunham o núcleo original do futuro Grupo Opinião, ampliado depois com o ingresso de João das Neves e Pichin Plá — os últimos a saírem da clandestinidade. Entre os oito, duas afinidades fundamentais: eram membros do proscrito PCB e militaram no CPC.

O trabalho teatral oferecia vantagens imediatas: dois dramaturgos à mão — Vianinha e Armando Costa — e custos baixos, pelo caráter artesanal da atividade. "Não víamos outra alternativa senão partir para o teatro de bilheteria, de alguma forma autofinanciável", recorda Ferreira Gullar. "Não podia ser por nossa conta ou por subvenção de uma entidade de massa como a UNE, que não existia mais."

No segundo semestre de 1964, notavam-se sinais de reaquecimento no campo teatral. Em São Paulo, o Oficina reiniciara a temporada de *Os pequenos burgueses*, de Máximo Gorki, depois de ter retirado a peça de cartaz em 2 de abril para um "veraneio" do elenco; e o Arena, que suspendera a montagem de *O filho do cão*, de Guarnieri, encenava *Tartufo*, de Molière. No Rio, nove peças estrearam num único mês.

O ambiente no meio artístico de certa maneira se desanuviou em novembro, quando o marechal-presidente Castello Branco, freqüentador assíduo de teatro, autorizou, excepcionalmente, o repasse de subvenções a 19 espetáculos cariocas, atendendo ao pleito de uma comissão da categoria que recebera em audiência. O auxílio seria estendido depois às produções paulistas. Tudo parecia caminhar para uma acomodação entre o governo e a classe teatral, apesar das desconfianças de parte a parte. Um dado, no entanto, perturbava os observadores atentos: o autor nacional — por coincidência ou não — sumira dos palcos. O TBC bem que tentara prestigiar a dramaturgia brasileira, mas *Vereda da salvação*, de Jorge Andrade, fora um fracasso de público, apressando a extinção da companhia.

No caso dos remanescentes do CPC, a ênfase recaía em um teatro que encarasse as questões sociais e políticas, sem perder de vista que a situação do país se alterara: "O trabalho pós-CPC tinha outro conteúdo: éramos agora um grupo voltado para a resistência à ditadura. Já não tínhamos aquela ilusão de fazer um teatro para o povo, para a classe operária. Queríamos um teatro de resistência, que atingisse a classe média, os estudantes e os setores de oposição", esclarece Gullar.

Forçado pelas circunstâncias, Vianinha voltou a trabalhar no estilo do Arena, ou seja, privilegiando a temática nacional para um público de maior nível cultural. Logo ele que deixara a companhia paulista para fundar o CPC justamente porque achava que ela só se dirigia à classe média.

No Zicartola deslanchou a articulação do Grupo Opinião. Vianinha se lembrou do pequeno teatro do *shopping center* da Siqueira Campos, onde o Arena realizara sua temporada no Rio em 1960. Como o espaço estava praticamente abandonado, não foi difícil convencer o senador Arnon de Mello a alugá-lo. Mas, para aproveitá-lo, seria indispensável uma boa reforma.

Vianinha pediu a seu tio Jayrê, pai dos primos Diorandy e Dirceu, que lhe vendesse, a preços módicos, as cadeiras de um cinema que havia fechado na Vila Maria, em São Paulo. O dinheiro que sobrou do CPC foi empregado nessa compra e na do material de construção necessário à obra. As quatrocentas cadeiras, de tão antigas, rangiam terrivelmente. Para resolver o problema, Vianinha usou a imaginação: primeiro, valeu-se da mão-de-obra gratuita dos pais, que, empolgados, passaram boas horas, ao lado do filho, lubrificando com óleo as dobradiças; depois, arregimentou os companheiros para envernizá-las.

Um árduo trabalho de reconstrução, conforme Thereza Aragão: "Tivemos que arranjar dinheiro para instalar água no banheiro, pintar as paredes, comprar refletores e mais um monte de coisas. O esquema era o seguinte: de sete da manhã às quatro da tarde, a chamada classe operária tradicional trabalhava na obra; de quatro da tarde à meia-noite, começavam os ensaios; e de meia-noite às sete da manhã, lixávamos as cadeiras e prendíamos as arquibancadas laterais. Uma maratona."

Vianinha ainda encontrou oxigênio para idealizar o espetáculo inaugural: um show musical recheado de dados políticos sobre a realidade brasileira. Ele repetiria, com Armando Costa e Paulo Pontes (lançando-se como autor profissional), a experiência de escrever em equipe que adquirira no CPC. "Vianinha mal suportava escrever suas peças sozinho", diz Ferreira Gullar. "Queria sempre a companhia dos outros. Tinha necessidade do trabalho coletivo, o que era facilitado por sua capacidade de despertar entusiasmo nos outros."

Os autores concentraram a carga de informações em três personagens: uma moça de classe média da Zona Sul, um operário favelado carioca e um camponês nordestino. A pretexto de contarem suas vidas, falariam sobre os conflitos sociais e os impasses do país, numa integração de experiências artísticas e existenciais. Os testemunhos seriam entrecortados por canções. Não de uma forma didática ou agressiva, nos moldes do CPC, mas convidando o espectador a repensar a realidade. Segundo Thereza Aragão, os personagens representavam os três setores da sociedade tidos pela linha política do PCB como "forças progressistas": a burguesia nacional, na figura da jovem, o operariado e o campesinato.

Ferreira Gullar salienta que a junção desses personagens, numa aproximação de classes, atendia à preocupação de Vianna de apoiar uma frente ampla antiditatorial. Simultaneamente, o Opinião assumia uma posição de defesa da cultura nacional, incorporando manifestações populares e regionais que ilustrassem a diversidade dos nossos valores e representações. "O espetáculo era, na verdade, uma forma disfarçada de retomar questões que o CPC abordara nos seus trabalhos: o problema da reforma agrária e das favelas, as desigualdades sociais, a defesa da cultura brasileira", rememora Gullar.

O processo de criação foi absolutamente original. Vianinha, Paulo Pontes e Armando Costa fizeram um laboratório com o elenco, composto por Nara Leão, a musa que rompera com o barquinho e o violão da bossa nova, o sambista Zé Kéti (o favelado) e o cantador maranhense João do Vale (o camponês), os dois últimos pouco conhecidos pelo grande público. João do Vale cantara duas vezes no Rio, uma no Zicartola e outra em um show no Sindicato dos Comerciários, dirigido por Thereza Aragão. Cada um dos atores em cena cedeu álbuns de fotografias, cartas e tudo o que pudesse ilustrar os depoimentos. Em seguida, selecionou-se o material pertinente e elaborou-se o roteiro.

Não ficaram só nisso. Vianinha pediu versos de partido-alto a Cartola, Heitor dos Prazeres, Dona Zica (de quem apreciava o angu à baiana), Sérgio Cabral e Élton Medeiros. Outras colaborações vieram do ensaísta e pesquisador de literatura popular M. Cavalcanti Proença, consultado sobre repentes de cantadores nordestinos; do ator Jorge Coutinho, que abasteceu os autores com gírias de morro; e do cineasta Antônio Carlos Fontoura, que traduziu as letras das músicas de Pete Seeger, incluídas na trilha sonora; e por Ferreira Gullar, que verteu para o português poemas de José Martí.

O nome *Opinião* era o título da música de Zé Kéti gravada por Nara Leão. O refrão se transformaria em breve numa resposta ao autoritarismo, com nove meses de atraso: "Podem me prender,/podem me bater/que eu não mudo de opinião".

O convite a Augusto Boal para dirigir o espetáculo selava o acordo com o Arena, que cederia o seu nome ao grupo em troca da participação de 5% na renda bruta. *Opinião* seria então encenado pela "seção carioca" do Arena. Um artifício para burlar uma eventual represália do regime, como explica Gullar: "Nós, como antigos membros do CPC, se aparecêssemos subitamente com um novo grupo, chamaríamos a atenção da repressão sobre nós. Precisávamos do respaldo do nome Arena para fazer a montagem."

A trilha sonora foi um capítulo à parte — autêntica miscelânea. De *Carcará*, de João do Vale, a *Marcha da quarta-feira de cinzas*, de Carlos Lyra e Vinicius de Moraes. E ainda Zé Kéti, Tom Jobim, Hermínio Bello de Carvalho, Silas de Oliveira, Ruy Guerra, Baden Powell, Ari Toledo e Chico de Assis. Vianinha sugeriu a bela canção-tema de *Deus e o diabo na terra do sol*, composta por Sérgio Ricardo e Glauber Rocha.

Boal relembra a inquietação que dominava os ensaios de *Opinião*, a disposição de Vianinha de relacionar passagens do texto com o contexto político-cultural. "Não se discutia profundamente apenas teatro, como também literatura, filosofia, economia, música e sociologia. O Opinião se mantinha em estudo permanente."

Mas o que era, de fato, *Opinião* na cabeça de Vianinha? As intenções não se limitavam ao eixo central — a resistência democrática. Na apresentação, ele, Armando e Paulo Pontes sinalizaram dois outros objetivos. O primeiro dizia respeito à valorização da música popular. O segundo consistia numa tentativa de solucionar o problema de repertório do teatro brasileiro, "que está entalado — atravessando a crise geral que sofre o país e uma crise particular que, embora agravada pela situação geral, tem, é claro, seus aspectos específicos". Em vez da "importação mecânica de sucessos comerciais da Europa" e da "transferência das rédeas da direção cultural do teatro para diretores estrangeiros", Vianinha queria restabelecer o teatro de autoria brasileira.

Opinião não deveria ser visto, segundo ele, como a "salvação da lavoura", e sim como um caminho a testar. Não se podia mais, em face das restrições determinadas pelo golpe, privilegiar o político da forma como exigia o CPC. "Não tinha sentido nem cabimento encenar peças de denúncia em caminhões", ponderaria Vianinha em entrevista a Luiz Werneck Viana, dez anos depois. "Passamos a nos preocupar não propriamente com a linguagem estética mas com as novas condições de luta no interior de seu campo."

O êxito da formulação dependeria do teste de empatia com a crítica e a platéia. Como se o Opinião dispusesse de uma solitária bala na agulha; se errasse, não sobreviveria ao tiroteio. A expectativa de Vianinha quanto à receptividade do espetáculo era dobrada, pois desde *A mais-valia vai acabar, seu Edgar* suas peças não se submetiam ao crivo dos críticos especializados. Os autos do CPC legitimavam-se nas ruas, prescindiam de julgamentos técnicos.

Por tudo isso, persistia a incógnita: depois dos calos nos dedos, das noites mal dormidas, das cadeiras rangendo, dos tijolos fixados um a um, das dívidas contraídas, o que esperar desse *Opinião*, que não era teatro, mas tinha ação cênica; que não se apresentava como *show* musical, mas comportava samba, baião e bossa nova?

A crítica reagiu com efusão. Yan Michalski, que assumira a função de crítico de teatro do *Jornal do Brasil*, afirmou que pouquíssimos espetáculos lhe tinham proporcionado tanto prazer e satisfação. "*Opinião* se coloca, resolutamente, sob o signo da vibração, da comunicação direta: o que pode haver, na verdade, de mais vibrante no Brasil do que a música do povo, quando saída de fontes autênticas e não deformada pelo fantasma do dinheiro e da comercialização?"

Napoleão Moniz Freire, do *Diário Carioca*, confessou: "Ri, me comovi, gargalhei, chorei. Para mim, a finalidade do espetáculo foi atingida em cheio: gerou outra fase de idealismo, que andava meio mixa." Stanislaw Ponte Preta escreveu em *Última Hora* que *Opinião* era "narrado com tal ritmo e tão boa linguagem, com uma argumentação tão latente que a platéia, predisposta a ouvir apenas música, acaba aderindo ao protesto contido na história que se desenrola na arena e termina por consagrar o espetáculo com palmas que interrompem os atores a todo instante, até a consagração final". Fausto Wolff, da *Tribuna da Imprensa*, saudou *Opinião* como o acontecimento cultural mais importante do teatro brasileiro em 1964: "Inspirado, irônico e agridoce, o povo fala em *Opinião* por um fio de voz que é também o de Nara, pelo samba de Zé Kéti e a toada de João do Vale. Nara canta docemente a realidade amarga e azeda de um Brasil-verdade."

De fato, o clima, ao longo da temporada, foi de catarse, de superação do sentimento coletivo de impotência e frustração por causa do golpe. "*Opinião* sacode a poeira que encobriu o país depois de abril", comemorou Artur José Poerner, no *Correio da Manhã*. "Vivia-se a sensação de uma vitória que tinha sido impossível lá fora", definiria a revista *Visão* em 1974. Não raro, aplausos interrompiam algumas cenas e números musicais. Por exemplo, quando Nara confessava: "Eu quero cantar todas as músicas que ajudem a gente a ser mais brasileiro, que façam todo mundo querer ser mais livre, que ensinem a aceitar tudo, menos o que pode ser mudado." Ou o dueto de Nara e João do Vale no lamento do lavrador: "Eu sou pobre caboclo/Ganho a vida na enxada/O que eu colho é dividido/Com quem não plantou nada." Ou ainda quando Zé Kéti começava a cantar o *Samba do morro*: "Eu sou o samba/A voz do morro sou eu mesmo, sim senhor/Quero mostrar ao mundo que tenho valor/Eu sou o rei dos terreiros."

Nem o calor sufocante — não havia sistema de ventilação ou ar condicionado —, nem o desconforto das velhas cadeiras diminuíam a força do espetáculo. Na primeira sessão após a estréia, apenas 18 pessoas pagaram ingressos. Mas, na terceira noite, havia briga na porta para entrar. Em algumas semanas, 25 mil pessoas o haviam assistido. Nos sete meses de temporada (incluindo São Paulo e Porto Alegre), cerca de 100 mil espectadores prestigiaram o show que protestava contra o arbítrio, sem tom panfletário e buscando cumplicidade na emoção. Terminava com a *Marcha da quarta-feira de cinzas*, de Vinicius de Moraes e Carlos Lyra: "E no entanto é preciso cantar/Mais que nunca é preciso cantar/É preciso cantar e alegrar a cidade/A tristeza que a gente tem/Qualquer dia vai se acabar/Todos vão sorrir, voltou a esperança/É o povo que dança, contente da vida/Feliz a cantar."

Opinião se constituiu em divisor de águas, dentro e fora das paredes cheirando a tinta daquele palco que, mal comparando, parecia um ringue. Como manifestação teatral, segundo Yan Michalski, não permitia hesitação por parte do público: "Não curtir o *Opinião* equivalia a colocar-se do outro lado da barricada." Como detonador do combate cultural ao regime de exceção, o grupo logo se converteria em pólo de aglutinação de estudantes, artistas e intelectuais.

Milton Temer, que ingressara no jornalismo depois de ter sido cassado como primeiro-tenente da Marinha, realça que o Grupo Opinião se impôs como centro emanador da possibilidade de alto astral no clima de depressão do golpe: "Assim como tantas outras pessoas da minha geração, eu me fascinei com os espetáculos do Opinião. Era o grito de organização contra o golpe. Congregava-se ali um conjunto de forças que havia sido parcialmente derrotado em 64 — porque a derrota real viria em 68 — e reencontrava motivos para atuar política e culturalmente."

Temer aproximou-se do Opinião pela admiração que "aqueles ídolos da resistência" despertavam em jovens politizados como ele. Militante do PCB como os oito integrantes do grupo, gostava especialmente de Vianinha. E foi na condição assumida de tiete que a amizade entre os dois se estreitou. "Ele era um jovem boa-pinta, simpático. Nós nos aproximamos porque ele tinha como característica ser paciente e atencioso com tietes como eu. Com o tempo, me encantaria com a sua capacidade de acumular um conjunto de tarefas, seja na área política, cultural ou de organização social."

O sucesso do show extrapolou as fronteiras do Rio de Janeiro. A fórmula da colagem de textos, em painéis dramáticos sobre a vida nacional, intercalados com músicas, serviu de fonte de inspiração para a série de espetáculos do Teatro de Arena de São Paulo, *Arena conta Bahia*, *Tiradentes* e *Zumbi*. Por outro lado, *Opinião* incomodou os aliados do regime. A Campanha da Mulher pela Democracia (Camde), um dos baluartes da propaganda anticomunista que minou o governo de Jango, enviou ofício ao chefe de Polícia da Guanabara exigindo a suspensão do espetáculo, por seu caráter "anti-revolucionário". Mas a estrondosa repercussão desaconselhava uma ação repressiva.

*

Para não fugir à regra, 1965 foi um ano de trabalho intenso e de agitação pessoal para Vianinha. Logo no final de janeiro, Nara Leão, estressada, deixou o elenco de *Opinião*. Suzana de Moraes a substituiu por uma semana até que uma jovem cantora baiana que Nara conhecera no Teatro Vila Velha, em Salvador, assumisse seu posto.

Quando o telefone tocou em Santo Amaro da Purificação, Maria Bethânia, 17 anos, estudava para a segunda época de matemática. A atriz Nilda Spencer, da Escola de Teatro da Universidade Federal da Bahia, lhe transmitiu o recado: os produtores do Opinião convidavam-na para ir para o Rio estrelar o show. Bethânia pensou tratar-se de um trote e desligou duas vezes seguidas. Na terceira, aceitou. Pegou o avião, acompanhada por seu irmão Caetano Veloso, de 21 anos, músico iniciante.

Quando Bethânia chegou ao Opinião, meio amedrontada, magrinha, de vestido de xadrez vermelho, cabelos crespos puxados para trás, sem um pingo de maquiagem, todos se entreolharam, mas não disseram nada.

Vianinha não escondia sua insegurança quanto à adaptação dela às exigências do espetáculo.

— Meu Deus, será que vai dar certo? — comentou numa reunião do grupo.

Na noite da estréia, 13 de fevereiro, os integrantes do Opinião estavam uma pilha de nervos. Vianinha mordia as mãos de tão apreensivo. Ao entrar em cena, Maria Bethânia magnetizou a platéia. Quando soltou a voz de contralto, foi uma ovação.

Vianinha sentou-se numa cadeira, passou a mão na testa suada e desabafou:

— Agora, posso ir para casa dormir.

Involuntariamente, Maria Bethânia aproximou o nosso autor de uma jovem repórter de O *Globo*, Martha Alencar. A cantora interrompera o ensaio para dar a entrevista, presenciada por Vianinha, que não parava de falar. Terminada a reportagem, Martha se dirigia para o jornal quando, dois ou três quarteirões adiante, um ofegante Vianinha a abordou — ele vinha correndo para alcançá-la.

— Você esqueceu seu maço de cigarros...

A jornalista agradeceu sem jeito e despediu-se. Três semanas depois, recebeu, na redação do Segundo Caderno, um telefonema de Vianinha, convidando-a a assistir ao show *Rosa de ouro*. A princípio, ela pensou que Vianinha queria cobertura para o espetáculo. Disse-lhe que seria difícil conseguir mais espaço no jornal, que dias antes dera uma página a respeito.

Qual não foi sua surpresa quando Vianinha respondeu que queria mesmo era ir com ela ao *Rosa de ouro*. Martha sentiu um frio no estômago e topou rever o show. Afinal, quem a convidava era ninguém menos do que o guru de seu grupo. "O Vianna representava mais ou menos o que o Chico Buarque representou para esta geração de agora: a vontade de lutar, a combatividade, aquela coisa revolucionária do Teatro de Arena de São Paulo", diz Martha Alencar.

Rosa de ouro, produzido por Hermínio Bello de Carvalho, cativou Vianinha com a sua fórmula de pensar o Brasil pela ótica de compositores populares discriminados pelo sistema. Sem ser um show político como *Opinião*, valorizava a MPB num momento em que o *rock* dominava a mídia. As estrelas eram Aracy Côrtes e Clementina de Jesus — recém-descoberta —, ao lado de Élton Medeiros, do jovem Paulinho da Viola e Nélson Sargento.

Do *Rosa de ouro* para uma "paixão avassaladora" foi um pulo. "O Vianna mergulhou na relação com tanta profundidade que parecia um furacão que arrasta tudo à sua volta", relembra Martha. "Ele incendiava a gente com aquela sua paixão permanente pelas coisas que fazia. Eu, que era normalmente retraída, de formação católica, discreta, com a prática de um trabalho intelectual em que estava sempre atrás dos acontecimentos, de repente me vi no proscênio, tamanha a curiosidade com que se debruçava sobre mim."

O namoro, embora intenso, durou o suficiente para Martha descobrir um homem imprevisível, com uma ansiedade de viver que o levava por exemplo a aventuras como tomar um táxi, num intervalo do *Opinião*, para ir vê-la na Gávea por alguns minutos, e depois voltar às pressas para o teatro.

E sempre irreverente, como no dia em que, após uma briga, ficou aguardando por Martha no local combinado. Não se zangou por levar um furo. Telefonou para ela e brincou:

— Pô, fiquei te esperando todo bonito com meu brinco de baiana e você não apareceu?!

Martha teve um choque ao ouvir o zunzum de que Vianinha fora visto com outra mulher. Ao encontrá-lo, quis saber logo se os rumores eram verdadeiros.

— É tudo verdade, não resisti.

Magoadíssima, ela sumiu do mapa. "Imagina a minha ingenuidade: pensei que pudesse ser a única mulher na vida dele!", afirma Martha:

Tempos depois, voltaram a se aproximar, mas desta vez, amadurecida, Martha encarou a relação de uma forma mais solta e descompromissada — como convinha a alguém como Vianinha, que segundo a jornalista "não conseguia se prender a uma só mulher, porque misturava as paixões e se sentia permanentemente despertado a conhecer pessoas novas".

Geração em estado de sítio

No princípio de 1965, o Grupo Opinião freqüentava os bares do eixo Ipanema-Leblon, na Zona Sul, onde Vianinha aparecia sempre com namoradas novas. Os *points* eram, pela ordem, o Zepellin, o Castelinho e o Jangadeiros, em Ipanema, que atraíam jornalistas, artistas e intelectuais, como a turma do Cinema Novo, tendo à frente Glauber Rocha, Cacá Diegues, Arnaldo Jabor, Leon Hirszman e Joaquim Pedro de Andrade. "Você ia ao botequim com a certeza de que todos eram íntimos", recorda Milton Temer. "Havia necessidade de participar, de trocar idéias, de avaliar o quadro político", sintetiza Gullar. Fora dali, o pessoal do Opinião assinava o ponto nas gafieiras Elite e Estudantina.

Ainda se acreditava que a ditadura não demoraria muito, apesar do domínio que exercia sobre a vida nacional. Particularmente na área econômica, em que a dupla Otávio Gouvêa de Bulhões-Roberto Campos promovia uma drástica política antiinflacionária, arrochando os salários, contendo o crédito ao setor privado e liberando as remessas de lucros para o exterior. A reorientação se ajustava cada vez mais ao processo de internacionalização da economia, estimulando os investimentos estrangeiros. Por outro lado, o Estado autoritário lançava as bases da modernização conservadora que desenvolveria ao longo de 21 anos. O passo inicial foi em telecomunicações, com a criação da Embratel. A indústria cultural emitia sinais de que pretendia se consolidar: em abril, entrava no ar a TV Globo.

A crença de que o autoritarismo teria limitado poder de vôo era animada, em círculos da intelectualidade, pela constatação de que o setor menos golpeado pelo regime militar, até ali, fora a cultura. Surpreendentemente, a produção cultural de esquerda sobrevivera a 1964 e não pararia de crescer até 1968. Roberto Schwarz observa: "Apesar da ditadura de direita, há relativa hegemonia cultural da esquerda no país. Pode ser vista nas livrarias de São Paulo e Rio, cheias de marxismo, nas estréias teatrais, incrivelmente festivas e febris, às vezes ameaçadas de invasão policial, na movimentação estudantil ou nas proclamações do clero avançado. Em suma, nos santuários da cultura burguesa, a esquerda dá o tom."

Para comprovar o veredicto de Schwarz, basta pensar na intensa divulgação de autores marxistas nas *Revistas Civilização Brasileira* e *Paz e Terra*, dirigidas por Enio Silveira e editadas por Moacyr Félix. Naquelas páginas, liam-se textos de Lukács, Walter Benjamin, Jean-Paul Sartre, Roger Garaudy, Eric Hobsbawm, Nelson Werneck Sodré, Carlos Nelson Coutinho, Otto Maria Carpeaux, Theodor W. Adorno, Ferreira Gullar e tantos outros. A Editora Civilização Brasileira publicava uma média de vinte livros por mês (quase um por dia útil), entre os quais as primeiras traduções de Antonio Gramsci, Lucien Goldmann, Louis Althusser, Adam Schaff e Herbert Marcuse. Um dos atos de protesto contra o golpe aconteceu meses depois, na noite de autógrafos de *O ato e o fato*, que reunia os artigos de Carlos Heitor Cony no *Correio da Manhã*. Duas mil pessoas compareceram à Livraria São José, no Centro do Rio. O livro venderia 100 mil exemplares em um ano. Flagra-se a riqueza cultural da época no *Terra em transe* de Glauber Rocha, nas montagens do Opinião, do Oficina e do Arena, na música de Chico Buarque de Hollanda, na sociologia de Florestan Fernandes, na literatura de Antonio Callado, nos festivais da canção, no disco *Tropicália*, na revista *Realidade* ou na mostra de artes plásticas Opinião 65.

Especulando sobre a duração da ditadura, Vianinha e Flávio Rangel achavam que em três anos o país se redemocratizaria. Mas nem todo mundo se enganava com a astúcia do regime autoritário. No final do verão, em plena praia do Arpoador, Vianinha e Sérgio Cabral, batendo papo com amigos ligados ao PCB, sentiram as pernas tremer com a profecia do jornalista João Saldanha:

— Três anos? Pois sim. Essa ditadura vai durar vinte anos.

Vianinha havia escrito um texto — "Perspectivas do teatro em 1965" — sustentando que a atividade teatral precisava, mais do que nunca, ser participante. "Teatro participante é a paixão da descoberta do espírito humano contemporâneo. Um teatro claro, limpo, apaixonado e profundamente equilibrado, enraizado nas alegrias e nos pecados dos povos." Advertia que, se o teatro brasileiro não se empenhasse na reconquista dos direitos da cidadania, "poderá ficar incluído entre os que tiveram a responsabilidade de descer sobre o Brasil a mais triste e estúpida das noites". Mas se dizia confiante na classe teatral, "que há quase vinte anos luta contra sua ostensiva marginalização econômica, contra as maiores dificuldades técnicas e profissionais — sem casas de espetáculos, sem oficinas de montagens, sem escolas, sem auxílio". Finalizava com duas frases que avivavam sua crença na democracia: "Não há que desanimar. A democracia foi destruída enquanto organização, mas não enquanto absoluta aspiração do povo e do artista brasileiro."

Reiterava a profissão de fé democrática — "para que o teatro possa atuar, a condição política básica é a existência da democracia; a liberdade de expressão e de manifestação do pensamento". Não divisava outra saída senão apoiar o "processo de redemocratização da vida nacional, na consagração dos sentimentos de soberania e vigor do povo brasileiro".

A posição de Vianinha sintonizava-se com a Resolução Política do Comitê Central do PCB, de maio de 1965. O partido reconhecia ter adotado, até 1964, "uma falsa concepção, de fundo pequeno-burguês e golpista, da revolução brasileira, (...) que admite a revolução não como um fenômeno de massas, mas como resultado da ação das cúpulas ou, no melhor dos casos, do partido". Recomendava aos militantes ânimo e ação organizada em defesa da redemocratização, considerando indispensável que o partido "adquira a convicção de que cabe aos comunistas um papel de vanguarda na luta para derrotar a ditadura, o que exige espírito revolucionário, desprendimento e capacidade de sacrifício."

Imbuído da certeza de que o teatro precisava intervir na intrincada cena política, o Opinião aprovou a peça oferecida por Flávio Rangel para dar seqüência ao repertório. O diretor propusera a Vianinha adaptar *Júlio César*, de Shakespeare, para o contexto brasileiro. O célebre monólogo de Marco Antônio se basearia na carta-testamento de Getúlio Vargas. A idéia não vingou. Não saía da cabeça de Flávio um espetáculo que exaltasse os valores da liberdade numa conjuntura tão desfavorável. Lembrou-se de uma peça da Broadway com reflexões de vários autores sobre a problemática racial nos Estados Unidos. Procurou Millôr Fernandes e, juntos, bolaram *Liberdade liberdade* (assim mesmo, sem vírgula).

A estrutura narrativa guardava semelhança com *Opinião*: uma coletânea dramatizada de cinqüenta textos, intercalada por músicas que se inspiravam na temática da liberdade. A seleção incluía cenas de peças, poemas, piadas e citações de autores tão díspares como Jesus Cristo, Manuel Bandeira, Carlos Drummond de Andrade, Platão, Adolf Hitler, Abraham Lincoln, Cecília Meireles, Castro Alves, Winston Churchill e Luís XIV.

Flávio sugeriu que se convidasse Paulo Autran para o elenco, o que vinha ao encontro de um dos objetivos centrais do grupo — atrair outros segmentos teatrais para engrossarem a luta antiditatorial. Por seu talento e respeitabilidade artística, Autran reforçaria a unidade geral do pensamento democrático, o mesmo se verificando com as presenças de Tereza Rachel e Nara Leão.

De quebra, *Liberdade liberdade* era uma produção baratíssima. Não havia cenário, ninguém recebia salário fixo (o elenco trabalhava em regime de cooperativa) e as roupas dos atores foram obtidas em permuta por publicidade de uma butique no programa do espetáculo.

Os ensaios transcorreram em ritmo acelerado, uma vez que a estréia ocorreria em 21 de abril, Dia de Tiradentes. Desta vez, não mais sob a chancela do Arena: o Opinião se registrara como sociedade civil por cotas. De cara, recebeu uma estocada do intolerante Nelson Rodrigues: "Vejam que nome simples, despojado, sem ênfase. Apenas

'Opinião' e nenhum ornato, nenhum arabesco. Em outros tempos, seus fundadores teriam escolhido um título mais enfeitado do que um índio de carnaval. Em vez de 'Opinião', seria algo assim como 'Estrela matutina', 'Rosa de cetim' ou os 'Amantes da arte'. Os 'Amantes da arte' seriam o Ferreira Gullar, o Oduvaldo Vianna Filho e uns poucos mais. Entre parênteses, o citado Vianna é em verdade Vianinha, ou seja, o único diminutivo que se conhece em qualquer idioma."

Provocações à parte, o "grupo dos oito" — como eram chamados pelos colegas, numa alusão aos "grupos dos onze" que agitavam no pré-64 sob as ordens do deputado Leonel Brizola — fixava, no programa da peça, sua orientação político-cultural-ideológica:

"O Grupo Opinião coloca-se, no campo da cultura, numa posição crítica, aberta e comprometida. Esse compromisso, que se realiza como ação no âmbito cultural, envolve de fato o problema geral da realidade brasileira. Estamos convencidos de que o trabalho cultural, como todo trabalho, tem por exigência básica a qualidade. Mas, sobre o conceito de qualidade, pesam inúmeros equívocos. Do nosso ponto de vista, a qualidade de uma obra resulta da formulação adequada da experiência na complexidade de suas contradições, isto é, na sua realidade dialética. Conclui-se daí que uma visão estreita do mundo não pode produzir boa obra, pelo simples fato de que, na sua limitação, é incapaz de revelar o verdadeiro conteúdo da realidade de que trata. Assim como não basta estar teoricamente armado de uma visão justa para obter resultados artisticamente positivos, pode um escritor alienado criar boa arte, desde que, no processo formulativo — no fazer — consiga ampliar sua visão o suficiente para abranger as contradições inerentes a ela. O que não quer dizer que as obras estejam despidas de caráter ideológico ou de classe, mas que elas podem ter qualidade apesar disso. A liberdade é, portanto, condição necessária do trabalho criador."

O Opinião pregava uma síntese dialética entre conteúdo e forma, capaz de traduzir, artisticamente, a complexidade brasileira:

"Essa conceituação desloca o problema artístico do campo formal, estético, para o campo do conhecimento do real. Contrariando a posição idealista de um Novalis — 'quanto mais poético, mais verdadeiro' —, diríamos: 'quanto mais verdadeiro, mais poético'. A realidade concreta é inesgotável. O problema formal fica, por sua vez, colocado em seu devido lugar, já que a forma resulta da elaboração aprofundada dos fatos e valores, não podendo mesmo, sequer, ser distinguida dessa elaboração, pois ela é a própria atualidade da experiência formulada. Acreditamos ser esta a posição que melhor atende à necessidade do desenvolvimento cultural brasileiro, uma vez que, ao afirmar a obra, afirma-a como conhecimento da realidade concreta, o que pressupõe a integração de seus aspectos regionais, nacionais e universais. Tais aspectos não são excludentes mas constituintes de toda realidade."

Num ensaio possivelmente escrito para a apresentação de *Liberdade liberdade*, Vianinha associou o texto de Flávio Rangel e Millôr a essa diretriz teórica. A seu ver, a atitude artística, para ter um nítido conteúdo de contemporaneidade, precisava fechar questão em torno da defesa da liberdade como ponto básico, como conquista, como ação. Por isso, julgava que a principal qualidade da peça era ser "excessivamente circunstancial", numa conjuntura de interdição dos direitos civis. Para ele, o espetáculo nada tinha de propagandístico, e sim procurava dar curso a uma concepção de arte que visava ampliar e fortalecer a consciência social, a partir de referências universais. Essa arte dramática fincada na atualidade tinha como fundamento a participação do artista nas lutas democráticas:

"Para nós, ser artista significa ser contemporâneo. Ser contemporâneo significa um ato de cultura que — tornando existente o potencial sensível da consciência social, dando-lhe objetividade, formando o chamado espírito social objetivo — abre caminho para o enfrentamento prático da existência, para a superação dos problemas que entravam a realização universal do ser humano. Ser contemporâneo significa formar sempre um novo presente."

Paralelamente à discussão política no Opinião, havia grande expectativa sobre a montagem de *Liberdade liberdade*. Circularam versões de que os autores pretendiam derrubar mitos, inclusive o do Duque de

Caxias, patrono do Exército. Millôr correu a desmentir: "A nossa peça não tem esse intuito, nem é um incentivo à subversão. Ela é uma prova indiscutível de que o homem, apesar de tudo, realmente conquistou alguma coisa. O objetivo é mostrar que valeu a pena lutar."

Os jornais especulavam que a Censura estadual vetaria o espetáculo. O suspense arrastou-se por dez dias. O desfecho, entretanto, favoreceu ao Opinião: os censores exigiram apenas proibição para menores de 18 anos. O colunista Ely Halfoun, de *Última Hora*, ironizou a demora na liberação da peça: "A Censura estava esbarrando numa grande dificuldade: como cortar textos de Jesus Cristo, Platão, Abraham Lincoln, Winston Churchill e Franklin Roosevelt?"

No ensaio geral — ao qual compareceu a nata da intelectualidade carioca, como Otto Lara Resende, Carlos Heitor Cony, Lúcio Costa, Antônio Houaiss, Vinicius de Moraes, José Honório Rodrigues, Enio Silveira, Moacyr Félix, Fernando Pedreira e Hélio Fernandes —, ficou evidente que mais um êxito estava a caminho.

Dito e feito. *Liberdade liberdade* conquistou, por meses seguidos, as platéias que compareciam ao Teatro de Arena. "O espetáculo logo se transformou numa espécie de hino da resistência", resumiria Flávio Rangel. "Nós dizíamos no palco o que as pessoas queriam ouvir. Acontecia um fator psicológico curioso: o público achava que pelo fato de assistir já estava participando da resistência."

A crítica, toda ela destacando a admirável atuação de Paulo Autran, dividiu-se na apreciação da peça. De um lado, ficaram os adeptos do teatro participante. De outro, os que se aferravam aos cânones dramatúrgicos ou os que mal disfarçavam a simpatia pelo regime militar. Yan Michalski qualificou a montagem de "vibrante e comovente". A peça mantinha o Grupo Opinião na vanguarda do debate sobre a função sociopolítica da arte dramática. Avaliação que Michalski confirmaria nove anos depois: "*Liberdade liberdade* captava com sensibilidade e coragem o espírito de inconformismo que a nação vinha assumindo em relação às cada vez mais duras medidas de arbítrio e repressão que o regime vinha multiplicando."

Michalski, porém, fez reparos ao desempenho de Vianinha como ator. "Oduvaldo Vianna Filho é um ator de recursos limitados, que às vezes acerta, quando encontra um papel adequado às suas possibilidades, mas que ainda não possui a versatilidade necessária para esse tipo de montagem." Outro a criticá-lo foi Henrique Oscar, no *Diário de Notícias*: "Oduvaldo Vianna Filho se exalta demais, numa linha de mau Actor's Studio."

Oscar espelhava o mal-estar da facção conservadora da crítica com a encenação de textos engajados. Disse ele: "*Liberdade liberdade* é um espetáculo de interesse artístico e valor dramático muito relativos. Todavia, como aborda um tema passional, pode entusiasmar e apaixonar." Geraldo Queiroz, de *O Globo*, acusou o roteiro de Flávio Rangel e Millôr Fernandes de deixar entrever "um aspecto propositalmente sectário, que é mostrar a liberdade de um lado, ignorando-se tudo aquilo que ela representa do outro". Segundo Queiroz, fala-se muito no período nazista ou na guerra civil espanhola, "mas nada se diz da revolução comunista de Cuba, do Muro de Berlim e de outras vezes em que a liberdade foi torpemente violada, retirando aquilo que o espetáculo defende adiante, que são os direitos civis do homem".

*

Durante a temporada de *Liberdade liberdade*, Vianinha decidiu mudar-se da casa das pais. Tinha 29 anos. Por conveniência, alugou um pequeno apartamento em outro bloco do mesmo edifício. Dinheiro era algo perturbador não só para ele, como também para os companheiros no Opinião. Viviam com o mínimo, não podiam prescindir da receita da bilheteria para pagar o elenco, os músicos e os técnicos. E não se desvencilhavam de um complexo de culpa por estarem, finalmente, lucrando com a arte. Logo eles, socialistas convictos, que tinham ojeriza pela opressão do capital.

"O diabo é que tínhamos uma vergonha danada de ganhar dinheiro. Éramos cabeças ruins para negócio", comenta Thereza Aragão. Ferreira

Gullar vai além: "Nossa experiência empresarial era pequena e cheia de culpas. A gente achava que podia estar ganhando dinheiro à custa do trabalho dos atores. Por conta disso, acabávamos pagando às pessoas mais do que devíamos. O resultado é que, com o correr do tempo, terminamos com dívidas."

Vianinha aceitou o convite de Paulo César Saraceni para representar Marcelo, protagonista de O *desafio*, primeiro filme a retratar a perplexidade da esquerda após o golpe militar. Em um bar no Campo dei Fiori, em Roma, depois de ler em silêncio o roteiro e chorar de emoção, Glauber surpreendeu Saraceni:

— O melhor nome para fazer o Marcelo é o Vianinha.

— Mas, porra, Vianinha foi sacana com o *Porto das Caixas*.

— Você não me disse que ele voltou atrás e elogiou o filme? Pois então. Vianinha vai fazer uma dupla perfeita com Isa [Isabela].

Em seu livro de memórias, *Por dentro do Cinema Novo*, Saraceni diz que Glauber acertou na mosca: "Vianinha deu tudo, todo o seu talento, e me ajudou muito nos diálogos que tive que escrever durante as filmagens."

Marcelo é um jornalista que, imerso numa crise existencial provocada pelo golpe de 64, revê o sentido de sua participação política, caindo em atitudes passivas ou anárquicas. O caráter circunstancial do argumento sensibilizara Vianinha, que no entanto se mostrou insatisfeito com o produto final, a ponto de aconselhar a mãe a não assisti-lo: "É uma droga, Deocélia! Você não deve perder tempo com esse filme!" A crítica, de maneira geral, elogiou O *desafio*, tendo Jean-Claude Bernadet salientado que "é a fita que vai mais fundo na análise do marasmo da classe média". Vianinha considerou o filme pessimista quanto à viabilidade dos projetos políticos que a esquerda defendia desde o final dos anos 50.

A temática de O *desafio* — o reexame de posições existenciais e políticas no pós-golpe — tinha a ver com *Moço em estado de sítio*, a peça que Vianinha escrevia nos intervalos de *Liberdade liberdade* e das filmagens. Ele obrigava-se a refletir sobre mitos e crenças dos intelectuais revolucionários no período que culminou com a deposição do presidente Goulart. Procurava respostas para as incertezas da esquerda diante do quadro adverso instalado no país.

Ambientada entre o fim dos anos 50 e o início da década de 60, enfoca a trajetória de Lúcio, jovem egresso da universidade que participa de um grupo teatral de esquerda, mas, pressionado pela família, se torna redator e editorialista de um jornal a serviço de interesses antinacionais. A trama mostra o progressivo afastamento de Lúcio de suas aspirações, a sua fraqueza de caráter — quer ascender à custa da negação dos seus ideais e de desprezo pelo próximo — e as angústias pessoais.

Numa análise feita em 1981, Yan Michalski diria que *Moço em estado de sítio* se situa, na dramaturgia de Vianinha, como obra de ruptura, "prova de espantoso amadurecimento, e abertura de um caminho novo, que anos depois vai desembocar na explosão criativa de *Rasga coração*, com cujas idéias e forma ela apresenta nítido parentesco". De acordo com Michalski, as cinco peças anteriores de Vianinha, além dos autos escritos para o CPC, deveriam ser apreciadas como "exercícios de aquisição de *métier* dramatúrgico e manifestações da ânsia de um moço — que certamente não se sentia então em estado de sítio — de interferir nas transformações da sociedade". *Moço em estado de sítio*, segundo o crítico, é a que mais nitidamente (e com maior impulso dramatúrgico) delineia a sua posição e as suas dúvidas diante do mundo. "Quase um testamento existencial e político, por estranha que possa soar esta expressão aplicada a uma obra escrita aos 29 anos de idade."

Através dos descaminhos de Lúcio, a peça disseca a geração de Vianinha, que, derrotada em 64, acumulara sonhos e frustrações. Que melhor analogia poderia haver entre esse jovem e o Vianinha que esbarrava em pedregulhos para concretizar seu ideal revolucionário? Yan Michalski captou essa ansiedade de exorcizar fantasmas: "Em vez do Vianinha impaciente agente de um processo de transformação revelado pelos trabalhos anteriores, um Vianinha esmagado pela sensação de impotência, pela derrocada das antigas ilusões, e dolorosamente empenhado em extrair um sentido da sua própria perplexidade e do seu meio ambiente."

Moço em estado de sítio focaliza um tema que voltaria a ser trabalhado por Vianinha: o indivíduo esmagado por uma engrenagem hostil ao seu pleno desenvolvimento. A medição de forças o desfavorece e fragiliza diante de um sistema no qual prevalecem a busca da ascensão social, os preconceitos e falsos valores morais. Lúcio é o anti-herói ou o herói negativo, que, sabendo o caminho certo, se desvirtua por interesses menores e desmedida ambição. Aquele que, pela queda, aponta a direção certa a ser seguida.

O mais interessante — pontua Sábato Magaldi — é que Vianinha não condena primariamente o seu anti-herói: "O que dá grandeza à peça é a sua isenção. Lúcio aparece iluminado por dentro. A postura de Vianinha supõe uma funda compreensão do homem. Ele não o superestima ou degrada, em razão de uma ideologia. Debruça-se sobre o universo de cada um, extraindo a pátina da humanidade de que se fazem as criaturas vivas."

Moço em estado de sítio apresenta uma arrojada e inventiva construção de narrativa. Em três atos, ele estruturou nada menos que cinqüenta breves seqüências e cenas sobrepostas, numa dinâmica de cortes quase cinematográfica.

Uma peça dessa envergadura ficaria exatos 12 anos desconhecida até de pessoas íntimas. Após terminar de escrevê-la em 6 de junho de 1965, Vianinha a arquivaria junto a esboços de outros textos. Aderbal Freire Filho, que em 1981 dirigiria as primeiras montagens no Rio e em São Paulo, afirma ter evidências de que a peça foi lida na época pelo menos uma vez:

"*Moço em estado de sítio* não deve ter feito o menor sucesso entre os amigos do Vianinha. Sei de uma leitura que ele teria feito e que não repercutiu. As dúvidas do herói da peça, a generosidade com que Vianinha critica sua turma e a si mesmo, e, além de tudo, a estrutura cênica ousada certamente contribuíram para o descaso em relação à peça."

O original foi presenteado por Vianinha a uma de suas namoradas, a atriz Ítala Nandi. Via nela a pessoa ideal para representar Suzana, atriz do grupo de teatro amador que namorava Lúcio e que era uma espécie de consciência, questionando seus atos e contradições.

"O Vianinha sempre dizia que eu me parecia com a personagem por ter limpidez de raciocínio, objetividade nas coisas", recorda Ítala, que participou de uma leitura da peça com companheiros do Teatro Oficina. Quando se mudou de São Paulo para o Rio, em 1971, a atriz guardou, num baú de lata que trouxera da Europa, livros e peças, entre as quais *Moço em estado de sítio*. Qual não foi seu aborrecimento quando a transportadora lhe comunicou que o baú se extraviara na viagem para o Rio. Mesmo tendo sido indenizada, ela jamais se conformaria.

Passados seis anos, Ítala recebeu um telefonema da empresa informando que, inexplicavelmente, o baú fora encontrado em um de seus depósitos, intacto.

"Nos primeiros dias, eu fiquei sem coragem de abri-lo", confessa ela. "Temia que tudo estivesse destruído, entregue às traças. É incrível, mas o baú estava exatamente como o despachei. Não sei como aquilo pode ter acontecido. Talvez alguém o tenha largado no depósito. Resolvi abrir e, no meio dos livros, estavam os textos de várias peças. Nem me lembrava direito da maioria das coisas que encontrei. Da peça do Vianinha, então, francamente não tinha a menor lembrança. Como eu tinha passado um período fora do Brasil, nem sabia ao certo se ela fora montada ou não."

Quando Ítala a folheou, percebeu que havia anotações com a letra de Vianinha. "Não era uma peça absolutamente acabada. Havia muita coisa escrita à mão, embora a maior parte das laudas fosse batida a máquina. Ele poderia, quem sabe, ter feito outra revisão. Hoje, penso que pode ter sido um recado do Vianinha para mim, uma lembrança. Por que a peça foi parar nas minhas mãos, tantos anos depois, em perfeito estado? Talvez porque ele desejasse que eu a recebesse de volta."

Para decepção geral, em 3 de agosto de 1977, pelo ofício nº 756/77, o chefe do Serviço de Censura de Diversões Públicas do Departamento de Polícia Federal no Rio de Janeiro, Wilson de Queiroz Garcia, vetou a encenação da peça, "uma vez que a mesma tem conotações políticas de contestação e de caráter subversivo". Anexou ao processo os dois pareceres contrários, assinados pelas censoras Selma Chaves e Lígia Barreto Ferreira. A primeira censora avaliou que "o objetivo do autor é alertar o povo para o seu poder e apresentar uma política anarquista com princípios teóricos referenciando a violência como única maneira de vencer os governos". Considerou "tratar-se de política alienígena desinteressante ao nosso modelo político", aduzindo que "as manifestações entre os diálogos" eram capazes de "incitar contra o regime vigente, principalmente pela ênfase com que poderão ser apresentados". A segunda censora foi categórica: "A peça ensejará fortes restrições censórias, devido ao seu teor moral e político, altamente atentatório ao regime vigente."

*

Como num piscar de olhos, dissiparam-se ao longo de 1965 as ilusões quanto às possibilidades de livre manifestação artística no país. As pressões dos setores radicais do regime surtiram efeito, com a proibição de vários textos, entre os quais O *berço do herói*, de Dias Gomes, prestes a estrear. O secretário de Segurança do governo Lacerda, coronel Gustavo Borges, acusou os responsáveis pela montagem de estarem "engajados na implantação de uma ditadura cultural, através do abuso de liberdades democráticas e em estreita obediência à recente diretriz do PCB". A alegação não passava de sandice anticomunista, pois a peça fora escrita entre 1962 e 1963, em pleno governo democrático de João Goulart.

Pior do que isso só a portaria baixada pelo Departamento Federal de Segurança Pública submetendo qualquer espetáculo teatral à Censura federal, que poderia proibir peças anteriormente liberadas pelas Censuras estaduais. No mesmo ato, o chefe do DFSP, general Ayrton Salgueiro, determinava a obrigatoriedade do certificado de censura para a liberação de filmes nacionais ao mercado internacional.

Para submeter o teatro ao crivo da censura, a ditadura recorreria sempre ao anacrônico decreto nº 20.493, assinado em 24 de janeiro de 1946, ou seja, antes da aprovação da Constituição de 1946. No artigo 41, relacionavam-se as oito situações em que se poderia vetar, total ou parcialmente, a encenação de uma peça: "a) contiver qualquer ofensa ao decoro público; b) contiver cenas de ferocidade ou for capaz de sugerir a prática de crimes; c) divulgar ou induzir aos maus costumes; d) for capaz de provocar incitamento contra o regime vigente, a ordem pública, as autoridades constituídas e seus agentes; e) puder prejudicar a cordialidade das relações com outros povos; f) for ofensivo às coletividades ou às religiões; g) ferir, por qualquer forma, a dignidade ou o interesse nacionais; h) induzir ao desprestígio das Forças Armadas". Além de transferir à interpretação subjetiva dos censores o poder de decidir o que podia ou não ser representado, os itens mencionados eram excessivamente abrangentes, facilitando proibições a qualquer pretexto.

Os tentáculos da repressão não se limitaram ao controle ideológico. Em 28 de maio, Vianinha, Paulo Autran e Tereza Rachel se preparavam para entrar em cena quando ouviram uma gritaria na porta do teatro. Mais de cinqüenta homens, armados de cassetetes e até de pistolas automáticas, concentravam-se na calçada ameaçando impedir a apresentação de *Liberdade liberdade*, aos gritos de "Fora os comunistas! Fora os comunistas!" Depois de grande tumulto, a Polícia interveio e o espetáculo recomeçou.

Paulo Autran e Vianinha perceberam que havia provocadores na platéia. A cada fala mais eloqüente sobre a liberdade, os agentes infiltrados repetiam em voz baixa:

— E o muro de Berlim?

Autran notou Vianinha nervosíssimo, olhando sempre em direção ao público para localizar os arruaceiros. Numa das últimas cenas, um dos homens levantou-se da cadeira e discursou contra o comunismo. "O Vianinha ficou simplesmente apatetado, perplexo, sem saber o que fazer", recorda Paulo Autran, que teve presença de espírito para puxar uma salva de palmas, logo acompanhada pelos demais espectadores. Os gritos do provocador foram abafados pelos aplausos, e ele e seus comparsas, irritados, deixaram o teatro.

Para agravar o clima de tensão, o DOPS deteve a atriz Isolda Cresta antes de uma sessão de *Electra*, de Sófocles, por ter lido na véspera um manifesto contra a intervenção na República Dominicana. Passou uma noite no xadrez, mas em parte seria recompensada ao chegar em casa e encontrar um ramo de flores enviado pelo ex-namorado Vianinha, com um bilhete: "Agora, as flores."

A classe artística se mobilizaria contra o surto de obscurantismo. Em assembléia no Teatro Santa Rosa, decidiu-se mandar telegrama, com mais de cem assinaturas, ao presidente da República, manifestando apreensão ante o cerceamento da liberdade de criação. Vianinha, Ferreira Gullar, Dias Gomes, Paulo Autran, Tônia Carrero, Glauber Rocha, Arnaldo Jabor e Renato Borghi encabeçavam a mensagem.

De nada adiantaria o telefonema pacificador de Castello Branco a Tônia, sua atriz favorita, dizendo ignorar a portaria do DFSP. A peça de Flávio Rangel e Millôr Fernandes foi desfigurada pelos 25 cortes impostos pela Censura paulista. *Morte e vida severina*, de João Cabral de Melo Neto, e *Os inimigos*, de Máximo Gorki, chegaram a ser interditadas e depois liberadas. Artistas e intelectuais encaminharam a Castello uma carta aberta com 1.500 assinaturas, tornando a adverti-lo sobre "o quadro de graves ameaças às atividades culturais". Nenhuma resposta. Em outubro de 1965, enviou-se telegrama à Comissão de Direitos Humanos da ONU denunciando os atentados contra a liberdade de expressão no Brasil.

Complicando as relações entre o Estado autoritário e a área cultural, em 17 de novembro um grupo de intelectuais estendeu, em frente ao Hotel Glória, no Rio, onde se realizava uma conferência da Organização dos Estados Americanos, faixas onde se lia: "OEA: Queremos liberdade", "Abaixo a ditadura". O protesto pacífico valeu alguns dias de prisão a Flávio Rangel, Antonio Callado, Carlos Heitor Cony, Jaime de Azevedo Rodrigues, Glauber Rocha, Thiago de Mello, Joaquim Pedro de Andrade e Mário Carneiro. Não tiveram direito a visita no quartel da Polícia do Exército, na rua Barão de Mesquita. Vianinha, que lá esteve tentando vê-los, ajudou a mobilizar assembléias da classe artística pela libertação do grupo. Aqueles dias de cárcere entraram para a história cultural da década. Na cela da PE, Glauber começou a desenhar, em um papel de embrulho, cenas de *Terra em transe*; Callado esboçou sua obra-prima *Quarup*; Cony tomou a decisão de levar adiante o seu polêmico romance *Pessach: A travessia*.

A repressão desferiu, a seguir, um rude golpe no Opinião. Às vésperas da estréia, a Censura da Guanabara proibiu *Brasil pede passagem*, um musical que tentava dar "uma visão panorâmica do país através de obras significativas em todos os campos", conforme o texto de apresentação. Era uma criação coletiva, com roteiro final de Vianinha e Armando Costa. No elenco, Glauce Rocha, Luiza Maranhão e Jardel Filho. Alegação oficial: o espetáculo "promovia incitamento contra o regime vigente e feria a dignidade e o interesse nacionais".

Ao entregar a notificação do veto, o censor perguntou, irônico:

— Pede passagem para onde? Para Moscou?

Vianinha e Gullar redigiram um comunicado à imprensa assinalando que a peça se originava de uma colagem de textos e músicas de autores como Carlos Drummond de Andrade, Manuel Bandeira, Mário de Andrade, Vinicius de Moraes, Jorge Andrade, Villa-Lobos e Euclides da Cunha. A nota dizia que a interdição "liquida com o trabalho de toda uma equipe, que perdeu dias e noites para selecionar, montar, dirigir e ensaiar os atores e cantores", sem falar no prejuízo financeiro.

Para não ceder à intimidação, Vianinha, Armando Costa e Sérgio Cabral escreveram às pressas *Samba pede passagem*, que estrearia na primeira quinzena de novembro. Homenageando Noel Rosa e compositores populares, recobrava o clima informal das rodas de samba, reunindo Araci de Almeida, Baden Powell, Ismael Silva, Raul de Barros, Rosinha de Valença, Regional do Canhoto, Conjunto Samba Autêntico e o MPB-4, que se lançava profissionalmente. Às segundas-feiras, no Opinião, Thereza Aragão comandava *A fina flor do samba*, com compositores, passistas e ritmistas de escolas de samba.

Meses antes, Thereza, Vianinha e Sérgio Cabral testaram esse horário alternativo com o show *Telecoteco Opus 1*, do qual participavam Ciro Monteiro, Dilermando Pinheiro e o Regional do Canhoto. *Samba pede passagem* ficou menos de dois meses em cartaz, mas o insucesso foi atenuado pelo êxito da turnê nacional de *Liberdade liberdade*. Invariavelmente, quando a cortina se fechava, a platéia formava um coro uníssono: "Abaixo a ditadura! Abaixo a ditadura!"

Com dinheiro em caixa, a próxima montagem poderia ser mais ambiciosa. Vianinha planejava entremeá-la com um pouco das tradições populares consignadas em versos de cordel. O título da peça coincidia com o estado de espírito da classe artística diante das ciladas do regime: *Se correr o bicho pega, se ficar o bicho come*.

O amor flutua no ar

Nos últimos meses de 1965, Vianinha iniciou um de seus relacionamentos amorosos mais intensos e, paradoxalmente, mais conturbados. Odete Lara, na verdade, causara *frisson* ao jovem Vianinha em fins dos anos 50, quando despontara como atriz. Gianfrancesco Guarnieri lembra-se de que, nas confidências do tempo de Arena, o amigo suspirava: "Ah, meu Deus, a Odete..."

Odete fora convidada por Paulo Autran a substituir Tereza Rachel, que precisara deixar o elenco de *Liberdade liberdade*. Amiga de Autran e de Nara Leão, a atriz não pensou duas vezes. Era um momento particularmente difícil para ela, que atravessava, segundo diz hoje, "uma neurose muito forte". Retornara de uma longa viagem à Europa tentando se encontrar. Embora conhecesse Vianinha de nome, confessa que se impressionou ao vê-lo aparecer no Opinião numa tarde em que ensaiava o papel com o assistente de direção João das Neves.

"Estávamos eu e o João ensaiando quando de repente vejo, na sombra atrás da coluna, uma figura. Era o Vianna. Eu senti imediatamente. E perguntei ao João quem era. 'É o Vianinha', respondeu. A partir daquele momento, o Vianna já ficou marcado. Continuei nos meus ensaios. Ele estava namorando uma outra pessoa, aliás, tinha acabado com uma pessoa e começara a namorar outra. Estreei, e nosso relacionamento não seria nada fácil, porque eu estava cheia de problemas pessoais. Mas fiquei muito atraída, realmente atraída. E fiquei com problemas de consciência, porque ele estava no auge com a nova namorada. Mas pensei:

'De todo jeito, é uma possibilidade, porque se ele troca tanto... quer dizer, vai acabar trocando de novo.' Então, eu pensava, preocupada: 'Sei que ele pode vir facilmente, mas, como eu já o vi trocar várias vezes, é um risco: comigo pode acontecer a mesma coisa...' Ele tinha essa coisa de namorador, porque fazia sucesso e era um homem atraente. Aos poucos, não consegui mais segurar meu interesse e começou a surgir aquela grande atração. E tudo aconteceu. Foi muito forte, uma experiência fortíssima. Eu estava atravessando um período muito especial de minha vida e, segundo o meu analista, projetava no Vianna a figura ideal do meu pai. O analista dizia que o primeiro amor na minha vida fora meu pai, e que eu nunca o tivera como precisava ter. E, assim, teria cortado a minha possibilidade de amar. Já tinha tido muitas experiências amorosas, mas não me entregava totalmente a ninguém. Reconhecia em Vianna eu mesma, porque ele também trocava muito de namorada. Eu pensava dessa forma: 'Meu Deus, eu sei que não vou ter estabilidade alguma com ele.' Isto era terrível: instabilidade dos dois lados. Até hoje, aliás, me pergunto se a relação foi muito forte só porque eu estava atravessando um período tão difícil. A análise estava mexendo num ponto nevrálgico da minha neurose."

Como trabalhavam juntos e moravam próximos, Vianinha e Odete levavam uma vida praticamente em comum. Iam quase toda noite ao Zepellin, com eventuais escapulidas à Fiorentina e ao Varanda. Recorda Odete: "A nossa rotina era simples: fazíamos teatro, íamos jantar e conversar com os colegas. Quando queríamos nos divertir, procurávamos as gafieiras, que estavam super na moda. No carnaval de 66, fomos ver o desfile das escolas de samba, que ele adorava, porque dizia que era autenticamente popular. Fora isso, era muita cama."

Odete precisou viajar a trabalho a São Paulo e quase sucumbiu à falta de Vianinha, como registrou em seu diário, depois transposto para o livro de memórias *Minha jornada interior*: "Amor absoluto é o que sinto por ele: V. É insuportável a sua ausência, mesmo por um dia, neste frio de São Paulo onde me encontro hoje. Já é madrugada, e estou esgotada pelo cansaço. Mas a lembrança de que ele existe me inflama de vida e não me deixa dormir. Gostaria de tê-lo sempre perto, receber a luz que desponta em seus olhos nos momentos de amor. Amo-o inteiro, a boca, as mãos, os cabelos, o corpo, a pele, a voz, o sexo. Homem total, de corpo e alma. Amo sua força viril tanto quanto sua delicadeza e sensibilidade. Com ele gostaria de viver e morrer de amor."

Desse relacionamento profundo, que duraria mais de oito meses, Odete fala com emoção e carinho de um Vianinha "muito puro, sensível, delicado, com uma força interior impressionante". Odete ressalta a forma respeitosa como tratava qualquer pessoa. Mas diz que, acima de qualquer interesse, estavam o teatro e a política:

"Qualquer outra coisa ele achava bobagem. Quando eu tentava falar em psicanálise, logo reagia: 'Não me venha com essas histórias; isso tudo é babaquice, é alienação.' Uma vez, quando já estávamos separados e ele não me dominava mais, decidi levar-lhe o livro da Karen Horney, *Personalidade neurótica dos nossos tempos*. Quando leu o título, jogou o livro no espelho, furioso. Eu dizia que ele também precisava de análise, que não era só eu, não. O que o movia mesmo era a ideologia. Deixava qualquer coisa por isso. Às vezes, estava meio adoentado, abatido, mas bastava haver a necessidade de uma ação política para se mobilizar imediatamente. Dava a volta por cima."

Na interpretação de Odete, o ilimitado empenho pelas causas políticas instalava na fisionomia de Vianinha uma expressão de total serenidade. Serenidade por fora, alta voltagem por dentro. A urgência política alterava seu equilíbrio orgânico, sugava-lhe as reservas de energia e desalojava-lhe do espírito dores pessoais e as melancolias do cotidiano.

*

O Opinião contratou 27 atores — entre os quais Odete Lara e Vianinha — para a encenação de *Se correr o bicho pega, se ficar o bicho come*. O processo de criação lembrava, de certo modo, o dos autos do CPC, em que todo mundo dava palpites. O roteiro básico fora elaborado a 16 mãos, depois de discussões entre os oito fundadores do grupo. Vianinha estruturava os três atos e os entregava a Ferreira Gullar para reescrevê-los em forma de versos de cordel.

Em tom de farsa musical, explorando com mordacidade o universo nordestino, a peça conta a aventura de Roque (Vianinha), herói sem caráter, que após ter seduzido a filha do temido "coronel" Honorato (Fregolente e depois Rafael de Carvalho), foge com o amigo Brás das Flores (Agido Ribeiro), conhece o político Nei Requião (Oswaldo Loureiro) e sua esposa Zulmirinha (Odete Lara), de quem se tornaria amante. Envolve-se em tramóias eleitorais, é preso por subversão, solto e finalmente assassinado por rivais políticos. Quando o amigo é morto, o esperto Brás torna-se poeta popular, que lhe reconstitui a saga em folheto de cordel.

A formação do elenco ampliou o leque de alianças do Opinião no meio teatral, daí se originando a opção pelo diretor e cenógrafo italiano Gianni Ratto. Um dos papas do antigo TBC, Ratto diz que a experiência foi empolgante:

"Sempre fui e continuo sendo um homem apartidário. Constatei com prazer que não existiam no Grupo Opinião posições preconcebidas em relação a ninguém. Todo mundo trabalhava pensando teatro, que é a melhor forma de atuar politicamente. Havia uma sintonia de intenções e uma vontade de acertar que levou atores de diferentes escolas a se amalgamarem numa unidade formal que nos conduziu — juntamente com a alta categoria do texto, que questionava o homem brasileiro na dimensão de suas reais responsabilidades — a um sucesso inevitável e estrondoso."

Quais as pretensões do *Bicho*? No prólogo anexado à peça quando de sua publicação pela Editora Civilização Brasileira, em 1966, o Opinião sustentava que era uma resposta ao falso moralismo vigente na política brasileira, que inibia a participação popular: "Para o atual governo, há setores da população que podem governar, que têm o direito moral de governar; há outros setores que não. O julgamento dessas capacidades não pode ser feito pelo povo porque o povo só é capaz de julgamentos políticos imediatistas e não é capaz de julgamentos político-morais. Para esta concepção moralista, a eleição é um fenômeno puramente quantitativo e nunca qualitativo. O *Bicho* praticamente nasceu para ser contrário a essa visão. Nasceu antiascético, aparentemente amoral. No *Bicho*, os mais diversos setores da população são nivelados, igualados do ponto de vista moral. Seus princípios morais só serão cumpridos na medida em que conquistem e afirmem a supremacia de seus princípios políticos. Como nenhum dos setores da população tem força suficiente para impor sua programação política, as transigências morais fazem parte mesmo da existência política."

Atacava o governo por confundir "ordem social com quietismo social", argumentando: "No *Bicho* procuramos deixar claro que não são as 'agitações' que configuram a ordem social. Ao contrário, a ordem social é que determina, impõe a existência da 'agitação'. O *Bicho* procura fixar a 'subversão' não na má consciência dos homens; o *Bicho* pretende fixar uma realidade que é, ela mesmo, subvertida."

Resumindo as intenções ideológicas do espetáculo, o Opinião definia-o como "a tentativa de ordenar, de desenhar o impasse entre o ser real e a vontade de ser das pessoas na realidade brasileira — cuja característica central é a celeridade das transformações no plano da consciência e a lentidão das transformação no plano institucional". E terminava com uma exortação à esperança: "O homem é capaz de viver esse impasse porque é altamente responsável e incorruptível. E, felizmente, também é capaz de, em determinado momento, sofrendo o insuportável, superar o impasse."

No que tange a referências estéticas, o grupo manifestava a afinidade do *Bicho* com o conceito brechtiano de distanciamento, na medida em que a obra de arte "não é uma cópia da realidade — é um sentimento justo da realidade. Uma maneira doce, tensa, desinteressada e bela de conhecer o real". Ao relacioná-lo com as técnicas do teatro popular brasileiro, o Opinião alargava a noção de Brecht, adotando o que chamava de "encantamento", assim entendido: "Com 'encantamento' queremos dizer uma ação mais funda da sensibilidade do espectador que tem diante de si uma criação, uma invenção que entra em choque com os dados sensíveis que ele tem da realidade, mas que, ao mesmo tempo, lhe exprime intensamente essa realidade. O espectador passa alternativamente e dialeticamente da constatação do belo em si da criação à constatação da justeza da síntese proposta. Repõe no homem seu amor à ação, à intervenção, à criação. Abre o apetite para o humano. Em Brecht a forma não é mais tirada da natureza; é tirada da beleza, da necessidade de expressão do artista."

Se correr o bicho pega, se ficar o bicho come eletrizou público e crítica. Yan Michalski ocupou meia página do Caderno B do *Jornal do Brasil* para aplaudir a "surpreendente e agradabilíssima teatralidade" do espetáculo, que em seu juízo era a primeira incursão propriamente teatral do Opinião. "O teatro brasileiro ganhou uma obra cheia de vida", prosseguia ele, chamando a atenção para a "extraordinária variedade de meios usados" pelos autores na estruturação do espetáculo.

"Os ingredientes usados no preparo da 'salada' são numerosíssimos: romance de aventuras, literatura de cordel, sátira de costumes, sátira política, farsa rasgada, comédia poética, *commedia dell'arte*, comédia à la Feydeau, comédia *non sense*, musical. Mas a salada é gostosíssima, e o tempero foi preparado de maneira tão adequada que o sabor de nenhum dos ingredientes destoa dos demais, nem se impõe abusivamente aos demais. Este tempero consiste num ângulo de constante charme e humor sob o qual os acontecimentos são vistos — charme e humor genuinamente brasileiros, pois baseados, em última análise e de acordo com uma tradição autenticamente nossa, na glorificação de um certo e simpático tipo de falta de caráter e de marotice."

Os demais críticos endossaram a reação de Michalski, conferindo a Vianinha e Gullar o prêmio Molière como melhores autores do ano. O primeiro Molière dos quatro que Vianinha receberia como dramaturgo. Outro motivo de satisfação: seu desempenho como Roque mereceu elogios. "Oduvaldo é um bom ator e levou o seu personagem à frente com maestria", opinou Luiz Alberto Sanz, de *Última Hora*. "Oduvaldo Vianna tem o papel mais simpático e o faz com a maior felicidade", avaliou Henrique Oscar. "Oduvaldo Vianna Filho nos pareceu realizar no *Bicho* o melhor trabalho de sua carreira de ator, sem a gesticulação tensa e artificial que o caracterizava até agora, e demonstrando grandes progressos pela sinceridade, simplicidade e agilidade de seu desempenho, e pela inteligente união das características líricas e humorísticas do personagem", sublinhou Yan Michalski.

Do ponto de vista empresarial, era o terceiro sucesso do Opinião em menos de dois anos. Para Vianinha, isso significava a confirmação da tese de que era possível produzir peças que atingissem o grande público e ao mesmo tempo tivessem "a beleza e a qualidade de uma obra de arte". Ele insistia em que não havia contradição entre as duas metas e invocava o retorno de bilheteria como recompensa a um trabalho mais popular, porém sem concessões ao humor fácil e à alienação:

"Sabemos que só é possível manter a atividade do grupo se conseguirmos montar espetáculos capazes de agradar à platéia, interessá-la. Não se trata de fazer teatro digestivo mas fazer teatro que, sem abrir mão da qualidade cultural, atinge o público. Não tem muito sentido, ao nosso ver, montar obras de altíssima qualidade que não interessam a ninguém."

Durante a temporada do *Bicho*, que se prolongou de abril a agosto de 1966, Vianinha participou de dois filmes: o policial *A derrota*, de Mário Fiorani, ao lado de Glauce Rocha e Luís Linhares, e o drama *Mar corrente*, de Luís Paulino dos Santos, em tórridas cenas de amor com a personagem de Odete Lara.

No segundo semestre daquele ano, Vianinha escreveu crônicas bem-humoradas na *Folha da Semana*, semanário mantido pelo PCB. Entre os colaboradores, Leandro Konder, Alex Viany, Dias Gomes, Artur José Poerner, Otto Maria Carpeaux, Paulo Francis, Márcio Moreira Alves, Jaguar, Odete Lara e Luiz Carlos Maciel. Os redatores-chefes eram Sérgio Cabral e Maurício Azedo. O jornal defendia a redemocratização do país, a soberania nacional, o desenvolvimento econômico e o progresso social.

Em sua coluna de crítica literária, Leandro Konder divulgou *A concepção dialética da história*, primeiro livro de Antonio Gramsci publicado no Brasil, pela Civilização Brasileira. "Todas as pessoas que pretendem ser eficazes defensoras ou competentes adversários da filosofia marxista, entre nós, estão obrigadas a ler e a estudar as reflexões e as anotações de Gramsci", escreveu Konder. Gramsci viria a juntar-se a Lukács como referência teórica para os intelectuais comunistas empenhados na renovação do pensamento marxista e do movimento socialista. Segundo o filósofo italiano, a conquista do poder, nas sociedades capitalistas desenvolvidas, deve ser precedida por uma longa e cotidiana batalha pela hegemonia e pelo consenso travada no seio das instituições sociais, envolvendo a participação consciente da maioria da população. A revolução assenta-se numa estratégia de "guerra de posições" que viabilize a ocupação progressiva e cumulativa de espaços na sociedade civil, modifique inicialmente a correlação de forças em favor do conjunto dos trabalhadores e termine por impor a direção de uma nova classe (ou bloco de classes) no Estado. Em síntese: a caminhada revolucionária deve basear-se numa luta progressiva de massas pela hegemonia, e não mais na via única da insurreição armada.

No caso de Lukács, o seu pensamento ajustava-se às visões estratégicas do PCB sobre a conjuntura pós-golpe. Desde as famosas "Teses de Blum", de 1929, o pensador húngaro defendia uma política de alianças entre as forças progressistas, democráticas e socialistas para fortalecer a frente antifascista. As idéias de Lukács também fundamentariam as críticas das lideranças culturais do PCB às tendências anárquicas, irracionalistas e niilistas da contracultura, sobretudo a partir de 1967.

A tolerância do regime militar com a liberdade de imprensa começou a esfarelar exatamente pela *Folha da Semana*, fechado em dezembro por imposição governamental, sob acusação de "incitar à subversão". O jornal defendia as posições do Comitê Central do PCB — partilhadas pelo Comitê Cultural e por Vianinha — favoráveis a ações que, gradualmente, organizassem as massas e fortalecessem a sociedade civil. Na luta interna que se agravara após o golpe, essa orientação vinha sendo

CEDOC / FUNARTE

Vianinha no colo do pai, **Oduvaldo Vianna**, a caminho de Buenos Aires

FUNARTE

Vianinha, aos 19 anos, **militante da Juventude Comunista** e já apaixonado pela arte dramática

CEDOC / FUNARTE

O elenco de ***Dias felizes*** no Teatro de Arena:
Gianfrancesco Guarnieri, Vera Gertel, Vianinha,
Méa Marques, Sérgio Rosa e Alzira Mattar

FUNARTE

Flávio Migliaccio, Chico de Assis
e Vianinha na montagem histórica
de ***Eles não usam black-tie***

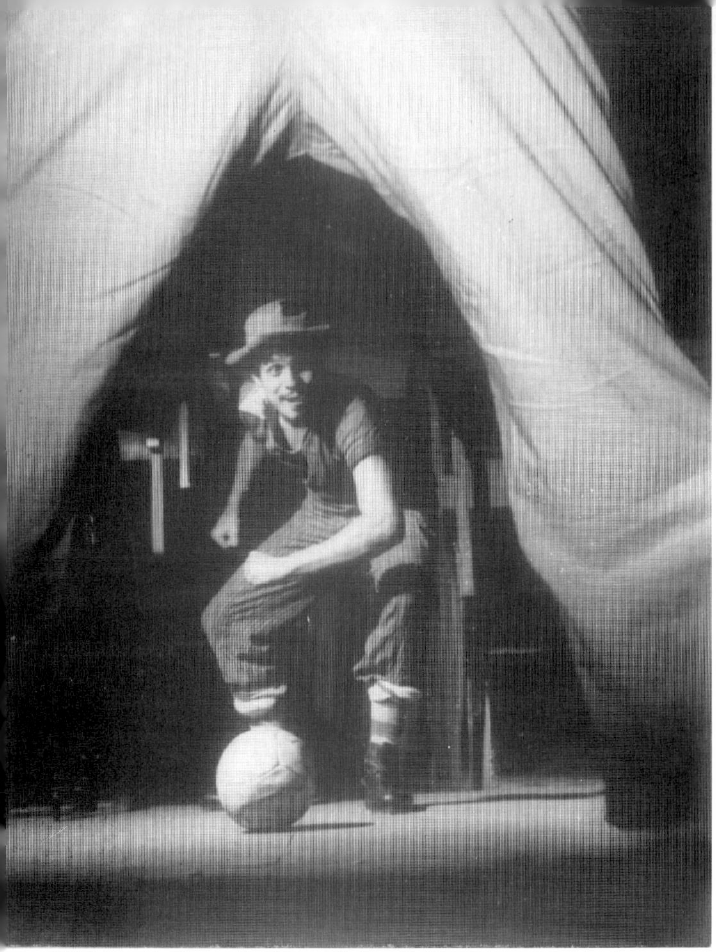
FUNARTE

A estréia de
Chapetuba F. C.:
o teatro descobre o
submundo do futebol

CEDOC / FUNARTE

A temporada carioca do Arena, em 1960, aproxima o **"eterno hippie" Domingos de Oliveira** de Vianinha

AGÊNCIA JB

Tempos de agitação: Vianinha, **líder do CPC**, conclama o povo a assistir aos autos do teatro de rua

ARQUIVO DO AUTOR

Vianinha fichado pela primeira vez na Polícia Política, em agosto de 1961, aos 25 anos, por defender a posse do presidente João Goulart.

ARQUIVO DO AUTOR

Vianinha e Jorge Coutinho, protagonistas de "**Escola de samba, alegria de viver**", um dos episódios do filme *Cinco vezes favela*

Nara Leão, João do Vale e Zé Kéti no arrebatador **show Opinião**

DERLY MARQUES / CCSP

ARQUIVO DO AUTOR

oy de Oliveira, Armando Costa, Vianinha, Thereza A

VIAN

O célebre **Grupo Opinião**: a partir da esquerda, Denoy de Oliveira, Armando Costa, Vianinha, Thereza Aragão, Ferreira Gullar e Pichin Plá; sentados, Paulo Pontes e João das Neves

FUNARTE

Vianinha e **Nara Leão**: a musa da Bossa Nova une-se à esquerda na luta antiditatorial

FUNARTE

Odete Lara e Vianinha (à esquerda) contracenam em ***Liberdade liberdade***

CEDOC / FUNARTE

Vianinha (sentado) e Joel Barcelos
no polêmico filme ***O desafio***,
de Paulo César Saraceni

CEDOC / FUNARTE

Vianinha em seu melhor desempenho no cinema,
como o anti-herói de ***Um homem sem importância***

FUNARTE

Vianinha com Napoleão Muniz Freire em ***A comédia dos erros***: o dilema de trabalhar como ator para pagar dívidas

ARQUIVO DO AUTOR

Vianinha em três cenas de ***Chicago 1930***, seu último papel como ator

AGÊNCIA JB

Vianinha, aos 37 anos, mesmo doente, intervém no debate político-cultural e escreve para teatro e TV

CEDOC / FUNARTE

O abatimento na **última foto** para o passaporte com que viajou para tratamento médico nos Estados Unidos

FUNARTE

Marco Nanini e Juliana Carneiro da Cunha
na comovente cena final de ***Mão na luva***

Marco Nanini e Juliana Carneiro da Cunha
em Mão na luva

VIAN

FUNARTE

Papa Highirte: 11 anos proibida, a peça finalmente é representada em 1979

Tomil Gonçalves e Raul Cortez e o conflito de gerações em ***Rasga coração***, a obra-prima que Vianinha terminou de escrever no leito de morte

FUNARTE

AGÊNCIA O GLOBO

Oduvaldo Vianna Filho na foto que amigos definem como fiel expressão de seu modo de ser: **uma pessoa movida a paixão pela política, pelo teatro e pelo homem brasileiro**

contestada pelos setores esquerdistas, influenciados por Cuba e pelo carisma de Che Guevara. A suspensão do jornal, segundo Konder, favoreceu as correntes que se inclinavam para a conflagração aberta como meio de acelerar a luta pelo socialismo.

Em seus artigos na *Folha da Semana*, Vianinha ridicularizava personagens de proa do regime e seus conchavos. Cáustico, explorava o cinismo, a hipocrisia e a estupidez que permeavam o cotidiano do país. Ao referir-se à suspensão dos direitos políticos do jornalista Hélio Fernandes, ele imaginava os diálogos travados, no hipotético "Alto Comando das Explicações", para justificar a punição. Depois de 22 horas de exaustivos debates, as autoridades haviam chegado ao veredicto pelo mais simplório dos métodos de votação — no palitinho.

A desenvoltura de Vianinha não passou despercebida dos órgãos de segurança. Em 6 de abril de 1966, o informe secreto nº 0411 do Centro de Informações da Marinha (Cenimar) rastreava as atividades do Opinião: "O Grupo Opinião está ensaiando a peça *Se correr o bicho pega, se ficar o bicho come*, a estrear brevemente no Teatro de Arena da rua Siqueira Campos. O texto, bastante subversivo, constitui um incitamento à violência, de forma mais ou menos clara." Sobre Vianinha: "É militante do Setor Cultural e Artístico do PC, foi dirigente do CPC da UNE, órgão destinado à comunização através do teatro, circo, literatura etc."

Em 19 de maio de 1966, o Comando da 1ª Região Militar enviou ao DOPS o pedido de informações nº 77, solicitando os antecedentes de Vianinha, Paulo Pontes, Ferreira Gullar, Armando Costa e Sérgio Cabral. O DOPS respondeu pelo ofício nº 06775, destacando estes dados sobre Vianinha: "Foi um dos fundadores do Comando dos Trabalhadores Intelectuais, entidade fundada nos mesmos moldes das demais entidades de esquerda. Tinha a finalidade de controle uno das classes que abrigavam escritores, jornalistas, artistas, professores etc., até então dissociadas e divorciadas, em face da categoria intelectual de seus membros, dos movimentos esquerdistas que se vinham desenvolvendo no país, originados pelo Comando dos Trabalhadores. Não tinha amparo legal. Mesmo que não se conhecesse a finalidade de tal entidade, bastava a presença entre seus membros fundadores de elementos pertencentes à ala intelectual do Partido Comunista Brasileiro para ser a mesma caracterizada como uma entidade talhada a se transformar em uma das frentes legais do PCB."

*

Pessoalmente, as coisas não corriam bem para Vianinha.

A crise conjugal com Odete Lara agravava-se. Nenhum dos dois admitia claramente, mas os modos de vida colidiam, a insegurança afetiva apontava para uma separação iminente. Odete rememora:

"No começo, foi tudo uma maravilha, uma paixão alucinante. O Vianna era devastador. Foram meses em que não víamos mais nada. Depois, com o dia-a-dia, apareceram as diferenças. Para mim tudo era mais difícil, em face dos problemas que eu enfrentava comigo. Quando pintou a possibilidade de morarmos juntos, eu desisti de tudo. Percebi que não dava mais, não porque não o amasse. Eu deixei o Vianna o amando, mas o fiz para me salvar. Se eu ficasse com ele, estava tão enrolada que sentia que não ia me levantar mais, que ia ser um capacho do Vianna, uma sombra. Até então, ele sempre estava por cima da carne-seca, porque sabia que eu era apaixonada, embora me mostrasse paixão nos momentos de amor. Mas, fora isso, estava mais interessado na vida dele, na carreira dele, enquanto eu me preocupava apenas em resolver a minha neurose."

Segundo a atriz, Vianinha não se conformou quando ela quis se separar. O que contrariou suas expectativas: esperava que se sentisse aliviado, pois tinha convicção de que seus problemas pessoais representavam um peso para ele.

"Aconteceu tudo ao contrário do que eu previra. O Vianna ficou abatido. Foi uma revelação para mim. Achava que ele não estava nem aí, que só pensava na carreira e na ideologia dele. Ele mudou completamente: queria de todo jeito voltar, se redimir. Falava em casar comigo, ter filhos, constituir família. Eu lhe dizia: 'Vianna, o problema não é família, é que não dá mais!' Ele me mostrou um lado que eu realmente desconhecia. Chorava... Eu pensava: 'Por que não me mostrou esse lado antes, ele que era tão forte?' Fiquei muito tentada a voltar, mas senti que, por causa de minha fragilidade, não estava em condições de reassumir aquela relação."

Vianinha não desistiu facilmente. Até na cena do *Bicho* em que contracenavam tentou reconquistá-la:

"O Vianna era terrível, me fazia todas as chantagens emocionais. Uma noite, não tinha nada a ver com a cena, ele me deu uma rosa no meio da peça! Eu pensei: 'Meu Deus, o que eu faço com esta rosa?' Aí, coloquei-a no cabelo... Ele estava querendo se redimir."

Dificílimo para Odete ignorar a presença dele. Tanto que anotou no diário da época: "Às vezes sinto um amor extravasante, uma ternura inesgotável, uma saudade louca de tua pele, de tua boca, de teus cabelos." Mas continuou firme.

Ao saber que Odete namorava o cineasta Antônio Carlos Fontoura, Vianinha quase desesperou-se. Escreveu-lhe uma bela carta, que a atriz guarda como relíquia.

Em três laudas e meia datilografadas em espaço um, ele liberou o que Odete apropriadamente chama de "impulso confessional", desculpando-se pelo comportamento assumido até ali com ela. Trata-se de um dos documentos mais reveladores da personalidade de Vianinha, de suas medidas de valor, de suas fraquezas e grandezas, de seus desvios. Faz autocrítica do seu lado mais vulnerável — a inconstância na relação amorosa —, reconhecendo que o amor, como sentimento vital, deveria merecer dele valorização, entrega, superação de autodefesas. Constrói uma imagem impecável para traduzir o descompromisso que caracterizava seus sucessivos envolvimentos amorosos: sentia-se como "o papel que cai do avião na praia, balançando ao sabor do vento".

Vianinha tentou de todas as formas reabilitar-se diante de Odete, jurando que, desta vez, se dedicaria por inteiro a alguém, sem hesitações. Fala textualmente em viverem juntos sob o mesmo teto; informa que suspendeu a compra de móveis para o apartamento, à espera da decisão dela. Depois de insistir para que Odete volte a confiar nele, pois deseja reorganizar sua vida em função do relacionamento dos dois, vincular a busca pela felicidade à luta contra o imperialismo, como faces da mesma moeda existencial. Na parte final da carta, enfatiza que decidiu tomar a iniciativa pelo reatamento para provar-lhe a intenção de começar tudo de novo, do zero. Inclusive abandonando a antiga convicção — que agora percebia ser precária e distorcida — de que, para existir amor, era preciso comunhão ideológica. Nas linhas seguintes, grava no papel a declaração de amor: "Demorei, me enrolei, mas encontrei você. A melhor que já vi. Sal da Terra."

Eis a carta:

"Eu estava com A. Gostava dela, fiquei com você.

"No fundo, em você, mais uma vez, um pouco de raiva de mim, de não manter meus compromissos comigo mesmo, de não conseguir compromissos comigo mesmo, de achar fascinante eu balançar no vento, de me ver balançando no vento. Feito papel que cai do avião na praia. É a melhor aventura do papel — todo mundo correndo atrás dele. Só que ele cai no chão, não teve destino etc. Mas todo mundo correu atrás dele. Ele sabe que não tem destino — mas no exato momento em que está caindo, parece que não é ele que está sendo atirado —, ele tem a impressão que está sendo buscado. Está sendo buscado porque foi atirado. Ele não percebe isso.

"A minha relação com você sempre foi feita de desvalorização. Eu não sabia que você sabia o que queria. Começou mal. Sem promessas minhas, sem nada. Você me dava a impressão de uma mulher extremamente vivida, cheia de homens, de aventuras, que acrescentava mais uma companhia. Eu, simplesmente, não queria ser uma simples companhia. Quis te marcar com ferro a ousadia de você me escolher. Marcar Odete Lara, a vaidosa, a fria.

"Mas o fundamental é que você não era moça da moda. Isso deflagrava em mim o processo de desvalorização. Odete se dá a quem se dispõe a ficar com ela. A moça da moda, não. Ela se dá a experiências, a tentativas. A moça da moda quer preservar sua imagem, não quer ainda construir sua vida. Eu não percebia que você não era moça da moda porque não queria. Outra vez a confusão. Moça da moda também é feito o papel da praia.

"Eu sei que o processo de desvalorização foi contínuo. Se você dizia que estava perturbada, eu também estava. Muito. Gostei de B. Mais uma vez gostei da moça da moda. Eu fugia de você, negociava, não do ponto de vista de sentimento — que eu te amo (e fiquei com você oito meses, não foi à toa) — mas do ponto de vista do raciocínio, das minhas idéias que estavam todas atrapalhadas. Recalquei antes, não agora.

"O processo de desvalorização continuou. Apesar da minha distância, você continuava comigo. Via nisso uma fraqueza. Hoje sei que é uma profunda coragem. Tentar, tentar, até ver certo, claro que não é mais possível.

"Mas eu tomava como fraqueza, como abandono, falta de firmeza. A mulher vaidosa que nem olhou para mim no Municipal estava exangue. Na minha opinião, queria um canto. Não queria um homem. E eu me recusava a ser um canto, uma almofada.

"O processo de desvalorização se deu mais ainda em outros aspectos. Um outro mito que eu tinha na cabeça — tem que haver comunhão ideológica entre os dois. Você não era de esquerda, não participava, não discutia, não pedia, não tentava estabelecer ordem no mundo. Aos meus olhos isso passava como outra debilidade.

"Não é. Precisei ficar longe de você para saber disso tudo até o fundo. Nunca tive tanta comunhão como com você — ideológica. Você vê o mundo e as pessoas com a mesma responsabilidade e cuidados com que eu vejo. Cada um no seu ramo, é verdade. Mas a mesma, a mesma responsabilidade.

"Não estou escrevendo esta carta pra te encher.

"De qualquer maneira, pelo menos, perdi todo o orgulho — vou falar, falar, pedir, até você aceitar ou não, de uma vez. Nunca pedi, nunca. Estou pedindo agora, estou tomando a iniciativa. Quero começar assim, pedindo, tomando a iniciativa.

"Para terminar — eu queria que você compreendesse isso. Agora, ao contrário, você entrou em minha alma em processo de valorização. Claro que não é por causa de A. C. (por favor, se for possível, não mostre essa carta a ele).

"Se não houvesse esse problema, eu talvez deixasse um pouco mais de tempo. Procuraria sair de novo com você, começar as coisas, depois propor. Tive que fazer o contrário. Um outro problema, já mais mesquinho. Estou gastando muito dinheiro nessa mudança. Isso também me aflige. Ia comprar uma mesa e cadeiras. Não vou. Eu tenho que esperar uma decisão sua.

"Você diz que tem B., que eu preciso experimentar. Mas eu não quero experimentar, porque tem você. Meu amor por B. foi uma justificativa para mim, pra eu me separar de você. (Acho que foi isso com C. Pra casar com D., pra justificar pra mim mesmo.) Eu não quero.

"No meio da desvalorização que eu fiz de você, o tempo todo, apareceu uma Odete inteira, que eu não conhecia até o fim.

"Não quero desfazer de você com A. C. Se você não me quiser, vou morrer de raiva e tristeza, mas, depois de um tempo, vou vibrar porque você está bem, com um cara tão bacana, tão bom, inteligente, limpo, tudo.

"E minha vaidade não fica ferida. A. C. te merece às pampas.

"Nunca senti o que estou sentindo. Não é paixão fulminante (apesar de neste momento estar perto disso). É uma coisa determinada, calma e intensa. A absoluta certeza de que quero ser de alguém.

"Lembro mais uma vez — você estava perturbada. Eu também estava. Você via em mim uma coisa que eu acho que sou e que não queria ser. Agora acho que tenho o pé na terra.

"Por favor, Dete, se você gosta de mim, fica comigo. Tem mais um lugar nesse país onde vai haver felicidade. A felicidade faz parte da luta contra o imperialismo.

"V.

"Perdão, Dete, mais uma última coisa. E também meio mesquinha. Eu preciso ficar com alguém por causa da minha vida toda. Como eu ando fazendo certo algumas coisas, muita gente se interessa em aumentar minha porra-louquice em outras coisas, em simplificar, tentar fichar minha vida como leviandade etc.

"Mesmo dentro do grupo. Então por mais este motivo eu preciso parar. Pra se parar, no entanto, é difícil. Também sou um cara bacana — com possibilidade de procurar uma pessoa bacana pra ficar comigo. Procurar as mais bacanas pessoas. Demorei, me enrolei, mas encontrei você. A melhor que já vi. Sal da Terra.

"V. de novo.

"Desculpe, mais uma coisa. Estou tão aflito — sempre me parece que falta uma linha, um argumento.

"Uma coisa que me ligou muito a você, Dete, não por amor, foi o que aconteceu com você no grupo. Lembra? Você não entrar no ***Brasil pede passagem*** etc.

"Fui demais Cavaleiro Andante com você. Tinha que chegar ao Marquês de Sade que eu sou humano.

"Agora, não — nem Sir Lancelot, nem Sade. Eu.

"Outra coisa — você nunca me disse —, é bom ficar com você — gosto de você. Nunca senti agradecimento. O que eu queria era agradecimento — você nunca fez isso, porque não tinha nada que fazer. Uma vez uma pessoa disse que você gostava de mim. Não me lembro quem foi. Só me lembro que me senti bem.

"Meu Deus do céu. Ainda vou falar.

"De duas, uma — ou você tem muita confiança em você e quer que eu experimente com B., para depois voltar para você, ou então não me quer. No primeiro caso, se você tem confiança, estou pedindo, não sei por que recusar. No segundo caso — meu Deus do céu!

"Se for o primeiro caso, você tem de responder, Dete, que eu quero organizar minha vida toda — se você continuar dizendo pra esperar —, eu vendo minhas coisas, pego meus livros e invado tua casa.

"PS: Você falou de Gullar. A gente tem uma coisa parecida — faz até o fim. Ele fazia neoconcretismo (andava de sobretudo e tamanco, achava a vida ridícula, mas ia à praia e eu fazia CPC da UNE (dentro daquele casarão noite e dia) — mesmo quando a gente sentia que estava errado, precisava ir até o fim, para compreender. A gente só muda pela razão (depois de sentir tudo).

"Você sabe — eu vou até o fim, Dete. Achava que não era pra me ligar e não me ligava, mesmo gostando. Agora não. É pra me ligar. Eu entendi e senti."

*

Imagine o tumulto que a carta provocou. Principalmente porque se viam todos os dias em cena — e porque Vianinha insistia em ousar, deixando no camarim de Odete bilhetes amorosos, grampos dela esquecidos na casa dele, desenhos evocando momentos vividos pelos dois. Embora dividida, ela achou por bem resistir, como recorda:

"Eu pensava: 'Se bobear, serei pega outra vez por ele.' A sensação que eu tinha era que havia sido pega por uma onda avassaladora, e que não conseguia mais sair dela. Vianna era um amante extraordinário e tocou na minha essência. Eu gostava dele física e intelectualmente. Foi uma coisa total. Mas eu me sentia em perigo em suas mãos e encontrei forças para resistir ao assédio. Chegamos a ter outros encontros, sempre alucinantes, ardorosos. Ele querendo que eu voltasse; eu com muita vontade de voltar. Sempre o criticava por não se fixar numa pessoa só. Ele dizia que era o momento que estava vivendo que não lhe permitia parar em alguém. Numa dessas vezes em que insistiu para reatarmos, me disse: 'Agora, eu sinto que é para parar. Você pode ficar comigo.' E eu respondi: 'Vianna, não acredito no teu amor enquanto você não amar uma pessoa que não seja conhecida.' Foi um desabafo, para ele se dar conta de como era vulnerável. Ele amava só pessoas em evidência. Anos depois, me disse: 'Odete, aprendi muita coisa com você. Primeiro, porque nunca tinha sido deixado por alguém. Segundo, aprendi que tenho de parar com alguém.' Mas, na época em que nos separamos, o fato é que uma parte de mim o amava, mas a consciência dizia que se eu entrasse naquela de novo, naufragaria. Então, não voltei mais. Com o passar do tempo, pude refletir melhor sobre tudo e constatei que eu própria me amarrara a ele e não fazia mais nada. Acabei de deixá-lo e logo apareceram coisas novas para fazer. A culpa não era dele, embora na época achasse que fosse. Julgava-o prepotente, mas ele não o era. Eu é que me fechara em torno dele."

Apesar de o relacionamento ter naufragado, Vianinha e Odete não suplantaram com facilidade a atração mútua, que reacendia em encontros ocasionais. Terminado o namoro com Antônio Carlos Fontoura, Odete resolveu testar novamente seus sentimentos. Foi assistir a uma peça em que Vianinha trabalhava como ator e não resistiu a cumprimentá-lo nos bastidores. Em suas memórias, a atriz narra o desfecho:

"V. me recebeu com bastante efusão, ainda que um tanto formalmente. Fazia muito tempo que não nos víamos. Cumprimentou-me muito pelo sucesso de *Copacabana* [*Copacabana me engana*, filme de Antônio Carlos Fontoura] no Rio e do *Dragão* [*O dragão da maldade contra o santo guerreiro*, de Glauber Rocha]. (...) Na saída, dei-lhe uma carona e fomos jantar. De repente eu estava na mesma situação de antigamente, só que agora como espectadora também. Quando o deixei diante de sua porta, ele me convidou a subir. Eu não conhecia seu novo apartamento. A arrumação era igual à de seu anterior. Tudo muito despojado e funcional. Livros em profusão, papéis, máquina de escrever, mimeógrafo. Sentei-me na cadeira que pertencera ao cenário da última peça que ele produziu. Ficamos nos olhando em silêncio, nos examinando. Nossas mãos começaram a percorrer o rosto um do outro, acariciando sutilmente cada traço. E, como em câmera lenta, fomos entrando na mesma vertigem sensual de sempre."

E assinala: "Nossos encontros, se não me jogavam mais no abismo de antigamente, me prendiam ainda na mesma malha sentimental e erótica que me impedia de ir além. Censurava-me por isso e justificava para mim mesma que o que me fazia manter os encontros era querer entender até o fim o porquê de minha fixação, e não simplesmente o enorme prazer que me davam."

Os dois voltariam a se perder de vista depois que Odete aceitou convite de Fauzi Arap para integrar o elenco da peça *Seu tipo inesquecível*, que iria dirigir no Teatro Itália, em São Paulo. Ela nem pestanejou em partir para a Paulicéia. Chance inesperada de fugir outra vez do vendaval Vianna.

*

Em plena ebulição pessoal, remontando os cacos da separação de Odete Lara, Vianinha elaborou *Mão na luva*, inicialmente intitulada de *Corpo a corpo*. A data em que a concluiu — 27 de julho de 1966 — coincidiu com a fase crítica da relação com Odete.

Recompondo o quebra-cabeça, eis aqui a pista para remover um dos mistérios que cercam a peça: ele inspirara-se diretamente em sua dor imediata, em sua solidão inacessível. Foi vivenciando a crise amorosa que Vianinha retocaria o foco dramático — a noite da separação de um homem e uma mulher, depois de nove anos de casamento. Lúcio e Sílvia, as duas únicas personagens, revivem, em *flash-backs*, as pressões sociais, os sentimentos ambíguos, as infidelidades ocasionais, os ressentimentos e as feridas não cicatrizadas que os impediram de, juntos, realizar suas aspirações.

Mão na luva passaria 18 anos anônima, trancada a sete chaves na gaveta, de onde seria resgatada pela sensibilidade de Maria Lúcia Marins, com quem Vianinha se casaria em 1970. Mas por que o segredo? Era uma primeira versão de um texto jamais revisto? Ou a face pública do dramaturgo engajado o desencorajara a divulgar o resultado de uma viagem interior? Há quem sustente que, por pudor, Vianinha decidiu recolher ao baú uma peça que, na aparência, constituía um corpo estranho em sua obra, porque dedicada a um "duelo de cérebros" (expressão cunhada por Sábato Magaldi) em torno das desventuras amorosas.

Prefiro pensar como Aderbal Freire Filho, o diretor da primeira montagem de *Mão na luva*: "Vianinha não só considerava a peça acabada, como gostava muito dela. Ela era ousada e, de certa maneira, não combinava com a proposta cultural do Grupo Opinião. Por isso ele a guardou, esperando o momento certo de mostrá-la. Era a época das posições políticas marcadas pelo imediatismo, e Vianinha, como homem de partido, estava comprometido com objetivos precisos. Mas como controlar a alma de um artista especialmente rebelde? Tudo o que Vianinha podia era se castigar com a proibição das suas criações dissidentes, e foi provavelmente o que ele fez com *Mão na luva*."

Seja como for, Vianinha escreveu, segundo Yan Michalski, "um apaixonadíssimo poema de amor, recitado através de diálogos de um lirismo desenfreado, às vezes singularmente pouco submisso às normas do raciocínio, aspecto surpreendente em se tratando de um dramaturgo que na época questionava duramente a exaltação do irracionalismo no teatro dos anos 60". Nem sequer cogitemos que ele tivesse temporariamente renegado a dramaturgia engajada. Não. A história amorosa de Lúcio e Sílvia, mesmo concentrada em minucioso jogo emocional, não se descola do mundo real. As situações vividas pelos dois referenciamse ao momento histórico brasileiro (censura, mídia atrelada aos interesses do grande capital, submissão aos aparatos de poder etc.). Os caminhos e descaminhos da paixão que os une são sempre determinados por pressões sociopolíticas.

Lúcio é um jornalista que pretendia militar politicamente em uma publicação independente, que rejeitasse os interesses econômicos que regem os meios de comunicação. Mas atraiçoa seus ideais ao preencher, na hierarquia do jornal burguês em que trabalhava, a vaga deixada por um dos companheiros que romperam com a submissão. Sobe na vida, mas perde a estima dos amigos e, principalmente, da mulher, que ele julgava caber na sua mão "como uma luva". A falta de firmeza de princípios e o oportunismo para ascender profissionalmente à custa da negação da coerência ideológica fazem lembrar o homônimo Lúcio de *Moço em estado de sítio*. A problemática repensada, como se a escavação psicológica anterior não tivesse bastado.

Como vemos, reaparecem três dos temas predominantes em Vianinha: o impasse entre o que se gostaria de ser e o que se efetivamente é;

a traição como fraqueza humana; o herói que, vacilante face às pressões do sistema, se queda, se irrealiza e destrói a imagem ética idealizada pelos que o apreciavam.

Acima de tais questões, prevalecerá, nesta e em peças posteriores, o olhar de compaixão do autor. É essa generosidade com a espécie humana, assinala o crítico Macksen Luiz, do *Jornal do Brasil*, o ponto de coerência e de integração de *Mão na luva* com o universo dramatúrgico de Vianinha. Generosidade e compaixão que não o inibiam de expor as mais recônditas contradições de suas personagens — em determinada medida, extensões dele próprio.

A UNIDADE EM TRANSE

O espírito habitualmente compreensivo de Vianinha só perdia espaço quando a divergência política ou estética exigia lanças afiadas. Uma dessas polêmicas o envolveria com o pessoal do Cinema Novo, a respeito do filme *O padre e a moça*, de Joaquim Pedro de Andrade. Unidos contra o autoritarismo, o Grupo Opinião e o Cinema Novo mantinham discordâncias de menor calibre quanto aos chamados "filmes de autor", cujo enfoque estético, de acordo com o Opinião, não atingia o grande público. Os cinemanovistas, depois de terem vibrado com o show *Opinião* e com *Liberdade liberdade*, pinçavam no *Bicho* elementos de retorno a uma "dramaturgia populista".

O padre e a moça suscitou controvérsias ao representar o povo como conformado e apático diante das estruturas de dominação. Inspirava-se no poema homônimo de Carlos Drummond e era ambientado na miserável cidade de São Gonçalo do Rio das Pedras, em Minas Gerais. Joaquim Pedro qualificou-o como "um filme intimista", sobre "a dificuldade de viver e amar", a partir da impossibilidade de um caso de amor entre o pároco e uma jovem do vilarejo. Óbvio, desagradou à Igreja, que liderou campanha para retirá-lo de cartaz. O resultado final é uma obra sofisticada, com jogos de luz, enquadramentos rigorosos e uma plasticidade que levou alguns críticos a considerá-la um dos mais belos filmes em preto e branco do cinema brasileiro.

O clima esquentou no bar Castilho, no Arpoador, onde conversavam, num fim de noite, os estados-maiores do Opinião e do Cinema

Novo. O pomo da discórdia: a confissão de Ferreira Gullar de que dormira no cinema. Só que não fora por causa de uma possível monotonia do filme, mas porque, garante Thereza Aragão, "ele sempre dormiu com muita facilidade".

No meio do bate-boca, Vianinha disse que um dos problemas do Cinema Novo era que os diretores queriam tanto passar a sua visão de autor que não se importavam com o gosto do público. Contraditado por Cacá Diegues e Arnaldo Jabor, ele pôs-se a questionar a eficácia política de obras como a de Joaquim Pedro, que considerava de difícil entendimento para o espectador comum. Foi a gota d'água na fervura, relembra Cacá:

"O Vianinha realmente começou a gozar *O padre e a moça*. Achava a idéia de cinema de autor uma coisa aristocrática, elitista e até meio bicha. E continuou gozando: 'Ah, só os críticos do *Cahiers du Cinema* vão adorar esse filme. No Brasil, ninguém vai entendê-lo.' A gente já estava irritado com a crítica violenta que ele fizera, no tempo do CPC, ao filme *Porto das Caixas*, do Paulo César Saraceni. Então, aquela posição dele me irritou, fiquei puto e discutimos asperamente. Tentei defender o Joaquim Pedro dizendo que queríamos fazer um cinema menos populista, menos demagógico, com uma visão mais elaborada sobre a realidade."

Nara Leão encarregou-se de preparar o cachimbo da paz. Cada vez mais próxima da esquerda, ela gozava da estima tanto do Opinião quanto do Cinema Novo. Numa entrevista ao *Diário de Notícias*, publicada em 22 de maio de 1966, Nara ousou dizer que "o Exército não serve para nada", que "o mundo seria melhor se não existissem os Exércitos e as guerras", e que "quem estava mandando é que deveria ser cassado". Reivindicou anistia aos punidos em 1964 e um modelo econômico que beneficiasse a maioria da população, e não "uma minoria que aplica o seu dinheiro em viagens e outras futilidades". Circularam rumores de que Nara seria enquadrada na Lei de Segurança Nacional. O ministro da Justiça, Mem de Sá, desmentiu, embora julgando "atrevidos e injustos os conceitos que a artista emitiu".

No dia de seu aniversário, Nara deu uma festa em seu apartamento de Copacabana, antigo QG da Bossa Nova, convidando os dois grupos para selar o armistício. A concórdia reinou durante o tempo em que o poeta Vinicius de Moraes permaneceu na festa. Quando ele foi embora, quase saíram no tapa. De um lado, Cacá, Jabor, Gustavo Dahl e Mário Carneiro; de outro, Vianinha e Ferreira Gullar. Armando Costa, que tinha mania de beber vodca, cuba libre ou gim-tônica passando o copo na testa, murmurou a certa altura:

— Vão acabar brigando na areia...

Odete Lara relembra em suas memórias "o acirrado debate político, estético e ideológico" que tumultuou o aniversário de Nara. Vianinha estava possesso, segundo ela: "Nunca vi a cólera empalidecer o rosto de V., seus gestos tornaram-se violentos e a língua mordaz. É indescritível a transformação que nele se dá quando está envenenado por alguma suspeita de traição a seus princípios ideológicos. E, no entanto, a discórdia de Glauber e de outros cineastas não era quanto à ideologia comum a todos os presentes, mas apenas quanto à sua estética e forma de comunicação. (...) Senti pena e ternura ao vê-lo, depois que me deixou em casa, afastar-se pela rua deserta ainda transtornado pela cólera."

Em depoimento a Carlos Susskind, o diretor de fotografia de *O padre e a moça*, Mário Carneiro, apresentou sua versão sobre as diatribes com Vianinha. Transcrevo abaixo a fala de Carneiro, deixando para tecer depois algumas considerações.

"Esse negócio [a concepção do filme] deu uma guerra ideológica danada, com o Vianinha sobretudo, a turma do CPC, porque Joaquim utilizou aquele povo de lá, dóceis, aquelas coisas, pessoas deformadas por falta de olho como figurantes. E naquela época o stalinismo mandava que o povo fosse exaltado, e não fosse mostrado no seu estado de miséria, de doenças. E a aparição dessas figuras então provou uma reação iracunda do CPC, que culminou num grande bate-boca que eu tive com o Vianna, na casa da Nara Leão, em que ele dizia que 'Joaquim devia ser proibido de fazer cinema, era um filme contra o povo, um filme de aristocratas, tinha uma visão negativa do povo' e tal. Ele tinha bebido (o Vianinha bebia muito mal, ficava muito violento). Mas aí eu resolvi contra-atacar com veemência, defendendo essa posição do Joaquim e sobretudo contra a intolerância que estava começando a se impor ao Cinema Novo... 'Você não vai querer proibir, pelo primeiro filme, uma pessoa como Joaquim, que fizesse outros filmes só porque mostrava as coisas como eram! Isso é uma loucura!' E esse negócio acabou quase em agressão — ele quis sair pra porrada comigo porque eu soltei uma boa: 'Vianna, você tem que desentranhar o fascismo de dentro do comunismo, porque senão isto vai ser fatal para você. Vocês são do partidão...' Aí, na hora, o Ferreira Gullar, que tava do lado dele, mas ao mesmo tempo quis ser uma espécie de poder moderador, me deu razão: 'Não, mas não se pode proibir, é um absurdo.' Como é que se pensa uma coisa dessa... só passar a idéia pela cabeça de se querer proibir já me parece uma coisa altamente fascista e lastimável. Aí eu acabei indo embora da festa, ainda tentando um aperto de mão final com Vianna, mas não deu certo, e aí bom... Ele foi julgado pelo CPC, que considerou a sua atitude totalmente inadequada, porque tentou me dar uma porrada na porta do elevador, e ele foi então obrigado ao meu ateliê para me pedir desculpas e dar uma volta comigo pelo quarteirão, ouvindo todos os meus argumentos, fossem quais fossem. E ele apareceu, humildemente, tocou a campainha: 'Mário, vim pedir desculpas pela minha atitude ontem, e quero ouvir sua argumentação toda com a cabeça limpa, eu tava irritado...' Eu falei: não é o momento de cisão. A gente tem que aproveitar quem tem talento, quem tem talento é que é fundamental. E quem tem ideologia junto com próprio talento, que é o caso de Joaquim, pode se manifestar da maneira que for mais grata, do jeito dele ser, da leitura que ele tem, enfim, das fontes em que ele foi se inspirar. Não precisa ser uma coisa regrada, que é muito chata. Então vocês têm que ter uma tolerância, abrir o leque dessa tolerância e incentivar... Você é uma pessoa criativa, constrói peças de teatro, como é que você pode se bitolar por ordens stalinistas num momento desses, que tá começando um movimento de cinema. Aí ele foi ouvindo tudo e me deu razão. De qualquer maneira foi uma coisa importante ter acontecido essa discussão porque... eu me lembro do Hugo Carvana ouvindo essa discussão e dizendo 'é isso mesmo, vai fundo nesse papo porque está ficando muito chato para as pessoas em volta conviverem com essa reação do CPC contra a gente'. Joaquim tinha um certo afastamento, porque ele era muito mais crítico com relação ao filme que todos outros. Então ele sabia muito mais dos eventuais defeitos que o filme pudesse ter, mas do ponto de vista cinematográfico — não do ponto de vista moralizante de esquerda infantil."

Vamos por partes. Mário Carneiro atribui ao CPC uma cota de responsabilidade pelo patrulhamento ideológico contra o Cinema Novo. Isto de fato aconteceu antes do golpe. Por ocasião do lançamento de *O padre e a moça*, o CPC não existia havia mais de um ano, fechado pelo regime militar. Carneiro ignora mudanças em curso nos últimos meses de vida da entidade, no tocante à revalorização da qualidade estética nas obras culturais. Diz que Vianinha foi "obrigado pelo CPC" a retratar-se. Vianinha costumava fazer autocríticas a partir de suas próprias revisões de atitudes ou pontos de vista. Thereza Aragão contou-me que Vianinha, Ferreira Gullar, Paulo Pontes e Armando Costa conversaram após o incidente no apartamento de Nara Leão, convergindo para o entendimento de que, acima de querelas estéticas, impunha-se preservar a unidade cultural na frente antiditatorial. Vianinha reconheceu que se alterara nas discussões e se excedera nas cobranças, adiantando que se desculparia com Joaquim Pedro e Mário Carneiro.

Segundo Thereza Aragão, os atritos entre Vianinha e o Cinema Novo originavam-se das vocações diferentes de cada grupo:

"Para fazer cinema, tem que ter dinheiro, não se pode permitir uma aventura como a do Opinião. O pessoal de cinema se preocupava demais com suas carreiras e ficava meio asfixiado porque não tinha meios de fazer os filmes que desejava. Nós conseguíamos fazer as coisas porque ninguém ganhava nada além das porcentagens na bilheteria. No aspecto político, não havia problemas entre nós e o Cinema Novo. Eles pensavam e ainda pensam essencialmente como a gente. Nenhum deles era porra-louca, muito pelo contrário. Talvez fosse uma questão pessoal; até suspeitávamos que havia um pouco de inveja com o êxito do Opinião."

Cacá concorda no ponto-chave: eventuais rixas estéticas não afetavam a aliança política. "À medida que se aproximava 68, Vianinha e Gullar demonstravam uma compreensão muito maior de todo o quadro em que vivíamos. Nosso entendimento caminharia sempre com as vistas voltadas para a unidade de ação."

Mas diverge da análise de Thereza sobre a natureza do antagonismo com os líderes do Opinião:

"Talvez o Vianinha tivesse razão em algumas de suas críticas ao Cinema Novo, porque, naquele momento específico, simplesmente desprezávamos, do ponto de vista teórico e prático, a relação com o público, o sucesso comercial. Postura que iria ser alterada profundamente a partir do início dos anos 70, com a safra de filmes em que há a compreensão da necessidade de diálogo com o público. Por outro lado, nunca nos incomodou o êxito do Opinião, pelo simples motivo de que a gente não levava o sucesso em consideração como fator de gratificação artística. Lembro que o show *Opinião* nos aproximou muito deles; convertera-se em totem para nós, como expressão de resistência. Tanto isso é verdade que eu convidaria a Nara Leão — que ainda não era minha mulher — e o Zé Kéti para o elenco de meu filme *A grande cidade*. O Vianinha, por sua vez, seria o protagonista de O *desafio*. Sem falar no David Neves, que levava sempre em suas viagens uma fotografia do *Opinião* na mala. E o Grupo Opinião havia incluído na trilha sonora do show a música de *Deus e o diabo na terra do sol*, filme que eles admiravam muito. Vamos resumir assim: a nossa unidade política começa com *Deus e o diabo*, se fortalece com o *Opinião* e se consolida em 1968. Mesmo que em 1967 o Vianinha tenha atacado o *Terra em transe*."

O filme de Glauber Rocha, com sua carga atômica de alegorias sobre os impasses do país e da esquerda, despertou paixões e ódios colossais. Um primeiro indício: o júri do Caderno B do *Jornal do Brasil* rachou ao meio — quatro votos como péssimo e fraco, quatro como muito bom e excepcional. Nelson Rodrigues exclamou: "*Terra em transe* é genial!

Um vômito triunfal sobre o Brasil!" José Celso Martinez Corrêa postou-se ao lado de Glauber: "Um filme como *Terra em transe* tem muito mais eficácia política do que mil e um filmecos politizantes. É positivo exatamente porque coloca quem se comunica com o filme em estado de tensão e de necessidade de criação neste país."

Vianinha saiu irritadíssimo da pré-estréia no cine Leblon. Acompanhado de Maria Lúcia Dahl e Suzana de Moraes, foi ao Álvaro's tomar chope e discutir o filme. Numa mesa ao lado sentaram-se Hugo Carvana e gente de cinema. Bastou Maria Lúcia dizer que tinha adorado *Terra em transe* para Vianinha explodir, dando um soco na mesa:

— O Brasil não é aquilo! O Brasil não é essa merda que o Glauber Rocha vê!

O bar parou. Maria Lúcia tentou ponderar:

— Pô, Vianna, o Brasil é essa zorra, sim.

Ele revidou:

— E quem é você para falar de política?

O circo pegou fogo quando Carvana defendeu o filme. "Por sorte o Glauber não estava lá, porque, senão, o pau ia comer muito mais", diz o ator. "O Vianna saiu esculhambando o *Terra em transe*, com o que não concordei. Defendíamos veementemente nossos argumentos. Ele achava o filme louco, surrealista, alienado, que não contribuía para o conhecimento da realidade brasileira. E eu dizia que não, que aquilo ali era uma ruptura na linguagem, que o filme era enriquecedor, que apresentava o Brasil visto pela ótica buñuelesca do Glauber. Ora, nós não podíamos restringir a visão do Brasil a uma coisa compactada. Mas o Vianinha não aceitava isso."

Para entender a impaciência de Vianinha com o Cinema Novo, Carvana aconselha-nos a recuar no tempo e apreciar as distintas formações artísticas:

"Assim como o Teatro de Arena de São Paulo e o CPC, o Cinema Novo fez uma panorâmica e voltou a sua câmera para dentro do homem brasileiro. Só que essa visão vinha forrada de informações da Nouvelle Vague francesa, de uma leitura que o cinema europeu nos oferecia através de um Godard, do *Cahiers du Cinema*. Os jovens que fizeram o Cinema Novo tinham uma formação clássica, bem diferente da de Vianinha, do Guarnieri e do pessoal do Arena, que começaram o seu trabalho artístico em São Paulo na base, junto a organizações operárias. O Cinema Novo, por ser mais sofisticado, incomodava o Vianinha, que achava o cinema europeu muito elitista."

Existiam motivos políticos para Vianinha bombardear Glauber. *Terra em transe* incluía-se numa seqüência de filmes (*O desafio*, *A derrota*) que repensavam o revés sofrido em 1964. Na raiz das impugnações de Vianinha, situava-se a discordância quanto à condenação moral, feita por Glauber, ao idealismo político da esquerda antes do golpe, em particular a estratégia de aliança com a burguesia nacional adotada pelo PCB. Em acurada análise, o crítico Ismail Xavier diz que o cenário varrido pela câmera de Glauber expressa "o colapso de um padrão de reformismo político" e oferece "o epitáfio para um tipo de consciência particular, correlata ao momento de luta pelas reformas e a emergência do próprio Cinema Novo e outros movimentos do início dos anos 60". Não é difícil supor os extremos desacordos de Vianinha com os prismas de Glauber. Nas autocríticas mais pontiagudas, Vianinha nunca renegou a era CPC — e continuava fiel à linha programática do PCB. Para ele e outros companheiros comunistas, *Terra em transe* exibia uma generalização falsa e confusa da vida brasileira, deixando transparecer ceticismo quanto à militância organizada. Na lente dos reformistas do PCB, a pretexto de criticar os equívocos da esquerda tradicional, o filme era um exemplo do "alegorismo irracionalista".

*

Durante boa parte do ano de 1967, o namorador que quase se fixara numa só pessoa voltou a se sentir "como o papel que cai do avião na praia, ao sabor do vento". Flutuando entre um caso e outro, Vianinha teve dois relacionamentos singulares.

Com Maria Lúcia Dahl, experimentaria a sensação de ser o outro no "casamento aberto" da atriz com o cineasta Gustavo Dahl. O "casal moderno" aceitava relações extraconjugais sem ciúmes ou falsas traições. A ânsia de quebrar os valores que alicerçavam a moral burguesa vinha a reboque da disseminação do uso da pílula, do discurso libertário sobre a sexualidade, inspirado nas teorias de Wilhelm Reich e Alexandra Kollontai. Maria Lúcia Dahl completa:

"Era moda ter a liberdade de romper com os padrões antigos de comportamento. O casamento era uma coisa careta, tínhamos que reformulá-lo se queríamos mudar a sociedade e o mundo. O casamento aberto era uma forma de permitir outras formas de relacionamento. Víamos em torno de nós casamentos sofridos, mantidos apenas pelas conveniências, pela concepção antiga de que os vínculos de um casal eram indissolúveis. Tentamos mudar as coisas. E isso não era uma coisa leviana de nossa parte. O Gustavo até sabia que eu namorava o Vianna."

E o que Vianinha achava disso?

"O Vianna ficava duplamente furioso: primeiro, porque ele sabia que eu não pensava em me separar do Gustavo; segundo, porque odiava o pessoal do Cinema Novo, e meu marido fazia parte do movimento. Nada para o Vianna era uma coisa leve. Me lembro que às vezes brigava comigo, porque queria que eu ficasse com ele, talvez porque jamais tivesse ficado em segundo plano com alguém. Bonito e inteligente como era, fazia sucesso com as mulheres. O que acontecia de fato é que as coisas entre nós tinham pesos diferentes. Para mim, tudo era mais leve, eu estava mais é brincando na vida. Ele, não. Embora na relação com as pessoas fosse superextrovertido, bem-humorado, levava o lado pessoal a sério e, por isso, não entendia essa minha cabeça."

Mas a convivência com Vianinha dilatou os horizontes da jovem atriz que, como hoje confessa, era alienada:

"Vianna era uma pessoa completamente passional. Apaixonadíssimo pelas coisas que fazia. Quando nos conhecemos, tínhamos visões bem diferentes. Ele com toda aquela formação marxista; eu, uma garota Country Club, deslumbrada. Devo a ele toques muito importantes sobre política, que me ajudaram a compreender melhor o mundo em que vivíamos."

Com Ítala Nandi, outro namoro fora do esquadro. Como se não bastasse integrar o Oficina — ao qual o Opinião fazia restrições por um certo "vanguardismo estético" —, a atriz morava em São Paulo e Vianinha no Rio. Nada disso os impedia de estarem juntos, quando esporadicamente ela vinha ao Rio ou ele ia a São Paulo. Cada um com sua vida e seus amores paralelos.

"O Vianinha foi a única pessoa com quem tive esse tipo de relação", diz Ítala. "Engraçado que ele estava namorando uma pessoa a sério e eu era uma passagem, uma paixão. Nos dávamos superbem. Ele era muito divertido, alegre, cheio de idéias, além de muito bonito. A única coisa com a qual não concordávamos era que ele fumava muito, um cigarro atrás do outro, e eu até hoje não fumo. Quando nos encontrávamos — eventualmente um de nós ia ao Rio ou a São Paulo —, nunca deixávamos de namorar. Vivíamos namorando. Tínhamos afinidades em todos os sentidos."

Ela recorda com ternura a permanente desordem do apartamento de Vianinha: "Era a cara dele, absolutamente de pernas para o ar. Papéis pelo chão, um monte de livros largados num canto, mil cinzeiros em tudo o que era lugar, bandejas de café, com queijo no copo. Um caos. O mais curioso é que ele sabia exatamente onde estavam as coisas."

Maria Lúcia Dahl, Ítala Nandi e Odete Lara são unânimes em apontar a angústia dilacerante de Vianinha com as injustiças sociais. "O Vianinha sofria muito", diz Ítala Nandi. "O seu sentimento humanitário o fazia sofrer terrivelmente, porque era algo real, não intelectual. A ânsia dele por justiça se constituía numa coisa fora do comum. Foi a pessoa que conheci com o sentido humanitário mais desenvolvido. Era perdidamente apaixonado pelo ser humano. Ele tinha uma relação muito direta com o inconsciente coletivo. O sofrimento das pessoas o fazia sofrer. Às vezes, ficava abatido repentinamente, como se sentisse uma tristeza profunda pelas injustiças, pela fome, pela pobreza."

Maria Lúcia Dahl crê que a própria saúde de Vianinha se debilitou com a sensação de impotência diante das aflições enfrentadas pela maioria da população. "Ele não conseguia diluir aquilo. Tinha um ódio muito grande pelas injustiças, e o pior é que não conseguia explodir. Era uma ansiedade de querer mudar tudo e não encontrar um jeito de fazê-lo."

Odete Lara lamenta não ter tido, na época, equilíbrio emocional para tentar influenciá-lo a não se deixar combalir:

"Sempre penso que se eu o tivesse conhecido uns anos depois, quando eu já havia resolvido meus problemas pessoais, eu poderia ter ajudado o Vianna a não soçobrar emocionalmente. A virada política de 64 o frustrou demais. Certos companheiros do PC começaram a criticá-lo, o que o amargurava. Sem falar na Censura. Eu via aquilo tudo se instalar nele, mas estava tão enredada nos meus dilemas que não conseguia influenciá-lo. Eu só me aproximava dele como mulher, nunca como uma pessoa madura capaz de encontrar uma fórmula de evitar que ele perecesse. O Vianna foi progressivamente sufocado, arrasado emocionalmente. E já naquele momento eu percebia que ele não dava chance à sua emoção."

*

De volta à superfície, após o mergulho existencial em *Mão na luva*, Vianinha integrou-se à temporada paulista do *Bicho*, ao lado de Agildo Ribeiro, Maria Lúcia Dahl (que substituíra Odete Lara) e outros atores. A peça resistiu somente um mês e meio em cartaz, mas ganhou o Prêmio APCA como a melhor do ano.

Driblando o frio, o grupo ia quase todas as noites beber e ouvir música em botecos. Mal terminara o II Festival de Música Popular Brasileira, promovido pela TV Record, e ainda se discutia se fora justo o empate entre *A banda*, de Chico Buarque, e *Disparada*, de Geraldo Vandré e Théo de Barros. Da nova geração, aliás, Chico era um dos favoritos de Vianinha. Mas admiração mesmo ele tinha pelos Beatles, desde que lideraram as paradas de sucesso, em 1962.

Nos instantes de descontração, Vianinha, Agildo Ribeiro e Hugo Carvana revezavam-se na tarefa de dobrar os companheiros de rir. "O Vianna tinha um humor fantástico, finíssimo", recorda Maria Lúcia Dahl. Às vezes, ele se aborrecia com os "excessos cômicos" de Agildo. Como na noite em que chegou arrasado ao Teatro Ruth Escobar, depois de saber que o marechal Castello Branco decretara o recesso do Congresso. Era a gestação do Ato Institucional nº 4, que abriria caminho para a imposição de uma Constituição autoritária e seus apêndices: as draconianas Lei de Imprensa e Lei de Segurança Nacional. Antes, pelo AI-2, Castello suspendera os direitos políticos de 59 dirigentes e militantes do PCB e do PC do B, entre os quais Carlos Marighella, Jacob Gorender, Apolônio de Carvalho, Giocondo Dias, Armênio Guedes, Mário Alves e João Amazonas.

Alheio à gravidade da situação política, Agildo — filho do ex-dirigente comunista Agildo Barata — divertia o resto do elenco, em seu camarim, lendo as mãos dos colegas, como se fosse uma cigana. Vianinha enfureceu-se:

— Porra, os caras fecham o Congresso e vocês ficam aí com essa idiotice!

Para tentar minimizar a fraca receptividade do *Bicho* em São Paulo, o Opinião programou uma temporada popular no Rio, do início de dezembro de 1966 a meados de janeiro de 1967. O resultado foi melhor do que se esperava, mas não deu para cobrir o rombo. Vianinha vendeu a passagem aérea Rio-Paris-Rio que ganhara pelo Molière para ajudar a pagar as dívidas.

Enquanto o *Bicho* excursionava, Ferreira Gullar, Armando Costa e Antônio Carlos Fontoura escreviam *A saída, onde está a saída?* — talvez o mais complexo espetáculo montado pelo grupo. Com base em extensa pesquisa, os autores procuravam fazer uma revisão do Estado militarista, desde a bomba de Hiroshima até a ameaça de hecatombe nuclear. Formato ousado: em sucessivos quadros, dramatizavam-se situações históricas dos últimos 25 anos, tendo como elo a denúncia da corrida armamentista.

A saída arrastou-se quatro meses em cartaz. A crítica não foi nada animadora. "É um passo atrás na trajetória do Grupo Opinião", sentenciou Yan Michalski, ao apontar os embaraços que o texto "sisudo, pesado e verboso" criara à concepção cênica de João das Neves, que estreava como diretor. Para complicar, a temporada era das mais concorridas, com filas para assistir a *Oh que delícia de guerra*, *O homem do princípio ao fim*, *O festival de besteiras que assola o país* e *Arena conta Zumbi*. Há nada menos que 35 semanas, o épico *Dr. Jivago* superlotava os cinemas.

Até ali, o Opinião agrupava-se em dois blocos: o primeiro, com Vianinha, Gullar e Thereza Aragão; o segundo, com João das Neves, Denoy de Oliveira e Pichin Plá. Armando Costa e Paulo Pontes oscilavam. Mas as decisões sempre eram tomadas por consenso. "Havia circulação de idéias entre os grupos", recorda João das Neves. "Ora eu estava com a opinião do Vianinha, ora o Vianinha ficava com o Gullar, ora o Gullar se aproximava do Denoy. Todos se preocupavam em manter a coesão interna."

O equilíbrio de forças alterou-se na definição da peça que sucederia o *Bicho*, no primeiro semestre de 1967. Qual o melhor caminho para intervir na conjuntura política? De que forma combinar a resistência cultural com a necessidade de tirar o caixa do vermelho?

Cada vez mais, as alusões ao país real precisavam revestir-se de prudência. Quinze dias antes da posse do general Costa e Silva na Presidência da República, a Censura antecipara-se a qualquer medida liberalizante. Uma nova portaria determinou a centralização das atividades censórias em Brasília. Uma verdadeira "obra-prima de obscurantismo em 16 artigos", como a classificou um editorial do *Jornal do Brasil*. Qualquer produção artística, intelectual ou publicitária — incluindo os desfiles carnavalescos — poderia ser proibida caso contivesse, a juízo dos censores, "ofensa ao decoro público e às autoridades constituídas e seus agentes", ou "ferisse o interesse nacional". Sublinhando o que o *JB* chamaria de "intervenção minuciosa e maníaca" no meio cultural, o artigo 9º estabelecia que as peças retiradas de cartaz e remontadas vinte dias depois teriam de passar por outro exame. Em caso de infração à norma, os responsáveis pela montagem seriam processados.

A portaria policialesca fora uma resposta direta à Semana de Protesto Contra a Censura, realizada no auditório da Associação Brasileira de Imprensa, no início de janeiro de 1967. Desta vez, a Censura se cercou de cuidados para impedir que seus funcionários, inteiramente desqualificados para apreciar obras artísticas, repetissem os vexames anteriores. No afã de mostrar serviço, cometeram barbaridades como solicitar a agentes do Dops que invadissem o Teatro Jovem, onde se realizava um debate sobre a obra de Bertolt Brecht, com uma ordem de prisão para o dramaturgo, morto há 11 anos...

Nas discussões internas, o Opinião avaliava as conseqüências que poderiam advir do clima conturbado em que se vivia. O movimento estudantil se reorganizava em defesa da autonomia universitária e contra os abusos da repressão, que invadira os *campi* das Universidades de Brasília e do Brasil (na Praia Vermelha). Nos festivais de música popular, canções insinuavam críticas e faziam indagações sobre o destino do país. Costa e Silva, por seu turno, assumia o Palácio do Planalto prometendo restaurar o regime democrático e reformar as estruturas socioeconômicas. Quem se arriscava a confiar nele? Não estava em vigor a Lei de Segurança? O arrocho salarial não persistia? Os sindicatos não estavam sob intervenção? Não tinham sido punidas, por atos institucionais, milhares de pessoas?

O Opinião, em vez de consolidar sua unidade interna, começou a se esfacelar. A cisão transpareceu na falta de acordo para o repertório, como recorda João das Neves:

"Nós éramos oito pessoas pelo menos a viver do trabalho do grupo e sofrendo pressões muito grandes. A Censura já nos atingira, algumas peças não tinham ido bem. Os problemas econômicos acabaram agravando os demais. Tivemos divergências de política interna também. A primeira separação do grupo foi marcada claramente pela existência de duas peças: *A saída* e *Meia volta vou ver*, escrita pelo Vianinha. Naquele início de 1967, achávamos que não dava para falar das coisas que queríamos, a não ser de uma maneira superficial. A visão do Vianinha, por exemplo, era a de que se deveria partir para uma coisa mais leve, sem maiores conseqüências, como *Meia volta*. Tinha umas piadinhas e tal, mas era mais ou menos inconseqüente nesse nível. O outro grupo dizia: 'Vamos nos voltar para problemas de ordem geral, quer dizer, da comunidade mundial, para através desses problemas ver o paralelismo que existia com nossa própria realidade.' Essas duas visões se chocaram, gerando uma crise muito grande dentro do grupo."

O racha se desenhou no dia da votação interna sobre a peça a ser encenada. A proposta vencedora — a montagem de *A saída* — foi apoiada por Ferreira Gullar, João das Neves, Denoy de Oliveira e Pichin Plá. Armando Costa absteve-se. Vianinha, Paulo Pontes e Thereza Aragão perderam a parada. Numa tentativa de conciliação, acertaram que *Meia volta vou ver* seria apresentada em outro local, o Teatro de Bolso. As fissuras, entretanto, continuaram expostas. Havia contradições de outra ordem: todos queriam escrever para o Opinião produzir.

"Conforme foi ficando evidente que o fim do golpe não era para depois de amanhã, as chamadas necessidades normais das pessoas — de afirmação profissional — começaram a pintar", explicaria Thereza Aragão. "Eu e Gullar, que não éramos do ramo, sentimos menos isso. Havia gente no grupo — claro que não o Paulo Pontes e o Armando Costa, que não estavam nem aí — que perguntava: 'Por que só o Vianna escreve?' Simplesmente porque ele era o melhor. Mas na cabeça de alguém podia soar diferente. Isso era discutido aos gritos entre nós oito. O cara escrevia uma peça e perguntava se queríamos ouvir. Tudo bem. Aí vinha a questão: não temos condições de montar isso. Era outro problema: fulano achava que beltrano é que devia dirigir. O consenso indicava que quem devia dirigir era alguém com mais cancha, como o Flávio Rangel ou o Augusto Boal. Com isso, havia gente que ficava ferida até a alma. 'Puxa, sou dono de um grupo teatral e não posso nem dirigir uma peça?' Isso também foi deteriorando as coisas, mesmo que a pessoa atingida soubesse que não tinha condições mesmo de dirigir. O Vianna, nesses momentos, se posicionava da maneira mais clara possível: 'Você não pode dirigir porque não está preparado.' Tinha que ser dito, mas desgastava as relações."

Meia volta vou ver foi adiada sete vezes, por problemas de produção. O roteiro final de Vianinha se apoiava em pesquisa de textos feita por ele, Paulo Pontes, Thereza Aragão e Suzana de Moraes. Repetindo a fórmula de *Opinião* e *Liberdade liberdade*, o espetáculo intercalava esquetes críticos e humorísticos com números musicais. A intenção era fazer um balanço do Brasil pós-64, lançando mão de sátiras ao regime militar e ao cotidiano do país. A colagem de crônicas e poesias de *Meia volta vou ver* incluía Carlos Drummond de Andrade, Vinicius de Moraes, Fernando Sabino, Paulo Mendes Campos, Stanislaw Ponte Preta, Rubem Braga, Millôr Fernandes e Mário de Andrade. Na parte musical, Chico Buarque, Caetano Veloso, Gilberto Gil, Baden Powell, Jards Macalé, Nélson Cavaquinho e Noel Rosa.

Com direção de Armando Costa, a peça finalmente estreou em meados de maio, no Teatro de Bolso, trazendo no elenco, além de Vianinha, Hugo Carvana, Odete Lara, Maria Lúcia Dahl, Suzana de Moraes e Maria Regina. A despretensão da peça incomodou a crítica. "Trata-se de um amontoado desconexo do mais variado material", afirmou Martim Gonçalves, de *O Globo*.

Coube a Tite de Lemos, interino de Yan Michalski no *Jornal do Brasil*, romper a cortina de silêncio que encobria a crise do Opinião. Ao analisar *Meia volta vou ver*, Tite colocou o dedo na ferida: o grupo perdera o rumo, enredara-se em divergências, estacionara.

"Várias razões me autorizam a acreditar que o Grupo Opinião oculta, sob suas realizações aparentemente despidas de inquietações, perguntas que não tem coragem de formular ou não sabe como fazê-lo. Em certa medida vítima de sua própria opção — um teatro que fosse uma espécie de compensação subjetiva para a burguesia progressista desolada por 64 — e por outro lado decidido a 'penitenciar-se do radicalismo político que praticou antes de 64', nas palavras de um colega crítico e homem de teatro, o Opinião parece ser hoje uma caricatura grotesca do que foi e significou ao nascer. (...) A vida dupla que o Opinião se esforça por preservar da desagregação é uma mentira que não pode manter-se de pé por muito mais tempo."

A exemplo de *A saída*, *Meia volta vou ver* não emplacou. Dois insucessos de uma vez, motivados tanto pelas críticas desfavoráveis ou pelos desacertos das montagens quanto por fatores externos — as chuvas torrenciais que caíram no Rio, durante o outono de 1967, diminuíram a afluência de público aos teatros. O Opinião deu tanto azar que os desabrigados pela enchente foram levados justamente para o *shopping* da Siqueira Campos. "O duplo prejuízo ampliou a crise", pontua João das Neves. "Nem o nosso grupo nem o liderado por Vianinha tinha encontrado soluções, quer econômicas, quer de política cultural, para impedir a cisão."

O racha consumou-se: Vianinha, Paulo Pontes e Armando Costa se desligaram do Opinião, embora se considerassem artística e politicamente ligados aos ideais do grupo. Os demais integrantes seguiram o trabalho, programando *O inspetor geral*, de Gogol.

O trio, temporariamente, reduziu-se a um duo: dificuldades financeiras levaram Paulo Pontes a regressar à Paraíba. Vianinha e Armando se articularam com Gianni Ratto e Sérgio Fadel para formar uma nova companhia: o Teatro do Autor Brasileiro. Como seu nome fazia supor, pretendia encenar apenas textos nacionais. Meta ambiciosa, levando-se em consideração as comportas estreitas da conjuntura política. O espetáculo de estréia concretizaria um antigo sonho de Vianinha: o de reviver o teatro de revista, decadente desde fins dos anos 50. A sátira e o deboche, habituais no gênero, poderiam, quem sabe, despistar a Censura.

Mas por que uma revista? "O segredo da comunicação da revista", escreveria Vianinha no programa de *Dura lex sed lex, no cabelo só Gumex*, "é que atores e público aceitam uma regra do jogo: falar dos acontecimentos e não do encadeamento deles. (...) A superficialidade da crítica é intimamente compensada pela sua rapidez. 'Essa gente não deixa passar nada' é o lema da revista, que representa a consciência social no seu policiamento diário."

O texto introdutório da peça — escrita em colaboração com Armando Costa e Paulo Pontes — detecta o pensamento de Vianinha na fase imediatamente pós-Opinião. Ele creditava à intelectualidade brasileira a capacidade de reciclar-se para resistir aos tempos de escassez democrática, evitando "qualquer possibilidade de renda psicológica ao movimento de abril de 64".

"Tudo pode ter caído — e toda a organização popular realmente foi desmantelada —, menos a consciência social, maciça, compacta, contra a seqüência e o endereço político do movimento. Nem ao menos caiu em torpor, desanimou, desistiu, conformou-se. Não. Em parte, isto pode ser creditado à intelectualidade que soube sentir a necessidade de tornar-se imediata, candente, urgente".

Dura lex sed lex era outra peça escrita "na boca do cofre", como Vianinha vinha fazendo desde *A mais-valia vai acabar, seu Edgar*, em 1960. E ele se justificava: "Não consigo imaginar nada que não possa ser urgente e imediato. (...) Tenho consciência de que esta sofreguidão, se acompanha o dia-a-dia, não acompanha a evolução do humano neste país; evolução que se dá menos rapidamente, tem estruturas mais fundas, aspectos muito mais complexos."

Este era o ponto que realmente o perturbava: como superar essa ambigüidade e amadurecer como artista? "Tenho de passar de panfleteiro a artista. É uma dura escalada que só agora começa a me preocupar seriamente, tão absorvido que estive com a indispensável agitação. Há que juntar os dois — a linguagem, os fatos do imediato, do instantâneo, com a apreensão do mais profundo, do mais rico e denso."

Numa entrevista a Germana De Lamare, do *Correio da Manhã*, Vianinha voltou a refletir sobre a necessidade de equilibrar o senso estético com a urgência de aferrar-se ao tempo vivido como matéria de imaginação: "Cinco anos de sectarismo irascível dentro do CPC e da UNE me valeram muito. Me ensinaram a ter paciência. A necessidade de tentar captar em diversos aspectos o potencial desse cemitério de ações que é esse país. (...) Só tenho uma ambição — talvez muito deslavada —, a de, através da invenção da linguagem, descobrir as relações humanas que presidem esse país e o convívio do homem brasileiro."

Dura lex — como se apressava em dizer — não operaria a transição para um teatro que somasse a velocidade factual com o apuro dramatúrgico. Os esquetes, musicados por Francis Hime, Dori Caymmi e Sidney Waismann, esgotavam-se nas estocadas satíricas. Reverente ao estilo do teatro de revista, Vianinha explorou ao máximo a movimentação em cena. Enredo arriscado: a Virgem Maria, com sua magnanimidade, queria agir para resolver os problemas da América Latina. A Censura obrigou-o a mudar a personagem, que passou a ser a princesa Isabel. Nas piadas e caricaturas, Vianinha retomaria um de seus núcleos temáticos favoritos desde o CPC: a denúncia do imperialismo americano — naturalmente disfarçada pela irreverência.

O TAB reuniu um elenco de gabarito: Ítalo Rossi, Paulo Silvino, Berta Loran, Gracindo Júnior, Maria Lúcia Dahl, Adriana Prieto e Suzana de Moraes. Quem melhor do que Gianni Ratto como diretor? Não seria, portanto, por falta de qualidade artística que *Dura lex* perderia pontos.

Pois com todos os cuidados o espetáculo saiu de cartaz em menos de três meses, por falta de público no Teatro Mesbla. O TAB insistiu, por três semanas, com uma temporada popular no Teatro Opinião. "A gente não entendeu o que aconteceu", rememora Berta Loran, que fazia uma hilariante princesa Isabel. "Era uma peça pela qual todos nos apaixonamos, ensaiando horas a fio, no maior entusiasmo. O Ítalo Rossi, por exemplo, estava esplêndido. A verdade é que teatro é loteria: você não sabe antes o que vai dar certo."

Os críticos apontaram deslizes tanto na direção como na estrutura do texto. Van Jafa se confessou decepcionado com Vianinha: "É duro de acreditar que logo ele, um dos cobras de sua geração, tenha escrito isto." Yan Michalski destacou a sensibilidade do autor para aproveitar o filão gaiato da crítica política e de costumes característico do gênero. Mas não escondeu a frustração: "O mal é que *Dura lex* não vai além disso, não se estrutura dinamicamente, não varia suficientemente os seus meios de ação — e eis que uma certa monotonia acaba se instalando no palco."

Os sócios tiveram de repartir as dívidas e encerrar precocemente as atividades do TAB. Vianinha desconfiaria até de uma síndrome do fracasso: os quatro últimos espetáculos de que participara como ator ou autor acumularam sérios prejuízos.

O REFORMISTA NA RODA-VIVA

O panorama teatral no início de 1968 ainda registrava os ecos de *O rei da vela*, audaciosa versão do Teatro Oficina para a peça de Oswald de Andrade. Escrita em 1933 e publicada em 1937, jamais tinha sido montada profissionalmente. O jovem marxista Oswald traça um demolidor painel político, econômico e cultural do Brasil da República Velha. O protagonista é o arrivista Abelardo, que enriquece com a fabricação de vela e a agiotagem. A trama envolve milionários decadentes, filhos depravados, capitalistas corruptos e Abelardo II, espécie de *alter ego* de Abelardo I, que simboliza a continuidade dos desígnios do capital, das elites gananciosas e da submissão ao imperialismo. Com cenários e figurinos de Hélio Eichbauer, a encenação de José Celso Martinez Corrêa realçava o tom de farsa rasgada proposto pelo autor — para cada um dos três atos, um estilo de representação: circo, teatro de revista e ópera. A montagem escandalizou as platéias conservadoras, mas empolgou Caetano Veloso e Gilberto Gil, que ali recolheram inspiração para o movimento tropicalista.

Na noite de estréia, antecipando as contendas ideológicas e estéticas de 1968, Caetano Veloso disse a Augusto Boal que gostara do espetáculo. Boal retrucou:

— Não adianta, Oswald de Andrade está morto e enterrado. Prefiro Vianinha.

Ao recordar o episódio em seu livro *Verdade tropical*, Caetano chamou Boal de "racionalista" e qualificou Vianinha como "o mais importante autor teatral saído do CPC da UNE". Na interpretação do cantor e compositor baiano, a resposta de Boal expressava sua preferência pelas "peças panfletárias" do CPC, nas quais, "de forma simplista, figuras caricatas — o 'burguês decadente', o 'agente do imperialismo' — eram postas numa perspectiva política". Curioso. Oito linhas abaixo, Caetano diz ter descoberto, logo depois, que o teatro de Oswald de Andrade "era a parte mais fraca de sua obra — e *O rei da vela*, talvez a parte mais fraca do seu teatro". Questão de opinião. O crítico Sábato Magaldi atribui a *O rei da vela* papel fundador da moderna dramaturgia brasileira.

O Oficina lançava uma outra forma de protesto, anárquica, debochada, violenta: "o teatro de agressão". Com a montagem de *Roda-viva*, de Chico Buarque, em 1968, o grupo levaria a extremos a mística da agressividade como fator de libertação. A história da ascensão e queda de um ídolo, cantor de televisão, destruído pelas engrenagens da sociedade de consumo, seria traduzida cenicamente de forma inusitada. Interferindo nos diálogos originais de Chico Buarque, os atores abusavam de palavrões. No clímax do espetáculo, o personagem principal servia um pedaço de fígado de boi cru que era espirrado na platéia atônita.

A estética alegórica, o *kitsch* revalorizado, o molejo latino nas coreografias e nos ritmos, as telas com motivos tropicais, a redescoberta da antropofagia como questão cultural, a poesia livre, leve e solta — tudo isso configurava o universo do Tropicalismo, seduzia uma nova geração de artistas como Hélio Oiticica, Caetano Veloso, Gilberto Gil, Tom Zé, Torquato Neto, Rogério Duprat e Os Mutantes.

Se o Opinião fora, entre 1964 e 1966, o marco da insubmissão ao autoritarismo, o movimento tropicalista ocuparia, em 1967 e 1968, o espaço de rebeldia. O Caetano de *É proibido proibir*, *Alegria alegria* e *Soy loco por ti, América*, as pinturas e instalações de Hélio Oiticica, *O rei da vela* e *Roda-viva*, do Oficina, e *Terra em transe*, de Glauber, expressavam, em suas estilizações metafóricas sobre o Brasil, uma incontinência formal e conceitual. Sem a menor cerimônia, embaralhavam política, antropologia, arte, sexualidade e folclore, atrás do que imaginavam ser a revelação da personalidade multifacetada do país.

Ainda que o movimento tropicalista não especificasse fins a alcançar, introduzia variantes estéticas e contestava valores e comportamentos burgueses. Recusava os postulados político-ideológicos da esquerda tradicional, descrendo da idéia de tomada do poder por uma revolução redentora. Preferia uma "postura mais holística", capaz de enfeixar questionamentos existenciais e saídas libertárias individuais.

Por outro lado, a Censura contabilizava seus últimos feitos. Comandada pelo general Juvêncio Façanha, proibira *O homem e o cavalo*, de Oswald de Andrade; suspendera e depois liberara, com cortes, *O rei da vela*, *Volta ao lar*, de Harold Pinter, *Senhora na boca do lixo*, de Jorge Andrade, *Navalha na carne* e *Dois perdidos numa noite suja*, ambas de Plínio Marcos. O iracundo Façanha descarregava munição contra a classe teatral, "que só tem intelectualóides, pés-sujos, desvairados e vagabundas que entendem de tudo, menos de teatro".

Novamente era preciso reagir. A classe artística passou os meses de dezembro de 1967, janeiro e fevereiro de 1968 em vigília permanente, realizando assembléias e divulgando manifestos pela liberdade de criação. Os maus agouros, entretanto, pairavam no ar. A Censura não só vetara a apresentação de oito peças — entre elas *Um bonde chamado desejo*, clássico de Tennessee Williams —, como cometera o desatino de suspender a atriz Maria Fernanda por trinta dias. Em resposta, todos os espetáculos em cartaz no Rio e em São Paulo se declararam em greve por três dias. Artistas e intelectuais ocuparam as escadarias do Teatro Municipal para denunciar à população o terrorismo cultural.

Relembrando os tempos de CPC, Vianinha improvisou comícios-relâmpagos, ao lado de Glauce Rocha, Leila Diniz, Cacilda Becker, Flávio Rangel, Ferreira Gullar e Walmor Chagas. Na manhã de 13 de fevereiro de 1968, ele foi um dos primeiros a chegar à Cinelândia para o ato de protesto. Radiopatrulhas cercavam a área. Não se intimidou. Junto ao toldo verde do Municipal, abriu a faixa: "Teatro brasileiro em greve contra a Censura, pela cultura."

Na hora da manifestação, muita gente ficou de queixo caído ao ver sentado nas escadarias do teatro ninguém menos que Nelson Rodrigues.

O dramaturgo lá estava, a convite de Vianinha, seu antigo oponente nas refregas ideológicas do começo da década, mas de quem nunca deixara de gostar. Não fazia muito tempo, Nelson alfinetara a autoria coletiva de peças do Opinião: "Nenhuma peça válida pode ser feita por uma sociedade de autores, nem se conhece um drama, comédia ou tragédia assinada pela SBAT. Dirá alguém que isso é o óbvio ululante. Mas, aí é que está: nem Gullar, nem o Vianinha enxergam o óbvio ululante. Direi mais que tudo exige um único autor. Minto. Há, sim, um ato criador fatalmente coletivo. Refiro-me à piada."

Avesso a mobilizações políticas ("não ando em comissão, nem em manifesto, nem em maioria, nem em unanimidade"), Nelson abriu uma exceção naquela tarde calorenta. Afinal, a Censura proibira seu romance *O casamento*.

Elétrico, articulando toda a manifestação, Vianinha fez um breve, emocionado e incisivo discurso contra a Censura:

"Vocês sabem que temos agora oito peças proibidas e dois filmes cortados. É um problema realmente sério, da maior gravidade. E é porque é da maior gravidade que os artistas e os intelectuais vêm para a rua. Dos critérios da Censura nós não temos conhecimento. Não sabemos por que essas peças são proibidas. Não temos acesso aos pareceres dos censores, nem nada. São apenas comunicados laconicamente publicados pelo *Diário Oficial*, sem nenhum respeito pelo gabarito profissional dos artistas brasileiros, pela nossa tradição de trabalho, pelos espetáculos que já apresentamos."

A mobilização resultou numa proposta de trégua, feita pelo ministro da Justiça, Gama e Silva, a representantes do meio teatral (Fernando Torres, Walmor Chagas, Paschoal Carlos Magno e Nelson Rodrigues), durante reunião no Rio. Uma comissão indicada por entidades de classe proporia critérios para a censura de diversões públicas. "O teatro é livre; a Censura não incomodará mais", disse o ministro. Pura tapeação. Nos meses seguintes, diversos espetáculos seriam estraçalhados por cortes ou simplesmente vetados — caso de *Toda nudez será castigada*, de Nelson Rodrigues, três anos depois de encenada no Rio, São Paulo, Porto Alegre e Salvador. Amarga ironia: a Censura açoitava um simpatizante do regime militar. Meio mundo do teatro assinou o manifesto em favor de Nelson: Vianinha, Paulo Pontes, Flávio Rangel, Tônia Carrero, Paulo Autran, Maria Della Costa, Henriette Morineau, Eva Tudor, Aurimar Rocha e Bárbara Heliodora, entre outros.

*

24 de fevereiro de 1968, sábado de carnaval. Embora não fosse propriamente carnavalesco, Vianinha costumava ir a bailes, não perdia o desfile das escolas de samba e acompanhava a saída da Banda de Ipanema. "Ele gostava de ficar observando, mas não caía no samba", recordaria Albino Pinheiro, fundador da Banda. Não se sabe exatamente por que, naquele sábado a banda deu uma esticada até a orla do Flamengo, onde se entoavam os primeiros acordes de um baile para turistas, num iate alugado. Embalado pelo chope, Vianinha foi atrás.

Quando entrou no salão, despertou logo a atenção de uma moça que trabalhava como guia de um grupo de turistas italianos. Como não curtia carnaval, a estudante de museologia Maria Lúcia Lousada Marins, até aquele momento, não escondia o tédio. De repente, ela sentiu um frio no estômago, emoção inesperada, e pensou: "Meu Deus do céu, o Vianna..."

Num raio de segundos, Maria Lúcia lembrou-se do retrato dos pais, na lua-de-mel em Cambuquira, segurando no colo um robusto bebê de sete meses — Vianinha. Simples brincadeira: Oduvaldo e Deocélia passeavam com o filho no Parque das Águas quando o jovem casal lhes pediu que "emprestassem" o menino para uma foto de recordação. Por coincidência, os pais de Maria Lúcia eram amigos de pessoas da família Vianna. Ela cresceria ouvindo os parentes falarem de Vianinha. Interessada por teatro, se tornaria sua fã. Tinha loucura por conhecê-lo pessoalmente — viu-o de perto em *Liberdade liberdade* e no *Bicho*.

Maria Lúcia chegou a se levantar para ir ao encontro de Vianinha, mas hesitou. "Aquela figura alta, magra, meio desengonçada me despertou logo uma doce ternura, uma vontade grande de me aproximar e falar. Mas e a coragem?" Não tardou a acontecer talvez a maior surpresa de sua vida. Ao passar por onde ela estava, Vianinha ensaiou uma paquera:

— Ah, morena, sabe que você é muito bonita?

Mal acreditou no que ouvira, mas não perdeu a oportunidade:

— Você não é o Vianinha? Pois eu tinha muita vontade de conhecê-lo.

— Mas é agora mesmo — disse ele, estendendo a mão para um cumprimento.

Conversaram o resto da noite. "Ele se esqueceu do baile e eu também", relembra Maria Lúcia. "Confesso que me esqueci dos turistas que estava acompanhando." De manhã cedo, ao saírem do iate, marcaram um encontro à tarde, na beira da praia. Quando se despediram, ele virou-se e perguntou:

— Morena, e se a gente se apaixonar?

— Se apaixonar, apaixonou.

Vianinha dormiu algumas horas e acordou ansioso para rever Maria Lúcia. O segundo contato seria tão estimulante quanto o da madrugada. Ele ficou admirado com a história do retrato tirado em Cambuquira há quase 32 anos. E mexeu com ela:

— Olha, acho que você nasceu para mim mesmo, porque é muita coincidência.

Propôs-lhe assistirem juntos ao desfile das escolas de samba, mas Maria Lúcia disse que tinha de ciceronear os turistas.

— Mas a que horas você termina?

— Às quatro e meia da manhã — respondeu ela.

— Então eu te espero.

Combinaram de se encontrar próximo ao local do desfile. Enquanto se deslumbravam com a beleza das escolas de samba, falavam sem parar. Saíram dali namorados.

*

Ficar indiferente era a única postura inadmissível em 1968, o ano em que se desencadearam as lutas libertárias, fossem elas políticas, educacionais, comportamentais ou sexuais. A onda de contestação ao *status quo* varreu continentes e carregou de significados históricos os protestos de maio na França e na Alemanha, as agitações estudantis e operárias na Itália, o levante nas universidades americanas contra a guerra do Vietnã, a greve de três milhões de operários no Reino Unido, os conflitos entre estudantes e policiais mexicanos, as manifestações de jovens na Bélgica, na Espanha, no Uruguai, na Colômbia, na Argentina, na Venezuela, no Japão e no Canadá, a luta anti-racial nos Estados Unidos e na África. Mesmo o campo socialista entrou em fermentação na Polônia, na Iugoslávia e na Tchecoslováquia. A contestação às estruturas e aos valores capitalistas transcorria paralela às insatisfações com o modelo soviético.

No Brasil, esquentavam as discussões sobre o Tropicalismo, o uso da pílula, a emancipação feminina, a caduquice da moral burguesa, os tabus e as proibições. A intelectualidade e a juventude mais à esquerda seguiam a maré européia, elegendo seus gurus: Marcuse, Marx, Mao Tsé-tung, Che Guevara e Régis Debray. Na vaga radical, entrou em baixa a cotação de autores marxistas de linha "moderada", como Lukács e Gramsci. Os livros *Introdução a uma estética marxista*, de Lukács, *Os intelectuais e a organização da cultura* e *Literatura e vida nacional*, ambos de Gramsci e traduzidos por Carlos Nelson Coutinho, encalharam. Na mão inversa, os livros de Marcuse esgotavam edições a cada três meses. Os gurus do "reformismo" ainda levavam chicotadas. José Celso Martinez Corrêa bradou que a eficácia política da luta revolucionária dependia do "fim dos mitos das alianças mágicas e invisíveis entre operários e classe dominante (...) e da desmistificação das justificativas maniqueístas e historicistas apoiadas nos Gramscis e nos Lukács". (Só no final dos anos 70 Antonio Gramsci voltaria a ser lido e a exercer influência crescente junto a segmentos da esquerda brasileira. Com a revisão crítica do período da luta armada e a crise do chamado "socialismo real", a concepção gramsciana da revolução progressiva reacenderia em vitalidade. Entre 1975 e 1980, publicaram-se no país 24 títulos de e sobre Gramsci, além da reedição dos livros lançados entre 1966 e 1968.)

Em 1967, uma questão preponderava sobre as demais: o caráter da revolução brasileira. A linha demarcatória das divergências táticas e estratégicas era a resolução do PCB, aprovada no VI Congresso, realizado na clandestinidade. Conclamava os militantes a se empenhar numa ampla mobilização de massas contra o regime ditatorial e "a minoria reacionária" que tomou o poder em 1964. O caminho revolucionário pressupunha, segundo o documento, uma luta gradual de acumulação de forças e a organização da classe operária e das demais camadas antifascistas numa "frente democrática e popular". O partido sustentava que, "mesmo não liquidando a exploração dos operários pela burguesia, a revolução democrática e nacional abre o caminho para a vitória do socialismo, que tem no proletariado a sua força motriz".

Durante o congresso, os setores esquerdistas, inconformados com a passividade do partido diante do golpe militar, cobraram o aval da cúpula a duas teses que desabaram em 1º de abril: a viabilidade de uma aliança com a burguesia nacional e a suposta supremacia do dispositivo militar legalista. A divisão interna ficou patente. A corrente majoritária, ligada a Prestes, pregava a luta de massas como caminho pacífico de organização da sociedade. A facção minoritária, influenciada por Cuba e pela chama revolucionária de Che Guevara (assassinado em 8 de outubro de 1967 pelo Exército boliviano), desfraldava a bandeira da luta armada.

Dirigentes e militantes favoráveis à via insurrecional abandonaram o partido, agravando o processo de atomização da esquerda. O primeiro racha sério ocorreu com o desligamento de Carlos Marighella, em fins de 1967, para fundar, com Joaquim Câmara Ferreira, a Ação Libertadora Nacional (ALN). Da fragmentação político-ideológica, surgiram outras organizações guerrilheiras, como o Partido Comunista Brasileiro Revolucionário (PCBR), a Dissidência da Guanabara (DI-GB), o Movimento Revolucionário Oito de Outubro (MR-8), a Vanguarda Popular Revolucionária (VPR), a Vanguarda Armada Revolucionária (VAR-Palmares), influentes no meio estudantil, onde despontavam a Ação Popular (AP) e o Partido Comunista do Brasil (PC do B).

Vianinha e intelectuais como Enio Silveira, Ferreira Gullar, Leandro Konder, Dias Gomes, Alex Viany, Paulo Pontes, Nelson Werneck Sodré e Carlos Nelson Coutinho ficaram com o PCB. O confronto com o regime, avaliavam eles, só fortaleceria os setores radicais da direita, que teriam pretextos para intensificar a repressão e aniquilar os espaços de liberdade ainda existentes. A linha esquerdista contribuiria para o isolamento dos comunistas.

"Sempre defendíamos, em conjunto, que o maior e mais grave erro que o partido poderia cometer era enquistar-se", rememoraria Enio Silveira. "O partido tinha que se abrir, sobretudo espicaçado pela necessidade de unir forças em luta contra o inimigo comum. Católicos progressistas e liberais sinceros estavam prestando naquele momento — independentemente das posições que tivessem sobre o partido — um serviço inestimável, unidos a todos aqueles que resistiam à ditadura. Portanto era válido que dialogássemos com outras correntes."

Segundo Enio, Vianinha seguia à risca o tópico da resolução política que demarcava o papel da intelectualidade na frente democrática: "Os comunistas devem atuar como elementos de estímulo e de unificação da luta dos intelectuais em defesa da cultura nacional, pela liberdade de manifestação do pensamento."

O jornalista Milton Temer, solidário ao Comitê Cultural na opção pelo trabalho de massa, garante que Vianinha nunca vacilou contra as teses insurrecionais:

"Ele sempre foi contra a porra-louquice. Não que tivesse alguma coisa contra a luta armada, não. Se houvesse uma perspectiva no horizonte visual de uma insurreição popular, o Vianinha estaria na frente. Não lhe faltava coragem para isso. Mas em 1968 tínhamos a clareza de que a luta armada só iria servir àquilo que a prática comprovou: eliminar uma geração de combatentes pela democracia. Uma parte dizimada pela repressão, outra jogada no ceticismo e no desbunde. Porque quem fez o desbunde, contribuindo para a desmobilização, foi justamente esse setor que se jogou de cabeça na luta armada e depois faria a apologia de que política já era. O Vianinha, não. Ele via que luta armada, naquele momento, era loucura, era um instrumento de retrocesso e não de avanço. A luta armada não nos organizava, mas aglutinava a direita. Unia e ampliava o leque de alianças dos golpistas."

No entender de Temer, Vianinha foi um dos primeiros militantes do PCB a assimilar a concepção nova de política como produto de uma mobilização de massas: "Com o passar do tempo, ele se convenceria de que socialismo não se impõe por opressão. Sociedade socialista você constrói na luta pela hegemonia política na sociedade, como ensina Antonio Gramsci. Diria que Vianinha, junto com Leandro Konder e Carlos Nelson Coutinho, são os pioneiros da concepção gramsciana no Brasil. O confronto, até nascido da boa intenção, pode levar ao autoritarismo."

É verdade que, em questões controversas, Vianinha preferia acatar a orientação da cúpula partidária. Foi assim no lamentável episódio da invasão da Tchecoslováquia pelas tropas do Pacto de Varsóvia, em 20 de agosto de 1968. A esquerda em todo o mundo escandalizou-se com a intervenção patrocinada por Moscou para liquidar com a chamada "Primavera de Praga" — medidas reformistas e liberalizantes que o dirigente Alexander Dubcek vinha tomando para equacionar a crise interna daquele país e construir um "socialismo com face humana". No Brasil, uma das primeiras reações partiu, inesperadamente, de um prócer do PCB, Enio Silveira. Ele havia passado duas semanas em Praga, a caminho de Moscou, e pôde constatar "uma genuína e ampla expectativa por reformas". Ao chegar à União Soviética, como hóspede do Comitê Central, Enio defenderia junto a dirigentes do PCUS as posições de Dubcek, que "não era um homem a soldo ou a serviço do imperialismo, mas que queria a renovação dentro do socialismo, algo absolutamente necessário". Os interlocutores, chocados, atribuíram tais opiniões à "origem burguesa" de Enio.

Consumada a invasão à Tchecoslováquia, Enio Silveira, Dias Gomes e Ferreira Gullar tomaram a iniciativa de circular um abaixo-assinado expressando "a mais viva repulsa" contra a agressão do Pacto de Varsóvia: "Socialismo, que por essência não admite a exploração do homem, não pode admitir quaisquer razões políticas e econômicas que justifiquem a dominação de um povo." Entre os setenta signatários, estavam Affonso Romano de Sant'Anna, Moacyr Félix, Flávio Rangel, Leon Hirszman, Djanira, Otto Maria Carpeaux, Paulo Francis, Roland Corbisier, João das Neves, Alex Vianny, Carlos Heitor Cony, Anísio Teixeira, Antônio Houaiss, Geir Campos, Eduardo Portela, Joel Silveira, Vamireh Chacon, Álvaro Lins e Octavio Ianni. Publicado nos principais jornais, o documento estourou como uma bomba nas hostes do PCB. A cúpula pediu a Enio, como inspirador do movimento, que fizesse uma autocrítica, mas ele se recusou. E ainda publicou, em setembro de 1968, uma edição especial sobre a Tchecoslováquia da *Revista Civilização Brasileira*.

Por que Vianinha não aderiu ao manifesto? Enio Silveira procura esclarecer:

"Ele não tomou uma atitude aberta porque ainda estava dentro de uma visão passional da realidade política. Achava que tudo aquilo que pudesse arranhar, mesmo levemente, a superfície do mundo socialista seria um benefício e um lucro para o mundo capitalista. Discutimos muito isso e procurei lhe mostrar que o nosso posicionamento nada tinha de anti-socialista. Muito pelo contrário: todos nós éramos socialistas, mas o que acontecia na Tchecoslováquia era fundamental para uma renovação. Todavia, ele preferiu não tomar uma atitude aberta, influenciado pela dicotomia entre o bloco capitalista, liderado pelos Estados Unidos, e o resto do mundo."

*

A unidade da classe artística, construída em favor da liberdade de expressão, não impediu que se travasse entre diversas facções um apaixonado debate político. No ringue, os "reformistas", que seguiam a linha do PCB, e os "revolucionários" — ou "porra-loucas", como eram chamados pelos adversários. Revolucionários, a rigor, todos o eram; a concepção estratégica adotada determinava os rótulos. Ou a ruptura violenta, conduzida por uma vanguarda que logo transferiria o poder à classe operária; ou a acumulação de forças, tecida gradualmente por um conjunto heterogêneo de aliados sob hegemonia da classe operária.

O modelo de revolução separava o Opinião e seus parceiros dos aguerridos José Celso Martinez Corrêa, Luiz Carlos Maciel, Hugo Carvana, Maria Gladys, Betty Faria e Cláudio Marzo. Não havia meio-termo. José Celso mexeu em casa de marimbondos ao escrever que um teatro libertário precisaria ser "essencialmente anti-PC: antipartidão". A derrapada indignou a área cultural do PCB. Até então, a bandeira do anticomunismo parecia exclusividade da direita tradicional.

A estúpida morte do estudante Edson Luís de Lima Souto, em 28 de março, durante choque com a Polícia Militar no restaurante Calabouço, criou no Rio um clima de comoção e revolta. A classe teatral suspendeu os espetáculos em cartaz. Ao lado de muitos estudantes, artistas e intelectuais, Vianinha acompanhou o velório de Edson Luís na Assembléia Legislativa e na Câmara Municipal.

Durante a passeata até o cemitério, a multidão se dividia em palavras de ordem conflitantes. Junto aos "reformistas" Ferreira Gullar, Thereza Aragão, Flávio Rangel e Paulo Pontes, Vianinha gritava feito um louco:

— O povo organizado derruba a ditadura!

A poucos metros de distância, Hugo Carvana puxava o coro dos "revolucionários":

— O povo armado derruba a ditadura.

Por pouco, o bate-boca entre Vianinha e Carvana não resvalou para insultos.

As divergências explodiram nas assembléias da classe, nos Teatros Jovem, Gláucio Gill e Opinião. Os "revolucionários" estreitaram seu intercâmbio com as lideranças estudantis, apoiando as manifestações de rua, transformadas, daí em diante, em verdadeiros embates com a Polícia. Ser "reformista" num ambiente tão apaixonado era tarefa das mais difíceis — até porque os adversários obtinham inegável respaldo nas votações. "Nós éramos bons de retórica, mas o pessoal do partidão era ótimo para vaiar", lembra Luiz Carlos Maciel. "A cisão se dava porque nós não abríamos mão de fazer a revolução, e eles insistiam em que o problema principal era enfrentar a ditadura. Era um atrito terrível."

Coube aos "reformistas" — com sua vocação para negociar e persuadir — atrair às assembléias e às passeatas figuras de projeção como Paulo Autran, Tônia Carrero, Walmor Chagas — os "expressivos" ou "representativos", fundamentais para o marketing dos protestos.

Vianinha não deixava transparecer, mas saía do Gláucio Gill deprimido. Se ele ou Gullar levantavam a voz, o outro lado disparava uma avalanche de impropérios. O líder do CPC, o militante que não queria saber de acertos com a burguesia e idolatrava Cuba, esse mesmo Vianinha parecia agora condenado à pior das penas: a de ver questionado seu ideal revolucionário.

"Isso significou uma grande tortura mental para ele", depõe Vera Gertel. "Não aderir à radicalização pela luta armada representava para o Vianna ser chamado de velho, como se estivesse superado. Ele se torturou muito na época por causa disso. 'Pô, eu estou ficando superado? Estou ficando velho?' Os estudantes e até líderes mais antigos do partido estavam aderindo, e ele não. Mas não se afastou de sua coerência política. Continuou achando que deveria se manter na linha do partido e que a luta armada era uma proposta equivocada."

Odete Lara, que compareceu a assembléias convidada por Vianinha, percebia a amargura dele com as críticas:

"Parte do pessoal que até então estava politicamente com ele começou a se voltar contra o PC. Aquilo, tanto quanto a Censura, o deixava arrasado. Muitos colegas começaram a chamá-lo pejorativamente de reformista. Eu tentava falar com essas pessoas, mas elas não ouviam ninguém. A Censura se podia compreender, por que o que esperar de um governo militar? Agora, de colegas que sempre estiveram no mesmo barco, é dolorosa a agressão."

Segundo Thereza Aragão, não era uma mágoa pessoal, mas política: "O Vianna se aborrecia porque sabia que aquela porra-louquice era um grave erro político, uma atitude politicamente equivocada. Como todo criador, ele tinha vaidade, mas não no sentido de ganhar a parada por ganhar. Ele dizia: 'Quero ganhar porque a minha posição é correta, não porque eu queira brigar numa assembléia.' Nós advertíamos que só podíamos ir até onde as nossas forças permitiam. O Vianna tinha grande clareza disso. Mas, nas assembléias, as pessoas achavam que ele era conciliador e o atacavam. Era brabo."

Hugo Carvana atribui hoje as discórdias a um traço comum com Vianinha: ambos gostavam de externar o que pensavam.

"O pau comia entre nós. O Vianna defendia com veemência as teses dele, mas não era intolerante. Se você vinha com um bom argumento, ele aceitava. Ocorre que a visão dele se baseava na orientação do partido e dela não podia fugir. Eu era um provocador que gostava de ir para a rua, subir em poste, fazer um comício-relâmpago de agitação e depois correr da Polícia. Então não havia possibilidade de conciliação. Mas a gente voltaria a se relacionar afetuosamente anos depois, quando o convidei a assistir ao meu filme *Vai trabalhar, vagabundo*, em 1974. No fim da sessão, fiquei comovido quando ele me abraçou e disse: 'Porra, Carvana, que barato que você fez! Coisa popular!' Porque eu havia sofrido uma transformação: o radical dera lugar ao romântico. Confesso que não perdi de todo a minha rebeldia; continuo achando que a mobilização é essencial. Mas reconheço que hoje penso mais ou menos como o Vianna pensava em 68: a discussão política passa pela organização da sociedade, a democracia se fortalece quando vai ao encontro dos setores organizados da sociedade."

Na realidade, Vianinha equilibrava-se no fio da navalha, acossado pela exigência central de repelir a ditadura e, ao mesmo tempo, pela convicção de que uma radicalização irrefletida geraria desdobramentos imprevisíveis. Na passeata estudantil de 1º de abril de 1968, da qual participaram artistas e intelectuais, Fernando Peixoto notou o drama do amigo entre a pressa e a paciência: "Lembro-me de Vianinha agitado, as mãos gesticulando sem parar, procurando instaurar um clima para uma discussão serena e conseqüente. Não era contra a passeata, mas não compactuava com os ânimos exaltados: buscava sempre aprofundar as questões, temendo a perigosa gravidade da provocação pela provocação. Lembro que me levou para um canto e confidenciou, com os olhos inquietos e febris: tudo bem ir para as ruas, mas era preciso que cada um tivesse plena consciência do significado organizado do protesto. Insistia que o alívio catártico pode até ser necessário, mas não basta."

Daí a pouco, lá estava Vianinha de braços dados com os companheiros, gritando *slogans* contra o regime. Indiferente à chuva, a multidão só se dispersou quando os olhos não agüentaram mais os gases lacrimogêneos lançados pela Polícia Militar. Horas depois, Vianinha comparecia a novo encontro para avaliar o quadro político. Fernando Peixoto guarda na memória a exortação dele naquela noite: "Isso [a passeata] pra nós não basta, nós temos outras armas, só nós temos, somos artistas, precisamos fazer do teatro um instrumento de luta, nossos espetáculos são nossas armas contra a ditadura. Tudo bem sair na rua, mas precisamos gritar nos palcos, o teatro tem que aprofundar as contradições da sociedade."

As trombadas entre "reformistas" e "revolucionários" não se davam exclusivamente em função de estratégias políticas. Eram quase insuperáveis as dissonâncias estéticas: o grupo de Vianinha não aceitava o extremismo do teatro de agressão; e a facção de José Celso não agüentava mais a ladainha do Opinião e do Arena, em prol da formação de consciência crítica. Os "reformistas" procuravam conter a impulsividade dos que chegaram, por exemplo, a aventar a organização de um ato em frente ao prédio do DOPS, para protestar contra a repressão à cultura. Disparates como esse ainda podiam ser evitados. Mas como impedir que o público fosse afugentado dos teatros por espetáculos como *Roda-viva*?

"O setor mais radical da classe aderiu ao teatro de agressão, que eu costumo chamar de teatro exorcista", diz Gullar. "Eles pensavam que, exorcizando a ditadura em cena, a derrubariam. Ora, nós advertíamos que isso era uma tolice, que só afastaria o público, jogaria a imprensa contra nós e daria pretextos à ação repressiva contra a cultura. Foi exatamente o que aconteceu."

A despeito das críticas que recebia por sua moderação, Vianinha percebia que as incompreensões de lado a lado somente dividiam o setor artístico, quando era inadiável sedimentar a unidade contra o arbítrio. Como que voltando ao tempo em que costurava a negociação entre as facções em luta no CPC, ele empenhou-se na intermediação.

Nas reuniões que precederam a célebre Passeata dos Cem Mil, tanto Vianinha como Gullar, com o apoio de Cacá Diegues, Joaquim Pedro de Andrade, Zelito Viana, Leon Hirszman e até de Glauber Rocha, entre outros, se esforçaram para remover os obstáculos ao bom senso. Foi o que se conseguiu com a ida de uma comissão de artistas e intelectuais para solicitar ao governador Negrão de Lima autorização à passeata, evitando-se um banho de sangue. Evidente que acordos como esse não diminuíam o apetite das metralhadoras giratórias. Em questão de horas, "reformistas" e "revolucionários" estariam de novo se malhando nas assembléias.

Quando soube que Enio Silveira, Moacyr Félix e Dias Gomes programavam uma edição especial da *Revista Civilização Brasileira* sobre o teatro brasileiro, Vianinha arregaçou as mangas e auxiliou no que pôde. O caderno especial sobre teatro, publicado em julho de 1968, desvendou para os não-iniciados os entrechoques políticos que rachavam a área teatral. Enquanto Ferreira Gullar fazia a apologia do teatro participante, José Celso Martinez Corrêa punha a nu as premissas que balizavam a arte de agressão: "Hoje eu não acredito mais na eficácia do teatro racionalista. Muito menos no pequeno teatro da crueldade, que na realidade não passa de um teatro de costumes: dos maus costumes, com suas prostitutas folclóricas e tudo o mais. Para um público mais ou menos heterogêneo que não reagirá como classe, mas sim como indivíduo, a única possibilidade é o teatro da crueldade brasileira — do absurdo brasileiro —, teatro anárquico, cruel, grosso como a grossura da apatia em que vivemos."

Luiz Carlos Maciel fustigava as tendências "reformistas" ao distinguir o "rebelde" do "revolucionário": "No rebelde, a contradição entre a negação e a afirmação simultânea do real é meramente formal e, portanto, insolúvel; no revolucionário, ela deve ser dialética e conduzir diretamente à ação, onde encontra uma solução prática." Maciel entendia que a condição "marginal" do artista impossibilitava ao homem de teatro desenvolver uma prática revolucionária, tendo em vista que "o marginal da classe média — mesmo conscientizado, politizado — é sempre, fundamentalmente, um rebelde, não um revolucionário". Sustentava que a única chance de o artista se tornar um revolucionário seria "através de um projeto consciente que envolve um rompimento radical com o 'caráter' adquirido na infância vivida à sombra dos valores da classe média. Naturalmente, isso é possível: Fidel Castro, Che Guevara, tantos outros, o provam de sobejo."

Vianinha sugeria, em seu artigo, uma espécie de armistício entre as facções da classe artística. A começar pelo sugestivo título do ensaio: "Um pouco de pessedismo não faz mal a ninguém". Ele recorria ao velho PSD, o partido da conciliação política, berço de Juscelino Kubitschek, Ulysses Guimarães e Tancredo Neves, para tentar arrefecer os ânimos e, quem sabe, repor a discussão em bases mais conseqüentes.

Nesse texto, consolidava-se a revisão teórica iniciada após o golpe, em que não há mais lugar para a pressa que atrasa a luta e facilita o retrocesso, nem para o impulso irracional que ofusca a meditação sobre os erros cometidos no passado.

A seu ver, as duas posições que existiam no teatro brasileiro — a "engajada", voltada para a criação de uma nova linguagem capaz de exprimir o "convívio social de nossa época", e a "não engajada, que vê com ceticismo a participação" — criaram "um paralelismo que dificulta uma troca de experiência maior, uma evolução mais rápida".

"Não é este o centro do problema. Na verdade, a contradição principal é a do teatro, como um todo, contra a política de cultura dos governos nos países subdesenvolvidos. Não estamos querendo dizer com isso que, de agora em diante, a classe teatral deve viver num mar de rosas. Claro, as posições estéticas devem ser afirmadas, aprofundadas, defendidas, mantidas na sua independência; porém reconhecendo, proclamando, defendendo, precisando das conquistas estéticas alcançadas no outro setor. A luta pela vanguarda não é uma corrida. Me parece que vanguarda deve ser expressão de todos que de uma ou outra maneira almejam decisivas conquistas a cada determinado momento. A noção da luta entre um teatro de 'esquerda', um teatro 'esteticista' e um teatro 'comercial', no Brasil de hoje, com o homem de teatro esmagado, quase impotente e revoltado, é absurda."

Ele salientava que o "processo autofágico" que corroía a classe teatral interessava aos propósitos do regime: "Todos esses fatores de desunidade, nascidos de posições culturais um pouco radicalizadas, fundam a face do teatro brasileiro: escoteira, avulsa, cada um cuidando de salvar o seu barco — enquanto a política cultural do governo sufoca o pleno amadurecimento do potencial que acumulamos."

Estrategicamente editado após o ensaio de Maciel, o de Vianinha sobressaía pela admoestação a certas vanguardas que, em vez de trabalhar pelo desenvolvimento do teatro como atividade profissional, deslocavam o centro da luta para as idiossincrasias ideológicas e estéticas:

"Ninguém aqui está formulando posição contrária à experimentação. O que não podemos é tomar a posição de fazer do teatro brasileiro um imenso laboratório, desligado de suas condições comerciais, de seus atrativos para o público. Como se fosse melhor não existir o que já existe, para então começar do começo. O teatro brasileiro não é um agrupamento neurótico cuja saída é uma imensa psicanálise de grupo, um mea-culpa geral e orfeônico; é um teatro profissional que cumpre profissionalmente a indescritível tarefa de montar de oitenta a cem espetáculos por ano no Rio e em São Paulo sem auxílio praticamente nenhum."

Em tom apaziguador, ele insistia na união do meio artístico em torno de suas reivindicações, como única alternativa para vergar o cenário adverso — falta de subvenções e patrocínios, redução do número de casas de espetáculos e retração do público. Propunha a criação de uma associação de empresários teatrais, o revigoramento da atividade sindical, debates e trocas de experiências entre todas as partes envolvidas. Julgava essencial recobrar a iniciativa e garantir a sobrevivência do teatro como foco de criação e resistência. Em três linhas de rara clarividência, Vianinha resumia o espírito de sua intervenção:

"Na verdade, cada vez que um pano de boca se abre neste país, cada vez que um refletor se acende, soam trombetas no céu — trata-se de uma vitória da cultura, qualquer que seja o espetáculo."

Luiz Carlos Maciel até hoje não conseguiu saber como Vianinha pôde ter lhe respondido na mesma edição em que saiu publicado seu artigo:

"Quando eu abri a revista e li o texto do Vianinha, fiquei um pouco puto. Deve ter sido coisa do partidão, pensei. É aquele negócio: o meu escrito era admitido por uma questão de democracia, mas não era a linha justa. Então, o Enio Silveira e o Moacyr Félix devem ter dado o artigo para o Vianinha responder. A revista não podia deixar margem a equívoco quanto à linha justa do partido."

*

As campanhas antiditatoriais, que haviam alcançado o auge na Passeata dos Cem Mil, refluíram no segundo semestre de 1968. A repressão intensificara-se: mais de setecentos líderes estudantis foram presos no Congresso da UNE em Ibiúna. A disputa entre as organizações de esquerda pelo controle de entidades estudantis debilitou o movimento. E a classe trabalhadora, que tentara se rearticular nas greves de Osasco e Contagem, enfrentava a fúria irracional das tropas de choque.

Entretanto, não poucas vozes cultivavam visões apocalípticas. As greves e as passeatas alimentavam os setores "revolucionários", inclusive na área artística, que não concebiam outro cenário que não o de batalhas grandiosas contra um inimigo combalido. A realidade era diametralmente oposta: o inimigo contra-atacava, sólido como nunca. O Comando de Caça aos Comunistas espancou, em São Paulo, o elenco de ***Roda-viva***, destruindo cenários e equipamentos do Oficina; depois, em Porto Alegre, seqüestrou e agrediu atores.

As intimidações não pararam aí. Bombas atingiram a sede da Editora Civilização Brasileira e a bilheteria do Teatro Opinião, onde era apresentado o show de Geraldo Vandré, *Pra não dizer que não falei de flores*. A casa de dom Hélder Câmara foi metralhada em Recife. O lúcido e ponderado Flávio Rangel, detido pela Polícia Política, teve a cabeça raspada. Sem falar na demissão de Cacilda Becker de uma emissora de TV, por pressões dos órgãos de segurança.

O risco de um fechamento político, em face do aguçamento das tensões, se materializava a uma velocidade inesperada. Nas reuniões da intelectualidade "reformista", essa era a tônica, conforme Cacá Diegues:

"Todos nós — Vianinha, Gullar, Joaquim Pedro, Leon, Glauber — tínhamos posições extremamente moderadas. Achávamos que aquele não era o momento de radicalização de espécie alguma. Tenho absoluta consciência de que tentamos evitar a qualquer preço o que aconteceu com o AI-5. Tanto o Vianinha e o Gullar, como porta-vozes do pessoal de teatro, como nós do Cinema Novo víamos claramente a necessidade de moderação. O movimento estudantil não tinha cobertura social suficiente para levar a contestação ao regime militar àquele nível de radicalidade política. Isso nos reaproximou muito, por exemplo, do Vianinha, que foi um dos que tentaram evitar aquele desfecho."

Um estilhaço da avalanche repressiva feriu Vianinha.

Papa Highirte, a peça que ele escrevera entre junho e julho, venceu o Concurso Nacional de Dramaturgia, promovido pelo Serviço Nacional de Teatro, mas foi vetada pela Censura. Três — Paulo Afonso Grisolli, Yan Michalski e José Renato — dos sete membros da comissão julgadora anexaram à premiação um voto de protesto contra as dezenas de peças censuradas naquele melancólico final de 1968. A reação veio a galope: o Prêmio SNT deixaria de ser concedido durante seis anos.

Para Vianinha, a proibição de *Papa Highirte* significava a impossibilidade de levar à cena aquela que certamente é a peça de passagem para uma dramaturgia disposta a conciliar a densidade política com uma estruturação cênica requintada.

Como acontecera com *Moço em estado de sítio* e *Mão na luva,* Vianinha exorcizava seus fantasmas. Desta vez, porém, não fotografava o homem de esquerda diante dos dilemas do destino; focalizava o ocaso de um ditador latino-americano, em pleno exílio numa republiqueta vizinha à sua Alhambra. Revelando as ambigüidades de Juan Maria Guzamón Highirte durante o exercício do poder, Vianinha concatena uma visão abrangente sobre o processo político no continente, com suas analogias com o Brasil.

Os personagens se convertem, de acordo com Yan Michalski, em "sínteses didáticas de forças políticas, mas também em seres humanos em carne e osso, dotados de características psicológicas magnificamente plausíveis; características estas marcadas por um denominador comum, que decorre precisamente da sua origem continental comum".

Highirte, o herói negativo que, decadente e quase solitário, dança ao som de chulas, diverte-se com prostitutas e bebe sem parar, sonhando com a volta triunfal, é o mesmo que reinara com mão de ferro, reprimindo os comunistas e cortejando os militares, decretara leis sociais em busca de base de sustentação popular e resistira à penetração estrangeira. Um modelo nitidamente inspirado em Getúlio Vargas, o ditador do Estado Novo — com a diferença fundamental de que Getúlio retorna ao poder, pelo voto, nos braços do povo, enquanto Highirte é assassinado por um opositor (Mariz), para vingar a morte de um companheiro de militância política (Manito), torturado barbaramente pela Polícia Política do ex-ditador.

A argúcia de Vianinha para retratar o tabuleiro político faz-nos deparar com a dilaceradora realidade do poder na América Latina: a alternância de regimes democráticos e ditatoriais, determinada por uma intrincada rede de interesses estratégicos. Num momento tão crucial como 1968, a viabilidade da democracia percorre a cena, como se a cada impasse Vianinha indagasse: por que não encontramos o caminho para consolidá-la, desviando-nos das experiências autoritárias e de suas variações populistas?

Nesse ponto, *Papa Highirte* transfere a discussão para o campo progressista. Por intermédio de Manito, o revolucionário romântico, francamente pró-luta armada, e de Mariz, o revolucionário moderado, que vê a luta como processo de acumulação de forças, Vianinha reedita a polarização ideológica da esquerda brasileira.

Fugindo ao maniqueísmo, que poderia tê-lo conduzido a uma mitificação de Mariz como herói positivo, Vianinha expõe as fragilidades do personagem, que hesita diante de ações armadas e, sob tortura, delata Manito. Os heróis traidores, essa fixação no universo dramatúrgico de Vianinha, assim seriam analisados por Yan Michalski:

"Vianinha dá-se ao luxo de atribuir a cada um deles um momento de claríssima falha trágica — expressão cunhada por Aristóteles há mais de 2.300 anos —, a partir da qual não há mais volta atrás. (...) Os heróis de Vianinha, menos expostos à fatalidade divina, dispõem de uma dose maior de livre-arbítrio, e portanto teriam de algum modo podido escapar à maldição da traição. (...) Mas se eles acabaram fazendo estas e não outras opções, é que em algum canto das suas respectivas personalidades eles, contraditoriamente, não eram capazes de agir de outra maneira: a macunaímica falta de uma maior firmeza de caráter, flagrante nessas escolhas decisivas, (...) faz deles, a seu modo, autênticos heróis trágicos da modernidade brasileira."

Sábato Magaldi pôs em relevo o fato de Vianinha interpelar as vanguardas experimentalistas, sem perder de vista que precisava exercitar uma maior liberdade formal: "A ação progride com absoluta nitidez, mas sem desenvolvimento linear. Passado e presente misturam-se, a cada momento, para o espectador ter diante de si o conflito dramático e não a exposição dos episódios. A dosagem das informações obedece sempre a um tão feliz equilíbrio que o suspense se alimenta num crescendo, até o desfecho. O diálogo é sintético, sem perder o gosto da precisa elaboração literária."

Como de praxe, os textos premiados em primeiro, segundo e terceiro lugares no Concurso de Dramaturgia foram impressos pelo SNT. Mal começaram a ser distribuídos às livrarias, veio a ordem da Censura para recolher a edição de *Papa Highirte*. Durante anos, apenas cópias feitas por Vianinha circularam clandestinamente. Certa vez, em 1970, ele se encontrou com Sérgio Britto, que encenava *Fim de jogo*, de Samuel Beckett. Mesmo com afabilidade, cobrou:

— Você está nos traindo montando esse texto estrangeiro e ainda por cima niilista.

Sérgio retrucou:

— Mas é difícil conseguir um boa peça nacional, porque as poucas que passam pela Censura em geral são encenadas pelos próprios autores.

Vianinha lhe entregou, dias depois, *Papa Highirte* para ler. "Fiquei louco com a peça, que era séria, nada festiva, sem oba-oba de esquerda, impecavelmente construída", recorda Sérgio Britto, que quis logo montá-la, mas Vianinha, pessimista, o desaconselhou, lembrando a proibição da Censura.

— Guarde a peça contigo. Não tente agora, pois não adiantaria.

Não adiantaria mesmo. *Papa Highirte* ficaria 11 anos silenciada.

A razão e o desbunde

Na semana de 9 a 13 de dezembro de 1968, cresceram os rumores sobre um pacote de medidas coercitivas, a ser baixado por exigência dos setores ultra-reacionários das Forças Armadas. Na manhã da sexta-feira 13, quem tinha dúvidas sobre as intenções dos comandos militares dissipou-as ao constatar que alguns jornais não haviam chegado às bancas. O *Estado de S. Paulo* foi proibido de circular. *Jornal do Brasil*, *Correio da Manhã* e *Última Hora* só puderam ser distribuídos nas primeiras horas da manhã, depois de "visitados" pelos censores. As emissoras de rádio e TV noticiavam a convocação do Conselho de Segurança Nacional para uma reunião no Palácio Laranjeiras.

Dia tenso, mas Vianinha e Maria Lúcia não desistiram de jantar fora para comemorar o aniversário dela. Antes, passariam na casa de Ferreira Gullar e Thereza Aragão, num modesto prédio na esquina das ruas Visconde de Pirajá e Henrique Dumont, em Ipanema. "Éramos tão pobres no Opinião que o maior apartamento do grupo era o nosso: dois quartos para nós dois e três filhos", lembra Thereza.

Na caminhada de dois quarteirões até lá, Maria Lúcia teve uma premonição:

— Vianna, acho que a gente não devia ficar em casa hoje. Nem você nem o Gullar, porque as coisas estão pretas. Esse negócio vai estourar hoje.

— Não, não. Vamos até a casa do Gullar e depois saímos para jantar — insistiu ele.

Quando chegaram ao apartamento, a televisão estava ligada — a qualquer momento se aguardava um pronunciamento em cadeia nacional. O ministro da Justiça, Gama e Silva, comunicou à nação o teor do Ato Institucional nº 5. A cada artigo, a expressão de incredulidade nos rostos. Um novo golpe de Estado: garantias constitucionais suspensas, passeatas e manifestações proibidas. Em questão de horas, parlamentares do MDB tiveram seus mandatos cassados e centenas de estudantes, artistas, intelectuais e sindicalistas foram presos. Agentes do DOPS e soldados da PM invadiram a redação do *Correio da Manhã* e prenderam o redator-chefe Osvaldo Peralva, libertado 15 dias depois. Na mesma noite, 11 oficiais do Exército assumiram a censura prévia, que perdurou até 6 de janeiro de 1969. A proprietária do jornal, Niomar Moniz Sodré Bittencourt, depois de ficar presa 72 dias, teve seus direitos políticos suspensos por dez anos.

Voltemos ao apartamento de Ferreira Gullar. Soou a campainha. Tenso, o poeta foi abrir.

— O senhor é Ferreira Gullar — perguntou um dos três homens.

— Sim.

— Pois está preso — disse o capitão do Exército Milton Guimarães Jorge, hoje banqueiro do jogo do bicho no Rio e prócer da Liga Independente das Escolas de Samba.

Apavorada, Thereza arriscou perguntar:

— Cadê a ordem de prisão?

— Está ali — disse um dos dois sargentos do Exército que acompanhavam Guimarães, apontando para a TV onde Gama e Silva prosseguia na leitura do AI-5.

O outro sargento virou-se para Vianinha e indagou:

— Como é seu nome?

— Osvaldo.

O agente deu um muxoxo, para alívio de Vianinha e Maria Lúcia, que confessa ter sentido o corpo gelado de pavor. Autorizado pelo capitão, Gullar foi à cozinha tomar um copo de leite. Numa fração de segundos, abriu a geladeira e jogou a caderneta de endereços dentro do congelador.

Enquanto os militares revistavam os armários, Thereza acenou sutilmente para que a filha Luciana, de 13 anos, pegasse na estante um pacote fechado com exemplares da *Voz Operária*, jornal clandestino do PCB. Um dos agentes perguntou o que ela estava fazendo com aqueles livros e papéis todos, mas ela se safou dizendo que iria para o quarto estudar. "O que tinha de documentos do partido ali naquele apartamento não está no gibi", recorda Thereza.

No meio da confusão, tocou novamente a campainha. Pichin Plá e João das Neves vinham do Opinião com Denoy de Oliveira, que demorara estacionando seu velho Fusca. Os dois subiram na frente, sem imaginar o que sucedia.

Ao entrar, Pichin disparou, com seu sotaque característico:

— Y la ditadura, hein?

O capitão Guimarães imediatamente reagiu:

— Quem é a senhora?

Com rara intuição, Pichin despistou:

— Soy aeromoça.

— O que estão fazendo aqui? — insistiu o policial.

— Viemos tomar um chope — disse João das Neves.

— Sentem-se aí que vocês vão conosco também.

Passados alguns minutos, Pichin ouviu Denoy assobiar na calçada do prédio, querendo saber se havia alguém no apartamento de Gullar, que ficava no primeiro andar, a três metros de altura.

Ela perguntou se podia ir ao banheiro, onde tirou da bolsa um pedaço de papel onde escreveu um bilhete para Denoy: "Se manda que a Polícia está aqui." E guardou o papel num lugar insuspeito — a calcinha.

Na sala, aguardou uns segundos e dirigiu-se à janela.

— Vou abrir um pouco que está muito quente aqui.

O agente não esboçou reação. Pichin debruçou-se rapidamente no parapeito e sutilmente puxou o papel da calcinha e o deixou cair na calçada. Denoy leu, pegou o carro e ficou dando voltas no quarteirão para ver o que acontecia.

Quando os agentes saíram levando Gullar para a Vila, Thereza comandou a "limpeza" da casa. O pacote da *Voz Operária* e os documentos foram transportados para a mala do Fusca de Denoy, que tomou o rumo de São Conrado. No caminho, o grupo parou na Gruta da Imprensa e rasgou os papéis, engolidos em seguida pelas ondas escuras do mar.

Depois, eles se dispersaram. Quem não fosse preso em dois ou três dias não o seria mais. Denoy foi o segundo a cair. Vianinha escondeu-se alguns dias, mantendo aflitos telefonemas com Thereza. O *Jornal da Tarde* chegou a incluí-lo nos listões de presos, porém ele mais uma vez escaparia do cárcere.

*

Com o AI-5, a ideologia da segurança nacional assumiu, por completo, as rédeas da vida nacional. Ao Estado reservava o monopólio da coerção e o controle supremo das atividades sociais, políticas e econômicas. A ofensiva fascistizante desmantelou as formas críticas de expressão e submeteu a atividade intelectual à vigilância policial. Em dez anos de vigência do AI-5, foram proibidos cerca de seiscentos filmes, quinhentos livros, 450 peças, mil letras de músicas, milhares de matérias jornalísticas, dezenas de programas de rádio e televisão, capítulos e sinopses inteiras de telenovelas. De cada dez cartuns que Henfil desenhava para o *Jornal do Brasil* em 1970, sete ou oito caíam na malha fina da prepotência. Não se tratava mais de conter a produção cultural em determinados limites, e sim de abortá-la, destruí-la como encarnação do mal. Como ressalta José Paulo Netto, saía de cena, à força, tudo o que de mais vivo, criativo e polêmico se alcançara na cultura brasileira na década de 1960 (inclusive na fase pós-1964). A ditadura aniquilaria o *Correio da Manhã*, que parou de circular em 1974, após prolongada crise financeira. O último número da *Revista Civilização Brasileira* saiu em 22 de dezembro de 1968. Editoras acumularam graves prejuízos com a apreensão de tiragens inteiras. Artistas e intelectuais exilaram-se, diante das ondas de prisões, processos e perseguições, inclusive nas universidades e em centros de pesquisa.

Inaugurava-se a era do vazio cultural, durante a qual o regime procurou ocupar os espaços dinamitados pela repressão patrocinando atividades e eventos acríticos. Avocou para si a tarefa de preservar a memória nacional, por meio de investimentos na recuperação do patrimônio histórico. Não somente liquidou com a hegemonia cultural de esquerda no período anterior, como azeitou a máquina de propaganda para inculcar sua ideologia e legitimar o "Brasil grande".

Em contexto tão perverso, não é de se estranhar que a temporada teatral de 1969 tenha sido uma das mais pobres da década, com sensível redução do número de espetáculos. O público de classe média tornou-se arredio diante da sórdida campanha que projetava o teatro como "um antro de perversões, violências e subversão", exceção feita às comédias ligeiras.

Como sobreviver ao pântano? As dificuldades se avolumavam porque Vianinha precisava pagar a sua parte na dívida contraída pelo Teatro do Autor Brasileiro. O alvo mais imediato — a encenação de *Papa Highirte* — fora pelos ares com a proibição da peça.

Exatamente nessa fase de indefinição, Paulo Pontes retornou ao Rio para trabalhar na TV Tupi, indicado pela comediante Nádia Maria. A Tupi queria reestruturar sua programação, que perdia pouco a pouco audiência para a TV Globo, apesar do estupendo sucesso de *Beto Rockfeller*, a revolucionária novela de Bráulio Pedroso.

Paulo Pontes sugeriu que Vianinha integrasse, com Carlos Alberto Lofler e Miguel Gustavo, o Grupo de Criação, coordenado por Maurício Sherman. A proposta era criar um banco de programas que seriam utilizados à medida da conveniência.

A oportunidade caiu do céu. Um emprego fixo renderia a Vianinha um salário no fim do mês. E, do ponto de vista artístico, havia o desafio de se ajustar à linguagem televisiva. A TV não tinha um quarto da sofisticação tecnológica de hoje em dia, mas em 1969 se iniciaram as transmissões em rede, via satélite. Naquela virada de década, a televisão assumia a dianteira como ponta-de-lança da moderna indústria cultural brasileira. O processo se consolidaria nos anos 70, com a ampliação das redes, a explosão do consumo interno, a ação das agências estatais de fomento (Embrafilme, Instituto Nacional do Livro, Funarte), a atualização tecnológica e os investimentos estrangeiros.

Vigorava nas camadas intelectuais um forte preconceito contra a televisão, considerada "a arma mortífera das classes dominantes para fabricar alienação em massa". No PCB, a TV era considerada o veículo por excelência da ditadura, ou, segundo Leandro Konder, "o território do demônio e do capital". Mas nem toda a esquerda pensava assim. Ferreira Gullar, por exemplo, escrevera um artigo sobre a cultura de massa, incluído no livro *Vanguarda e subdesenvolvimento*, defendendo a tese de que a televisão não poderia simplesmente ser negada como algo destrutivo, pois se tratava de um meio de comunicação poderoso e com possibilidades, inclusive, de utilização para fins culturais.

Na prática, coube a um membro do Comitê Cultural do PCB começar a quebrar o tabu contra a TV. Com peças interditadas pela Censura e em dificuldades financeiras, Dias Gomes aceitou o convite para escrever telenovelas na Globo. Dias se empenharia em criar uma linguagem específica, brasileira, para o gênero. Enfrentou sérios problemas com a Censura e dobrou relutâncias dentro da emissora, a partir dos sucessos de público e crítica das telenovelas *Bandeira 2* (sobre o jogo do bicho no Rio) e *O bem-amado*. Com perícia crítica, ambas retratavam microcosmos da realidade brasileira.

A princípio, Vianinha e Paulo Pontes reagiram à televisão. Depois de conversas com Maurício Sherman, aceitaram a missão por ele proposta — oferecer alternativas aos programas popularescos e apelativos que ocupavam parcelas ponderáveis das grades das emissoras. Sherman recorda:

"O diálogo era fácil porque tínhamos a mesma origem política, só que com uma diferença: eu já havia passado por algumas experiências e a minha cabeça estava um pouco aliviada de uma série de preconceitos e traumas. Vianinha e Paulo Pontes acabaram comprando a idéia da TV, porque realmente não havia como não comprar. Era uma seqüência lógica. Você que tem compromisso com o povo, com o pensamento popular e com a cultura popular não pode ignorar a televisão. Se a TV oferece espaços, devemos ocupá-los com gente preocupada em estabelecer um diálogo objetivo com o povo. E não foi difícil esse compromisso com o Vianinha — já havia antecedentes. Eu era muito amigo do pai dele. O velho Oduvaldo era um homem de enorme talento. Uma cabeça privilegiada. E o trabalho foi maravilhoso. Foi uma das fases mais férteis da Tupi. Dali surgiram alguns projetos muito bons que significaram mudanças radicais."

A primeira tarefa de Vianinha e Paulo Pontes foi bolar programas para o horário da tarde, voltados ao público infanto-juvenil. O *Clube do Capitão Aza* conquistaria bons índices de audiência. Outras iniciativas da dupla: o Festival de Música de Carnaval, que esquentava o período pré-carnavalesco, revivendo antiga tradição do rádio; e o Festival de Música Universitária, realizado anualmente, que revelaria Ivan Lins, Gonzaguinha, Aldir Blanc, João Bosco e Raimundo Fagner. A crítica Maria Helena Dutra realçou a participação de Vianinha na organização do festival: "Nos inóspitos porões da emissora, aqui no Rio, em pequenas salas apertadas, ele preparava fichas, apresentações, e fazia a cabeça de jovens compositores iniciantes na luta." Vianinha e Paulo Pontes freqüentaram reuniões que deram origem ao Movimento Artístico Universitário (MAU), integrado por Ivan Lins, Aldir Blanc e Gonzaguinha, entre outros.

Como o que ganhava na Tupi não cobria as despesas, Vianinha precisou recorrer a trabalhos como ator. *A comédia dos erros*, de Shakespeare, dirigida por Bárbara Heliodora, foi um deles. Peça para divertir que — sinal dos tempos — lotou por meses o Teatro Gláucio Gill. A sua performance como Antifolo de Siracusa e Antifolo de Éfeso o libertou — na visão de Clóvis Levi, de *O Dia* — de "uma série de cacoetes de interpretação que caracterizava suas criações cômicas". Para Martim Gonçalves, no entanto, a interpretação "estava longe daquela sua habitual desenvoltura a que nos acostumamos nos espetáculos do

Grupo Opinião". Seja como for, os cachês que recebeu durante a temporada ajudaram a amortizar as dívidas do TAB.

*

Os fins de semana com Vinícius agora eram curtidos na casa que Oduvaldo e Deocélia haviam comprado na Barra da Tijuca, então uma região de difícil acesso — quando saltavam do ônibus, tinham de caminhar uns três quilômetros. Oduvaldo reunia os amigos e companheiros do PCB para longos bate-papos regados a batidas de maracujá e caju. Em suas memórias, Deocélia relembra quando Vianinha resolveu levar Maria Lúcia para conhecê-los. Como costumava apresentar aos pais as sucessivas namoradas, a mãe irritou-se quando ele telefonou avisando que iria lá com outra.

— Não, senhor. Chega. Não quero mais conhecer nenhuma namorada.

O velho Oduvaldo interveio, pacificando:

— Pode sim, traga a garota.

Vianinha mexeu com a mãe:

— Diga para a Deocélia que ela se chama Maria Lúcia e sabe fazer um vatapá de se tirar o chapéu, mas não é baiana, não.

As primeiras recordações de Vinícius Vianna sobre o convívio com o pai datam da época em que Oduvaldo e Deocélia moravam no Conjunto dos Jornalistas, no Leblon. Nos fins de semana ele geralmente ficava com Vianinha ou com os avós. Devia ter uns dez anos quando se divertia jogando bola na praia com o pai, que tinha mania de ficar irradiando o jogo como se fosse um locutor esportivo. Iam ao Maracanã ver o Botafogo e às vezes ao cinema. Vinícius não se esqueceu, por exemplo, do clima sombrio que se abateu sobre a família com a proibição de *Papa Highirte*:

"Eu estava com dez anos, foram os tempos do eterno medo, e a mim tudo era transmitido desta forma. *Papa Highirte* era, para mim, uma daquelas folhas meio amarelas que meu pai guardava em seu quarto, dentro de um baú. Eu era pequeno e, por isso mesmo, a impossibilidade da realização de *Papa* era coisa automática para mim. Nada mais conseguia compreender, sabia de sua existência por ouvir falar e por ele sempre me dizer que era sua peça predileta."

O namoro com Maria Lúcia ia de vento em popa. No começo, Vianinha insistia para que ela ficasse à margem de sua militância política, submetida aos rigores da clandestinidade. Queria protegê-la.

"Quando o conheci", conta Maria Lúcia, "eu tinha participação política na faculdade. Mas nunca fui do partido, não tinha a ideologia do Vianna. Acho até que acabaria tendo, porque era impossível uma pessoa conviver com ele e ficar à parte da ideologia, da participação política e da militância dele. No início, queria que eu realmente ficasse à parte. Ele dizia: 'É preferível que você não saiba de nada, porque se um dia te pegarem, você não terá nada a dizer, ficará fora disso tudo.' Mas, depois que começamos a ter um relacionamento afetivo maior, ele passou a falar comigo sobre a militância. Vianna tinha determinadas obrigações no partido. Como era uma pessoa bem conhecida, acabei fazendo algumas delas por ele. Por exemplo, fui a alguns 'pontos' em seu lugar. Eu era uma pessoa desconhecida, sem passado político. Então, comecei progressivamente a penetrar naquilo que ele não queria que eu penetrasse. Ora, era impossível não participar estando ao lado dele."

O zelo de Vianinha com a segurança pessoal tinha razões de sobra. A ditadura se fortalecera desde que a Junta Militar assumira o poder, em agosto de 1969, com a doença de Costa e Silva. Alterações na Lei de Segurança Nacional introduziram o banimento e até a pena de morte para determinados "crimes políticos".

A esquerda armada não se amedrontou. O MR-8 seqüestrou o embaixador americano Charles Burke Elbrick, solto em troca de 15 presos políticos que foram para o exílio. A fórmula de libertar militantes encarcerados e submetidos a torturas voltaria a ser utilizada nos seqüestros dos embaixadores da Alemanha, da Suíça e do Japão.

O PCB, coerente com o programa aprovado no VI Congresso, criticou o surto de guerrilha urbana. "Não será somente com atos de repercussão que venceremos a ditadura", sustentava Luiz Carlos Prestes na

Voz Operária. Vianinha pensava como Prestes: as ações armadas, por mais heróicas que fossem, distanciavam as organizações de esquerda das massas.

A cruzada contra os "subversivos" passara à órbita dos órgãos de informações das Forças Armadas. A tortura se disseminara. Professores renomados foram compulsoriamente aposentados; estudantes expulsos das universidades pelo decreto-lei 477; Caetano Veloso, Chico Buarque, Geraldo Vandré e Gilberto Gil obrigados a se exilar. Fora detida quase toda a redação do *Pasquim*, leitura obrigatória de qualquer cidadão progressista.

*

Os bastidores da televisão, que conhecera de perto na Tupi, serviram de base para a próxima peça de Vianinha, escrita em 1969: *A longa noite de Cristal*. A rigor, a TV não era um tema inédito no teatro, visto que Chico Buarque o abordara em *Roda-viva* e Walter George Durst em *Dez para as sete*. Mas, destacaria Anatol Rosenfeld, o ângulo da crítica de Vianinha era "penetrante e abrangente".

O enredo desenrola-se em torno de um famoso locutor de TV, Celso Gagliano, apelidado de Cristal por sua voz límpida e cristalina, que vê a carreira se afogar repentinamente, ao contrariar interesses econômicos da emissora. Cristal enxerta no *script* do noticiário, sem censura prévia, nota sobre um fato que presenciara: uma mulher dera à luz na porta de um hospital, sem receber atendimento dos médicos de plantão. Acontece que o hospital pertence a uma fundação mantida pelo patrocinador do telejornal. O diretor da TV insiste, mas ele reluta em ler no ar o desmentido. Outra locutora acaba lendo, sendo interrompida subitamente por Cristal, que reitera sua denúncia e acaba demitido.

Profissional da velha-guarda, que se orgulhava de dar 60% no Ibope, Cristal acreditava num jornalismo vibrante e independente, na capacidade de o jornalista fazer notícia — valores que, agora constatava, perdiam substância nas engrenagens que regiam a indústria da informação.

Impotente (até sexualmente) para enfrentar o sistema que o aniquila como profissional, deixa-se destruir: cede ao vício do álcool, tenta se suicidar e acaba locutor de uma pequena emissora de rádio.

Vianinha oferece-nos novamente o herói negativo que, pelo exemplo de capitulação em face da adversidade, desvenda a realidade cruel que precisa ser transformada. Para Yan Michalski, a peça analisa a crise moral de um país estagnado socialmente mas em franca expansão econômica. "*A longa noite de Cristal* é também o Brasil de hoje; e é também o homem contemporâneo frente a frente com forças manipuladas por interesses ocultos, sobre os quais ele não exerce nenhum controle, e que ameaçam esmagá-lo."

Armindo Blanco, de *Última Hora*, destacaria que Vianinha não traiu sua matéria-prima: "Todos os personagens têm a sua dimensão humana, não são apenas o locutor, o patrão, o colega, a macaca de auditório, a amante oportunista, isto é, fantoches ou monstros destinados a ilustrar uma tese, uma crítica social. (...) Continuam a ser pessoas, com todas as suas grandezas e misérias."

A longa noite de Cristal, que conquistaria o Prêmio Coroa como melhor texto de 1969, estreou em setembro de 1970, inaugurando o Studio São Pedro, em São Paulo. Fernando Torres representava Cristal. Elogiado pela crítica, o espetáculo permaneceu poucas semanas em cartaz. Vianinha detestou a encenação de Celso Nunes. Voltara contrariado do ensaio a que assistira em São Paulo, achando que a concepção supostamente "vanguardista" de Nunes desfigurara seu texto.

"A peça é sobre um pequeno drama de um indivíduo e sobre a urgente necessidade de não soçobrarmos em pequenos dramas; fizeram-na um drama diluviano, quase alegórico", protestaria ele em entrevista a O *Globo*. "Cristal é um personagem que se desatarraxou da vida e ainda assim é tratado por todos na ponta dos dedos; a encenação faz de Cristal um tresloucado homem superior que é tratado a pontapés por todos. A peça tenta amarrar os comportamentos às situações objetivas; o espetáculo é voluntarista — as pessoas agem de tal ou qual modo porque querem. Essas três inversões de concepção e não de estilo (que terminam resultando numa inversão de estilo) tornaram irreconhecível a peça. Contrária à minha concepção. Exatamente contrária."

Vianinha se confrontava com o que julgava ser uma "tendência da encenação para o espetáculo de invenção, para o ritual" — um dos traços estéticos do "desbunde" que marcava o início dos anos 70. Montagens que celebravam, com linguagem visual poética e de beleza plástica, textos existencialistas, líricos e místicos. O Teatro Ipanema, no Rio, dirigido por Rubens Corrêa e Ivan de Albuquerque, e contando com José Vicente e José Wilker entre seus autores, seduzia parte da juventude com seus *happenings*. Ecos da cultura *hippie* que se alastrava nos Estados Unidos e na Europa, após o fim do sonho libertário de 1968. A recusa global ao *establishment*, à sociedade de consumo, à competitividade da vida urbana e à prática política constituíam o centro da pregação.

Os espetáculos rebuscados e escapistas irritavam os setores engajados, que garimpavam brechas para ludibriar a severíssima vigilância à dramaturgia comprometida com as questões sociais — seja através de comédias de costumes ou de textos metafóricos, nem sempre decifrados pelas platéias. O teatro de invenção — admitia Vianinha — trazia até "novas formas enriquecedoras que deverão se incorporar ao patrimônio da comunicação", porém provocava "uma atmosfera de perplexidade nos setores conformados da sociedade (...), pois não reconhece mais no povo o grande agente concreto da vida e das transformações".

É provável que Vianinha, contrariado com o processo de criação coletiva inspirado nos métodos do mestre polonês Grotowski, com quem Celso Nunes estagiara na Europa, tenha se precipitado na avaliação do ensaio. Sábato Magaldi, por exemplo, afirmou que a encenação era fiel ao texto.

À distância, a radicalidade de seu descontentamento parece desproporcional; afinal, a crítica paulista contemplou o espetáculo com dois Prêmios Molière: o de melhor autor e o de melhor diretor. O elenco se solidarizou com Celso Nunes, que encurtaria a polêmica: "Há vários estilos de teatro dentro de *A longa noite de Cristal* e talvez seja por isso que o autor não gostou da montagem. Ele queria ver realismo. Há realismo no espetáculo, mas não apenas isso. Eliminamos, na peça, os tempos de ação — passado, presente e futuro. Aí penso que houve o choque. Mas uma coisa que aprendi com Grotowski é ter um imenso respeito pelo trabalho do autor."

Os equívocos políticos da contracultura e das vanguardas motivaram outras reflexões de Vianinha. Ele não se conformava com as práticas desses grupos, que vivenciavam um conjunto de valores e de comportamentos que sintetizavam a procura da libertação pessoal, quando a seu ver a prioridade de todo artista consciente deveria ser a luta contra a ditadura.

Vianinha dedicou um de seus mais afiados ensaios — "A ação dramática como categoria estética" — ao combate às formas de expressão artística que minimizavam as aspirações coletivas e primavam por devaneios existenciais e "experimentalismos irracionais". Criticava os projetos teatrais que "mergulhavam na oceanidade, no mundo desagrupado, atomizado — no mundo sem saída, sem necessidades estruturais de reorganização —, no mundo da libertação interior da pressão real, a terra da individualização".

Para ele, havia uma enganosa aparência de novo nas abordagens sobre a revolução comportamental pós-68, visto que se ignoravam as injunções do contexto histórico-social e se privilegiava, de modo inconseqüente, uma liberação individualista e interiorizada: "Afirmamos que não existe novo projeto porque, no momento em que eu deixo à impulsividade, ao instinto, à verdade interiorizada imanente em cada um de nós o encontro de um novo mundo, no momento em que cindo o homem em consciente e inconsciente, nada mais estou fazendo que pedir que a sociedade deixe-se tomar exatamente pelo mundo da a-historicidade, pelas representações mais profundamente arraigadas da insociabilidade. (...) As representações não são produzidas pelo tenaz estudo das condições de luta, pela pertinência e pela astúcia, não exigem o prazer e a dor do autodomínio."

Na avaliação de Vianinha, ao negar o racionalismo e a historicidade, em favor da força instintiva e inata do homem, o chamado "teatro de vanguarda" adotava um conjunto de representações "estranhas, mórbidas e atordoantemente misturadas: o aristocracismo e a paixão pela frugalidade; a apatia, o quietismo, a insensibilidade social com o desespero pela política; as propostas de uma nova ética e o desprezo pelas conquistas do trabalho humano; o desprezo pelo sucesso popular e a desvairada conquista pelo sucesso na elite; a mistura dos grupos céticos da sociedade com a mais intransigente e moralista intelectualidade".

Ele defendia a ação dramática como categoria estética e não como categoria política ou sociológica. Assinalava que o objetivo da dramaturgia era "enriquecer e desenvolver o sistema de representações do espectador e não promover uma momentânea liberação dos arraigados valores do sistema de representação que possui o público". Reconhecia que, em certos casos, o teatro experimentalista se utilizava de formas válidas de transmissão do fenômeno estético. Condenava-lhe, todavia, "o desprezo pela ação dramática em troca da ação ritual, da ação iniciatória, convocatória, é uma minimização grosseira das virtualidades da arte teatral". Aproveitava para cobrar coerência de setores da crítica teatral que acusaram o teatro participante de cair em "deformações panfletárias e mensageiras" e, agora, louvavam rituais cênicos alienados.

Concluía dizendo que as tendências vanguardistas estimulavam "a fuga, a suspensão da história, convocando para estas posições forças vivas do maior peso específico e enfraquecendo sensivelmente os setores progressistas na luta social".

A tomada de posição contra a insurgência da contracultura no cenário teatral foi bastante atormentada para Vianinha. Yan Michalski dialogou com ele sobre o assunto, notando convergências de pontos de vista. "As nossas opiniões coincidiam no sentido de que, por um lado, era impossível não reconhecer a importância dessa tremenda explosão inovadora e derrubadora de tabus, realmente reformuladora dos mais profundos conceitos, que atravessou boa parte dos anos 70. Mas, ao mesmo tempo, essa visão não era, nem da parte dele nem da minha, incondicional, acrítica. Pelo contrário: ele tentava com dificuldade chegar a um denominador comum entre o reconhecimento da contribuição específica desse movimento e a crítica contundente a seus aspectos irracionais. A coerência perfeita de pensamento do Vianinha, a favor de uma arte transformadora da realidade social brasileira, não excluía eventualmente o reconhecimento de dúvidas. Era uma coisa muito bonita nele a convicção profunda e coerente, mas não dogmática."

O desacordo com a contracultura era partilhado, nas reuniões do Comitê Cultural do PCB e nas conversas de bar, pelos companheiros "reformistas" de 1968 e os remanescentes do Grupo Opinião — que, atolado em dívidas, cindira novamente em janeiro de 1970, passando a ser administrado por João das Neves. A febre vanguardista que soprava da Europa e dos Estados Unidos manifestava-se aqui através da negação da arte engajada por parte de segmentos insatisfeitos com os métodos da esquerda tradicional. O depoimento de Caetano Veloso em *Verdade tropical* não deixa dúvidas quanto à descrença que os movimentos contraculturais nutriam pelo ideário político do PCB: "No final dos anos 60, período do tropicalismo, as idéias da nova esquerda referentes a liberdade sexual, mudanças comportamentais etc. — aliadas à revalorização de Hollywood e do *rock'n'roll* — davam espaço a que se exibisse desprezo pelos comunistas ortodoxos. O partidão era careta. Além de sempre atrelado ao que parecesse útil a Moscou na política interna convencional praticada em cada país."

Milton Temer lembra-se de ter presenciado discussões sobre a contracultura, nas quais Vianinha se alinhava firmemente à condenação do irracionalismo e do desbunde:

"Na verdade, a contracultura seguiu aqui um pouco macacamente o que foram os desdobramentos da questão de 68 na Europa. 'Que porra é essa de libertação pessoal em plena ditadura?', nós perguntávamos. Eu me lembro do Gullar dando até porrada, porque havia o movimento do teatro sem palavras. A contracultura era tão louca que, certa vez, o Gullar, que fechava sempre com o Vianinha, ironizou: 'Vejam, estes filhos da puta fazem um folheto de 16 páginas de texto, de programa, para explicar por que o teatro deles é sem palavra! Por que eles não fazem logo um teatro com palavra, sem programa?' Então, isso estabelecia linhas divisórias muito claras entre nós e o pessoal da contracultura. É preciso notar que levávamos muita porrada dos 'porra-loucas', que apregoavam que a política já era, que o partido não estava com nada. O Vianinha tinha uma paciência bíblica nessas horas. Não era como o Gullar, não, que mandava o cara à puta que o pariu."

Segundo Ferreira Gullar, o que mais incomodava era a pregação contra a razão crítica no teatro:

"As tendências anarquistas e desesperadas praticamente decretaram que a razão não valia mais nada, que a tática política não servia para nada, que eleição não resolvia nada, que tudo isso era bobagem e que na verdade essa ditadura só cairia pela violência. Por um lado, no teatro se negava a razão, se propunha um teatro sem palavras, sem discurso, sem raciocínio, um teatro irracionalista, baseado nos efeitos de luz e na ação desenfreada do palco — o que era a liquidação da razão, de qualquer mensagem de tática política ou ideológica. E por outro lado se propunha a luta armada. Então é aquele negócio: pára de pensar e vai para a guerra. O teatro de agressão tinha afastado o público, e o que restou de platéia foi a juventude radicalizada, que só queria saber de gente nua em cena, de loucuras e de pregações radicais. A partir daí, a coisa realmente ganhou outro rumo: no plano da resistência, passou-se à luta armada, a repressão aumentou, desorganizaram-se as forças que resistiam à ditadura. Os próprios intelectuais que defendiam a luta armada, quando viram o pau cantar, se recolheram."

A crítica feroz ao desbunde comportava uma rejeição enfática ao uso de drogas e à cultura *hippie*, que ampliara sua ressonância no Brasil depois de Woodstock e das montagens, no Rio e em São Paulo, da peça *Hair*, sucesso da Broadway. Não adiantava invocar o fim estúpido e trágico de Jimi Hendrix, por ingestão excessiva de barbitúricos após participar de um festival na ilha de Wight, ou de Janis Joplin, encontrada morta 16 dias depois de Hendrix, no hotel onde morava em Hollywood, vítima de uma *overdose* de heroína.

"O Vianna tinha pavor de drogas", recorda Maria Célia Teixeira, de quem se tornara amigo em meados de 1970 na TV Tupi. Certa vez, estava no apartamento de Maria Célia, em Ipanema, quando chegou um colega dela de faculdade, o Sabonete, que trabalhava em cinema, pedindo o número do telefone de um amigo comum que lhe conseguiria LSD. Sentado num canto da sala, Vianinha coçou a cabeça, mas nada disse. Quando Sabonete foi embora, perguntou a Maria Célia:

— Você não toma drogas, né?

— Não. Claro que nas festinhas da faculdade o pessoal puxa um fumo...

— Mas não pode! — reagiu ele. — Tóxico aliena as pessoas, é um perigo! Eu conheço um fotógrafo de cinema que morreu há pouco tempo de *overdose*.

Antes que ela respondesse, atalhou:

— O caminho não é pelas drogas, e sim pela política. Só atuando politicamente a gente transforma o mundo.

Vianinha experimentou maconha uma única vez, em fins de 1969, durante as filmagens de *É Simonal*, uma superprodução em cores dirigida por Domingos de Oliveira. O filme, absolutamente comercial, focalizava a vida do cantor que fazia sucesso na esteira dos festivais da canção. Vianinha topou integrar o elenco para faturar um cachê e por admirar Domingos.

A equipe filmava à noite na ilha de Brocoió, em plena baía de Guanabara, quando uma atriz que ele namorava lhe ofereceu um cigarro de maconha. Aceitou para ver o que aconteceria. Deu duas ou três tragadas e, segundo Domingos, "simplesmente enlouqueceu". Andava de um lado para o outro da ilha, sem que ninguém conseguisse contê-lo. Olhando sem direção fixa, gritava:

— Goethe está vivo! Goethe está vivo!

Um custo para acalmá-lo — o efeito da droga durou quase três horas. Espantou-se Domingos de Oliveira com o fato de Vianinha ter perdido o senso das coisas por ter fumado meio cigarro de maconha. "Puxar um fumo deve ter sido a maior das heresias para ele", comenta Domingos. "Tenho notado que o homem político, às vezes, é muito carente em relação aos sentimentos. A luta política exige tal disciplina da mente que a preocupação com as coisas que fortalecem a alma não encontra tempo para ser vivida. Com duas ou três tragadas de maconha, ele quase enlouqueceu. Quer dizer, um homem, realmente, sem nenhuma intimidade com o seu inconsciente, que não conseguia equilibrar a militância com as obrigações existenciais."

Vianinha nunca chegou a comentar a experiência com Domingos. "O episódio ficou como uma coisa reservada. Até porque o Vianna guardava, em relação às questões íntimas, uma cerimônia delicada. Conversávamos muito sobre filosofia, teatro. Era um homem muito inteligente; bastava você falar a sério que ele vinha em sua direção. Mas as impressões íntimas ele guardava para si. Nesse sentido, um homem fechado, com muito medo de seus fantasmas."

O mais curioso nessa amizade é que Domingos se dizia (e ainda se diz), filosoficamente, *hippie*. "Nada podia ser mais antagônico para um comunista do que a cultura *hippie*. Polemizamos bastante, e ele, naquele seu jeito generoso, encontrava paciência para brincar comigo: 'Domingos, você é o único *hippie* verdadeiro que eu conheço. Os outros são todos uns alienados.'"

A SOFREGUIDÃO NO PAPEL

Vianinha e Maria Lúcia decidiram viver juntos em abril de 1970. Não chegaram a casar no civil, porque ele era desquitado e não havia divórcio no país. Descontraidamente, propôs à namorada morarem em seu apartamento.

— Esse negócio de você ficar lá e cá... É melhor você vir logo de uma vez e ficar.

"Ele fazia tudo na base da brincadeira", lembra Maria Lúcia. Começaram a ajeitar a casa. Mesmo juntando o que Vianinha ganhava na Tupi, os escassos direitos autorais e os cachês como ator com o salário de Maria Lúcia, o dinheiro era curto.

"Por isso", conta ela, "aproveitamos ao máximo o que tinha dentro de casa. O meu pai e a minha mãe deram umas coisas, os pais dele ajudaram em outras, ganhei de presente uma geladeira, outra pessoa deu não sei o que mais, e assim fomos. A cama em que dormíamos era uma cama de cenário. O nosso armário durante muito tempo foi um armário de cenário. Era uma casa adaptada, de duas pessoas que resolveram morar juntas com aquilo que tinham. O nosso começo de vida foi assim, na medida de nossas possibilidades."

O Vianinha inconstante na relação amorosa, volúvel, agora estava casado — não com a atriz da moda, mas com uma museóloga. "As pessoas todas acharam estranho quando nós passamos a viver juntos", recorda Maria Lúcia. "Na cabeça delas, estava o Vianna que tinha mil namoradas, aquele Vianna que transou com muita gente de cinema e de teatro e que, de repente, casou com alguém que não era do meio dele. Uma moça normal, comum, que tinha outra profissão. Hoje penso que estava na hora de acontecer aquilo. Tudo tem sua hora para acontecer."

E depois do casamento, o namorador convicto se corrigiria?

"Acho que ele mudou, sim", diz Maria Lúcia. "Pelo menos eu nunca soube de nada. Podem até ter existido outras mulheres enquanto ele estava comigo. Mas o Vianna vivia muito dentro de casa. Não que fosse uma pessoa caseira, mas gostava muito de ler e trabalhar. Quando não saía comigo, dizia: 'Olha, estou lá no Degrau, estou no Álvaro's.' Quase sempre eu sabia onde o Vianna estava. Quer dizer, de repente podem ter existido outras mulheres, mas não que eu soubesse ou desconfiasse."

A vida a dois revelaria "um companheiro delicado", capaz de, num aniversário de Maria Lúcia, telefonar desesperado, da porta de uma butique, sem saber que presente lhe dar. Afinal, comprou uma coleção de livros sobre museus, que ela adorou.

Na convivência, Maria Lúcia acompanhava o processo de amadurecimento de Vianinha:

"Ele era uma pessoa cheia de dúvidas. Creio que, à medida que ia amadurecendo, essas dúvidas — ainda que pareça incoerência — aumentavam. Curiosidade sobre coisas que antes não o atraíam. Por exemplo, um dia, depois de casados, o Vianna, que tinha muitos livros, me deu determinadas obras para ler. Aí eu lhe disse: 'Tudo bem, alguns desses livros eu até já li, outros vou ler. Agora, você, que passou a vida inteira lendo determinados tipos de livros, deveria ler coisas diferentes.' O Vianna praticamente não havia lido romances. Passara a vida lendo basicamente sobre política, história, sociologia, teatro. Eu disse: 'Você tem que ler romances. É um dramaturgo, um escritor, que não lê romances.'"

Uma das fixações de Vianinha, segundo ela, era buscar um aprofundamento maior em tudo o que fazia, especialmente quando escrevia para teatro, sempre a partir de pesquisas e esboços de peças:

"O Vianna queria sempre mais. Tinha ânsia de saber as coisas, de aprender. Nunca tinha certeza de nada. Essa era uma de suas qualidades:

nunca o dono da verdade. Ele se jogava, queria ir até o fundo sempre. Quanto mais amadurecia, dizia para mim que mais dúvidas tinha. Cada peça que o Vianna escrevia era uma maratona de pesquisa e de leitura. Para escrever sobre determinadas coisas, queria antes saber como funcionava aquilo. Tenho guardadas diversas peças iniciadas pelo Vianna. Porque ele não escrevia uma peça de cada vez. Escrevia duas, três ao mesmo tempo. Pelo menos as idéias iniciais de duas ou três. Certa vez, ele ia escrever sobre um rapaz que fazia um curso de eletrônica por correspondência. Aí a gente se inscreveu para fazer um curso de eletrônica igual àquele, porque o Vianna queria saber como era. Nessa mesma peça, a mãe do rapaz era uma mãe-de-santo. Ficamos fregueses de uma livraria de umbanda, no centro da cidade. Quando o Vianna aparecia, o dono da livraria ficava satisfeitíssimo, porque eram pilhas de livros sobre umbanda que ele comprava. Quer dizer, tudo do Vianna era feito assim, pesquisa a fundo. Aquela coisa do Brecht: aprofundar cada vez mais."

O início do segundo casamento coincidiu com uma fase de trabalho intenso para Vianinha. Numa espécie de *revival* dos métodos de criação do Opinião, ele, Armando Costa, Paulo Pontes e Ferreira Gullar escreveram a oito mãos a peça *Brasil e Cia.*, interpretada por Paulo Autran e dirigida por Flávio Rangel. Título propositalmente dúbio: uma abreviação de companhia, ou a sigla da Central of Intelligence Agency, a mola mestra da espionagem e da contra-revolução internacionais, financiada a peso de ouro por Washington.

Reagrupava-se a equipe de *Liberdade liberdade*, cujos compromissos políticos e artísticos de 1965 se soldaram na rejeição conjunta ao "teatro ritualístico e místico". Numa polêmica entrevista ao *Jornal do Brasil*, Autran acusou os diretores do gênero de procurarem fazer "espetáculos formais belíssimos, sensacionais, de impacto, mas um impacto visual sem nenhum conceito dentro disso tudo, como um êxtase de entorpecente, como um êxtase de bebedeira".

Paulo Autran havia encomendado a Vianinha e Armando Costa uma peça sobre a loucura geral do país, misturando repressão política, drogas, terrorismo, teatro de agressão e contracultura. Ao retornar de uma viagem à Europa, o ator encontrou os dois autores sem graça: leram pilhas de livros sobre o assunto, mas empacaram na hora de escrever. Difícil dar um sentido dramático ao caos — e qualquer petulância por certo esbarraria na Censura.

Optaram por uma coletânea de textos dramatizados sobre a história do país, com esquetes humorísticos entremeados com músicas e exibição de trechos de documentários, filmados por Ipojuca Pontes, irmão de Paulo Pontes. Para evitar vetos, era propositalmente leve, com críticas muito sutis.

Brasil e Cia. estreou no Teatro da Lagoa em 19 de março de 1970, para uma temporada de um mês e meio. "O saldo do espetáculo é algo decepcionante", avaliou Yan Michalski. "É apenas um programa agradável para quem quer passar uma noite tranqüila e sem compromissos. Ora, de uma equipe como a que assina o espetáculo teríamos o direito de esperar algo de mais consistente, principalmente numa realização que se propõe a ser crítica."

O quadro político não autorizava peças consistentes. O aparelho repressivo recebera forte estímulo com o discurso do terceiro presidente militar, general Emílio Garrastazu Médici, na Escola Superior de Guerra. Empossado meses antes pela Junta Militar prometendo "a construção de uma sociedade politicamente aberta e a valorização do homem brasileiro", Médici colocou um ponto final nas últimas esperanças de redemocratização. Anunciou "um oneroso, duro e sofrido combate à escalada solerte da contestação a toda forma de autoridade". Operações de guerra foram desencadeadas contra a esquerda armada. Torturas e assassinatos de presos políticos sucediam-se nos porões do regime. A qualquer suspeita, cidadãos eram detidos e processados com base na draconiana Lei de Segurança Nacional.

Ao instituir a censura prévia à imprensa pelo decreto-lei nº 1.077, de 26 de janeiro de 1970, o general Médici advertiu que não seriam toleradas publicações contrárias ao regime, à moral e aos bons costumes, em quaisquer meios de comunicação, aí incluídos os livros. Por não se curvar ao espírito totalitário do decreto-lei, o editor Enio Silveira sofreu prejuízos consideráveis com a apreensão de 12 títulos da Editora Civilização Brasileira. A edição de 30 de outubro de 1970 do semanário *Pasquim* foi apreendida horas após a impressão. Ela trazia o impagável cartum de Jaguar reproduzindo o quadro pintado por Pedro Américo em que dom Pedro I dá o grito do Ipiranga, em 1822. Pôs um balão na boca de dom Pedro com a frase tirada da música de Jorge Ben que fazia grande sucesso: "Eu quero é mocotó!" O primeiro escalão da ditadura reputou a piada como atentatória à segurança nacional.

Os censores não quiseram ficar atrás e trataram de mostrar serviço. A primeira vítima foi a cantora Marlene, suspensa oito dias por fazer "gestos imorais" durante programa na TV Tupi. Marlene apenas se requebrara ao interpretar o samba *Bloco do Dodô Crioulo*.

*

Sob o calor de 39 graus que fez de fevereiro o mês mais quente de 1970, Vianinha concluiu uma nova peça, *Corpo a corpo*. Ele mesmo comandou a primeira leitura no ciclo de dramaturgia promovido no Museu de Arte Moderna, em março daquele ano.

Vianinha retomava conflitos expostos em *Moço em estado de sítio* e *Mão na luva*. A diferença é que optava, pela primeira vez, por um monólogo para esmiuçar o drama existencial do publicitário Vivacqua. Durante uma atormentada noite de insônia, o personagem deduz que sua vida era uma grande mentira. A crise se manifesta em vários planos: na atividade profissional, acomodou-se num emprego bem remunerado que cerceia sua criatividade; afetivamente, está noivo, mas não acredita que o casamento o realize; na vida sexual, tenta afirmar sua virilidade em relações sem envolvimento emocional.

Tal como ocorrera com os protagonistas das duas obras anteriores, Vivacqua hesita em dar um rumo à sua existência mais coerente com seus ideais, afogado que está nas vantagens materiais do emprego. A madrugada de divagações ficaria para trás na manhã seguinte, quando lhe acenam com uma proposta de trabalho mais vantajosa, com a qual se compromete, mesmo que para isso precise trair a confiança de um amigo e enterrar seus projetos de vida.

Não há como deixar de especular sobre o encadeamento lógico que Vianinha terá buscado com *Corpo a corpo*. Ele retoma a base temática de *Moço em estado de sítio* e *Mão na luva*: o homem que vê seus ideais esbarrarem na impossibilidade de executá-los e se embaraça na ambição de prosperar.

Yan Michalski acusou certas semelhanças entre o impasse de Vivacqua e a geração de Vianinha: "É impossível deixar de reconhecer no personagem único um claro reflexo da situação em que o autor viveu, dos problemas que deve ter enfrentado e dos conflitos que deve ter sofrido no seu foro íntimo durante alguns dos últimos anos de sua vida. A imensa distância entre a grandeza dos sonhos idealistas e a mesquinha dimensão das realizações possíveis, bem como a permanente pressão das concessões quase inevitáveis, formam a sina comum do personagem de ficção que é o publicitário Vivacqua e, na vida real, da geração de intelectuais e artistas de que Vianinha foi um dos expoentes."

A peça era um desabafo amargurado de Vianinha, do artista que se interroga sobre o sentido de sua atuação em ambiente intensamente desfavorável à concretização de seus sonhos. Desabafo de um homem que, aos 34 anos, não sobrevivia do ofício de escrever e precisava fazer concessões. Por outro lado, ao escavar dramas existenciais relacionados ao momento histórico, o raio de ação de sua dramaturgia alargava-se, como explicaria em entrevista ao *Jornal do Commercio*:

"Comecei a me preocupar muito mais com a existência do ser humano nesse redemoinho e a tentar mostrar o processo de deformação. (...) Mas meu objetivo continua sendo a denúncia. Só que tento mostrar que a superação desse estado de coisas não depende de uma decisão simples, de uma vontade romântica. Exige paciência, ironia, organização, sabedoria e um conhecimento profundo da realidade. É um pouco o domínio do desespero."

Corpo a corpo estreou em 18 de novembro de 1971, no Teatro Itália, em São Paulo, com direção de Antunes Filho. A interpretação de Juca de Oliveira como Vivacqua lhe valeu o Molière de melhor ator do ano. O espetáculo, elogiado pela crítica, agradou bastante a Vianinha, que mandou pela amiga Maria Célia Teixeira um bilhete carinhoso ao diretor: "Magro, esta moça, a Maria Célia, gênia, quieta, legal, trabalha na Tupi comigo. Ela quer assistir a teu espetáculo genial, pra ver e depois me informar. É meu fiscal. Dá ingresso para ela e sorrisos."

A sofreguidão de escrever não dava descanso a Vianinha. Em fins de abril de 1970, num encontro casual com Eva Tudor, na TV Tupi, soube que a atriz procurava um texto para concorrer à subvenção da Comissão Estadual de Teatro. Vianinha disse-lhe que tinha lido um conto emocionante, de um autor americano, sobre o problema da velhice. E propôs-se a estruturar uma peça a partir de tal mote. Eva respondeu que não adiantaria, pois praticamente não havia tempo para pleitear a subvenção. Ele prometeu aprontar o texto em cinco dias. Eva concordou, sem levar fé que cumprisse o prazo.

No quinto dia, Vianinha apareceu na casa de Eva com a tarefa cumprida. "Parecia um cadáver de tão pálido. Deve ter ficado sem dormir e sem comer", diz Eva Tudor. De fato, ele não vira a luz do dia, trancado no quarto-escritório até altas horas. Só parava para pedir opiniões a Ferreira Gullar e Paulo Pontes. Na correria, Eva Tudor e Paulo Nolding nem leram os originais entregues à Comissão de Teatro. O patrocínio foi concedido.

Em família se inspirava no roteiro do filme *Make us way for tomorrow*, fenômeno de bilheteria nos anos 30. O roteiro havia sido passado a Vianinha por Sérgio Britto, que lhe pedira para fazer um adaptação para a TV. Ele preferiu, porém, extrair dali os elementos para desenvolver a peça, que enfocava o abandono a que os filhos relegam os pais que dependem deles para a moradia e a sobrevivência. O casal de velhos, Seu Souza e Dona Lu, vê-se despejado da casa onde vivia há anos, pois a baixíssima aposentadoria não dava mais para pagar o aluguel que subira astronomicamente. No jogo de empurra-empurra entre os quatro filhos, o casal acaba se separando: Souza vai morar com uma filha em São Paulo e Lu não tem outra alternativa senão mudar-se para a casa de um filho em Brasília. Ela quase foi parar num asilo, depois que sua presença perturbara a rotina da família de outro filho.

Vianinha desenhou, como pano de fundo, um quadro de desagregação social: o baixo poder aquisitivo da maioria da população, o drama dos aposentados, a inflação que corrói os salários, a marginalização dos velhos, a ganância dos proprietários de imóveis, a falta de acesso à casa própria. Prudentemente, concentrou a densidade emocional em torno de duas pessoas que, no fim da vida, são abruptamente separadas pelas engrenagens de um sistema desumano. Mais uma vez, o embate do indivíduo desprotegido contra a sociedade que o oprime e acua.

No depoimento para o programa do espetáculo, Vianinha situaria esse conflito: "No mundo da mercadoria, que vale exatamente um velho, senão umas visitas de domingo, a lembrança do aniversário e piadas na televisão? O tesouro de sua experiência, seu equilíbrio, seu amor à vida são inutilizados. *Em família* não é um estudo desses fenômenos. É um pequeno flagrante, colhido quase ao acaso: mais um flagrante, uma pequena manchete sobre pessoas que estão deitando fora o que há de mais precioso em nós e nada podem fazer para impedi-lo. Mais um retrato 3x4 para o imenso álbum das consciências indispostas com seus gentis e ternos ideais de vida."

A peça estreou na primeira semana de julho de 1970, no Teatro Nacional de Comédia, no Rio, sob a direção de Sérgio Britto e com Eva e André Villon nos papéis principais. Bateu recordes de espectadores, sendo prorrogada até os primeiros meses de 1971. A receptividade do público — que se comovia com as vicissitudes de Souza e Lu — não convenceu a crítica. Para Yan Michalski, *Em família* "representa, na obra de Vianinha, um retrocesso incrível, pois o autor nem sequer retorna ao ponto de partida de sua carreira, há 15 anos, mas se identifica, isto sim, com uma dramaturgia que estava em voga há trinta ou quarenta anos, e que foi varrida pelas gerações mais jovens, conquistas essas nas quais o próprio Vianna desempenhou papel de destaque". Michalski considerou apelativo o enfoque dado ao drama dos velhos: "O *approach* seria correto e mereceria ser desenvolvido — mas o autor apenas o esboça ligeiramente, de maneira superficial, para refugiar-se, sempre quando esse enfoque ameaça tornar-se sério, no seu seguro vale de lágrimas."

As objeções calaram fundo em Vianinha. O texto escrito rigorosamente "na boca do cofre" pecava no acabamento. Ele aceitou que o tratamento dado a algumas cenas beirava o melodramático. A obsessão de se aprimorar, de rever os erros, o levaria a reescrever a peça em 1971, com o título de *Nossa vida em família*. A julgar pela crítica à montagem paulista — estreada em fins de abril de 1972, no Teatro Itália, com direção de Antunes Filho e Paulo Autran e Carmen da Silva como Souza e Lu —, ele alcançou suas intenções. Sábato Magaldi, depois de indicar que "em nenhum momento o texto apela para o fácil patetismo" e que "pega sentimentalmente a platéia pela pungência real da história", recomendou o espetáculo para quem desejava conhecer melhor o Brasil verdadeiro.

Nada mais de acordo com o espírito humanista de Vianinha do que a introdução de *Nossa vida em família*. Ele destaca o valor da luta em si, que não pode arrefecer diante do revés passageiro. A cada tombo, o esforço dialético para repensar e seguir adiante:

"Escrevendo a personagem de Souza, acho que aprendi que preciso não ter medo das derrotas. (...) Uma derrota não significa a falência de nossas convicções, mas, sim, a fragilidade de nossos planos de ataque. Então, é preciso aprimorá-los. (...) Aceitar a força do inimigo com calma, com discernimento, significa conhecê-lo, localizá-lo. Parece que é assim que começam todos os bons planos de ataque."

Vianinha roteirizou *Em família* para o cinema. O filme de Paulo Porto conquistou dois Prêmios Coruja de Ouro e a Medalha de Prata do Festival de Moscou, em 1971. Segundo o júri, integrado entre outros por Akira Kurosawa e Andrej Wajda, a obra se enquadrava plenamente no lema da premiação: distinguir os filmes que se preocupavam com "o humanismo na arte e um melhor entendimento entre os povos".

O próximo trabalho de Vianinha como ator aconteceu em *Um homem sem importância*, de Alberto Salvá, rodado no segundo semestre de 1970. O filme, em preto-e-branco, focalizava a angústia de Flávio, um jovem de trinta anos que, não se resignando à vida de mecânico, se desentenderia com o pai e sairia de casa em busca de novas oportunidades.

Vianinha fora indicado a Salvá por Flávio Migliaccio, antigo companheiro do Arena e do CPC. O cineasta procurou-o na TV Tupi, onde o encontrou escrevendo numa velha máquina. Apresentou-lhe o roteiro e convidou-o para ser o protagonista.

— Mas eu não sou um ator conhecido — ponderou Vianinha.

— Eu não quero um ator conhecido e gostaria muito de trabalhar contigo. Leia o roteiro e depois me fale — disse Salvá.

Aceitou o papel, vidrado na proposta do filme — que se adequava à sua preocupação de flagrar o homem esmagado por um sistema castrador. Salvá disse-lhe, no entanto, que o orçamento da produção era muito pobre e que poderia pagar um cachê de mil cruzeiros e mais cinco por cento da renda. Vianinha o deixaria desconcertado com a sua resposta:

— Salvá, gostei muito do roteiro. Eu acho que, se você realmente tem tão pouco dinheiro como diz, mil cruzeiros é demais. Basta me pagar quinhentos cruzeiros.

Alberto Salvá emocionou-se com a reação de Vianna — e só pôde mesmo lhe pagar os quinhentos cruzeiros, em virtude das dificuldades financeiras. As filmagens chegaram a ser interrompidas por falta de recursos e se reiniciaram graças a um empréstimo do produtor Flávio Tambellini.

Salvá relembra a experiência de dirigir Vianinha: "Ele era um ator técnico, que fez o papel de Flávio com incrível naturalidade. Ele entendeu aquele ser humano e estava muito próximo dele. Havia tanta empatia com o personagem que, ao entrar em cena, o Vianna se transformava completamente. Aquele ator bonito e jovial ficava mais acabado, caído, amargurado — exatamente como pedia o roteiro. Foi uma identificação impressionante."

A crítica contemplou *Um homem sem importância* com dois prêmios Coruja de Ouro (melhor roteiro e melhor fotografia) e o prêmio Air France de Cinema. O desempenho de Vianinha, ao lado de Glauce Rocha, mereceu elogios unânimes. Segundo Ely Azeredo, do *Jornal do Brasil*, a *performance* como Flávio era o seu "momento maior" como ator.

*

Em agosto de 1970, Paulo Pontes e Bibi voltaram de uma viagem ao Japão, com escala em Los Angeles, dispostos a reformular o programa que ela apresentava semanalmente na TV Tupi. Tanto Paulo quanto Vianinha estavam convencidos da urgência de se reciclar a imagem da emissora, desgastada pelas disputas de poder dentro do condomínio dos Diários Associados, desde a morte de Assis Chateaubriand em 1968, e pela superioridade da TV Globo, mais bem aparelhada e administrada.

Eles compreendiam que a TV era um veículo com potencialidades a explorar. Qualquer conteúdo político que se conseguisse passar resultaria em ganho contra a Censura. Isto, todavia, exigia máxima prudência, dado o estrito controle ideológico: tudo o que ia ao ar precisava ter o visto do censor de plantão.

A Vianinha coube escrever as minipeças que formariam um bloco dentro do programa de Bibi. Buscou inspiração nos antigos *scripts* de Oduvaldo e Deocélia para o rádio, adaptando-os para a TV. A cada semana, alternavam-se dramas e comédias. Quando o teleteatro ia ao ar, aumentava a sua ansiedade pela reação do telespectador. Não sossegava enquanto a mãe e os amigos não externavam suas opiniões.

Ele ajudou a produzir o quadro do programa em que se reconstituía a carreira de uma personalidade do meio artístico. "O critério que eles adotavam para selecionar os homenageados era o de escolher figuras populares", recorda Maria Célia Teixeira. "Preocupavam-se em valorizar pessoas que se identificavam com o povo, como Elizeth Cardoso, Wanderléa, Omar Cardoso, Márcia de Windsor, Teixeirinha."

Vianinha se empenhou para que a estilista Zuzu Angel desse uma entrevista a Bibi, durante a apresentação da coleção recém-lançada em Nova York. Zuzu era muito visada pela repressão, pois lutava para descobrir o paradeiro de seu filho Stuart Angel Jones, militante do MR-8, que caíra em mãos de torturadores. No desfile, as manequins vestiriam roupas com desenhos de anjos negros — alusão ao luto pelo desaparecimento do filho. Na véspera de ir ao ar, a emissora vetou a pauta.

A mais significativa contribuição de Paulo Pontes e Vianinha à Tupi foi o projeto de uma nova programação, por encomenda do diretor-geral da emissora, Almeida Castro. Elaborado a quatro mãos e com texto final de Paulo Pontes, o documento fixava um diagnóstico sobre a TV brasileira, constatando que a guerra vinha se decidindo, nos últimos anos, no terreno das novelas, claramente a favor da Globo. "Nós não vamos (não podemos) travar uma batalha num campo neutro, em igualdade de condições, com o mesmo poder de fogo do inimigo — nós vamos ter que disputar uma batalha num terreno já conquistado pelo inimigo, entrar na sua posição, tentar, senão desalojá-lo de uma terra já sua, pelo menos tomar de surpresa uma parte de sua posição."

A Globo, eles raciocinavam, soubera apropriar-se dos padrões narrativos lançados pela Tupi com *Beto Rockfeller* e *Antônio Maria*. Estas telenovelas espelhavam a realidade urbana brasileira, rompendo com os enredos "despudoradamente românticos" que caracterizavam as novelas da Globo. A linguagem dos personagens era atual; os heróis, seres humanos de carne e osso, sujeitos a contradições; o ambiente, familiar aos telespectadores.

Vianinha e Paulo Pontes apontavam uma inversão de posições na batalha pela audiência. A Globo consolidava a liderança ao reciclar o seu esquema de produção. Novelas como *Assim na terra como no céu*, *Irmãos Coragem*, *O cafona* e *Bandeira 2* subiram no Ibope, comprovando que a nova estrutura narrativa agradava ao público. Ao passo que a Tupi, iludida pela tentação de reeditar os dramalhões de Glória Magadan, retrocedera no tempo.

Vianinha e Paulo Pontes recomendavam ousadia à Tupi. Nem o romantismo piegas de Magadan, nem o naturalismo da Globo. O caminho era o realismo, "um estilo de narrar voltado para as relações reais que o homem estabelece em sua vida, preocupado em extrair da realidade apenas os dados mais expressivos para a composição da história e dos personagens". Desejavam adaptar para a linguagem televisiva e o contexto brasileiro clássicos de Máximo Gorki, Balzac, Flaubert, Stendhal, Dostoievski, Alexandre Dumas, Émile Zola e Shakespeare. "As melhores histórias, os grandes conflitos já foram estruturados por eles. Nenhum deles tem uma estrutura narrativa difícil. São sempre engenhosos, realistas, sem intelectualismo."

Vianinha e Paulo Pontes não se interessavam pela linguagem sofisticada daqueles autores, e sim pelo estilo narrativo que fundaram: "vivo, baseado na ação, cheio de paixão", e com heróis expostos a todas as contingências da existência humana. "O Conde de Monte Cristo pode ser um banqueiro de Minas Gerais. Hamlet pode ser filho de um dono de usina do Nordeste. Os Irmãos Karamazov podem morar na Favela do Esqueleto ou fazer parte da turma da Miguel Lemos."

No documento entregue a Almeida Castro, eles mencionavam que, dois anos antes, propuseram a adaptação de *Romeu e Julieta* para o ambiente carioca, mas a direção da Tupi considerara o projeto excessivamente intelectualizado. A idéia foi exposta depois por Vianinha a Dias Gomes, que a aproveitaria em *Bandeira 2*. O êxito desta novela de Dias era citado como exemplo de um esquema dramático realista ajustado ao gosto popular.

A política interna impediu que a Tupi acatasse as proposições da dupla. A linha de shows também precisava mudar. Vianinha e Paulo Pontes achavam que os programas deveriam se apoiar em acontecimentos reais, de fácil identificação com o telespectador. As imposições da Censura poderiam ser contornadas, segundo eles, com a escolha de "fatos que digam respeito à vida de todo mundo e que tenham um caráter, vamos dizer assim, despolitizado", como o trânsito, o casamento, o conflito de gerações, a poluição, a superpopulação, a favela etc.

A Tupi deu sinal verde a um programa com tal enfoque. *Opinião pública* colocaria em pauta questões polêmicas, como o celibato dos padres e as mudanças de comportamento dos *hippies*. A Censura nem sequer permitiu a gravação. A segunda tentativa veio com *Encontro*, programa de entrevistas de fim de noite a ser apresentado por Ziraldo ou João Saldanha. Os censores convenceram a emissora a trocar "os dois comunistas" pelo doce Ivon Curi. "O Vianna e o Paulinho odiaram a solução", conta Maria Célia Teixeira, "não pelo Ivon, a quem respeitavam, mas porque ele não tinha percepção política para conduzir o programa do jeito que eles haviam bolado, ou seja, procurando furar o bloqueio da Censura". *Encontro* durou menos de quatro meses.

*

1971 foi, na avaliação de Yan Michalski, um "ano negro" para o teatro. A começar pela prisão e tortura de Augusto Boal no Presídio Tiradentes, em São Paulo. Absolvido pela Justiça Militar meses depois, Boal exilou-se. Impossível prosseguir o trabalho em clima de pavor. O afastamento de seu líder e as dívidas acumuladas levaram o Arena a encerrar as atividades. O Oficina agonizaria até 1974, quando José Celso Martinez Corrêa foi forçado a deixar o país. Na visão de Michalski, "este fim de linha para todos estes brilhantes porta-vozes da resistência teatral, responsáveis por realizações marcantes dos últimos anos, é facilmente explicável pelo endurecimento das pressões que pesavam sobre eles". Com a ferocidade da Censura, "qualquer tomada de posição diante da realidade nacional, por mais metafórica que seja, torna-se virtualmente impossível".

A temporada se pautou pela escassez de bons textos nacionais, substituídos pela maré de experimentação que caracterizara 1970. Entre as exceções, *Corpo a corpo*, *Castro Alves pede passagem*, de Guarnieri, e *Um edifício chamado 200*, inteligente comédia de costumes de Paulo Pontes sobre o cotidiano carioca.

Ao longo do ano, Vianinha escreveu a comédia musical *Milonga para Orfeu e Eurídice* — jamais encenada — e começou a arquitetar o seu mais ambicioso projeto: a peça *Rasga coração*. Paralelamente ao trabalho na Tupi, atuou em *Chicago 1930*, de Ben Hecht e Charles Mac Arthur, adaptada e dirigida por João Bethencourt.

Repetia-se o dilema: ocupar o tempo que gostaria de dedicar à criação com empreitadas para garantir o sustento. As entrevistas da época evidenciam um Vianinha amargo, pessimista quanto à possibilidade de sobreviver como dramaturgo: "Eu quero ser um autor profissional, mas a profissão de autor teatral não existe. O próprio teatro brasileiro é marginal. Ora, dentro do teatro, o autor é ainda mais marginal. É o marginal do marginalismo. Eu gosto mais de escrever, mas infelizmente ganho mais dinheiro onde sou menos profissional, que é como ator."

Queixava-se da falta de condições para o ator se aprimorar: "O ator, no Brasil, com raras exceções, é corretor de títulos, escrivão de cartório, dublador, bancário ou qualquer outra coisa. Não tem tempo para ser ator — cuidar da voz, do corpo, de sua visão do mundo. Ou então trabalha em TV, o que desgasta muito sua flexibilidade e tende a fixá-lo em tipos."

Em depoimento ao *Jornal do Brasil* em 1972, intitulado "Efeitos e causas (ou causas e efeitos) da crise", Vianinha expôs os nós que emperravam a vida teatral no país. "O teatro brasileiro, hoje, parece repetir a década de 1940. Institucionalmente, o teatro recuou muito: há falta de continuidade de trabalho, isolamento, trabalhos esparsos, desprofissionalização, desinteresse do público, um experimentalismo vago, obscuro, sem fins muito claros, um elitismo arrogante que despreza a experiência profissional, identificando-a como concessão. (...) Fala-se muito em crise de teatro, atualmente. Nós poderíamos dizer, com um pouco de rigor, que não existe crise — basicamente, o que não está existindo é teatro."

Um círculo vicioso se estabelecia a partir da contingência de se cobrar um preço de ingresso caro para atenuar os altos custos. A freqüência aos teatros restringia-se às platéias de elite, impedindo a formação de público em diferentes segmentos sociais. "Não é possível um teatro que custe trinta cruzeiros. Não é possível. O fundamento do teatro, para a sua realização, é a comunhão. É gente presenciando o ato criador, é a criação coletiva. Sem público largo, farto, interessado, empenhado, o que se consegue é um teatro da década dos 40: tíbio, inquieto, descompromissado, vacilante, com a variedade que não provém da riqueza e sim do desencontro." Vianinha creditou à censura econômica a progressiva ausência de grandes espetáculos, justamente aqueles que "organizam vastas áreas de nossa sensibilidade, aqueles que nos ajustam diante dos grandes problemas contemporâneos."

Para ele, com o esvaziamento do Serviço Nacional de Teatro em 1968, a censura econômica se tornou "fortíssima", reduzindo bastante os financiamentos às companhias teatrais. "Existem subvenções, é verdade. Mas irrisórias. Todas as empresas particulares, comerciais, que produzem qualquer coisa — desde apitinhos até automóveis — têm mais 'subvenção' que a cultura (...), além de subvenções diretas com isenções de impostos, juros baixos etc. O teatro não tem uma casa de espetáculo construída pelo poder público há anos. Não há facilidade ou legislação para construção de casas de espetáculos por particulares, não há financiamento para material de teatro, aquisição de equipamento elétrico, não há nem ao menos departamentos burocráticos suficientemente equipados para ajustar o teatro às suas necessidades."

Vianinha resumiu o cenário com uma frase seca e cortante: "Está havendo um estrangulamento objetivo do nosso teatro."

Chicago 1930 lotou o Teatro Glória de maio a dezembro de 1971. Considerada pela crítica americana uma das dez melhores comédias da primeira metade do século, exibia um grande elenco, liderado pelo impagável Jorge Dória. A Vianinha coube o papel de um repórter encarregado da cobertura do julgamento de um condenado à cadeira elétrica que, depois de muitas confusões, acaba condecorado pelo governador da cidade.

A peça não agradou aos críticos. Yan Michalski opinou que o espetáculo de João Bethencourt encaminhava o elenco para uma forma de representar "muito mais próxima da chanchada brasileira do que da comédia de costumes norte-americana". Vianinha, a seu ver, abusava dos "seus tiques e trejeitos característicos, num desempenho que lembra o seu início de carreira no Teatro de Arena".

Em entrevista a O *Globo*, Vianinha atribuiu as imprecações a setores da crítica deslumbrados com as vanguardas. "As condições globais do teatro como fenômeno cultural não lhes interessam pessoalmente. Interessam-lhes mais o que vêem no teatro, a sua linguagem. (...) Para alguns críticos, não tem a menor importância um espetáculo que está cumprindo a tarefa de manter o público dentro do teatro, num momento em que os teatros estão ameaçados de fechar suas portas às terças e quartas-feiras."

Quando João Bethencourt convidou-o para o elenco, houve quem estranhasse. Politicamente, os dois se situavam em pólos opostos, embora convergissem na luta contra a Censura. "O Vianinha entrou um pouco desconfiado para a nossa companhia, talvez porque ideologicamente não éramos afins", relembra Bethencourt. "Mas logo nos aproximamos, porque nenhum de nós era, especificamente, intolerante. Além do mais, ele era um ator razoável e uma pessoa profundamente simpática, agradável, gentil, muito querida por todo o elenco. Creio que ele não teve maior dificuldade com o personagem — um repórter talentoso habilmente explorado pelo patrão —, até porque a peça era levemente de esquerda, com críticas aos interesses da grande imprensa americana." Chamou a atenção do diretor o fato de Vianinha, nos intervalos, ficar sempre lendo no camarim. Segundo Francisco Milani, também no elenco, eram as primeiras leituras para *Rasga coração*.

Vianinha levou algumas vezes o filho Vinícius aos ensaios. Enquanto o pai trabalhava, ele brincava no camarim. Dessa fase, Vinícius tem recordações carinhosas: "Meu pai era muito para cima, uma pessoa alegre que tinha lá seus momentos de depressão. Sempre falava gesticulando muito. Uma imagem que eu tenho dele era de um eterno garotão. Muita calça *jeans* desbotada, aquela camisa fofa com a manga dobrada, tipo anos 70, uma pessoa muito cativante. Falava olhando no seu olho, fazia piadas, era engraçado, carinhoso. Eu tinha uma paixão muito grande não apenas pelo meu pai, mas pela pessoa dele. Isso eu acho que todo mundo tinha. Apesar de você discordar de um ou outro defeito, como qualquer ser humano, era uma pessoa muito legal. Um cara simples."

A família Vianna enfrentava um momento delicado, com o agravamento do estado de saúde do velho Oduvaldo. Vianinha e Deocélia preocupavam-se com a falta de recursos para custear o tratamento, pois a aposentadoria era modesta. A ajuda financeira dada pela Sociedade Brasileira de Autores Teatrais foi providencial. Após ser operado, Oduvaldo se mudou com a mulher para um apartamento alugado no Conjunto dos Jornalistas, deixando a Barra da Tijuca, muito distante para quem precisava de cuidados médicos.

A qualquer momento o emprego de Vianinha na TV Tupi poderia ir por água abaixo. Os Diários Associados atravessavam um período de crise administrativa e financeira. A Tupi, mal gerenciada e com uma programação sem consistência, era massacrada pelo rolo compressor de audiência da Globo. Com a retração dos anunciantes, o orçamento foi drasticamente reduzido, a ponto de serem cortadas as minipeças do programa de Bibi. Os salários atrasavam freqüentemente.

O caos era total, segundo Bibi Ferreira: "A emissora ia ao ar com câmeras que eram consertadas na hora com grampinhos de cabelos de mulher." A atriz lembra-se de uma tarde em que, andando pelos corredores em companhia de colegas, Vianinha parou e perguntou:

— Espera aí, todo mundo. Me contem como esta emissora ainda consegue ir para o ar!

Desiludido, ele aparecia na Urca de manhã cedo, sempre apressado e com pilhas de papéis debaixo dos braços. "O Vianna trabalhava na Tupi porque precisava de dinheiro", diz Maria Célia Teixeira. "Não é que não gostasse de televisão, mas o fato de ter obrigações lá o impedia de se dedicar ao teatro."

A VOZ QUE NÃO SE CALA

Nuvens cinzentas. O regime de terror consolidava-se, aniquilando os focos de guerrilha urbana e rural. Carlos Marighella, Carlos Lamarca, Joaquim Câmara Ferreira e Mário Alves haviam sido assassinados. As cadeias repletas de presos políticos. Por medida de segurança, um terço do Comitê Central do PCB — inclusive Luiz Carlos Prestes — saiu do país. Vianinha ficou arrasado ao saber da decisão de Ferreira Gullar de exilar-se, deixando, a princípio, Thereza Aragão e os filhos no Rio.

Como se não bastasse a coerção da Censura sobre a criação intelectual, os órgãos de segurança mantinham faróis acesos no meio artístico. Vianinha constava de uma relação de 61 "funcionários e artistas de TV" a serem investigados secretamente pelo DOPS do Rio de Janeiro, a pedido do Centro de Informações do Exército (CIE). Ao encaminhar o ofício confidencial nº 246/71/S-103, em 11 de maio de 1971, o CIE esclarecia que "os artistas e funcionários abaixo relacionados possuem alguns antecedentes desfavoráveis ligando-os à subversão e à perturbação da ordem política e social". A relação incluía os nomes de Dias Gomes, Flávio Rangel, Gianfrancesco Guarnieri, Plínio Marcos, Elis Regina, Nélson Motta, Carlos Diegues, Jece Valadão, Mário Lago, Carlos Vereza, Betty Faria, Tônia Carrero, Maria Della Costa, Cecil Thiré, Nara Leão, Danuza Leão, Cláudio Marzo, Cidinha Campos, Carminha Mascarenhas, Milton Nascimento, Paulo Francis, Antonio Callado, Mário Brasini, Giuseppe Ghiaroni, Tony Tornado e Edna Savaget, entre outros. O CIE solicitava com urgência os antecedentes de cada um e informações sobre as emissoras de televisão nas quais trabalhavam.

A paranóia anticomunista levou os arapongas a cometerem, em três páginas datilografadas, uma penca de equívocos verdadeiramente cômicos. Entre os "epigrafados relacionados com perturbação da ordem política e social e participantes de movimentos de artistas com caráter subversivo em época passada", estavam os insuspeitos apresentadores de TV Flávio Cavalcanti, Sílvio Santos e Hebe Camargo, o radialista Haroldo de Andrade e a comediante Dercy Gonçalves. A citação de Hebe baseava-se no fato de ter assinado o Manifesto dos Radialistas de São Paulo contra a Lei de Segurança Nacional. Acredite se quiser: o manifesto foi firmado em 20 de dezembro de 1949! Da lista constava o nome de Antônio Maria, qualificado como "produtor de telenovelas, autor da novela *A fábrica*". O CIE confundia Antônio Maria, um dos mais notáveis cronistas brasileiros, morto em 15 de outubro de 1964, com Geraldo Vietri, criador das telenovelas *Antônio Maria* e *A fábrica*.

A Divisão de Informações do DOPS providenciou, em 18 de maio de 1971, os dados requisitados pelo CIE. Outro punhado de tolices. Sobre Cacá Diegues: "Cineasta do CPC, consta de uma relação de jornalistas comunistas. Segundo dados reservados do Estado Maior das Forças Armadas, o controle da indústria cinematográfica e das exibições dos filmes está nas mãos de comunistas, a quem compete a seleção, a indicação e a distribuição das películas, sendo o marginado um dos executores das diretivas partidárias do PC, no setor universitário." Sobre Antonio Callado: "Recebe propaganda subversiva vinda de Cuba." Sobre Tônia Carrero: "É citada, em documento não-oficial, como comunista." Sobre Paulo Francis: "Figura numa relação de elementos comunistas na imprensa." Sobre Nélson Motta: "Compareceu à passeata estudantil de 4/7/68, dando autógrafos, como se ali estivesse apenas para efeito publicitário." Sobre Gianfrancesco Guarnieri: "Figura numa relação de comunistas que mais cooperaram ativamente para o desenvolvimento do comunismo." Sobre Cláudio Marzo: "Participante de várias ações subversivas de agitação em 1968." Sobre Tony Tornado: "Atuou no Teatro Copacabana, quando aproveitou a oportunidade para lançar algumas idéias sobre discriminação racial no Brasil." Sobre Danuza Leão: "Prega idéias que não são condizentes com os padrões morais de nossa sociedade e com os condicionamentos próprios de nossa cultura. Esteve ligada à subversão."

Quanto a Vianinha, mencionado como "um dos expoentes do setor intelectual do PCB", o DOPS elaborou o seguinte dossiê:

"Oduvaldo Vianna Filho, brasileiro, natural do Estado da Guanabara, nascido em 4/6/1936, filho de Oduvaldo Vianna e de Deocélia Vianna. Autor teatral. Foi recolhido ao xadrez especial para averiguações em 28/8/61. Figura como membro do Conselho Diretor do Instituto Cultural Brasil-Cuba e um dos fundadores do Comando dos Trabalhadores Intelectuais. Subscreveu o Manifesto dos Intelectuais contra a Intervenção dos EEUU no Caribe (República Dominicana), assunto que fez manchete no jornal *Correio da Manha* de 6/5/1965. Segundo documentos aqui existentes, participou do Congresso Continental de Solidariedade a Cuba, realizado entre os dias 28 e 30 de março de 1963, em Niterói. Membro da Sociedade Cultural Sino-Brasileira. Fez parte da Comissão Coordenadora de Entidades que organizou o Encontro Nacional e o Congresso Continental de Solidariedade a Cuba. Segundo documento datado de 9/4/1966, é militante comunista do Setor Cultural e Artístico do PC. Foi dirigente do Centro Popular de Cultura da União Nacional dos Estudantes, órgão destinado à comunização de operários e camponeses. É também conhecido como 'Vianinha do CPC'. É um dos autores da peça *Auto dos 99%*, peça esta que constituiu arma especialmente concebida e amplamente explorada para a subversão através da 'conscientização das massas'. Em 1962, fazia parte do Centro Popular de Cultura da extinta UNE, onde encenaram diversas peças no meio universitário, colegial e público. Segundo dados reservados de 25/2/1970, o marginado figura numa relação de elementos demitidos pelo superintendente da Rádio Nacional, o qual foi atingido pelo A.I. em decorrência de sindicâncias realizadas pelo 1º Exército."

Não havia jeito de a comunidade de informações convencer-se de que Oduvaldo Vianna era outra pessoa. O mesmo erro se verificara em informes anteriores do DOPS, com conteúdos praticamente idênticos e datados de 30 de julho de 1968 e 17 de março de 1970, ambos solicitados pela 2ª Seção do Comando do I Exército.

O regime militar esmerava-se em vender à opinião pública a imagem de que vivíamos um mar de rosas. O general Garrastazu Médici orgulhava-se do "milagre" econômico: o país crescia a uma taxa de 11% ao ano, com a inflação abaixo de 20% e as Bolsas de Valores batendo todos os recordes. A política de "desenvolvimento com segurança" enchia setores da classe média de esperança em relação ao futuro. Mas a ampla maioria do povo não tinha o que comemorar: o arrocho salarial nunca fora tão violento e a renda *per capita* não ultrapassava míseros US$ 430.

Com ou sem "milagre", a luta contra a barbárie não poderia arrefecer. Vianinha opusera-se à tese do voto nulo nas eleições de 1970, defendendo o fortalecimento do MDB como alternativa legal de oposição. A qualquer custo, a frente de combate à ditadura precisava robustecer-se. Essa posição ele defenderia com Leandro Konder, no último encontro que tiveram antes de o filósofo partir para o exílio na Alemanha.

"Em voz baixa, comentamos as agruras da situação política. Vianinha estava absolutamente convencido da centralidade da questão democrática e da importância da mobilização das camadas médias da sociedade para sairmos do atoleiro. Defendeu o aproveitamento de todo e qualquer espaço nos grandes meios de comunicação para o desenvolvimento de uma mentalidade democrática."

A atitude de resistência implicava quedas-de-braço com a Censura. Das peças recentes de Vianinha, três — *A longa noite de Cristal*, *Em família* e *Corpo a corpo* — estavam liberadas sem cortes. A maioria simplesmente fora proibida. Não podemos esquecer que, na TV Tupi, o fantasma do censor de plantão perambulava pelos corredores, onipresente, flagrando qualquer escorregadela.

"A Censura atormentou o Vianna anos seguidos", recorda Maria Lúcia Marins. "Quase tudo o que produzira fora censurado. Uma coisa bárbara." Maria Célia Teixeira lembra-se do dia em que, profundamente irritado, ele esbravejou:

— Como é possível eu querer falar tanta coisa e não poder? É incrível, mas só a Censura hoje em dia sabe o que escrevi nesses anos todos.

Vianinha sentia-se frustrado, segundo Maria Célia, porque tinha tantas coisas para jogar no papel e temia que nunca pudessem vir à tona com a força que desejava.

Com Odete Lara, ele desabafou certa vez:

— A Censura não permite que eu fale o que quero. E se para sobreviver eu tento contornar a situação, escrevendo algo mais leve, é a crítica que passa a me perseguir, caindo de pau no espetáculo e acusando-me de fazer concessões. Tenho sido obrigado a fazer esquetes na televisão para poder sobreviver e pagar as dívidas que contraí nos dois últimos espetáculos teatrais que eu mesmo tive que produzir. É infame a situação do autor neste país.

O abatimento não o imobilizava. Pelo contrário: o período 1969-1974, de maior arrocho contra a cultura, seria, paradoxalmente, um dos mais férteis em matéria de criação. "Ele sabia que um dia a Censura terminaria e as peças voltariam a ser encenadas", afirma Maria Lúcia. "Apesar dos problemas, ele no fundo era otimista. As coisas não poderiam ficar como estavam para sempre. A Censura não seria eterna. O pensamento dele era firme nessa direção — queria escrever para modificar as coisas, e nem a Censura diminuía a sua convicção de que ia conseguir o que queria."

Vianinha explicitou seu inconformismo diante do sistemático bloqueio à cultura, em entrevista a Marcílio Eiras de Moraes, do *Jornal do Commercio*: "Estamos sujeitos a uma Censura extremamente rígida, no momento em que necessitamos, como nunca, de liberdade para discutir os problemas da realidade brasileira, definir o nosso comportamento em relação ao subdesenvolvimento e nos organizar para enfrentá-lo. A Censura se nega a admitir que o Brasil é um país subdesenvolvido. (...) Existem mais de trezentas peças censuradas. Eu tenho várias. O Plínio Marcos, por exemplo, é um autor riscado, que não existe mais profissionalmente. Isso significa que há uma geração em silêncio. Veja você a minha situação: estou com cinco peças premiadas na gaveta e sem nenhuma possibilidade de apresentá-las a curto prazo. Isso não é um absurdo?"

Apesar da inquisição avassaladora, prometia continuar escrevendo para ser representado um dia, ciente de que a espera poderia ser longa e tortuosa. "Se o que eu estiver escrevendo não aparecer agora, aparecerá daqui a dez, 15 anos." Sobressai a sua capacidade de enxergar para além dos cenários turvos, assumindo a utopia na sua acepção mais genuína — a de consciência antecipadora, cuja força dinâmica projeta o ente para o porvir. No pensamento de Vianinha, o futuro vinculava-se à realidade como expectativa de libertação e de desalienação. Particularmente no que se refere às implicações da Censura, ele recusava taxativamente a apatia e não abria mão de preservar a atividade criadora. É o que se depreende desta declaração a Marcílio Moraes:

"Já existe uma teoria de que o negócio é escrever para guardar na gaveta, que um dia a gente vai conseguir ser representado. Não sei se é um ponto de vista cultural ou profissional, ou se as duas coisas, mas eu continuo tentando escrever para ser representado, mesmo que tenha que selecionar cada vez mais a minha temática para enquadrá-la nos padrões permissíveis. Mesmo que durante anos eu tenha que catar feito garimpeiro o que pode ser escrito. Ainda há possibilidade de falar sobre os problemas contemporâneos, sobre o mundo de hoje. Ainda há possibilidade de batalhar contra a opressão, contra a injustiça, mesmo na situação atual. Agora, é claro que cada vez fica mais difícil. Pode ser que um dia não seja mais possível e aí eu não sei que posição vou tomar. Escrever para a gaveta, ou escrever em outro lugar, não sei."

*

Lembram-se da frase de Vianinha: "A derrota não é a falência de nossas convicções"? Pois é essencial reavivá-la agora que vamos falar de *Rasga coração*.

Ao imaginar, no início de 1971, uma peça que lhe permitisse fazer avaliar a trajetória de um herói popular anônimo, que se sacrificou a vida inteira em função de seus ideais políticos, ele pretendia deixar o testemunho de que a luta política vale a pena, apesar dos atropelos e derrotas. Todavia, observa o crítico Jefferson Del Rios, *Rasga coração* não é somente o balanço de vida de velhos libertários. "É o grito de uma geração de artistas que teve, entre fins dos anos 60 e meados da década de 1970, a sensação de participar de um determinado projeto de Brasil através de uma arte social e politicamente comprometida com as causas populares. E perdeu a parada."

Para construir a saga política e existencial de três gerações de uma família, Vianinha mergulhou por inteiro numa árdua pesquisa sobre mais de quarenta anos de Brasil — dos antecedentes da Revolução de 30 ao movimento *hippie* do início da década de 1970. O painel sobre a história recente do país funcionaria como moldura para a ação dramática. "É preciso conhecer a realidade para transformá-la. Não dá pra ficar na autonomia da arte. Ao contrário, devemos ligar a arte ainda mais profundamente à realidade e explicitar a ligação entre a dramaturgia brasileira e o processo histórico", assinalava ele. Os fatos de uma época serviriam como "referências de realidade", exatamente como se procurou fazer em *Liberdade liberdade* e *Arena conta Zumbi*. Os percursos existenciais dos personagens estariam informados e — em maior ou menor grau — condicionados pelos ambientes socioculturais e políticos nos quais se inseriam. As referências contextuais, de acordo com Vianinha, eram fundamentais à compreensão da psicologia do homem brasileiro e à formação de uma consciência sobre nossa história.

Rasga coração centra-se na figura de Custódio Manhães Jr., o Manguari Pistolão, um homem de 57 anos, funcionário público e militante do Partido Comunista desde a juventude, que dedicou a vida à causa da justiça, da igualdade e da liberdade, e que agora reexamina as suas lutas em meio a uma série de problemas familiares e às mudanças culturais, comportamentais e políticas da época presente. Não é à toa que Vianinha dedicaria a peça "ao lutador anônimo político, aos campeões de lutas populares, preito de gratidão à 'Velha Guarda', geração que me antecedeu, que foi a que politizou em profundidade a consciência do país".

Manguari seria o vértice principal de dois conflitos de gerações (como sabemos, um dos eixos dramáticos prediletos de Vianinha) dentro da família Manhães. No passado, ele colidira com o pai, Custódio Manhães, vulgo 666, fiscal das brigadas sanitárias organizadas por Oswaldo Cruz contra a febre amarela, depois simpatizante do integralismo. 666 não aceitava que o filho quisesse se tornar um técnico em metalurgia, porque acreditava na vocação agrícola do Brasil — posição típica de quem relutava em perceber que o país dava seus primeiros passos em direção à industrialização. No presente, o filho de Manguari, Luca, de 17 anos, embora admire a combatividade do pai, descrê da militância partidária, acredita na luta individual como fator de libertação e flerta com o misticismo oriental e a cultura *hippie*.

Vianinha dá relevo aos contrastes ideológicos que atravessaram a vida de Manguari Pistolão, como o antagonismo entre o integralista Castro Cott, parceiro de 666, e Camargo Velho, marxista extremado que milita a seu lado no PC. De outro modo, as lembranças de Manguari nos apresentam sua mulher, Nena, pacata dona-de-casa que se resignou a uma existência de sacrifícios por causa da turbulenta militância política do marido, e a seu amigo Lorde Bundinha, boêmio, irreverente e anarquista, que funciona como divertido contraponto nas rixas entre direita e esquerda.

Por trás do choque de gerações e de ideais, Vianinha coteja perspectivas e atitudes irremediavelmente opostas diante do mundo vivido. De um lado, a profissão de fé na política como forma organizada de expressar demandas coletivas; de outro, a apologia do não-engajamento e da busca de felicidade pelos caminhos da autoconsciência. Vianinha assim interpretava os antagonismos entre pai e filho:

"Um homem que foi revolucionário durante trinta anos, lutou pela transformação do país, viveu a revolução de 30, de 35, de 37, agora enfrenta o filho que acha que o maior defeito atual do ser humano é a luta política, é participar politicamente da tentativa de organizar o mundo. O mundo não é organizável a não ser que o homem se afaste e mergulhe no autoconhecimento, no conhecimento de si mesmo e na deliberada suspensão de projetos de organização da realidade. De ser uma pessoa que se 'ajusta' à realidade, que a aceita, que a admira, que a acolhe com o máximo de respeito e que não procura intervir nela. Isso pra um homem [Manguari] que durante toda a sua vida fez isso: sacrificou sua vida e secou sua vida inclusive, emagreceu sua vida, porque ele só privilegiou o político... Realmente ele não consegue dar respostas a esse filho que vem com uma série de problemas que ele também sente, de secura interior, de ausência de apetite vital, de energia vital (...)."

Por meio do conflito familiar, Vianinha estudava "as diferenças que existem entre o 'novo' e o 'revolucionário'", já que "o 'revolucionário' nem sempre é novo, absolutamente, e o 'novo' nem sempre é 'revolucionário"'. Uma questão que o desafiava desde 1968, quando a mensagem "vanguardista" hegemonizara a discussão política e estética, jogando para escanteio a linha "reformista". O "novo" no *front* político fora a luta armada, que provaria sua fragilidade como estratégia "revolucionária". O "novo" no teatro fora o experimentalismo formal, desprovido de conteúdo político "revolucionário". E, finalmente, o "novo" nos padrões de comportamento limitara-se à busca de libertação pessoal e de quebras de tabus, sem uma associação nítida e conseqüente à luta "revolucionária" mais ampla.

No prefácio, escrito em 28 de fevereiro de 1972, ele discorreu sobre essa dicotomia em *Rasga coração*:

"A peça ilumina quarenta anos de nossa vida política mostrando a repetição do conflito de percepção do verdadeiramente novo. Este conflito se dá na percepção diferente de gerações diferentes, mas, principalmente, este conflito estala dentro de cada geração, e é dentro de cada uma delas que se define. A peça fixa desde o novo antigo (o integralismo) até o novo anárquico (a boêmia de 30, o *hippie* de hoje), que, apesar de apresentar soluções antigas, percebe, detecta problemas novos que os sistemas revolucionários organizados têm dificuldades em absorver, principalmente quando atravessam fases de subestimação da teoria e criação da consciência humana. No final, no frigir dos ovos, o revolucionário, para mim, é o velho Manguari. Revolucionário seria a luta contra o cotidiano, feita de cotidiano. A descoberta do mecanismo mais secreto do cotidiano que somente sua vivência pode revelar."

Numa análise paradigmática, escrita em 1979, o antropólogo Gilberto Velho sublinhou o esforço pioneiro de *Rasga coração* no sentido de "relativizar o monolitismo existencial de grande parte da esquerda brasileira". Para Gilberto Velho, o entrechoque de alternativas e estilos de vida, através de personagens ricos e densos, põe em xeque posturas e comportamentos maniqueístas, quebrando o silêncio na literatura dramática sobre tais comportamentos. Isto não quer dizer, ponderou o antropólogo, que Vianinha não externasse preferências e idiossincrasias: "Os personagens integralistas são obviamente caricatos, assim como certas passagens referentes aos 'jovens descomprometidos'. Há mais simpatia, talvez, em relação a uma vertente boêmia mais tradicional e conhecida, parcialmente identificada com a figura do malandro. O personagem principal, no entanto, não é desprovido de ambigüidades e contradições, estando longe de antigas representações de heróis revolucionários, verdadeiros santos ou super-homens." Para o antropólogo, Vianinha demonstrou "susto e sensibilidade diante de fatos e situações que não podem ser explicados ou resolvidos com o simplismo dos maniqueístas e dogmáticos".

Gilberto Velho indicou que *Rasga coração* abre todo um campo de discussões sobre temas antes relegados ao esquecimento pelas "explicações totalizantes" das ortodoxias de esquerda. A começar pelo exame de crenças, impasses e contradições de um ativista comunista, frente a frente com os esquemas teóricos, políticos e comportamentais surgidos após o furacão de 1968. É como se Vianinha proclamasse: chegou a hora de nós, homens de esquerda, reavaliarmos o mundo de questões à nossa volta — sem renunciar às convicções políticas, mas com espírito desarmado para rever posições e padrões de conduta.

Para construir a espinha dorsal da peça, Vianinha tratou de colher os elementos documentais necessários à revisão histórica que pretendia realizar. Chamou para ajudá-lo Maria Célia Teixeira, a quem sempre recorria na Tupi. Durante quase dois anos, freqüentaram a Biblioteca Nacional atrás de tudo que fosse útil para compor o contexto de cada período abordado. Ele definia o que queria e dividia com a amiga a pesquisa em jornais, revistas e livros.

"Não desprezávamos nada que dizia respeito às décadas de 30 a 70", explica Maria Célia. "Anotávamos notícias, anúncios, charges, a evolução da moda, gírias, linguagens de época, comportamento da juventude, o estilo dos cabelos, bebidas, nomes, piadas, alimentação natural, macrobiótica etc. O Vianna era supermeticuloso, se interessava pelos mínimos detalhes. Por exemplo: ele quis ler um livro sobre o Oswaldo Cruz que tinha arranjado, para ter mais dados sobre a campanha contra a febre amarela. A princípio, ele me pediu um levantamento sobre a influência da música americana no Brasil e planejava começar a peça com *Stardust*. Fui à Discoteca Pública escutar e copiar as músicas. A empolgação era tanta que comprei com o meu dinheiro um livro sobre o assunto, que lhe passei depois."

Vianinha não sossegou enquanto não tocou num assunto extremamente delicado para ele: dinheiro.

— Olha, eu não tenho como te pagar por esse trabalho...

— Não precisa, eu vou fazendo — respondeu Maria Célia.

Mas ele insistiu:

— Não. No dia em que eu terminar a peça, eu te pago. Porque essa peça vai ser encenada.

O que menos importava era o pagamento — aliás, Maria Célia jamais aceitaria receber por aquela experiência fascinante para uma jovem estudante de jornalismo. "O Vianna era uma pessoa carismática; as pessoas se envolviam muito com ele. Ora, ele não tinha tempo para se dedicar integralmente à pesquisa, e eu sabia que aquela peça talvez fosse a coisa mais importante de sua vida. O Vianna passava aos outros uma sensação de desproteção, por sua simplicidade e seu desapego aos bens materiais. Vivia 'duro', mal tinha dinheiro para pagar a pensão do Vinícius, às vezes me pedia emprestado para o ônibus."

Da idéia inicial de entrelaçar o texto a músicas americanas, Vianinha evoluiu para uma pesquisa sobre as raízes da música popular brasileira. Uma série de canções de época ilustraria as etapas cronológicas do enredo. Aplicadamente, organizou uma espécie de compêndio com mais de cem letras — sendo pelo menos sessenta sobre a figura de Getúlio Vargas. Paródias, xotes, sambas, sambas-canção, marchinhas carnavalescas, baladas — nada ficou de fora.

No percurso, descobriria aquela que acabaria abrindo e dando o nome à peça, *Rasga coração*, de Catulo da Paixão Cearense e Anacleto Medeiros. Os versos de Catulo coadunavam-se com o espírito angustiado de Manguari, ao rever lutas, derrotas e sonhos: "Se tu queres ver a imensidão do céu e mar/Refletindo a prismatização da luz solar/Rasga o coração, vem te debruçar/Sobre a vastidão de meu penar/Rasga que hás de ver lá dentro a dor a soluçar."

O magnífico levantamento realizado por Vianinha e Maria Célia resultou em um fichário de capa preta, formato ofício, com 154 páginas datilografadas em espaço um, contendo a pesquisa histórica, sociológica, lingüística e musicológica, da qual ele extraiu fartíssimo material. Os 11 capítulos vinham separados por folhas de cartolina amarela, onde se liam os títulos: Gírias/Letras; Música; Rio 30; Rio Antigo (do início do século a 30); Nomes; Piadas; Gírias/Expressões; Política; Febre Amarela; Juventude; Falas. A investigação incluía, por exemplo, 57 piadas das décadas de 1930 e 1940 — 26 das quais sobre Getúlio. O dicionário de gírias somava 527 palavras, 460 expressões e 95 provérbios. A coleta de gírias de época permitiu a Vianinha colocar na boca de cada personagem um linguajar característico do momento histórico.

Em 1977, Yan Michalski se confessaria impressionado com a extensão da pesquisa: "Não me consta que qualquer outro autor teatral brasileiro tenha jamais empreendido, com vistas à preparação de uma única peça, um estudo de tão grande fôlego e tão excepcional paciência e disciplina intelectual. (...) Mas o seu valor maior não se restringe às informações concretas que Vianinha conseguiu levantar. Antes de mais nada, trata-se de exemplo sem precedentes de uma atitude intelectual infelizmente rara demais no teatro brasileiro de hoje. Um exemplo sobre o qual devem meditar todos os nossos autores improvisados, adeptos do conceito 'uma idéia na cabeça e uma folha de papel na máquina', convencidos de que basta ter vivenciado uma experiência pessoal forte para poder transformá-la, como num passe de mágica, numa peça teatral válida."

À medida que o levantamento de dados avançava, Vianinha elaborava cenas e moldava os personagens. Diálogos secos e rápidos, no seu melhor estilo; e planos dramáticos bastante fragmentados, com constantes *flash-backs* e ações concomitantes que lhe permitiam mirar os conflitos no passado e no presente. Por exemplo: ele expõe as desavenças entre 666 e Manguari e deste com Luca em cenas justapostas. Assim, é possível encenar paralelamente acontecimentos que, na ordem cronológica natural, seriam sucessivos.

O primeiro ato ia brotando, sem voluntarismo, pensado, nervosamente escrito e reescrito. Nele, Vianinha esquematizava a trama com os mecanismos do *playwriting*: a aproximação psicológica, crescendo de tensão. Os acontecimentos históricos balizando a ação, utilizando a técnica da colagem usada nos musicais como *Opinião*. "Esta combinação de técnicas parece-me importante assim: resultados compulsivos da necessidade de expressão temática e não somente a procura artificiosa de novas posturas. A originalidade como sofrido ponto de chegada, e não como ponto de partida", remarcava Vianinha.

Reservou o clímax para o segundo ato: o embate entre Manguari e Luca sobre qual a postura verdadeiramente revolucionária em nossa sociedade. Mas haveria uma pedra no caminho de *Rasga coração*: o tufão que arrastou Vianinha à TV Globo retardaria a finalização da peça.

*

Em 24 de janeiro de 1972, nasceu o segundo filho de Vianinha, Pedro Ivo. O nome ele escolhera para homenagear o herói da Revolução Praieira de 1848, movimento que, inspirado no socialismo utópico em voga na Europa, tentou pôr fim à dominação política e econômica das oligarquias pernambucanas. Vianinha, desde adolescente, admirava a coragem de Pedro Ivo, que comandara um exército de cinco mil homens, afinal derrotado pelas forças imperiais.

Meses depois, o período da gravidez de Maria Lúcia inspiraria Vianinha a escrever um roteiro cinematográfico, batizado de *O casal grávido*. O filme seria estrelado por Leila Diniz, mas a súbita morte da atriz num desastre aéreo adiaria o projeto. Com sinceridade autobiográfica, o roteiro narra as atribulações de um jovem casal — ele, professor; ela, estudante de museologia — às vésperas do nascimento do primeiro filho. O protagonista tem a percepção antecipada das renúncias e dos sacrifícios que o aguardam, inclusive da necessidade de alterar seus hábitos boêmios e batalhar mais no dia-a-dia. Por intermédio do professor, Vianinha faz autocrítica do egoísmo que sentia diante das mudanças que o filho poderia trazer ao casamento e a seu universo pessoal, embora curtisse a idéia de ser pai novamente.

Em depoimento ao *Diário de Notícias*, Maria Lúcia reconstituiu a atmosfera que inspirara o texto: "Nós queríamos o filho, mas faltavam condições naquele momento. Então decidimos lutar. Sabia que tínhamos que enfrentar muitas dificuldades: o curso, o trabalho, a estabilidade. Mas nosso filho veio cercado de muita alegria e esperança. *Enquanto a cegonha não vem* foi escrito nesse clima. O Vianna não diminuiu nem acrescentou nada. Apenas registrou os fatos de forma poética."

Na realidade, o filho não perturbou a vida conjugal de Vianinha e Maria Lúcia. As dificuldades relacionavam-se à corda bamba financeira em que viviam. Como de hábito reservado em relação aos sentimentos pessoais, Vianinha abriria um pouco a guarda para falar do casamento, em entrevista a Marisa Raja Gabaglia, de O *Globo*:

"Magro, um ar adolescente, gestos nervosos e rápidos, Oduvaldo mora num apartamento onde há muitas flores, livros e plantas. Sua mulher, Maria Lúcia, morena e doce, assiste à entrevista. Falando dos dois, Oduvaldo se intimida, se atrapalha, olha para a esposa e afinal gagueja com uma espantosa timidez: 'A Maria Lúcia e eu, nosso amor tem três anos. Com ela é tudo tão fantástico... Formidável, formidável mesmo.'"

Vianinha teve de alterar novamente o rumo de sua vida profissional. A Tupi decidira acabar com o programa de Bibi Ferreira, demitindo a equipe de produção. A atriz intercederia para que Vianinha permanecesse na emissora, mas o destino estava selado. Paralelamente, o estado de saúde de Oduvaldo Vianna se agravara, e ele veio a falecer em 30 de maio de 1972, aos 80 anos. Foi um período de baixo astral para Vianinha, que adorava o pai, e para Deocélia, que vivera 37 anos com o marido, "juntos como dois olhos num olhar". Em sessenta anos de carreira, Oduvaldo escreveu dezenas de peças e 255 novelas de rádio, com cerca de 50 mil capítulos. Meses depois, numa entrevista à *Última Hora*, Vianinha evocaria a influência do pai em sua formação teatral: "Como ele trabalhasse em casa, comecei a me interessar por aquilo que fazia. Foi se incorporando a mim como uma segunda natureza, era o meu fundo musical. Papai tinha muita preocupação na precisão dramática, queria narrar com eficiência, contar com variedade e exuberância dramática. Eu fui assimilando tudo isso, aprendi muito mesmo."

A saída de Vianinha da Tupi ocorreu quase simultaneamente ao ingresso na Globo. Sem que soubesse, três amigos promoveram um *lobby* a seu favor junto a Daniel Filho, diretor da Central de Produção. Daniel relembra:

"O Vianinha entrou para a TV praticamente pelas mãos do Paulo Pontes, que era meu guru na Fiorentina, do Dias Gomes e da Janete Clair. Eles diziam que eu não poderia viver mais sem o Vianinha, que seria muito importante para a televisão. Eu dizia: 'O Vianinha é um homem de teatro, ligado em outras coisas.' Mas o Dias insistia: 'A origem dele é de rádio, mas ele vai ser fantástico.' E a Janete acrescentava: 'Ele será um novelista melhor do que eu.'" Com tal assédio, Daniel não poderia deixar de convidar Vianinha a se integrar, como *free-lancer*, ao núcleo de criação dos Casos Especiais.

O projeto enquadrava-se na diretriz da emissora de melhorar a qualidade de seus programas, coincidindo com o início da consolidação da rede. O "padrão Globo de qualidade" iria se firmar com o advento da TV em cores no Brasil, a partir de 31 de março de 1972. O novo sistema de transmissão exigia perfeição técnica e aprimoramento visual. A unificação da programação via satélite visava acelerar a integração nacional. Os resultados dessa política ao longo da década seriam significativos. Se, de 1950 a 1964, 33 canais de televisão foram autorizados a operar, no período 1964-1979 o número de concessões mais do que triplicou, somando 112. O número de domicílios com TV pulou de 4,2 milhões para 14,5 milhões em 1980, ou seja, saltou de 24% para 56% do total de lares do país. As verbas publicitárias cada vez mais privilegiavam a mídia televisiva: em 1962, 24,7% do total aplicado; em 1972, 46,1%; em 1982, 61,2%. Não havia riscos na multiplicação de canais, visto que o governo selecionava as concessões de acordo com suas conveniências políticas.

A reorganização produtiva da Globo revalorizou os programas nacionais. A porcentagem de séries importadas pelas grandes redes para baratear seus custos cairia, entre 1969 e 1973, de 16% para 4%, ao mesmo tempo que as telenovelas saltariam de 18% para 22%.

As telenovelas aproximavam-se do realismo, mobilizando autores como Dias Gomes, Janete Clair, Walter George Durst e Lauro César Muniz. Essa reorientação constava da proposta de Vianinha e Paulo Pontes à Tupi: a vinculação com o real atrairia um público mais amplo do que o dos melodramas de Glória Magadan.

Vianinha desenvolveria nos Casos Especiais a alternativa que a Tupi desprezara: a adaptação de clássicos para o contexto brasileiro, como *Medéia*, de Eurípides, *Ratos e homens*, de John Steinbeck, *Mirandolina*, de Goldoni, *Noites brancas*, de Dostoievski, e *A dama das camélias*, de Alexandre Dumas Filho, as duas últimas em parceria com Gilberto Braga, que se iniciava na TV. Ao lado de Domingos de Oliveira, escreveria *Aventuras de uma garrafa de champanhe* e adaptaria *O matador*, que ganhara em 1964 o concurso de teleteatro da TV Excelsior.

Os Casos Especiais renovaram a teledramaturgia, avalia Paulo Afonso Grisolli: "Ali aconteceu a experimentação mais intensa na busca de uma linguagem, de um processo narrativo através da câmera. Claro que hoje, ao revê-los, você percebe que ainda claudicavam na linguagem. Não eram uma coisa sedimentada. *Medéia*, escrita pelo Vianna, apresentava uma evolução, foi muito bem-feita. Era um filão que se experimentava: vamos tentar pegar os clássicos e transpô-los para a realidade contemporânea. Tudo isso, enfim, refletia a maior inquietude transformadora da televisão no Brasil."

Na opinião de Grisolli, Vianinha foi um dos que mais contribuíram para introduzir "um conceito de dramaturgia brasileira de televisão":

"O Vianna pode até ter altos e baixos na sua carreira dramatúrgica no teatro. Mas, na TV, a qualidade de seu trabalho seria constante. Quando a Globo decidiu, não faz muito tempo, retomar os Casos Especiais, fui mexer com o que havia sido produzido para verificar o que poderia ser atualizado. Encontrei *O matador*. Fiquei impressionado, pois era um especial absolutamente sólido em matéria de narrativa dramática em televisão. Tanto que eu decidi reaproveitá-lo. A única coisa que fiz foi dar-lhe uma ambientação atual. Poucas palavras mudaram. Tantos anos depois, encontrou força para ser um especial moderníssimo."

Os Casos Especiais, segundo Maria Helena Dutra, provavam que a televisão "admite a inteligência mesmo no seu pior período de censura férrea". Sobre as adaptações feitas por Vianinha, seria eloqüente: "Sem jamais fazer comícios ou querer brigar na área do impossível ou proibido, Vianinha conseguiu nesse ano [1972] realizar uma adaptação de *Medéia* — com Fernanda Montenegro no principal papel — que pode ser rotulada, sem sustos, de obra-prima da televisão brasileira. Sob o manto da peça e do mito grego, mostrava com força a realidade do país e desenhava sem paternalismo ou arquétipos o perfil de seus oprimidos e contraditórios habitantes. (...) Outro primor de adaptação foi *Noites brancas*. O tímido personagem vivido por Francisco Cuoco foi um dos melhores retratos já conseguidos em nossa televisão de personagens típicos da baixa classe média."

Em artigo no semanário *Movimento*, de 1977, Fernando Peixoto afirmou que a astúcia criativa de algumas telepeças de Vianinha ajudou a romper a carcaça ideológica aparentemente intransponível da TV: "Os Casos Especiais de Oduvaldo Vianna Filho, mesmo aqueles marcados por um desenvolvimento irregular ou ingênuo, mesmo aqueles que se perderam na ousadia de apreenderem temas acima do nível de possibilidades fornecidas pelo esquema, mesmo aqueles que se frustraram por uma realização insuficientemente criadora, são demonstrações, produzidas pela própria Globo, de um fato incontestável: a 'abertura', no nível ideológico a favor da cultura nacional, é possível e gradualmente realizável mesmo dentro dos estúdios e do contestável pseudo-hollywoodismo da própria Globo."

E Vianinha, cuja formação era essencialmente teatral, como se ajustaria ao padrão Globo?

"Foi apenas um problema de adaptação", esclareceria numa entrevista de 1973. "Como o teatro, a televisão exige a ação dramática e a palavra. Com a diferença de que a televisão tem um compromisso visual que, se aproximando do cinema, é superior a ele. Isso faz com que a televisão tenha uma agilidade maior de cenas e de estímulos. A mim parece que a comunicação da televisão é mais urgente e mais aguda. (...) A linguagem da televisão é um pouco mais complexa: usa menos gente do que no teatro, o diálogo é mais intenso, mais freqüente, e a estruturação, mais simples. A linguagem é mais cotidiana que a do teatro, 'voa' menos e se aproxima mais da linguagem falada. Em teatro, às vezes, a força poética do texto é que dá o peso e o clima."

Os especiais, a seu ver, ampliavam o horizonte dramatúrgico da TV: "A televisão normalmente fixa experiências humanas e deixa uma larga faixa para ser abordada ou não pelo jornalismo. A faixa não abordada foi atingida com os Casos Especiais. As novelas iniciaram esse processo. O especial veio abrir um novo campo de estudo, mais rico. O teleteatro era teatro filmado. Com as externas e o *tape*, o especial é uma busca de linguagem nova, mistura de teatro e de cinema, e específica para a televisão."

Quando lhe perguntaram se escrever para a televisão o gratificava tanto quanto uma peça, ele respondeu categórico: "Uma peça de teatro não escrevo para dizer o que eu sei, mas para descobrir coisas. É um processo de pesquisa, de investigação. Na televisão, transmito coisas, valores conquistados, eu reafirmo. Com os dois, eu me gratifico."

Vianinha produziria alguns textos para o programa *Viva Marília*, recém-lançado pela Globo. Aí se reencontraria profissionalmente com Paulo Afonso Grisolli, convidado por Marília Pera a reformular o programa, até então dirigido por Miele e Ronaldo Bôscoli. "O *Viva Marília* seria um duro aprendizado para mim e para o Vianna", relembra Grisolli. "O programa era outra expressão da inquietude que transformava a TV. Nele, fizemos uma série de travessuras de linguagem."

Haviam se passado muitos anos desde que Grisolli conhecera aquele rapaz sôfrego que escrevia a jato suas peças para submetê-las ao Seminário de Dramaturgia do Teatro de Arena. O Vianinha de 1972, segundo o diretor, era um "operário da televisão":

"O Vianna foi sempre um batalhador. Foi duro para ele ganhar a vida, e acabou chegando à TV para sobreviver. Vinha do programa da Bibi, na Tupi, e fazia de tudo. Tinha um texto brilhante, com muita lucidez e clareza. Eu me lembro de um monólogo que ele escreveu uma vez, com a Marília no papel de uma empregada doméstica, que foi uma das coisas mais bonitas que já li. Me deu um prazer enorme, pois foi um dos primeiros momentos teatrais que dirigi em televisão. O *Viva Marília*, no entanto, tinha duração certa: ela assinara com a Globo um contrato para fazer sete programas. Quando entrei, tinha feito três. Fiz os outros quatro e depois o programa acabou."

A entrada de Vianinha na Globo deixou gente de esquerda boquiaberta, incrédula, irritada. Ele, Dias Gomes, Paulo Pontes, Bráulio Pedroso e Jorge Andrade passaram a ser vistos, pelos mais sectários, como intelectuais que aderiram ao sistema.

Não se pode negar o perfeito entrosamento entre a Globo e o regime militar, admitido, sem meias palavras, pelo ex-diretor-geral da emissora, Walter Clark. Seria prova de amnésia esquecer a imagem rósea do país veiculada pelos telejornais da época. Tão rósea que envaidecia o general Garrastazu Médici: "Todas as noites, quando vejo o noticiário, sinto-me feliz. Porque no noticiário da Globo o mundo está um caos e o Brasil está em paz. É como tomar um calmante depois de um dia de trabalho."

Mas, convenhamos, é absurdo supor que a programação televisiva pudesse constituir uma fortaleza inexpugnável, um todo monolítico, uma caixa-preta revestida de barras de chumbo. Pelo contrário: as brechas existiam e existem, porque decorrem das próprias contradições e dos pressupostos mercadológicos do veículo. Por exemplo, na década de 1970, era problemático elevar a qualidade da teledramaturgia sem recrutar mão-de-obra especializada na intelectualidade progressista.

Outro aspecto a considerar: Vianinha, Dias Gomes e Paulo Pontes deveriam subestimar a força de comunicação da TV com um público de quase 30 milhões de pessoas, no início dos anos 70? Se o fizessem, estariam engrossando o coro dos que equiparavam a TV a uma máquina sugadora de cérebros. O trio enfrentou o maniqueísmo com sabedoria. "Não existe o que discutir: se você luta por um teatro de massa, como recusar um público de 20 milhões?", indagava Dias Gomes. "A TV é um veículo essencialmente democrático; pode ser ligado por qualquer um", afirmava Paulo Pontes. "O grande tema é o que interessa à maioria da população, o que não quer dizer que exista contradição entre qualidade e televisão, mas sim entre a TV e a linguagem aristocrática."

Vianinha, por sua vez, cunhou uma frase célebre: "Recusar-se a trabalhar em televisão em pleno século XX é, no mínimo, burrice."

Desde 1962, a televisão o inquietava. Aos 26 anos, publicou, no número 6 da revista *Movimento*, da UNE, o artigo "Do Arena ao CPC", em que criticava os impasses do Arena e dissertava sobre o teatro popular do CPC. No meio da análise, o Vianinha incendiário atacava "os monopólios digestivos" da televisão e do cinema, "que pouco ou nada podem dizer, porque são censurados pelo poder econômico, são obrigados a ser digestivos e laxantes". Foi incisivo ao afirmar que "a televisão precisa utilizar todo o seu poder criador para deformar o público, é paga para isso, esta é a sua missão objetiva". Mas, atenção, ele grifava: nada disso dependia da vontade dos artistas da televisão. E indicava sutilmente uma distinção entre o veículo e o uso impróprio e banal que dele se fazia: "A televisão não é reino da mediocridade dos medíocres. De maneira nenhuma!"

No começo dos anos 70, Vianinha sublinhava que o campo de atuação do intelectual na TV dependia de sua capacidade de explorar as contradições internas do veículo: "Eu acho que é nessas fissuras, nesses rachas, nessas incoerências, nessas incongruências, que o intelectual deve atuar e desenvolver seu trabalho. É claro que o intelectual, diante do sistema de poder, não tem o que dizer, porque a Censura não vai deixar, não vai permitir. Mas, diante desses milhares de problemas, que, inclusive, partem da própria insatisfação com que o Brasil hoje se olha a si mesmo, com que os subdesenvolvidos se olham a si mesmos, eu acho que existe um campo enorme, aí, de trabalho e de possibilidade. E a televisão se inclui nisso."

Advertia que a adesão artística à televisão não podia perder de vista a perspectiva crítica em relação à omissão deliberada de fatos que contrariavam os interesses políticos e econômicos das emissoras: "Nada tenho contra o que é exibido na TV. O problema da TV não é o que ela exibe, é o que ela deixa de exibir. Este problema foge à alçada decisória da própria TV. A omissão factual da grande realidade é uma constante de todos os meios de comunicação. No plano da informação, portanto, a televisão não tem autonomia decisória. No plano da formulação cultural, a televisão não é criadora — é extensiva, é democratizadora, difusora de valores vigentes socialmente e também difusora de valores espirituais conquistados pela humanidade ao longo de sua grande aventura espiritual."

As formulações de Vianinha não eram fruto de circunstâncias. A crítica Maria Helena Dutra frisa que, muito antes de aproximar-se do veículo, ele preconizava, sem idealizações, que a TV brasileira poderia se converter em uma arena de arte popular. "Vianinha conhecia os mecanismos, cooptações e ligeirezas da televisão, mas sabia que, se nela houvesse a colaboração de pessoas conscientes, alguma coisa poderia ser feita", declara Maria Helena. "Dentro de sua concepção, nenhum veículo, arte ou gênero poderia ser menor, caso tivesse real conteúdo popular. Uma noção talvez derivada do trabalho de seu pai, que se tornou famoso como autor de teatro mas também de famosas novelas de rádio."

Com a TV exigindo-lhe dedicação quase integral, Vianinha raramente encontrava cabeça para dar continuidade a *Rasga coração*. No final de 1972, reuniu um grupo de amigos em seu apartamento para fazer uma leitura do primeiro ato. Presentes Paulo Pontes, Thereza Aragão, Gilberto Braga, o ator Oswaldo Loureiro e sua mulher Madalena, Maria Lúcia e Maria Célia Teixeira. O ímpeto de Vianinha sofreu um pequeno retrocesso — a reação das pessoas não foi tão efusiva quanto ele esperava. "Na verdade, o primeiro ato estava muito longo, tão longo que as pessoas chegavam a cochilar", recorda Maria Célia. "Uma só pessoa lendo as falas ficava um pouco monótono e monocórdio."

Para alguém que valorizava ao extremo a opinião dos outros, os elogios discretos ao primeiro ato trouxeram certo desânimo. Angustiava-o não poder desenvolver a peça no ritmo que gostaria. Um sopro de alento viria com a empolgação de José Renato pelo texto.

"Quando o Vianinha começou a escrever *Rasga coração*, conversou comigo", relembra o diretor. "Falou que a peça era um depoimento muito importante para ele, e que talvez fosse a sua obra fundamental. Mais tarde, a gente percebeu que ele havia escrito vários esboços. Em *Moço em estado de sítio*, por exemplo, há esboços de personagens que seriam desenvolvidos em *Rasga coração*. Conversávamos muito sobre *Rasga coração*, até que um dia ele me deu o primeiro ato para ler. Li e fiquei tão emocionado que não consegui falar com ele durante dias. Quando resolvi procurá-lo, ele disse: 'E então, você não gostou da peça? Por que não me falou?' Quando lhe disse que adorei o primeiro ato, ele vibrou e prometeu escrever logo o segundo. Mas, infelizmente, isso demoraria muito."

De fato, o segundo ato seria concluído, de forma dramática, no primeiro semestre de 1974. Mas não nos antecipemos aos fatos. Por ora, Vianinha está às voltas com a TV Globo. Em reconhecimento ao êxito de sua passagem pelo núcleo dos Casos Especiais e interessada em que ele criasse outros programas, a emissora lhe propôs um contrato de trabalho. As condições salariais eram bem melhores, o que lhe garantiria estabilidade financeira, ainda mais agora que Maria Lúcia esperava o segundo filho. Não vacilou em aceitar o convite, ciente de que o aprofundamento dos vínculos com a televisão reduziria sua disponibilidade para o teatro.

Corria tudo bem até que, em fins de janeiro de 1973, Vianinha foi apanhar a abreugrafia para admissão na emissora. Resultado estarrecedor: uma mancha em um dos seus pulmões. O médico mandou que repetisse a chapa, e o diagnóstico não se alterou.

O CERCO DO INIMIGO

— Maria Lúcia, vamos para Campos do Jordão.

— Ué, vamos fazer o que em Campos do Jordão?

— Não é lá que se cura tuberculose? O médico disse que estou tuberculoso. Tenho uma mancha no pulmão.

Assim Vianinha contou para a mulher o resultado da abreugrafia. A fisionomia abatida, os gestos lentos, a voz quase sumindo. Maria Lúcia tratou de reanimá-lo: repetiriam o raio-X, consultariam outros médicos. Um tio dela, cancerologista, suspeitou que o problema era mais sério do que se imaginava. Resolveu não alarmá-los, pois a sobrinha estava grávida.

A Maria Célia Teixeira, Vianinha confidenciou que se submeteria a uma cirurgia para extirpar o tumor.

— Há dois meses estou me tratando com vitamina A. Mas os médicos desconfiam de que pode ser câncer. E, se for câncer, eu vou morrer.

— Mas, Vianna, uma pessoa pode ser operada, não tem problema nenhum. Não dizem que o Chacrinha teve câncer e foi operado?

— Tenho medo de morrer na operação.

Até aquele momento, por mais que a doença o atormentasse, ele resistira à idéia de que poderia estar sofrendo de algo grave. O tratamento médico recomendava uma desaceleração de atividades, mas ele não parara de trabalhar. A Globo lhe requisitara para reformular *A grande família*. E havia um projeto teatral paralelo a *Rasga coração*: escrever, com Armando Costa, a comédia de costumes *Allegro desbundaccio*, seguindo a trilha aberta por Paulo Pontes com *Um edifício chamado 200*.

Vianinha atravessou o carnaval de 1973 escrevendo. Maria Lúcia quase não o via: "Às vezes, ele passava dois dias dentro daquele escritório sem sair. Eu abria a porta, ele dava um alô e continuava ali. Levava comida para ele. Saía apenas para tomar banho e dormir um pouco."

Tanta pressa tinha uma explicação: Vianinha adiara para abril a cirurgia, para poder finalizar a peça.

Como o parto de Maria Lúcia fora marcado para o mesmo mês, ocorreu uma situação insólita: ele e a mulher se internaram juntos no Hospital Silvestre. Mariana Marins Viana nasceu no dia 11 de abril de 1973, véspera de o pai ser operado.

A cirurgia em si foi bem-sucedida, mas os médicos constataram um tumor maligno no pulmão. Decidiram não contar de imediato, aguardando que Maria Lúcia se restabelecesse da cesariana.

A recuperação de Vianinha surpreendeu a família: apesar da operação delicada, teve alta antes de Maria Lúcia. Bem-disposto, deixou o hospital crente que o tumor era benigno.

De maio a novembro de 1973, segundo Maria Lúcia, Vianinha viveu um período ótimo. "Ele engordou, comia tão bem, adorava vitaminas, massas, tomava um litro de leite nas refeições, saía pouco e se dedicava ao trabalho (escrevia todas as noites), ao estudo de inglês e português e à leitura, principalmente de política e de história do Brasil. Cabeça ótima, trabalhando, era uma coisa impressionante o que estava acontecendo com ele. O Vianna fervia dia e noite." Certa noite, saiu eufórico do cinema depois de assistir a *São Bernardo*, dirigido pelo amigo Leon Hirzsman e adaptado do romance de Graciliano Ramos. "Que filme apaixonante!", comentou. Daí em diante, sempre o citaria como exemplo de obra de arte que analisa questões relevantes da sociedade brasileira com alta qualidade estética.

Para esquecer a doença, Vianinha e Maria Lúcia passaram alguns fins de semana na casa de Domingos de Oliveira, em Teresópolis. "Ele ficou muito atraído por aquele clima de paz, de interiorização, o oposto do clima de selva partidária em que sempre vivera", relembra Domingos. "Mas, andando comigo pelas ruas da Granja Guarani, o Vianna não escondia um certo incômodo, porque estar ali, em contato tão direto com o verde, é se dar um presente. Um homem que, como ele, se sentia culpado por tomar um táxi tinha dificuldades em participar daquela natureza em festa."

Sempre que possível, Vianinha assistia, no Teatro Ginástico, aos ensaios de *Allegro desbundaccio*, com direção de José Renato. Berta Loran desempenhava um dos papéis principais, o de Cremilda, a mãe interesseira que tudo faz para sua filha Tereza (Regina Vianna) se casar com o publicitário Buja (Gracindo Júnior). Mas Buja, que ganha 20 milhões por mês, resolve abandonar o emprego, movido por uma crise existencial: ele se cansou de ser conivente com as artimanhas da publicidade. Aliás, a alusão à publicidade como aparelho de reprodução ideológica do sistema capitalista tornara-se um item recorrente em sua dramaturgia, desde *Corpo a corpo*. Ele diria, em uma de suas últimas entrevistas, que a publicidade massiva tinha uma função "deformante" na vida social, predispondo as pessoas à febre consumista.

O primeiro ato foi lido por Vianinha, presentes José Renato e Berta. A atriz se espantou com a simplicidade da casa dele. "Era um apartamento supermodesto, de sala e dois quartos. Imaginava que o Vianinha, como autor famoso, morasse bem, que já devia ter ganho muito dinheiro. Saí de lá comovida."

Nem com uma comédia de costumes Vianinha se veria livre da Censura, que implicou com o título original, trocado para *Allegro desbum*. A peça representava uma guinada em sua dramaturgia. Tanto por ser uma comédia rasgada, com qüiproquós típicos do gênero, quanto por suavizar a destinação política. À primeira vista, o centro temático assemelhava-se ao das últimas obras: o sistema que frustra os anseios pessoais e aprisiona o ser humano nas conveniências materiais. O ingrediente ideológico, porém, perdia terreno para a comicidade, explorada nas cenas do anárquico e divertido Buja com o amigo protético, que é homossexual (Francisco Milani), e com Tereza, uma *hippie* por quem se apaixona.

O subtítulo da peça deixou muita gente intrigada: *Se Martins Pena fosse vivo*. Vianinha elucidaria: "Martins Pena viu João Caetano, um dos maiores atores brasileiros de seu tempo, recusar-se a interpretar seus textos por considerá-los pouco importantes. Muitas pessoas fecham os olhos ao teatro que usa como matéria-prima o cotidiano, aparentemente sem grandeza ou emoção. Mas a obra de Martins Pena sobreviveu a esta opinião. Se vivo, creio que ele vibraria com a temática de *Allegro desbum*."

No programa do espetáculo, que estreou em 9 de agosto de 1973, Vianinha escreveu que fizera *Allegro desbum* "por amor à técnica, ao domínio da carpintaria teatral. Isso é importante porque existe, em alguns setores jovens, um preconceito em relação às técnicas que são identificadas com concessão. Mas eu acho que a técnica é um patrimônio conquistado ao longo da história. Se o dramaturgo conseguir preservar esse patrimônio, já é uma grande coisa".

Choveram cobranças ao descompromisso político de *Allegro desbum*. Yan Michalski lamentou "o autêntico vale-tudo na corrida atrás do riso". Para ele, "se alguma conclusão pode ser tirada de uma peça como *Allegro desbum*, ela só pode ser no sentido de que Oduvaldo Vianna Filho passou a ser mais uma vítima da televisão, ou melhor, de uma certa mentalidade humorística da televisão, a cujo serviço o autor tem ultimamente colocado o seu talento". A peça guardava "um parentesco mais íntimo com os programas humorísticos de TV — e com tudo que esses programas têm de rançosa herança do humor radiofônico, de submissão ao fantasma do Ibope, de nivelamento por baixo visando à gratificação passiva de uma audiência conservadora e preguiçosa — do que com peças significativas que o mesmo Vianna escreveu no passado".

Vianinha queixou-se, em entrevista a Aldomar Conrado, do *Diário de Notícias*, do preconceito da chamada *intelligentzia* contra a comédia, não compartilhado pelas platéias, que se divertiam a valer com o espetáculo. Repeliu as insinuações de que cedera ao riso fácil: "Isso não é absolutamente verdade. Eu quis fazer rir e muito, mas dentro dos meus critérios, dentro daquilo que acredito que seja uma comédia de costumes."

Durante sete meses, a peça bateu recordes de público. Apesar das restrições em círculos de esquerda, a montagem contentou a gostos exigentes, como o de Millôr Fernandes: "*Allegro desbum* (...) é uma gargalhada que Vianinha não consegue conter desde os tempos de *Liberdade liberdade*. Se você, como ele e eu, também acha tudo muito risível, vá correndo assistir."

*

Refeito da operação no pulmão, Vianinha se dedicou, com Armando Costa, a reestruturar *A grande família*, que a Globo lançara um ano antes copiando a fórmula do programa *All in the family*, sobre o cotidiano de uma família americana. A primeira versão exibida pela emissora fora um fiasco. Milton Gonçalves, que a dirigiu, explica que o texto não se coadunava com as expectativas dos telespectadores brasileiros:

"O problema é que a série lá nos Estados Unidos abordava o dia-a-dia de uma família americana. Ao transpor isso para o Brasil, você não tinha correspondência na família brasileira. O Roberto Freire ficava em São Paulo escrevendo o programa com preocupações sociais, ideológicas, querendo discutir a realidade brasileira. O *script* ia direto para a Linha de Shows e não para o Departamento de Novelas. Chegava lá e o Augusto César Vannucci, com toda razão, da ótica dele, queria transformar o programa em comédia. Já era, portanto, a segunda versão. Antes de chegar a mim, o *script* passava pelas mãos do Max Nunes para colocar umas piadas. Quando eu pegava o texto para dirigir e o passava ao elenco, vinham outras visões. Aí ficava uma salada, não podia ir para frente. Eu dizia para o Borjalo [da cúpula da Central de Produções]: 'Não dá, Borjalo, esse programa está híbrido.' Insistia para que o programa seguisse a linha proposta pelo Roberto Freire, de crítica social. Fui brigando, brigando, até que um dia alguém da direção disse: 'Esse programa está muito ruim.' Ora bolas, tinha que estar muito ruim mesmo. E anunciaram que quem iria escrevê-lo agora seriam o Vianinha e o Armando Costa. Cheguei até a imaginar: com o Vianinha vou poder dialogar, me entender. Mas já era tarde e me sacaram da direção."

Convidado por Daniel Filho a assumir a direção da nova fase de *A grande família*, Paulo Afonso Grisolli indicou Vianinha e Armando Costa para roteiristas. A instrução de Daniel foi clara:

— O programa está mal-ajambrado, aquela família não é uma família brasileira. Acho que vocês têm que começar mexendo no texto, fazendo com que a família saia para uma casa brasileira.

Grisolli reuniu-se com a dupla de redatores para definir o formato: uma comédia de costumes, a primeira da TV brasileira. "A nossa preocupação", recorda Grisolli, "era fazer a aproximação da TV com o humor realista, não a chanchada, nem as piadas, nem as caricaturas, mas o humor com pessoas comuns, iguais a todos nós e em situações típicas da vida doméstica e familiar."

Na primeira quinta-feira de abril de 1973, o programa que foi ao ar surpreenderia os telespectadores: a família tinha se abrasileirado. Morava num conjunto habitacional de subúrbio — como convinha a uma classe média mais pobre do que remediada, alijada do processo de concentração de renda que a ditadura incentivara com seu modelo econômico elitista e excludente. Os personagens ganharam novos contornos. Lineu (Jorge Dória), o pai, veterinário, sempre preocupado com o bem-estar da família e o último a saber o que acontecia em sua casa; sua mulher Nenê (Eloísa Mafalda), dona-de-casa padrão; Júnior (Osmar Prado), o filho estudioso, idealista, questionador; Tuco (Luiz Armando Queiroz), o oposto do irmão, jovem *hippie*, "amarrado" em fazer som; Bebel (Djenane Machado e depois Maria Cristina Nunes), mimada pelos pais e desejosa de ascender socialmente; o genro Agostinho (Paulo Araújo), o boa-praça que vive à custa do sogro; e Seu Flô

(Brandão Filho), o avô aposentado que a sociedade não aceita mais como uma pessoa útil.

Fiel à estratégia de ocupar brechas na TV, Vianinha priorizou aspirações e ansiedades da classe média em processo de decadência, tais como o custo de vida, a alta dos aluguéis, os salários achatados, a falta de perspectivas para a juventude etc. Questões traduzidas com "um saudável riso crítico", segundo Antônio Chrysóstomo, de *Veja*.

"O que nós queremos", explicaria Vianinha a O *Globo*, "é o humor mais leve, que não é cáustico e muito menos pretende ser demolidor. *A grande família* é uma comédia de costumes. Seu humor, antes de tudo, deve ser real, mas nunca trágico. (...) Nós estamos preocupados em apresentar os problemas ao telespectador apenas para que ele possa rir deles, mas, acima de tudo, para que saiba como evitá-los."

Em menos de dois meses, o programa disparou no Ibope.

A Censura começou a vigiar de perto os roteiros. Implicava aqui e ali, cortando certas gírias de Tuco, falas politizadas de Júnior e as queixas mais amargas de Lineu sobre a perda do poder aquisitivo. Com habilidade, Vianinha e Armando deram o troco, escrevendo um episódio cujo tema central eram os recados e bilhetes que os membros da família deixavam uns para os outros e que cada um queria censurar a seu modo. Uma tremenda gozação que os censores engoliram.

Não por acaso, Vianinha concentrava em Júnior o seu inconformismo diante das exigências sociais, a impossibilidade de ajudar financeiramente a família sem abrir mão de suas convicções, o descompasso entre os requisitos pessoais e as pressões externas. O ator Osmar Prado nunca chegou a conversar com Vianinha especificamente sobre o personagem, mas sempre lhe pareceu implícito que o autor falava por intermédio de Júnior. Osmar lembra-se das reuniões de Grisolli e dos autores com o elenco, durante as quais Vianinha ouvia num canto tudo o que se debatia, prestando a máxima atenção e anotando coisas que as pessoas diziam. O ator considera esclarecedor o encontro que certa vez teve com Vianinha no bar Castelinho, no Arpoador.

"Eu estava começando a atuar na TV e tinha muitas dúvidas sobre o veículo, se devia estar ali, se não estava compactuando com toda a ideologia da Globo. Então, no bate-papo, o Vianinha me disse coisas que nunca mais esqueci: 'Olha, nós temos que lutar dentro da TV para modificá-la. Devemos ocupar todos os espaços. Acho que você deve continuar batalhando, dando o melhor de si para que a TV tenha a ver com a nossa realidade.' E era exatamente isso que ele procurava fazer na *Grande família*. Sempre encontrava um jeito de transmitir as coisas para o telespectador. Passei a encarar a TV como uma possibilidade de expressão importante, pelo grande público que atinge."

O entrosamento com a equipe de produção foi perfeito. "O Vianna estava muito mais maduro, mais sofrido", depõe Grisolli. "Dava duro para ganhar a vida, mas não havia perdido a visão poética e idealista de sua atuação no teatro. Era um sujeito extremamente correto, de muita pontualidade e competência. Escrever um programa daquele por semana, com a perspicácia, o depuramento, a habilidade, a vitalidade e o espírito de penetração na realidade da classe média baixa, olha, era obra de um gênio. O Vianna tinha instinto para televisão. Aprendi a admirá-lo mais, tirando o chapéu para o nível de dedicação e profissionalismo que ele tinha, especialmente pela exuberância do texto, que fluía a cada semana com uma inspiração incrível."

Nessa fase da Globo, Vianinha era metódico. De manhã, lia e estudava; depois do almoço, dava uma passada na TV, voltava para casa e escrevia com Armando Costa. Para entregar o *script* no prazo, eles se impunham pelo menos cinco horas diárias. À noite, colocava em dia as leituras para o segundo ato de *Rasga coração* e atualizava uma comédia do pai, *O homem que nasceu duas vezes*, rebatizada de *Mamãe, papai está ficando roxo*, a ser dirigida por Walter Avancini.

Não sobrava tempo para a família? "O trabalho e a militância política estavam em primeiro lugar na vida do Vianna", comenta Maria Lúcia, que no entanto ressalta o esforço por ele demonstrado para agradá-la e aos filhos: "O Vianna não esquecia a gente. Quando ele saía daquele escritório onde se refugiava para escrever, o que ele nos dava era algo tão grande que nunca me incomodaram os dias em que ele se trancava lá. Havia dias em que mal nos víamos. A vivência amorosa com ele era de uma afetividade muito bonita. E com os filhos também. Ele cuidava bem das crianças. Às vezes, levava o Pedro e a Mariana, ainda bebê, para brincar na pracinha, queria estar presente. Era uma pessoa cativante, que recompensava com carinho as ausências."

A relação com Vinícius concentrava-se nos fins de semana. Quando o filho tinha 15 para 16 anos, sutilmente quis iniciá-lo na formação política. "Ele me deu um livro do Pulitzer, *Os fundamentos da filosofia*, como se fosse uma cartilha do partido", recorda Vinícius. "Mas me deu cheio de pudor, cheio de dedos. Falou para mim: 'Olha, estou te dando isso, mas você não me leve a mal, não pense que estou querendo fazer a sua cabeça. Não é nada disso.' Nesse ponto, ele era uma pessoa muito cabeça feita. Só uma vez, quando eu era garoto, fiz a besteira de falar alguma coisa de política para ele. Eu estava saindo da casa dele e disse que tinha lido não sei onde que o Hitler fora um grande estrategista militar. Ele ficou puto comigo, fechou a cara, me deu o maior esporro, disse que aquilo era um absurdo — e ficou sem falar comigo um tempo. Mas foi a única vez também."

Fidelidade também a amigos como Armando Costa e Paulo Pontes. Armando aparecia à tardinha e freqüentemente ia embora de madrugada. "Em seis anos de convivência com o Vianna, conto nos dedos os dias em que não vi o Armando", assinala Maria Lúcia. "Ele almoçava e jantava lá em casa, a gente curava os porres dele. A relação dos dois era muito forte e se estreitou durante o período de *A grande família*. O Paulinho Pontes era um grande amigo do Vianna, o Ferreira Gullar também, mas com o Armando parecia uma coisa maior. Um não desgrudava do outro. Saíam muito juntos para beber, conversar, discutir projetos."

O salário na Globo aliviou os apertos financeiros. Vianinha juntou dinheiro e comprou um apartamento em Ipanema. "O sonho do Vianna era ter um lugar sossegado para escrever", diz Maria Lúcia. O sucesso na TV não mudou seus hábitos. Continuava andando com calças de *jeans* surradas e com a velha bolsa de couro a tiracolo. A bolsa estava tão batida que um dia, na Globo, os amigos a jogaram fora e lhe deram outra de presente.

Vianinha dava muito de si à televisão, mas não abandonava a trincheira teatral. Numa mesa-redonda promovida por O *Globo*, ele referiu-se às adversidades enfrentadas pelo autor nacional: "O dramaturgo, e talvez seja a mesma posição do intelectual brasileiro, sofre a maldição de ter de ser um herói: superar todas as condições e realizar um grande trabalho. Temos de ser gigantes. E nós não nascemos para ser toureiros, apenas para ser escritores."

A seu ver, a responsabilidade do dramaturgo, naquele momento, era retomar o encantamento que, outrora, o teatro despertara nas pessoas. "A televisão tem a sede e a paixão de ser show da vida... As pessoas passam o tempo todo pensando em como serem espetaculares, atraentes; como chamarem a atenção. Isso, realmente, não está existindo no teatro brasileiro. (...) Temos que restabelecer o grande diálogo com a platéia."

Não se acomodava na distância que temporariamente o apartava do teatro. Bastava uma convocação para seus olhos ficarem vidrados, o espírito indócil, a vontade incontrolável de pegar no barro, esculpir personagens e cenários, imaginar cenas com espantosa precisão. A tabelinha com Paulo Pontes e Armando Costa o solicitaria muitas vezes a opinar em peças, a interferir em roteiros para shows.

A esperança de Vianinha de estar vencendo a doença caiu por terra no início de dezembro de 1973. Tomando banho, sentiu pequenos nódulos ao passar a mão na virilha. Alarmou-se. Há dias, certo de que o tratamento à base de cobalto evoluía bem, levara Thereza Aragão ao aeroporto (ela ia ao encontro de Ferreira Gullar, exilado no Peru). "Ele estava corado e bem-disposto", lembra Thereza. "Chegamos a combinar de ir assistir juntos ao desfile das escolas de samba no carnaval. Prometeu arranjar ingressos na Globo. Disse que não podia perder o desfile do Salgueiro. Me despedi dele sem saber que nunca mais o veria."

O CORAÇÃO SE RASGA

Ansioso, Vianinha procurou um médico de confiança, o cancerologista Jacob Kligerman, velho amigo do CPC. Foi uma consulta tensa, segundo Kligerman: "Ele me telefonou dizendo que estava com uns nódulos na região inguinal e queria que o examinasse. Eu estava de plantão no Hospital São Cristóvão, na Tijuca, e, sentindo o nervosismo dele, pedi que viesse imediatamente. Fiz uma pequena cirurgia para remover os nódulos. Suspeitei logo do pior."

Quando recebeu o laudo da biópsia, Kligerman sofreu por Vianinha: nódulos cancerosos. A doença se disseminava pelo organismo.

— Olha, Vianinha, a situação concreta é que o câncer está dando sinal novamente. Isso denota que você tem a doença fora do local onde foi operado.

— Qual a minha chance? — indagou Vianinha, trêmulo.

— As suas chances diminuíram muito.

— E qual o percentual de vida que eu tenho, Jacob?

— Se o tratamento for bem-sucedido, você pode até se curar, entre aspas. Mas a média é de um a dois anos de vida.

Vianinha esfregou o rosto, em desespero. Mas encontrou forças para perguntar:

— Será que vai dar tempo de acabar a minha peça?

Ele se referia a *Rasga coração*.

Maria Lúcia soubera do câncer dois meses depois do parto. Os médicos disseram-lhe que tentariam reverter o foco no pulmão com o tratamento de cobalto. Quase diariamente, Paulo Autran e às vezes Paulo Pontes e Dias Gomes o levavam ao hospital para a quimioterapia. Maria Lúcia nada dissera a Vianinha. Agora, no entanto, o quadro mudara. "O médico me chamou e disse que a doença voltara de forma avassaladora e que ele não sabia o que poderia acontecer ao Vianna. Operar de novo não podia, e ele tinha a certeza de que o outro pulmão estava tomado, o que seria constatado em radiografias."

Uma das primeiras pessoas a saber da extensão da doença foi Sérgio Cabral. Ele ia para a redação do *Diário de Notícias* quando parou num sinal e viu, no carro ao lado, Jacob Kligerman, seu amigo. Kligerman não se conteve e, antes de o sinal abrir, contou-lhe que Vianinha estava com câncer. "Cheguei ao jornal absolutamente tonto", diz Cabral, que bateu à máquina uma frase: "Vianinha, o maior teatrólogo do Brasil" e pediu que a nota fosse dada com destaque em sua coluna *Esquema carioca*. "Ninguém entendeu nada, mas foi a forma que encontrei de passar uma coisa agradável para ele."

Não bastasse o sofrimento, Vianinha ficou sabendo por Paulo Afonso Grisolli da intenção da Globo de acabar com *A grande família*. Não pela audiência — às vezes atingia o pico da novela das oito —, mas porque não se ajustava ao "padrão Globo de qualidade". Segundo Walter Clark, o primado da técnica e da assepsia visual havia se transformado numa obsessão para o então diretor de Produção da Globo, José Bonifácio de Oliveira Sobrinho, o Boni — definido por Clark, duas décadas depois, como "o ideólogo do padrão de qualidade, o formalista neurótico, o escravo da segurança que o videoteipe dava".

Paulo Afonso Grisolli confirma que Boni detestava *A grande família*, "um programa sujo, modesto, com cara de Brasil". E completa: "O Boni estava decidido a tirar *A grande família* do ar. Brigávamos por isso, discutíamos. O Boni pediu a mim, ao Vianna e ao Armando Costa que pesquisássemos um novo programa em série, na base da comédia de costumes. O Vianna e o Armando logo pensaram em criar alguma coisa em torno de uma turma de amigos quarentões em crise existencial, e a ação se passaria em São Paulo, que achávamos que tinha um charme especial. O Boni mandou que fôssemos passar uns dias lá para levantar dados, pesquisar o que iríamos fazer."

Grisolli e Armando sabiam que Vianinha estava doente, mas não tinham idéia da gravidade do quadro. Os três viajaram de trem para São Paulo. Tomavam cerveja no vagão-restaurante quando a composição começou a percorrer subúrbios do Rio. Num gesto que deixaria os amigos atônitos e comovidos, Vianinha, à medida que as casas à beira da linha iam aparecendo na janela, fazia sinais para fora, silenciosamente, "dando adeus ao subúrbio", segundo Grisolli. "Ele começou a falar dos subúrbios, da emoção que ele tinha ao ver aquele gente modesta, e ainda disse uma frase que também nos deixou emocionados: 'Como esse pedaço da cidade tem alma...' Eu não sei, mas hoje penso se aquele canto de amor pelo subúrbio não teria sido um momento de paixão de quem sente que a morte pode estar próxima."

Nem sentiram as dez horas do percurso. Falaram a madrugada inteira, especialmente Vianinha e Grisolli. "Foi o papo de duas pessoas que tinham convivido ao longo do tempo, guardado certas diferenças secretas, íntimas, e que de repente estavam ali sentados um diante do outro, passando tudo a limpo na maior cordialidade", afirma Grisolli.

A certa altura, Vianinha alisou insistentemente as unhas dos dedos, como se houvesse algo de anormal.

— O médico me disse que essas manchas roxas são não sei o quê — disse ele.

— Que isso, rapaz. Deixa para lá — replicou Grisolli.

Para aproveitar a estada em São Paulo, Vianinha programou a leitura do primeiro ato de *Rasga coração* para um pequeno grupo de amigos, no Teatro Paiol. Durante o dia, ele, Grisolli e Armando escolheram locais para as gravações da série. Numa dessas caminhadas, queixou-se de dores, mas tranqüilizou os amigos, dizendo que não era nada demais.

À noite, mesmo sentindo-se mal, insistiu em ler e discutir a peça, com José Renato, Antunes Filho, Sábato Magaldi, Grisolli, Armando e Miriam Mehler. "Foi uma leitura extremamente emocionada", recorda Miriam, que achou Vianinha muito abatido e pálido. A reação das pessoas o alentou momentaneamente. “Ele queria ouvir de nós se valia a pena continuar o trabalho”, rememora Sábato. “O estímulo recebido deve ter sido animador, porque todos elogiamos a parte pronta e exigimos que ele terminasse *Rasga coração*.”

Do Paiol, Vianinha, Grisolli e Armando foram jantar com José Renato. O bate-papo se prolongou até altas horas. Cansado, Grisolli saiu um pouco antes para o hotel. De manhã bem cedo, foi acordado por Armando:

— Olha, o Vianna não se sentiu legal e achamos melhor ele voltar para o Rio. Fui com ele até a rodoviária, porque insistiu em ir de ônibus. Queria chegar ao Rio e ir direto se consultar com o médico.

Desde que regressara de São Paulo, Vianinha reclamava de dores e não recobrara o ânimo. A medicação de emergência prescrita pelos médicos custava a surtir efeito. Depois de visitá-lo, Domingos de Oliveira achou que deveria fazer algo, e rápido. Sugeriu a Daniel Filho que a Globo custeasse o tratamento nos Estados Unidos, onde se desenvolviam métodos avançados de quimioterapia que talvez atenuassem a metástase. Com o apoio de Daniel e o aval de Boni, organizou-se a viagem às pressas em um fim de semana.

Não foi fácil para Maria Lúcia explicar a Vianinha que a ida para Houston decorria de uma terrível avaliação — o câncer era mais insidioso do que se supunha. Três dias antes de embarcarem, Vianinha descansava após o almoço. Maria Lúcia deitou-se a seu lado e puxou conversa, dando voltas até encorajar-se a entrar no assunto.

— Vianna, eu tenho que lhe contar algo que para mim é doloroso.

Ele antecipou-se:

— Acho que sei o que você quer falar. A gente já devia ter falado nisso. Eu sabia que ia morrer, mas não sabia que era tão cedo. Só gostaria de ter um tempo. Mas se tem que ser assim, vou morrer da melhor forma possível.

O retrato tirado para o passaporte evidenciava o seu abatimento: rosto vincado, olheiras, envelhecido também pelo bigode que deixara crescer.

Vianinha acertou com a Globo os detalhes da continuação de *A grande família*. Armando Costa escreveria com a colaboração de Deocélia. Um dia antes da partida, Armando foi visitá-lo e não o encontrou em casa. Com receio de não voltar vivo de Houston, Vianinha tinha saído para despedir-se de Ipanema, andando pelas ruas do bairro até o Arpoador, onde, no tempo do CPC, ia ver o nascer do sol depois de madrugadas de febril agitação.

Vianinha e Maria Lúcia chegaram a Houston, no Texas, em 6 de fevereiro de 1974, em pleno inverno nos Estados Unidos. Ficaram hospedados no Shamrock Hilton para um tratamento de dois meses — período em que teriam notícias dos filhos Pedro Ivo, de 2 anos, e Mariana, de dez meses, através das cartas enviadas pelas avós Deocélia e Almerinda.

Os primeiros dias no hospital, um dos 36 que integram o complexo da Universidade do Texas, foram reservados a exames. Numa carta à mãe, datada de 9 de fevereiro, Vianinha se dizia confortado com a acolhida:

"O hospital é fantástico, enorme (...). As pessoas são extremamente gentis, pacientes, calmas, alegres, interessadas. Tudo de melhor do ser humano que você possa imaginar está acumulado aqui. É o paraíso humano. Solidariedade transbordando, mas sem afetação ou explosão — calma, tranqüila e eficiente. Isso está me dando uma segurança danada. Estou com medo de sair de Houston. Aqui parece que estou protegido. (...) As condições de atendimento do hospital são duras. Há cartazes espalhados em todos os lugares pedindo desculpas pelas *crowded conditions* — acho que 'condições INPS'. Muita gente, muita gente. As pessoas chegam a esperar três, quatro, cinco horas para serem atendidas. Parece que se registram diariamente perto de setecentas pessoas. É o único e grande problema. Estou no INPS daqui. Mas isso também faz parte desta face magnífica do ser humano. Multidões ajudando multidões. Uma cidade para cuidar do homem."

Suas impressões sobre Houston: "É uma cidade de carros. Não há uma pessoa andando na rua, fora Lúcia e eu em volta do hotel, parados feito uns imbecis esperando horas para o sinal abrir. Mesmo táxis, só sendo chamados. Não se pega táxi na rua. Isso dificulta muito nossos movimentos 'turísticos', mas vamos meter a cara. (...) Diga ao Armando que estou em casa — aqui é o país dos tímidos, das pessoas preocupadas com o que os outros vão pensar delas. É minha terra."

E arrematava, bem-humorado: "É preciso avisar a todos, em geral, a todos que vocês puderem comunicar — usem telefone, cartazes, cartas, alto-falantes, chamadas na TV —, preciso comunicar que nos Estados Unidos não tem bidê. Ou seja — Hugo Bidê seria impossível aqui."

A equipe chefiada pelo dr. Gottlieb decidira aplicar em Vianinha uma droga de última geração, de fabricação soviética, chamada Ftorafur. O medicamento, em fase experimental, seria ministrado durante cinco dias, com intervalos de dez, até 3 de março.

Vianinha padeceu com os efeitos colaterais. "A droga era muito forte", explica Maria Lúcia. "Como os métodos de tratamento eram todos experimentais, você, quando entrava no hospital, tinha que assinar um termo de responsabilidade pela vida da pessoa. Então o Vianna tomava aquelas aplicações e passava muito mal. Foi um massacre, coitado. O hospital era mais ou menos perto, mas íamos para lá num carro do hotel. Mas, na volta, o Vianna passava tão mal, vomitava tanto que ele próprio ficava com vergonha de pegar o carro do hotel — e retornávamos a pé. Houston é uma cidade enorme, de ruas largas, onde ninguém anda a pé. E a gente andava a pé por aqueles ruas desertas. Vianna vomitava e falava."

Mas acreditava que poderia se restabelecer. Como deixou claro, em 21 de fevereiro, num cartão-postal para Ferreira Gullar e Thereza Aragão no Peru: "Deixei de escrever porque vim parar aqui em Houston, grande centro médico. A barra ficou pesada. A doença voltou, mas vamos batalhar."

Para quebrar a tensa expectativa pela avaliação médica, prevista para a semana seguinte, Vianinha e Maria Lúcia cogitaram de ir ver o carnaval em Nova Orleans, mas os hotéis estavam lotados. Visitaram e detestaram a NASA: "Uma chatura, ficamos durante meia hora na sala de comando ouvindo uma americana maluca falar e, como sempre, não entendemos lhufas. Foguete que é bom, nada, pois eles saem da Flórida." Nessa mesma carta (de 21 de fevereiro), Maria Lúcia se queixava da comida americana e dava notícias de Vianinha: "Ele está bem, tem apetite e come bem, apesar do *ketchup*, da coca e do café. Não há brasileiro que agüente. Estamos enjoadíssimos da comida."

Dias depois, Vianinha mostrava-se incomodado com a rotina: "Nossos últimos dias aqui em Houston têm sido mais monótonos. Não há muitos lugares para ir, viajar para outra cidade não foi possível. Então, a nossa vidinha fica muito curta. Maria Lúcia suporta isso maravilhosamente. Me sinto um chato de galocha. Bem que Lúcia queria ir para as lojas, ficar olhando e comprando coisas. Mas não tenho paciência para acompanhá-la em visitas muito minuciosas. Nem paciência nem preparo físico, estou um pouco fora de forma."

À medida que se aproximava o dia 28 de fevereiro — quando o dr. Gottlieb se pronunciaria —, crescia a impaciência: "Estou escrevendo para dizer que a Ponte Rio—Niterói foi inaugurada, que o Salgueiro ganhou e que a Liza Minelli saiu com o Pedro Aguinaga, imaginem só. O Palmeiras foi bicampeão, aliás merecido, e os convocados de uma maneira geral agradaram e de outra maneira geral não agradaram. O *Jornal do Brasil* continua saindo todos os dias, O *Globo* e tudo o mais. Estas são as novidades que eu tenho, porque as de Houston andaram em maré muito baixa, estamos em compasso de espera do hospital, vamos ver, só mesmo na próxima semana que vamos ter datas e decisões definitivas. (...) Nossa vida aqui caiu mesmo na monotonia, não podia deixar de ser de outra maneira, e eu naturalmente fico um pouco mais nervoso e quem agüenta é a Lúcia, coitada, mas ela é admirável, encaixa tudo bem, me anima, me dá paciência. Lúcia é fora de série, Memé, pode levar no programa Flávio Cavalcanti que ganha."

*

O quadro político no Brasil lentamente se modificava. A ditadura acabara de empossar seu quarto general-presidente, Ernesto Geisel. Desde 1973, o modelo econômico emitia sinais de fadiga. A crise mundial do petróleo repercutia desfavoravelmente no país, que enfrentava problemas como o pagamento da dívida externa e o surto inflacionário. Os custos sociais haviam chegado a um nível insuportável — 43,3% da população ganhavam até um salário mínimo. Crescia a insatisfação da classe média, cujo poder aquisitivo diminuía a olhos vistos. Um fato promissor fora a anticandidatura do deputado Ulysses Guimarães, presidente do MDB, à presidência da República, por meio da qual a oposição rompeu o medo, denunciando as leis de exceção e pregando a redemocratização. Cientes de que o Colégio Eleitoral era um jogo de cartas marcadas a favor de Geisel, Ulysses Guimarães e seu vice, o jornalista Barbosa Lima Sobrinho, percorreram o país em memorável pregação cívica.

Sob rígida censura, a imprensa alternativa (particularmente os semanários *Movimento* e *Opinião*) procurava de todos os modos denunciar as falcatruas que afloravam na era pós-milagre econômico. No campo teatral, a era Médici destilara ódios. *Calabar, o elogio da traição*, de Chico Buarque e Ruy Guerra, com direção de Fernando Peixoto, fora proibida às vésperas da estréia. Um prejuízo astronômico para os produtores Fernanda Montenegro e Fernando Torres. Mas nem tudo estava perdido. Em São Paulo e depois no Rio, *Um grito parado no ar*, de Gianfrancesco Guarnieri, furou, com muita sutileza metafórica, o bloqueio censório. A peça, dirigida por Fernando Peixoto, focalizava as agruras de um jovem grupo de teatro que enfrenta pressões econômicas e crises internas, mas não desiste de estrear um espetáculo.

No final de 1973, surgiram os primeiros indícios de uma nova atitude na área cultural, conforme diagnosticava a revista *Visão*, na edição especial de março de 1974: "Como que cansados do confronto direto, desvantajoso e desgastante, em que o resultado é um rosário de queixas, muitos criadores estariam se armando de outra disposição, inclusive para não caírem no comodismo da lamentação ou ficarem presos na torre de marfim do sofrimento. Como disse um deles, 'chega de descrições. É preciso voltar a agir, a fazer.'"

O cinema brasileiro dera a partida, lançando uma safra de filmes mais acessíveis ao grande público — como postulava Vianinha nos idos de 1966/1967. *Macunaíma*, de Joaquim Pedro de Andrade, *Toda nudez será castigada*, de Arnaldo Jabor, e *São Bernardo*, de Leon Hirszman, teriam excelente retorno, inclusive de crítica, iniciando um processo que expandiria, ao longo da década, os mercados interno e externo para as nossas produções.

Já doente, Vianinha participaria do debate sobre uma política cultural democrática e ao mesmo tempo condizente com as graves restrições vigentes no país. Um dos documentos mais apreciados no PCB a esse respeito foi o ensaio "Cultura e política no Brasil contemporâneo", escrito em julho de 1972 por Carlos Nelson Coutinho, sob o pseudônimo de Guilherme Marques (Marques, claro, para soar Marx). Ao todo, 22 páginas datilografadas em espaço um e depois impressas em um mimeógrafo a álcool, com tinta azul.

Tratava-se de uma sólida avaliação da produção cultural na década de 1960 e no início de 1970, escrita por um pensador marxista no fulgor dos 29 anos. Sem deixar de destacar as influências e as contribuições das duas entidades na formulação de uma cultura fortemente crítica, apontava os lados ambíguos e contraditórios do ISEB e do CPC. "No essencial, o ISEB jamais superou a sua vinculação de classe com os setores mais avançados da burguesia nacional. Isso o levou a colocar as contradições brasileiras em termos de antagonismo entre nação e antinação, afastando-se deliberadamente a consideração da luta de classe como motor da realidade social."

Para Carlos Nelson, a posição "populista" e dogmática do CPC ligava-se ainda a um nacionalismo cultural que rejeitava como "alienado" o patrimônio da cultura universal. Isto, a seu ver, impediu o CPC de criar uma arte realmente significativa, de eficácia estética e ideológica duradoura, esgotando, freqüentemente, a sua ação no *agit-prop*. E completava: "O modo sectário com que muitas vezes era colocada a exigência de uma consciência social por parte do criador, sectarismo quase sempre apresentado em nome do marxismo, obstaculizou a influência de um verdadeiro pensamento estético marxista em amplos setores da intelectualidade".

Ao referir-se aos desdobramentos do período 1964-1968, Carlos Nelson enaltecia a resistência político-cultural ao regime militar e criticava severamente o "vanguardismo cada vez mais hermético e distante do real"; o "irracionalismo tropicalista"; a "evasão místico-irracional puramente individualista" da contracultura; e o "vozerio estruturalista" nos meios universitários, que "difundia uma atmosfera 'cientificista' e antiideológica". Tais tendências, em seu entender, neutralizavam a consciência crítica, travavam o aprofundamento ideológico e serviam indiretamente para despolitizar o meio intelectual. (Reavaliando 28 anos depois o ensaio de Guilherme Marques, Carlos Nelson opinou: "É um texto muito sectário, duríssimo contra os 'contraculturalistas' e os estruturalistas, mas acho que é um interessante documento de época.")

Na parte final, Carlos Nelson Coutinho definia como a tarefa dos comunistas brasileiros, no plano da luta ideológica, contribuir, em alianças com as demais correntes democráticas e humanistas, para o estabelecimento uma "cultura nacional, democrática-popular, progressista e antifascista". Essa cultura nacional-popular não dependia apenas do trabalho autônomo e isolado de intelectuais representativos, "mas só se tornará efetiva e real quando se integrar e se tornar expressão de um amplo e profundo movimento de massas democrático e antifascista". Carlos Nelson enfatizava que a luta em favor dessa nova cultura "deve estar inscrita, como um dos pontos básicos, no programa político e ideológico dos grupos antiimperialistas e antifascistas, em particular, no programa dos comunistas".

Tais questões de certo modo permeariam as duas últimas entrevistas de Vianinha. A penúltima, dada a Luiz Werneck Viana, três meses depois da primeira cirurgia e antes da viagem a Houston, foi publicada pelo semanário *Opinião* em 29 de julho de 1974. A última coube ao jornalista Ivo Cardozo realizar, em fevereiro de 1974, sendo uma parte editada pela revista *Visão* em 5 de agosto de 1974 e a íntegra divulgada por Fernando Peixoto, em 1983, no livro *Vianinha: teatro, televisão, política*.

Em ambos os casos, o raciocínio partiu de uma reavaliação do Centro Popular de Cultura, como se ele estivesse elaborando um inventário intelectual da experiência. Sustentou que o CPC fora muito mais enriquecedor para seus integrantes do que para o público ao qual destinava seus trabalhos. Isto se deveu, segundo ele, à descontinuidade do projeto artístico e à tardia (em função da ruptura forçada pelo golpe militar) compreensão de que não se podia abdicar do valioso capital que a elite intelectual do CPC tinha a oferecer — um enfoque aprofundado dos problemas culturais brasileiros.

"Descobrimos que na horizontalização da cultura há necessidade, em primeiro lugar, de um trabalho de continuidade, que para nós praticamente não existia. Eu acho que realizei espetáculos teatrais em todas as favelas do Rio de Janeiro. Mas eu devo ter realizado um ou dois em cada uma. Isso significa uma total descontinuidade. Realmente não tinha nenhum significado. Nós trabalhávamos em sindicatos, com condições de trabalho que eram realmente utópicas. (...)

"Era, vamos dizer, a paixão por uma atmosfera. A paixão pelo encontro do intelectual com o povo, que para nós era incandescente e, ao mesmo tempo, muito romântico. Informou muito mais a nós que aos trabalhadores com que nós entrávamos em contato. Eles continuavam com seus problemas salariais, de organização, de sindicato, de lutas. E nós estávamos lá, dávamos uma pequena contribuição através de um espetáculo, mas aprendíamos muito mais com eles. E fomos aprendendo e ao mesmo tempo fazendo um processo autocrítico (...) e descobrimos, em determinado momento, que estávamos reduzindo esse trabalho e essas conquistas de cultura a ir para o sindicato e fazer uma peça chamada 'Auto do tutu que acabou', de dez minutos: defendendo uma pessoa ganhar o aumento de salário, e não sobre os problemas culturais muito mais profundos da sociedade brasileira. Quer dizer, nós abdicávamos (...) daquilo que nós tínhamos de mais importante. Que era aprofundar culturalmente. A profundidade cultural está imediatamente ligada a atingir as grandes massas. Atingir o grande povo realmente era uma visão utópica em relação ao processo real da sociedade brasileira."

Vianinha mencionou a Werneck Viana três equívocos que dificultaram uma maior ressonância do CPC: o voluntarismo de certas ações, o dogmatismo teórico e as concepções estreitas que faziam o movimento superestimar as possibilidades de conscientização popular através da "arte revolucionária" e subestimar os valores estéticos e culturais.

Ressaltou que, no começo de 1964, o CPC já se voltava "para o campo das transformações estéticas, de atualização cultural do teatro em relação ao seu tempo, nos seus temas mais complexos e em suas mais altas tradições". Aclarou a tentativa de correção do itinerário: "Ao contrário de tentar ir ao povo, vir em nome dele, tentando utilizar todos os instrumentos culturais já conquistados, já provados, que a humanidade vai acumulando, que o Brasil consegue absorver."

Vianinha atribuiu ao período 1964-1968 uma significação especial: a de, sob o impulso das transformações vividas desde o início da década, ter favorecido um mergulho na pesquisa estética e na revalorização da criatividade artística. "Isso está encarnado numa obra exemplar da década de 60, que é *Deus e o diabo na terra do sol*. É a obra máxima dessa nova preocupação, dessa posição de privilegiar o estético, de ter essa preocupação formal com transformação de linguagem. Isso aconteceu com o show *Opinião*, que é uma criação formal; *Se correr o bicho pega*, *Arena conta Zumbi*, que é uma criação de Guarnieri e Boal realmente de instrumentação de formas novas, absolutamente originais do Brasil e do subdesenvolvimento."

Nessa linha de análise, Vianinha afirmou que as vanguardas pós-68 não se detiveram no exame dos comportamentos, dos valores, das éticas e dos modos de vida vigentes no país. Encaravam a renovação estética como problema formal, e não como uma questão cultural complexa. E assim se conservou intocado "o problema fundamental do homem brasileiro urbano, do brasileiro subdesenvolvido, diante de sua cultura, diante dos valores, diante dos instrumentos que ele tem pra superar a sua própria condição de subdesenvolvido".

Diferentemente da fase aguda do vazio cultural, em que atacava os limites escassos do experimentalismo e o irracionalismo da contracultura, Vianinha agora falava em dois tipos de vanguarda — a que privilegiava a arte pela arte e a que queria poetizar a realidade e conhecê-la profundamente para transformá-la. Incluindo-se na segunda vertente, considerava viável articular forças e propostas, por mais diversificadas que fossem, em iniciativas favoráveis à libertação do país das garras do subdesenvolvimento e do autoritarismo. O avanço do processo de resistência intimava o somatório de todas as formas e expressões válidas, de vanguarda ou não, a fim de "tentar as conexões mais profundas e mais determinantes da humanidade atual". Em nome de uma aceleração desse processo, parecia disposto a encarar, com paciência e senso dialético, os arroubos vanguardistas.

Na verdade, Vianinha atualizava e reafirmava a viga mestra de seu artigo "Um pouco de pessedismo não faz mal a ninguém", de 1968: aproximar os contrários para fortalecer o enfrentamento com o inimigo principal, deslocando para segundo plano divergências de enfoques e métodos. Em estreita concordância com as teses de Carlos Nelson Coutinho, ele vinculava uma política cultural conseqüente à estratégia geral de unidade na luta antiditatorial. Ou seja, aglutinar os setores de oposição numa ampla frente democrática, determinada a minar, progressivamente, os alicerces do regime discricionário.

Que responsabilidade específica reservava a artistas e intelectuais? Falando a Ivo Cardozo, Vianinha lamentou o clima desfavorável aos debates, muito diferente do que existia antes de 1964, quando se realizavam assembléias, conferências, seminários e cursos. Sem desconhecer a barreira da Censura e do AI-5, pregava uma ação consciente e organizada, nos espaços possíveis, para contraditar os esquemas cristalizados de poder: "Precisamos ir o máximo possível às condições da nossa fragilidade, descobrir até o fundo as nossas impotências, as nossas incapacidades. (...) Quanto mais problemas nós formos capazes de descobrir, eu acho que é aí que nós vamos nos enriquecer."

A intelectualidade deveria reagir de modo imediato e enérgico, buscando transformar o desalento em motor de propulsão de novos embates pela democracia. "Você não pode mais ser letárgico, não pode mais ser cabisbaixo e aceitante, mas tem que ser interventor, criar muitas contradições e muitas fissuras dentro do processo das classes dominantes e dos processos culturais. Eu acho que é nessas fissuras, nesses rachas, nessas incoerências, que o intelectual deve atuar e desenvolver o seu trabalho. (...) Diante desses milhares de problemas, que, inclusive, partem da própria insatisfação com que o Brasil hoje se olha a si mesmo, com que os subdesenvolvidos se olham a si mesmos, eu acho que existe um campo enorme, aí, de trabalho e de possibilidade."

Ânimo desconcertante para um homem debilitado por um câncer devastador.

Vianinha enfrentou de peito aberto um tema relutantemente polêmico nos círculos de esquerda: a participação de intelectuais progressistas na TV. "Esse negócio de preconceito contra a televisão eu acho realmente incrível, incrível... (...) Eu acho que é muito significativo trabalhar na televisão brasileira e lutar nela, da mesma maneira que trabalhar na imprensa, trabalhar no rádio, trabalhar em qualquer meio de comunicação. A televisão não é um meio de comunicação 'maldito', ou amaldiçoado pela sua própria natureza."

Além de acentuar que a TV propicia "um campo de trabalho para a intelectualidade da maior importância", argumentou que, como meio de comunicação de massa, a televisão "faz parte desse processo que toda a sociedade brasileira hoje vive, de tornar-se mais aguda, mais perceptiva, mais rigorosa, mais perfeita diante dos problemas, da necessidade que cada um tem, que é fruto da situação real e que não pode ser mais iludida, mais abandonada por ninguém, que é a necessidade de transformar a sociedade brasileira".

Por fim, ao fazer uma auto-avaliação de sua passagem pela TV, expôs, de fato, os mandamentos íntimos que nortearam sua jornada de criador compulsivo e de ativista indomável: "Há valores de sempre que precisam ser permanentemente veiculados, como a solidariedade, o direito ao fracasso, a beleza da justiça, da liberdade, do amor conquistado, da rebeldia diante da injustiça, a igualdade dos seres humanos, o direito à busca da felicidade. Nada criei em tudo que escrevi para a televisão. Mas sempre procurei tornar extensivos estes valores mais nobres criados pela humanidade à custa de séculos."

*

Voltemos a Houston. O diagnóstico médico representou uma ducha de água fria nas esperanças de Vianinha e Maria Lúcia. O Ftorafur impedira a progressão da doença, mas não debelara seus focos. Após dez dias de exames, os médicos optaram por uma nova droga, a Baker's Antifo.

Inacreditável como Vianinha, em meio ao padecimento, conseguia extravasar um pouco de sua irreverência. "Como que podem ter me dado uma droga comunista num país anticomunista?!", indagava ele em carta a Jacob Kligerman, comentando o terrível mal-estar que lhe provocava o Ftorafur. Escreveu à jornalista Hildegard Angel, em 13 de março de 1974: "Meu preparo físico não está dos melhores, acredito que seria cortado de qualquer convocação pra qualquer selecionado de futebol daí. (...) Estou num hotel bem próximo do hospital que me atende. É um hotelzão mais geral, com três ou quatro salões para convenções e bailes, que permitem espetáculos diários de fantasias incríveis, penteados mirabolantes etc. É verdade que o nosso divertimento à noite agora passou a ser esse — vamos pro salão do hotel espiar americano chegar vestido a rigor. É tão feio tudo que acho que até paulista reparava. (...) Meu estado geral não é mau, vou das minhas pernas, rio da vida, gosto de samba e tudo o mais. Andam querendo tirar azeitona da minha empada. Mas estamos aí."

Cinco dias depois, combalido pela quimioterapia, Vianinha apôs três linhas no pé de uma carta de Maria Lúcia: "Oi, gente boa. Estamos aí aguardando os doutores e as drogas, comendo *spaguetti* e vendo filme na televisão. As dorezinhas incomodando um pouco, mas também tudo sem incomodar nada não dá, né? Um beijão."

A disposição dos primeiros dias destilara-se em apatia e profundo cansaço. Vianinha dormia quase todo o dia. Ficava mais tempo acordado quando estava no hospital. Depois voltava a dormir e varava a noite assistindo à televisão. Nos primeiros dias, lia bastante. Havia levado uma mala de livros para os Estados Unidos, pesando trinta quilos! Lima Barreto e Marcel Proust eram alguns dos autores escolhidos. Com o desenrolar do tratamento, ele perderia disposição para a leitura.

No fim de um mês em Houston, Vianinha estava 15 quilos mais magro. Os médicos acenaram com a possibilidade de o tratamento continuar no Brasil. O desânimo tomou conta dele. "O Vianna entendeu que aquelas drogas não iriam surtir o efeito que esperávamos", rememora Maria Lúcia. "Porque quando nós fomos para lá ele realmente tinha esperanças de que o tratamento lhe desse um pouco mais de tempo de vida. Mas, no fim de um mês, ele sabia que ia morrer rápido. Então ele falava. Ele me contava as coisas que queria fazer. As peças que tinha na cabeça. Me dizia sinopses inteiras dos programas que queria fazer na televisão. Falava, falava, falava... Terminar *Rasga coração* era a sua maior preocupação. Falava nisso insistentemente: 'Será que vou ter tempo?"

As aplicações da Baker's Antifo se prolongaram até a última semana de março, quando Maria Lúcia, percebendo a debilidade do marido, resolveu que eles regressariam ao Brasil. "Pressenti que o Vianna poderia morrer lá", explica ela.

No dia 31 de março, ao desembarcar no Rio, Vianinha nem parecia aquela pessoa cheia de fé que viajara para os Estados Unidos. Muito magro, caminhava a passos lentos. "Ele estava desesperançado, e acho que se deu um prazo para terminar o trabalho que tinha começado. Isso incluía a peça *Rasga coração* e o especial *Turma, minha doce turma*", relataria Armando Costa, anos depois, ao *Jornal do Brasil*.

Em casa, Vianinha dormia muito, via televisão e de vez em quando se sentava à máquina para tentar escrever o segundo ato de *Rasga coração*. Mas as dores que sentia pelo corpo logo o convenceram de que não tinha mais condições de prosseguir. Maria Lúcia recorda: "O médico lhe dava um remédio que tirava as dores. Eram cápsulas com um pozinho dentro. Então ele me fazia abri-las e tirar metade do pozinho. Porque com o remédio ficava mais ou menos dopado, e ele não queria se sentir assim. Queria ter o raciocínio limpo, e tomava metade da dose, o suficiente para diminuir as dores e poder trabalhar."

Se capitulasse, *Rasga coração* ficaria inacabada. Obstinado, Vianinha passou a ditar o segundo ato para um gravador. Deocélia fazia a transcrição, datilografava o texto e o levava para ele corrigir à mão.

Como o seu estado de saúde tornara a se complicar, os médicos recomendaram que ele se internasse no Hospital Silvestre, onde ficaria vinte dias. Lá, em fins de abril, ele recebeu uma boa notícia: a Revolução dos Cravos libertara Portugal de quase cinqüenta anos de ditadura salazarista. No leito do Silvestre, concluiria *Rasga coração*. Penosamente. Ditava para a mãe as últimas cenas. Só era interrompido quando a enfermeira aparecia para aplicar-lhe a injeção que aliviava as dores.

— Isso é uma guerra — comentou certa vez a enfermeira.

— Não, a guerra é pior. Veja o que está acontecendo no Camboja — respondeu Vianinha.

Até hoje Maria Lúcia guarda as folhas em que o marido fazia rápidas correções no texto datilografado. Faltaria tempo para uma revisão acurada. A pressa em terminar a peça fora como um vômito incontrolável. "Qualquer pessoa nota na estrutura de *Rasga coração* uma diferença muito grande entre o primeiro e o segundo ato, que ele não pôde rever", diz o diretor José Renato, a quem Vianinha encaminhou imediatamente os originais. "Enquanto o primeiro ato é bem construído, elaborado, refeito, estudado, o segundo é um jorro de emoção, um depoimento humano impressionante. A diferença de colorido entre um e outro é realmente fundamental e deixa bem claro o seu estado de ânimo."

De fato, o segundo ato é bem menos trabalhado. Nem poderia ser diferente, escrito nas condições em que foi. Mas a sensibilidade que pulsa em cada cena comove muito mais do que a beleza formal do primeiro ato. É na segunda parte que Vianinha faz explodir as emoções, expondo os argumentos de Manguari e Luca sem condená-los ou endossá-los.

Expulso do colégio por usar cabelos compridos, Luca distancia-se das idéias do pai, ao ceder ao radicalismo da namorada Milena. Desiste de ingressar na universidade e assume o discurso *hippie*: rebela-se contra os valores da civilização e não aceita a destruição da natureza. Acaba irritando o pai com sua defesa da ação direta, que o leva a atitudes tresloucadas, como ir para a porta de uma fábrica poluidora convencer os operários a abandonar empregos arduamente conquistados.

No final da peça, dá-se o enfrentamento decisivo. Manguari diz ao filho: "Isso não pode continuar, esse desinteresse, a gente precisa se encher de problemas, e não fugir deles, entende?" O filho revida: "Ô gente doce, a gente está diferente... Ih, a gente é de duas galáxias, pai..." Enquanto a coerência e a combatividade de Manguari encantam Camargo Moço, filho de Camargo Velho e colega de Luca, este questiona o pai, que se diz revolucionário, mas todo dia bate ponto na repartição, leva dinheiro trocado no bolso para não brigar com o cobrador do ônibus e à noite fica na janela espiando uma vizinha trocar de roupa. Os desencontros vão se acumulando até Manguari expulsar o filho de casa.

Mais do que um desabafo, a fala de Manguari formaliza o testamento espiritual de Vianinha. Ele acerta as contas com a incompreensão de aliados políticos, prega uma atitude revolucionária no dia-a-dia e renova a fé na luta pela transformação social, solidário aos oprimidos. Eis o desabafo de Manguari:

"Eu sempre estive ao lado dos que têm sede de justiça, menino! Eu sou um revolucionário, entendeu? Só porque uso terno e gravata e ando no ônibus 415 não posso ser revolucionário? Sou um homem comum, isso é outra coisa, mas até hoje ferve meu sangue quando vejo do ônibus as crianças na favela, no meio do lixo, como porcos, até hoje choro, choro quando vejo cinco operários sentados na calçada, comendo marmitas frias, choro quando vejo vigias de obras aos domingos, sentados, rádio de pilha no ouvido, a imensa solidão dessa gente, a imensa injustiça. Revolução sou eu! Revolução pra mim já foi uma coisa pirotécnica, agora é todo dia, lá no mundo, ardendo, usando as palavras, os gestos, os costumes, a esperança desse mundo, você não é o revolucionário, menino, sou eu, você, no meu tempo, chamava-se Lorde Bundinha, que nunca negou que era um fugitivo, você é um covardezinho que quer fazer do medo de viver um espetáculo de coragem!"

*

Durante a internação no Silvestre, a família e os amigos ampararam Vianinha. Domingos de Oliveira, por exemplo, vinha no mínimo uma vez por semana de Teresópolis para visitá-lo. Numa de suas idas ao hospital, Dias Gomes contou a Vianinha que um primo seu da Bahia, com câncer e desenganado, tomara uma poção indígena de uma tribo do Amazonas e escapara da morte, como por milagre. Diante do interesse demonstrado pelo amigo, Dias resolveu se informar melhor sobre a tal poção. Teve a idéia de propor à direção do *Fantástico* uma pauta sobre o assunto, explicando que poderia salvar a vida de Vianinha. A Globo mandou uma equipe ao Amazonas para localizar a tribo e trazer frascos com o xarope.

Na véspera de receber as duas garrafas, Dias Gomes se desconsolou: o primo acabara de morrer na Bahia. "Claro que não contei isso ao Vianna, mas passei-lhe a poção sem muita crença", diria o teatrólogo.

Vianinha tomou dois goles do xarope, de cor avermelhada e gosto amargo. E desistiu logo. "Prefiro morrer a provar de novo aquela gororoba", afirmou a Dias Gomes. Grisolli diz que Vianinha tomou o remédio "com rancor e raiva", pois sabia que estava cedendo "a uma coisa mística, de feitiçaria", algo que sempre combatera.

Antes de deixar o Silvestre, ele assistiu, no leito, ao especial *Enquanto a cegonha não vem*, que Bráulio Pedroso adaptara para a TV com base no roteiro cinematográfico de O *casal grávido*. O crítico Artur da Távola, de O *Globo*, elogiou o programa: "É a expressão da fase mais recente de Oduvaldo Vianna Filho, na qual o autor conseguiu a comunicação do simples e através dela faz passar tudo o que encucações, teorias e enrolações de outros jamais conseguiriam. (...) Encho a boca e digo sem medo: um grande espetáculo de cabo a rabo do qual nossa televisão pode se orgulhar."

Ao voltar para casa, em meados de maio de 1974, Vianinha surpreendeu a família com a decisão de roteirizar o programa-piloto de *Turma, minha doce turma*. A prudência aconselhava o repouso, mas ele desejava retribuir a solidariedade da Globo quando de seu tratamento em Houston. Além do mais, continuava a receber o seu salário sem escrever uma linha de *A grande família*. Firmou um pacto consigo mesmo: custasse o que custasse, terminaria o piloto. Para isso, pediu a Maria Célia Teixeira, sua incansável colaboradora, que pesquisasse tudo o que envolvia os tipos humanos que formariam a turma. Como Chico-Bom, o operário especializado em ligas metálicas; Horácio Pedutti, o Pavio Curto, funcionário da Companhia Telefônica que sonhava em conhecer o funcionamento de troncos PBX; e Tetsuo Okamoto, nissei que trabalhava como classificador de produtos hortigranjeiros. Como de costume, não dispensava o rigor e a verossimilhança dos personagens.

Mal dispunha de forças para se movimentar. Por isso, ditou para o gravador todo o roteiro de *Minha doce turma*. Às vezes, acordava Maria Lúcia para ler algumas falas. "Era engraçado", lembra ela, "porque ele interrompia o meu sono para a gente rir das piadas que escrevia."

Bom humor que mantinha, por incrível que pareça, até para ironizar sua própria morte. Uma noite, Maria Lúcia acordou com as risadas de Vianinha no outro quarto. Foi até lá e encontrou-o rindo diante da TV, que reprisava um jogo da Copa do Mundo na Alemanha. Perguntou-lhe por que se divertia tanto e ele respondeu:

— Estou pensando na Copa do Mundo. Você já imaginou se eu morrer num dia de jogo e todo mundo for ao meu enterro puto porque está perdendo a partida do Brasil?

Em 29 de junho, Vianinha precisou ser novamente internado no Silvestre, onde, com grande sacrifício, terminou o programa-piloto. Ficou rouco de tanto falar ao gravador. Ao visitá-lo, Paulo Afonso Grisolli brincou:

— Que é isso, rapaz? Você, de repente, pegou um sotaque paulista que nunca teve...

— Sabe o que é, Grisolli? Eu fico igual a um doido ditando para o gravador esse diabo desse especial sobre São Paulo. Fico falando igual a paulista e peguei sotaque...

*

Assim que recebeu os originais de *Rasga coração*, José Renato saiu a campo para preparar a montagem, com estréia prevista para 1º de julho de 1974, no Teatro Copacabana. Num apelo patético aos médicos, Vianinha pedira que o mantivessem vivo por três meses, porque sonhava em assistir à estréia, prevista para outubro. Inquieto, perguntava sempre ao diretor sobre as providências para a encenação.

José Renato encaminhou o pedido de exame do texto à Censura em 3 de maio de 1974, mas as semanas se passavam e a decisão não saía. "Fui a Brasília várias vezes em busca de uma decisão, mas diziam que a peça estava em exame, que não havia parecer definitivo. Eles queriam nos vencer pelo cansaço", depõe o diretor.

E tudo isso no governo do general Geisel, que assumira em 15 de março com promessas de uma "distensão lenta, gradual e segura". A estratégia do chefe do Gabinete Civil, general Golbery do Couto e Silva, era afrouxar paulatinamente os instrumentos coercitivos, de modo que o regime criasse mecanismos para a obtenção de apoio político e social, assegurando à Arena condições para se consolidar eleitoralmente, a longo prazo. A caminho da "democracia relativa", como a chamava Geisel, o governo suspendera a censura prévia à imprensa. Uma evasiva idéia de diálogo com o poder fora lançada por Glauber Rocha, que chocara os meios de esquerda ao trombetear, em março de 1974: "Acho que Geisel tem tudo na mão para fazer do Brasil um país forte, justo e livre. Estou certo inclusive de que os militares são os legítimos representantes do povo."

Embora o ministro da Educação, Ney Braga, fosse mais aberto à classe artística, a Divisão de Censura de Diversões Públicas permanecia fora de sua órbita, controlada por setores mais à direita e sob a tutela do ministro da Justiça, Armando Falcão.

Em 12 de junho de 1974, finalmente José Renato foi notificado da interdição de *Rasga coração*. Uma proibição "branca", sem qualquer justificativa oficial. Como dizer isto a Vianinha, sabendo que ele certamente sucumbiria à dor? "Conversei com amigos e decidimos poupá-lo dessa amargura fatal", relembra o diretor. "Disse-lhe que a peça estava em exame na Censura, mas que ficasse tranqüilo, pois deveria ser liberada e estávamos iniciando os ensaios."

Desconfiado, Vianinha diariamente indagava sobre o andamento da montagem. Até o fim ele dizia que fazia questão de ir à estréia. Ninguém teve coragem de contar-lhe a verdade. "Ver *Rasga coração* era mais do que um sonho, era uma obstinação impressionante", pontua Domingos de Oliveira. "Ele não se cansava de repetir que estaria vivo para assistir à peça", acrescenta Grisolli.

Uma tarde, Vianinha encostou Grisolli e Armando na parede. Os dois haviam combinado que, se ele os interpelasse sobre a peça, mentiriam dizendo que a estréia fora adiada por problemas técnicos. Grisolli nunca mais esqueceria aquele encontro. Vianinha, bastante enfraquecido, ao vê-los, levantou-se da cama e foi quase se arrastando até a pia do banheiro do quarto.

— E o *Rasga*? — disparou.

— Olha, Vianna, a estréia vai demorar um pouco mais do que imaginamos — Armando tentou explicar, sem jeito.

— Mas, como?

Grisolli e Armando entreolharam-se, tensos. Antes que dissessem algo, Vianinha, irritado e de costas para os dois, pôs as mãos na pia e insistiu:

— Quero saber quando estréia.

Armando replicou:

— Sei lá, vai demorar um pouco.

— Mas quando? Que dia estréia?

"Foi uma luta para convencê-lo de que a peça estrearia logo", revela Grisolli. "Na verdade, aquela ansiedade toda era porque ele sabia que estava se debatendo com a morte."

A notícia do adiamento de *Rasga coração* foi um rude golpe para quem esperava ver sua obra de despedida no palco. Vianinha vivia sob efeito de analgésicos e sedativos. Não suportava mais as dores.

Dedicou sua última carta, ditada a Deocélia, a Ferreira Gullar e Thereza Aragão, que haviam se mudado para Buenos Aires:

"Só agora, dia 6 de junho, minha mãe bate estas linhas para mim. Passei vinte dias no Hospital Silvestre, recebi o postal e a carta. Junte-se aos vinte de hospital o cansaço que a doença provoca. É uma derrubadora. Desânimo, falta de vontade com as coisas, dores intermitentes, pequenas mazelas que aparecem aqui, você toma conta, surgem em outro lugar. Realmente não estou nada bem. A doença está muito generalizada e não tem dado mostras de regressão. No máximo, em alguns dos focos, sintomas de estagnação. Estou tentando lutar, é claro, com todas as forças, procurando não me entregar, mas a tentação de entrega cresce a cada dia, minando o organismo. Demorei tanto para escrever esta carta porque é uma carta de merda. De qualquer maneira consegui terminar a tal peça *Rasga coração* que estou escrevendo desde 1971. A TV Globo tem sido sensacional comigo (Daniel Filho, Boni e Borjalo). Estão me pagando sem que eu trabalhe, além de terem pago minha viagem para os Estados Unidos. Não vou escrever mais. Perdão. Um grande abraço. Vianna."

Quando lhe telefonaram avisando que Vianinha estava muito mal, Domingos de Oliveira fez das tripas coração para descer a serra de Teresópolis a tempo de vê-lo. "Achei-o tão envelhecido ao vê-lo ali dormindo que fiquei completamente deprimido", conta Domingos. "Passei uns 15 minutos ao seu lado e o vi delirar, certamente pela ação dos remédios. Ele falava confusamente, mas pude perceber que era sobre o CPC. A certa altura, dizia assim: 'Pela escada, pela escada...' Então entendi que uma certa sala do CPC ia ser invadida pela Polícia e que ele mandava as pessoas fugirem pela escada. Fiquei abaladíssimo — e esses anos todos tenho feito um esforço para esquecer."

Ao abrir os olhos, Vianinha reconheceu o amigo, deu-lhe as mãos e sussurrou:

— Domingos...

Horas depois, Domingos se encontrou por acaso com Alberto Salvá, o diretor de *Um homem sem importância*, e insistiu para que ele fosse ao Silvestre ver Vianinha. "Quando cheguei ao quarto", recorda Salvá, "ele estava sentado, com um copo de papelão na mão. Fiquei lá quase uma hora, e ele demoraria quase todo esse tempo para tomar um pouco de suco de laranja, tão debilitado que estava. Eu me comovi muito, lembrei-me dele tão alegre durante as filmagens e tomei coragem para dizer: 'Você precisa tomar um sol, vai até a janela.'"

Vianinha suspirou:

— Ah, Salvá...

Às duas horas da manhã do dia 16 de julho de 1974, Vianinha falaria pela última vez. Maria Lúcia fora descansar um pouco em casa e ele estava sozinho com Deocélia.

— Mãe, você está aí?

E entrou em coma. Às sete horas, fechou os olhos. A morte — que absurdo — o vencia aos 38 anos.

Epílogo

SOB O SIGNO DA PERMANÊNCIA

Oduvaldo Vianna Filho não se encerrou naquele fim de tarde de inverno quando seu corpo foi enterrado no jazigo número 1.665, quadra 38, do Cemitério de São Francisco Xavier, no Rio de Janeiro. Diante de centenas de pessoas, o ator Carlos Vereza, voz baixa, olhos inchados, falou breves e emocionadas palavras, enquanto o caixão baixava à sepultura:

"Vianinha, queremos falar em nome de todos aqueles que, como você, sempre acreditaram que o homem pode tudo na Terra. Que é ele que constrói as máquinas, muda a história e luta para preservar a liberdade de todos os homens. Você foi um deles e é esta a herança que você nos deixa, que faz com que você esteja sempre entre nós."

As idéias como signos da permanência, irremovíveis.

Duas coroas de flores, dentre as dezenas enviadas ao cemitério (inclusive as dos amigos ausentes Ferreira Gullar, Thereza Aragão, Gianfrancesco Guarnieri e Augusto Boal), evidenciavam a perspectiva de continuidade: "Teus companheiros do CPC que estão em todos os lugares não esquecem de você, companheiro Vianna". E aquela do Grupo Opinião: "Saiba, Vianinha, que graças a você nosso teatro é mais brasileiro".

Frases ditas no velório reiteravam a senha. "Vianinha deixou muitas pessoas identificadas com seu estilo e sua proposição. Os valores que ele introduziu na TV brasileira serão mantidos por nós", disse Paulo Afonso Grisolli. "O Vianinha recolocou o homem no centro das preocupações do teatro. Cabe a nós dar seqüência a esse ideal", afirmou Paulo Pontes. "O vazio deixado por ele dói na alma", resumiu Dias Gomes, que o conhecera menino ainda, na casa de Oduvaldo Vianna, em São Paulo, nos idos de 1940.

Yan Michalski foi categórico: "A obstinação de Vianinha em viver, trabalhar, escrever até a última gota das suas energias foi um desses atos que, de raro em raro, elevam o ser humano na vida real a um nível de dignidade que normalmente acreditamos só lhe estar reservada nas obras-primas da dramaturgia trágica. Eis o exemplo de força e coragem que ele nos deixou."

Após a fala de Carlos Vereza, parentes e amigos despediram-se de Vianinha, entre os quais Paulo Pontes, Domingos de Oliveira, Paulo Afonso Grisolli, Dias Gomes, Janete Clair, Hugo Carvana, Martha Alencar, Tônia Carrero, Leon Hirszman, Flávio Rangel, Oswaldo Loureiro, Sérgio Cabral, Ziraldo, José Lewgoy, Ziembinski, Jorge Dória, Agildo Ribeiro, Zelito Viana, Luiz Carlos Barreto, Antônio Carlos Fontoura, Cecil Thiré, Isolda Cresta, Enio Silveira, Bibi Ferreira e Odete Lara.

"Foi o cair da tarde mais dolorosamente bonito que já vi em minha vida", define Martha Alencar. "Poucas vezes notei um sentimento de comunhão tão grande como naquele momento."

À noite, em todos os teatros do Rio e de São Paulo, foi lida antes dos espetáculos uma nota da classe teatral, redigida por Flávio Rangel: "Hoje é um dia triste para o teatro brasileiro, porque a classe teatral perdeu um de seus membros mais representativos: o autor, o ator, ensaísta e animador de teatro Oduvaldo Vianna Filho. Vianinha, como era carinhosamente chamado por todos nós, batalhou sua vida inteira para manter os teatros abertos; essa é a razão por que hoje continuaremos representando, e não cancelaremos nosso espetáculo. Mas pedimos licença ao público para dedicar o espetáculo desta noite à memória dele. Muito obrigado."

No número 111 (agosto de 1974) do jornal *Voz Operária*, editado na clandestinidade, o Comitê Central do Partido Comunista Brasileiro divulgou comunicado lamentando a morte de uma de suas principais lideranças na área cultural: "Oduvaldo Vianna Filho foi um verdadeiro exemplo de conduta política no campo das artes. Toda a sua obra reflete um profundo sentimento humano aliado a uma forte preocupação política e social. (...) Dotado de notáveis qualidades intelectuais e humanas, Vianinha foi não só um brilhante e reconhecidamente talentoso homem de teatro e de pensamento, mas, acima de tudo, um valoroso e dedicado combatente de nosso partido. (...) Como poucos, soube aliar seu trabalho revolucionário a seu trabalho de criação intelectual, desenvolvendo-os sem que um prejudicasse o outro; ao contrário, impregnando-os, ambos, do verdadeiro espírito comunista, harmonizando-os, fazendo com que ambos constituíssem um todo único, no qual se refletia o homem profundamente dedicado à sua pátria e a seu povo, que ele foi. Embora tenha morrido ainda jovem, Vianinha deixa uma obra valiosa, que há de servir como facho luminoso para os que procuram o caminho da criação de uma cultura verdadeiramente nacional e popular. E deixa para os intelectuais comunistas um exemplo de combatividade e de dedicação ao partido."

*

A morte de Vianinha adiou por alguns meses a decisão da TV Globo de acabar com *A grande família*. O seriado passou a ser escrito por Armando Costa e Paulo Pontes. Em março de 1975, saiu definitivamente do ar. "Até hoje me perguntam por que o programa acabou", diz Paulo Afonso Grisolli, "e eu respondo: perguntem ao Boni."

Na ocasião, Artur da Távola reagiu com indignação: "O normal é uma emissora defender um programa criticado. Mas já agora ela explica as razões da saída de um programa elogiado pelo Brasil inteiro e líder de audiência!" Edvaldo Pacote, assistente de Boni, respondeu, em carta a Távola: "Na verdade, *A grande família* entrou em crise desde a morte do saudoso Vianinha. A equipe que o produzia não se refez do abalo emocional que lhe causou a morte do companheiro, e Paulo Pontes, que o substituiu como redator principal, terminou por concluir que não se achava em condições psicológicas de continuar a tarefa." Em 1987, *A grande família* voltaria à tela da Globo, em especial roteirizado por Marcílio Moraes e dirigido por Paulo Afonso Grisolli. Os personagens apareciam 12 anos mais velhos e ainda divertidíssimos.

*

As duas primeiras remontagens após a morte de Vianinha foram *Corpo a corpo* (1975, direção de Aderbal Freire Filho) e *A longa noite de Cristal* (1976, direção de Gracindo Júnior). Colheram êxitos de bilheteria e de crítica. Mas o monstro ainda respirava. A Censura fulminou a temporada carioca de *A longa noite de Cristal* com vinte dias de suspensão, alegando que o texto previamente aprovado fora "acrescido de expressões ofensivas ao decoro público, não toleradas pela legislação em vigor". O ator Oswaldo Loureiro, que vivia Cristal, reagiu energicamente: "Trata-se de uma punição absurda, sem provas de culpa e sem direito de defesa". O elenco protestou em nota distribuída à imprensa: "Rejeitando veementemente qualquer acusação que coloque em dúvida nosso respeito pela obra de Vianinha e pelo público que nos assiste e aplaude há cinco meses, queremos tornar pública a nossa perplexidade diante da punição." Cumprida a suspensão, o espetáculo voltou ao Teatro João Caetano para uma temporada popular.

Em julho de 1977, três anos após a morte de Vianinha, um grupo de amigos decidiu reverenciá-lo com uma leitura de *Rasga coração* no Teatro Ruth Escobar, em São Paulo. Sob a direção de Oswaldo Mendes, participaram Raul Cortez, Xandó Batista, Renato Consorte, Yara Amaral, Francisco Milani, Betina Viany e Armando Bógus.

Na platéia, um admirador confesso de Vianinha: Plínio Marcos, ele também vítima da Censura. Suas lembranças daquela noite: "O que quero contar e o que pesa na balança é que o teatro do Vianinha vai sendo lido e vai sendo despejado diretamente na alma de todos os que ouvem. As pessoas choram, soluçam. Tônia Carrero, Karim Rodrigues, Radhá Abramo, Cecília Guarnieri, Walderez de Barros e Marilena Ansaldi se desmancham em lágrimas diante dessa obra-prima do teatro brasileiro. Elas e todos os presentes. (...) A gente começou rindo das piadas e acabou num soluço. Ao final, como sempre fazem nesse seminário de dramaturgia dos amigos de Ruth Escobar, foram abertos os debates. Mas nada havia a ser dito. Nada para ser debatido. Só restava, a nós todos, enxugar as lágrimas. (...) *Rasga coração* do Vianinha na gaveta é uma ofensa à inteligência do povo brasileiro."

Com a abertura à consulta dos acervos da Divisão de Censura de Diversões Públicas, custodiados pelo Arquivo Nacional, vem agora à tona a verdade sobre o cerco impiedoso e obscurantista movido contra *Rasga coração*.

No primeiro exame dos originais, a Censura providenciou quatro pareceres — três recomendavam a interdição e um a liberação com cortes para maiores de 18 anos. Pelo conhecimento que proporcionam sobre os porões de um regime arbitrário, creio ser relevante resumi-los aqui. Os vetos baseavam-se no famigerado artigo 41 do decreto nº 20.493, de 24 de janeiro de 1946. Obedeciam a duas ordens de argumentação: tantos seriam os cortes necessários que a peça ficaria inintelígel; Vianinha teria infringido várias alíneas do decreto, notadamente a "g" ("ferir, por qualquer forma, a dignidade ou o interesse nacionais").

Vejamos os trechos principais das sentenças condenatórias, mantidas em sigilo pela ditadura.

A da censora Geralda de Macedo Coelho: "O autor (...) deixa transparecer sua intenção de estabelecer comparações entre a situação política na época da revolução de 1930 com a situação atual, jogando com os fatos para tecer severas críticas ao atual sistema social e político do Brasil. Estas situações, envolvendo ideologia política com o agravante das críticas, são alternadas com outras, quais sejam: atitudes indecorosas e mesmo libidinosas dos personagens com relação ao sexo, uso indiscriminado de pornografias, além de propagação e uso de drogas. Visto as implicações ocorrerem em todo o desenrolar da peça, e na impossibilidade de sugerir cortes que atenuem ou façam desaparecer os comprometimentos, opino pela não-liberação da presente obra."

A do censor J. Antonio S. Pedroso: "O grande número de cortes que seriam necessários e a impossibilidade total de ser mantida uma seqüência lógica no texto cortado, principalmente na supressão de diálogos e cenas atentatórios à moral e aos bons costumes e de comentários de fundo político contrários aos governos de duas épocas da história brasileira, levam-me a sugerir a não-liberação do texto."

A da censora Teresa Cristina dos Reis Marra: "As intercalações de cenas, apresentando detalhes de experiências sexuais com palavras obscenas, são dispostas entre diálogos com referências políticas, num total desrespeito aos governantes do passado, com agravante de letras musicais obscenas. (...) Devido à temática abordada, a peça não poderá ser liberada, pois vai de encontro a dispositivos legais." A censora identificou "diálogos obscenos" em 16 páginas; "cantos ofensivos, desrespeito às instituições e à memória dos governantes do passado" em seis páginas; e "incentivo ao tóxico" em uma.

O único parecer favorável coube à censora Valmira Nogueira de Oliveira, que indicou nove cortes e classificação para maiores de 18 anos. O chefe do Serviço de Censura, Wilson de Queiroz Garcia, recomendou a proibição de *Rasga coração*, ao encaminhar os autos para o diretor da Divisão de Censura de Diversões Públicas da Polícia Federal Rogério Nunes. Este homologou a decisão em 7 de junho de 1974.

Em 3 de julho de 1974 (13 dias antes da morte de Vianinha), José Renato entrou com recurso na Censura. No arrazoado, ponderava que se tratava do mais importante texto dramático surgido no teatro brasileiro nos últimos vinte anos. Chamava a atenção para "a densa exaltação humanista", para a dignidade no tratamento do tema, para a pesquisa histórica sobre a década de 1940 e para a evocação nostálgica da música popular da época.

Em 23 de julho de 1974, Rogério Nunes comunicou a manutenção do veto à peça. Os censores J. Antonio S. Pedroso e Teresa Cristina dos Reis Marra, incumbidos de reexaminar o processo, ratificaram os pareceres anteriores.

Durante a campanha para as eleições legislativas de 1974, intelectuais e artistas assinaram manifesto em defesa da liberdade de expressão e em protesto contra a censura, mencionando especificamente as interdições de *Rasga coração* e *Calabar*, de Chico Buarque de Hollanda e Ruy Guerra, além do veto à apresentação de *Romeu e Julieta* pelo Balé Bolshoi, sob a alegação risível de que "a arte soviética não faria bem ao país".

O ministro da Justiça, Armando Falcão, recusou-se a receber o documento, mas, em 15 de outubro de 1974, consultou a Polícia Federal sobre as peças mencionadas. Em 25 de outubro, o diretor da PF, coronel Moacyr Coelho, encaminhou-lhe ofício informando que o texto de Vianinha "não foi liberado pela Censura por ter recebido cinco pareceres contrários e apenas um favorável à sua apresentação pública". Coelho deve ter somado os três pareceres iniciais com os dois que reiteravam a proibição à peça, após o recurso de José Renato. Quanto a *Calabar*, dizia que os produtores haviam obtido liberação do texto para maiores de 18 anos, condicionada, entretanto, ao ensaio geral — no qual se proibiu a montagem.

Meses após a morte do marido, Maria Lúcia Marins inscreveu *Rasga coração* no Concurso Permanente de Peças do Serviço Nacional de Teatro, que voltava a ser promovido depois de seis anos de paralisação. Quase quatrocentos textos concorreram, e Vianinha conquistou o primeiro lugar, por deliberação unânime dos jurados Yan Michalski, Celso Nunes, Gianni Ratto, Hermilo Borba Filho e Ilka Zanotto.

"*Rasga coração* é um verdadeiro *Black-tie* dos anos 70, em estupenda síntese de bom teatro", avaliou Ilka Zanotto. Para Yan Michalski, "um irretocável testamento de um criador para quem o ato de escrever equivalia a um processo de abrir suas próprias entranhas; peça cuja leitura cria um impacto de calor humano e inteligência que vai direto ao coração de quem está lendo, como irá direto ao coração de quem vai ver o espetáculo, quando o texto for transformado em realização cênica".

Diante do resultado do concurso, o presidente da Sociedade Brasileira de Autores Teatrais, Raymundo Magalhães Júnior, enviou, em 11 de abril de 1975, telex ao diretor da Censura, apelando pela liberação de *Rasga coração*. "Seria chocante contradição se peça que o próprio órgão do governo de proteção ao teatro liberalmente premiou não pudesse ser aplaudida pelo público."

Rogério Nunes levou o telegrama de Magalhães Júnior ao diretor-geral da Polícia Federal. Em 15 de abril de 1975, o coronel Moacyr Coelho solicitou pronunciamento do ministro da Justiça sobre o caso. Eis o ofício:

"Senhor Ministro:

"1) Em julho de 1974, foi encaminhada a V. Exª cópia da peça 'Rasga coração' que teve negada sua liberação.

"2) A obra, de conteúdo político-partidário, contém referências desprimorosas a governantes do passado e palavrões, acompanhados de paródias indecentes.

"3) O telex anexo, no entanto, revela que, no concurso de peças do Serviço Nacional de Teatro, a obra de Oduvaldo Vianna Filho foi classificada em primeiro lugar.

"4) Acha o Sr. Raymundo Magalhães Júnior que seria chocante não liberar peça que o próprio órgão do governo premiou.

"5) As normas vigentes desaconselham, porém, sua liberação.

"Aguardando as ordens de V. Exª, renovo protestos de estima e alta consideração."

Armando Falcão confirmou a proibição a *Rasga coração*.

Passado algum tempo, o diretor José Renato soube, através de um amigo, que a peça poderia ser liberada. Anexou ao processo a pesquisa realizada por Vianinha e uma série de depoimentos de intelectuais, entre os quais o do insuspeito Nelson Rodrigues: "*Rasga coração* é uma das mais belas e fascinantes obras-primas do teatro brasileiro. Não posso ser mais conclusivo e definitivo."

Para não caracterizar insistência, José Renato pediu à Thearte Empreendimentos Artísticos e Culturais, de São Paulo, que requeresse o reexame da obra, para fins de montagem em novembro daquele ano. O pedido foi protocolado na Divisão de Censura em 21 de agosto de 1975.

Desta vez, houve apenas dois pareceres. A censora Zuleika Santos Andrade manifestou-se favorável à encenação do texto, que reputou "denso e profundo", indicando supressão de diálogos em nove páginas e classificação para maiores de 18 anos. O patético parecer contrário do censor Avelino Gambim merece ser conhecido pela posteridade. "A maneira como são criticadas as situações políticas e econômicas, atuais e do passado, constitui-se num incitamento velado à revolta. (...) Tenta-se justificar o amor livre na juventude atual, mostrando que o homem sempre teve tendências a isso, embora não o admita. As pornofonias são freqüentes em todo o escrito. Se não é aprovado o uso de drogas tóxicas (...), é praticamente justificado, pelo uso que delas se fazia nas gerações passadas como lenitivo aos sofrimentos. O sentido de 'democracia' aparece mais como um 'tudo é permitido' individual e egoísta do que um modo de viver em sociedade." Curiosamente, Gambim julgou que "a peça tem realmente valor artístico", mas, ao aconselhar a proibição, procurou se explicar com uma frase lapidar: "Censurar é ver o bem comum e não fazer crítica de arte."

Como solucionar o imprevisto empate técnico entre os censores? Em 10 de setembro de 1975, o processo foi submetido à apreciação do diretor da Censura, que o remeteu à Polícia Federal. O coronel Moacyr Coelho encaminhou a documentação ao ministro da Justiça, com uma cópia do seu ofício de 15 de abril de 1975.

Armando Falcão reiterou o veto.

José Renato apurou em Brasília que *Rasga coração* continuava proibida por decisão pessoal de Falcão. "Nós fizemos de tudo para conseguir a liberação no Ministério da Justiça", reitera o diretor. "Todos os escalões secundários eram favoráveis, mas parecia que a gente esbarrava num muro invisível."

Em 15 de março de 1979, o general Ernesto Geisel passou a faixa presidencial ao ex-chefe do Serviço Nacional de Informações, general João Figueiredo. Geisel prometeu distensão política — e nem por isso o aparato repressivo deixou de perseguir com extrema brutalidade o PCB e o PC do B. Impôs a reforma de abril de 1977 para assegurar maioria parlamentar à Arena, reservando um terço do Senado aos senadores biônicos. Não debelou a crise econômica. Seu governo proibiu 47 filmes, 117 peças, 840 músicas, outros tantos livros e uma coleção de matérias jornalísticas. Mas conteve a linha dura militar, abrandou a censura à imprensa e revogou o AI-5. As vitórias eleitorais do MDB em 1974 e 1978, a afirmação da sociedade civil como arena de luta pela redemocratização, a rearticulação do movimento sindical, a campanha pela anistia e pelos direitos humanos e o esgotamento do "milagre" econômico encurralaram o regime. A pressão social pela abertura política redundaria em afrouxamento da censura e na retomada progressiva dos espaços de liberdade.

O novo ministro da Justiça, Petrônio Portella, assinou instrução normativa à Divisão de Censura de Diversões Públicas salientando, no item relativo ao exame de peças teatrais, que "é permitido o texto político desde que não seja injurioso às autoridades constituídas, nem represente mensagem de violência contra o regime".

No dia 16 de março de 1979, José Renato protocolou um pedido de reavaliação de *Rasga coração*. Quarenta e cinco dias depois, o novo diretor da Divisão de Censura, José Vieira Madeira, liberou a peça. "Foi uma emoção indescritível", recorda José Renato. "Pensei logo no Vianinha, no soco no ar que ele daria de satisfação." Semanas após, o ator Sérgio Britto obteve sinal verde para produzir *Papa Highirte*. Cumpria-se o vaticínio de Oduvaldo Vianna Filho, em 1973: "Se o que eu estiver escrevendo não aparecer agora, aparecerá daqui a dez, 15 anos." *Papa Highirte* esperou 11 anos; *Rasga coração*, cinco.

As peças estrearam simultaneamente. Maior *mea culpa*, impossível: o Ministério da Educação e Cultura, por intermédio do SNT, copatrocinaria o espetáculo juntamente com o governo do Paraná, cujo titular era ninguém menos que Ney Braga, o ministro da Educação de Geisel. O texto "subversivo" de ontem era financiado agora por instituições e autoridades que gravitaram em torno da ditadura.

A estréia nacional ocorreu no Teatro Guaíra, em Curitiba, em 21 de setembro de 1979. Quando a cortina se fechou na cena final de *Rasga coração*, o Guaíra passou alguns segundos tomando fôlego para a apoteose — oito minutos de aplausos. "A gente conseguiu botar para fora o sapo que estava entalado na garganta", desabafou José Renato, responsável por uma montagem em que sobressaíam os desempenhos de Raul Cortez (Manguari) e Ary Fontoura (Lorde Bundinha). Na segunda noite, o público simplesmente se recusava a deixar o teatro, lembra Ilka Zanotto: "Eram três horas da madrugada e o Guaíra vinha abaixo com os aplausos intermináveis, gritos de 'bravo', lágrimas e abraços, numa fusão total entre palco e platéia, mergulhada numa catarse autêntica preconizada pelo velho Aristóteles."

Teatros lotados e críticas consagradoras aguardavam *Rasga coração* no Rio e em São Paulo. "É no teatro brasileiro a mais completa sondagem do país", consignou Sábato Magaldi no *Jornal da Tarde*. "Se vier a rasgar o coração do espectador, não será mera coincidência, mas pura realidade", aplaudiu Flávio Marinho, em *O Globo*. "*Rasga coração* foi escrita por um homem condenado à morte que, mesmo assim, não se deixou enredar por enredos transcendentais ou pelo fatalismo. Sua resposta à morte foi a emoção, a glorificação da vida através da luta. (...) Como supremo homem de teatro, Vianinha conseguiu esta façanha ímpar na pasmaceira pós-autoritária: comover", opinou Alberto Dines na *Folha de S. Paulo*.

Por mais que *Papa Highirte* — dirigida por Nélson Xavier e com Sérgio Britto no papel-título — também o merecesse, aquele Prêmio

Molière de 1979 não poderia ter outro dono senão ***Rasga coração***. A reviravolta política incumbira-se de apagar no quadro-negro a sofrida frase de Vianinha: "Eu ganho prêmios, mas não tenho palcos." Um triunfo sobre a barbárie que Vianinha, infelizmente, não pôde saborear ao vivo. Mas ele não costumava enfatizar que a luta vale por si mesma?

Rasga coração, de resto, não esgotou seu poder de fogo nos limites da revolução dramatúrgica. Provocou terremotos na área cultural do PCB, ao eleger como protagonista um comunista da velha guarda que reexamina erros e acertos em sua jornada. Conforme o antropólogo Gilberto Velho, Vianinha não esculpiu Manguari Pistolão à imagem e semelhança das representações quase santificadas de heróis revolucionários, típicas do realismo socialista. Manguari era um homem de carne e osso, funcionário público aposentado, que contava o dinheiro para a passagem de ônibus, vivia um casamento apático e enfrentava a contestação de um filho descrente na ação organizada. Ele não idealizava o militante proletário audaz e vitorioso. A discussão sobre o "novo" e o "revolucionário" alcançava por tabela o partido, um dos "sistemas revolucionários organizados" citados por Vianinha no prefácio que relutavam em aceitar novos modos de percepção do fenômeno político.

A necessidade de renovação das atitudes partidárias e de um maior pluralismo nos esquemas teóricos não passou despercebida de muitos ativistas, atestaria Enio Silveira:

"*Rasga coração* mostra muito claramente a dúvida ética que se punha na consciência de um comunista. A peça adverte para as inevitáveis transformações dentro do socialismo. Vianinha — sendo filho de um veterano comunista e ele próprio um militante do partido desde a juventude, em suma, ligado a vida toda a um sistema de pensamento — teve a grandeza humana de compreender que havia um mundo em mudanças, que precisava prosseguir nesses anseios. A peça foi um primeiro brado em favor de uma revisão crítica de coisas que estão acontecendo hoje na vida política brasileira e internacional."

O desmoronamento da URSS e o colapso do "socialismo real" nos países do Leste Europeu iniciaram-se com a *glasnost* e a *perestroika* de Mikhail Gorbatchev, e se concretizaram com a queda do Muro de Berlim, em 1989. Na época em que *Rasga coração* veio a público, setores ortodoxos do PCB contrariaram-se com as abordagens feitas por Vianinha, segundo Enio Silveira: "Eu me lembro de que a peça foi censurada por alguns companheiros que a consideravam pessimista, existencialista e não-marxista, como se ele estivesse abandonando seus ideais para cair numa disponibilidade total. Quando me parece o contrário: a constante indagação é tarefa específica dos intelectuais."

Além dos discípulos de Stalin, duas vozes levantaram-se contra *Rasga coração* — Glauber Rocha e o crítico Edélcio Mostaço. Em 1979, no programa *Abertura*, da TV Tupi, Glauber destacou a importância das obras teatrais de Vianinha e Nelson Rodrigues. Menos de um ano depois, em 1º de março de 1980, sua opinião mudaria integralmente: "*Rasga coração* é uma tentativa de ver a sociedade brasileira através da classe média, como se a classe média fosse foco de visão para alguma coisa. Isto é besteira teórica, de origem. É o discurso simplificante da arte populista." Desde que regressara do exílio, o genial criador de *Deus e o diabo na terra do sol* e *Terra em transe* mostrava-se amargo e agressivo; segundo seu biógrafo e amigo João Carlos Teixeira Gomes, sofria de "um certo descontrole emocional que às vezes se abeirava da paranóia". Glauber Rocha morreu em 22 de agosto de 1981, aos 42 anos. A primeira montagem de *Moço em estado de sítio* foi dedicada a ele pelo diretor Aderbal Freire Filho.

Edélcio Mostaço objetou que, do ponto de vista teatral, a peça não apresentava nenhum aspecto inovador; que, ao optar pelo gênero dramático, e não o épico, limitou a leitura a uma única direção ideológica; e que, ao condenar a teoria revolucionária e a luta armada, desviando "o foco das atenções para longe da luta de classes", Vianinha exaltava a estratégia "etapista" do PCB, de união de todos contra o inimigo comum (no passado, o imperialismo; no presente, a ditadura). Em seu livro *Vianinha: um dramaturgo no coração de seu tempo*, Rosangela

Patriota observa que Mostaço utilizou tal argumentação "como pretexto para expor as suas divergências com críticos teatrais e militantes políticos que não comungam de suas idéias: o PCB e sua prática política".

*

A encenação dos textos proibidos expôs ao público externo o verdadeiro teatro de Vianinha — aquele decididamente empenhado em reafirmar a fé nos valores humanos, em meio às lutas por reformas radicais que extirpem desigualdades e injustiças sociais, e generalizem os direitos da cidadania.

Exatamente como pregava em sua última entrevista, em 1974: "Acho que a responsabilidade do artista hoje é a da profundidade, é a tentativa desesperada de seguir o que disse Brecht: 'Aprofunde o mais que puder, pois só assim poderá descobrir a verdade.' É essa tentativa de ser profundo e atingir a profundidade não no sentido de ser obscuro, mas a profundidade no sentido da riqueza da realidade, de riqueza da vida, de paixão pela existência humana."

Em 3 de setembro de 1981, quatro anos após a descoberta dos originais por Ítala Nandi, *Moço em estado de sítio* foi liberada pela Censura para maiores de 18 anos e com cortes — os censores Terezinha de Jesus Braga e Dalmo Paixão vetaram passagens em que um dos personagens fazia uso de lança-perfume. O Serviço de Censura de Diversões Públicas no Rio de Janeiro determinou interdição a menores de 18 anos, alegando que a peça "sugere a politização das massas e propaganda esquerdista." Encenada por Aderbal Freire Filho com atores e atrizes da Escola de Teatro da Uni-Rio, obteve ótimas críticas e rendeu a Vianinha, postumamente, os prêmios Mambembe, Molière e MEC. Durante nove meses, mais de 30 mil pessoas prestigiaram as 180 apresentações no Rio e em São Paulo. *Mão na luva*, resgatada do anonimato em 1984 e também dirigida por Aderbal, teve carreiras vitoriosas nas duas capitais. A peça valeu-lhe o quarto Molière (o segundo póstumo) de melhor autor — marca jamais igualada por qualquer dramaturgo brasileiro.

Ainda me lembro da imensa emoção da platéia que superlotava o Teatro Gláucio Gill na estréia. Os atores Marco Nanini e Juliana Carneiro da Cunha (Molière de melhor atriz), abraçados no palco, choravam com o público.

Uma das significativas homenagens a Vianinha aconteceu em 1983, quando a classe artística do Rio realizou, no Circo Voador, a "Noite do Vianinha", com roteiro e direção de Flávio Rangel e apresentação de Perfeito Fortuna. O espetáculo reconstituía sua trajetória em painéis fotográficos, músicas e depoimentos ao vivo de amigos e companheiros de trabalho no TPE, no Arena, no CPC, no Grupo Opinião e na TV Globo. Dois momentos de rara comoção: a representação de trechos de *Rasga coração* e de *Moço em estado de sítio*; e a leitura das mensagens escritas por seus filhos Vinícius, então com 25 anos, e Pedro Ivo, com 11, ambos presentes.

Vinícius, que ajudou a organizar o evento e hoje, certamente influenciado pelo pai, é roteirista de TV e cinema, escreveu: "Remexi, remexi, e acabei separando umas vinte e tantas fotos. Aí baixou aquele saudadão. Puxa... meu pai. Já faz nove anos que ele morreu. Quem diria, hein? Nove anos! É uma coisa. Lembrei-me dele, do seu jeitão divertido, tímido de longa cabeleira, dos jogos de domingo no Maraca quando ele não tinha espetáculo, das calças Lee desbotadas, da risada alta, de quando ficava chato, irritadiço, do dia em que ficou puto comigo porque eu falei mal do *Allegro desbum*, do jogo do Banco Imobiliário na casa do vô, na Barra da Tijuca, enfim, pequenos detalhes e lembranças que logo me fizeram sentir saudades, sentir o buraco (por que não falar?) da distância que o tempo havia construído entre mim e ele. (...) As fotos estão aí. Escolhi as melhores da arca da família. Acho que elas significam muito. Pelo menos, uma tremenda saudade. Fiquei até na esperança de que, quem sabe?, com tanta energia junta, papai não ressuscita por uns dias entre a gente?"

Pedro Ivo encerrou a noite com palavras de arrepiar o coração:

"Oi, pessoal, eu sou o filho do Vianinha. Meu pai era um cara muito legal, pena que eu não pude curti-lo bastante. Ele morreu quando eu tinha apenas dois anos. Quase não o conheci naquela época. Eu era muito pequeno e não senti, mas fui crescendo e comecei a sentir. Mesmo assim, ainda não entendo muito, mas comecei a reconstituir o passado dele e já estou quase conseguindo. Hoje, vocês todos me ajudam muito, vindo aqui e prestando esta homenagem a ele. Muito obrigado. Por mim, pelos meus irmãos Vinícius e Mariana."

*

A diretoria da União Nacional dos Estudantes empossada em 1999 pretende reorganizar o Centro Popular de Cultura — a menina dos olhos de seu fundador, Oduvaldo Vianna Filho. Desde 1994, a União Metropolitana dos Estudantes Secundaristas de São Paulo tem o seu CPC, voltado para as áreas de música, teatro, cinema, vídeo e literatura.

Vianinha morreu há mais de 26 anos, e no entanto suas peças continuam reluzindo nos nossos palcos. Na segunda metade da década de 1990, várias delas foram reencenadas. Vale destacar o esplêndido trabalho realizado pelo Grupo Tapa, dirigido por Eduardo Tolentino de Araújo, com as remontagens de *Corpo a corpo* e *Moço em estado de sítio*.

A obra de Vianinha vem conquistando expressiva ressonância no meio universitário. Livros, ensaios e teses acadêmicas ocupam-se de diferentes aspectos — da evolução de seu pensamento político à ênfase dada aos problemas e às aspirações das camadas médias da sociedade, da influência de Bertolt Brecht a investigações pormenorizadas sobre *Rasga coração*. No moderno teatro brasileiro, segundo a crítica Mariangela Alves de Lima, esse interesse só encontra paralelo na atenção dispensada a Nelson Rodrigues.

É provável que a atração decorra da singularidade de sua dramaturgia: retrata e ao mesmo tempo questiona a potência do mundo e a fragilidade do indivíduo, no campo específico da realidade brasileira. Painel histórico da vida nacional nas últimas décadas, mas igualmente o testemunho da experiência vivida, às vezes repensada em implacáveis autocríticas.

Vianinha segue seduzindo pela sólida reflexão sobre o caráter autônomo que a cultura deve preservar em relação à política e à economia, por mais que estabeleça com elas vasos comunicantes. Ele conseguiu a proeza de, em 38 anos, amadurecer como dramaturgo, pensador da cultura e ativista político, disposto sempre a construir pontes entre a criação intelectual, a práxis transformadora e o humanismo, sem em momento algum transigir com a fidelidade à causa socialista. Leandro Konder confirma: "Vianinha evoluiu lucidamente para o entendimento de que a política tem uma dimensão essencial, mas a serviço de algo que vai além da mera atividade política, que é uma construção imprescindível às ambições espirituais maiores do ser humano. Quer dizer, a cultura passa por um terreno no qual ela é obrigada a enfrentar uma porção de problemas políticos que não podem ser contornados, que têm que ser superados. Então as questões políticas não podem ser expulsas da área da cultura, mas ao mesmo tempo não se pode reduzir a cultura às lutas que se travam na esfera política. Porque a cultura vai além da política."

*

Signo da permanência na memória concreta da cidade do Rio de Janeiro. Desde 14 de janeiro de 1977, por decreto do então prefeito Marcos Tamoyo, Oduvaldo Vianna Filho é nome de rua. Para quem sonhava em morar numa favela nos idos de 1964, desconcertaria ver seu nome no luxuoso condomínio Portinho de Massaru, na Barra da Tijuca.

De todo modo, num reduto da alta burguesia, ele deve estar convivendo fraternalmente com dois outros escritores que dão nomes a ruas transversais à sua: Khalil Gibran e José Condé. Para alguém, como Vianinha, que ajudou a romper o tabu da intelectualidade progressista contra a televisão, que defendia alianças amplas para derrubar a ditadura, que apontava brechas a serem preenchidas nos meios de comunicação por projetos culturais conseqüentes, talvez o Portinho de Massaru soasse menos incômodo. O desafio, diria ele, é empreender uma batalha permanente para ampliar os benefícios do progresso ao grosso da população e multiplicar por milhões os Portinhos.

Porque Vianinha não seria Vianinha sem a dosagem perfeita entre dois olhares: o olhar firme na direção das mudanças sociais e no aprofundamento do combate pelo socialismo com democracia; e o olhar terno e compassivo pelo ser humano. O jornalista Nélson Motta foi preciso ao realçar que a extração política da dramaturgia de Vianinha não deve ofuscar "o seu formidável talento de autêntico criador teatral, no sentido mais amplo dessa mágica forma de comunicação humana. Vianna lutou sempre pelo respeito aos fundamentais direitos do indivíduo com as armas de seu ofício, com sua sinceridade e com seu brilho". Sábato Magaldi intervém na mesma direção: "Vianinha não é o dramaturgo que usou o teatro para fazer política. Dramaturgo dos maiores, ele não poderia omitir a política entre as suas grandes inspirações. O lirismo, a tristeza envolvem a sua fecunda passagem terrena." Sábato vê um claro sentido simbólico na escolha por Vianinha dos belos versos de Catulo da Paixão Cearense para o xote de Anacleto de Medeiros, com os quais o Coro fecha *Rasga coração*: "Se tu queres ver a imensidão do céu e mar/refletindo a prismatização da luz solar/Rasga o coração, vem te debruçar/sobre a vastidão do meu penar."

De fato, o rigor político de Vianinha não esmagava o xadrez existencial. A alma gêmea de Armando Costa iluminaria com rara sabedoria o enquadramento de uma personalidade tão instigante: "Seu trabalho e sua atividade individual nos falam tanto da luta de classes como do desesperado anseio universal do consenso, da harmonia, da democracia e da paz, com todas as violentas contradições aí incluídas. Vianna citava e vivia a idéia de que, em termos de ser humano, a menor unidade é dois e, sempre que possível, multidões."

A conjugação de pensar e agir, a recusa à passividade ou à rebeldia estéril, o drible na cultura do pessimismo, o motor ligado em busca de uma sociedade solidária, o sonho ardente de justiça social como pão nosso de cada dia — todos estes compromissos poderiam ter prosperado com ele vivo. E, sem dúvida, prosperaram após a interrupção de seu ciclo vital, na alquimia entre a força de seus princípios e a discussão de suas dúvidas. A morte em Vianinha não poderia significar jamais a falência de suas convicções.

Toda vez que um personagem seu ganha autonomia de vôo no palco, rompe-se a cadeia do conformismo e da alienação. Como ele sinalizava nos versos de seu poema *Somos profissionais*:

> "Não estamos atrás de novidades,
> estamos atrás de descobertas.
> Não somos profissionais do espanto.
> Para achar a água é preciso descer terra adentro,
> encharcar-se no lodo.
> Mas há os que preferem olhar os céus,
> esperar pelas chuvas".

Fontes Consultadas

1. Arquivos pesquisados:

Arquivo Multimeios do Centro Cultural São Paulo — Prefeitura Municipal de São Paulo
Arquivo Nacional
Arquivo Público do Estado do Rio de Janeiro
Biblioteca Central do Gragoatá — Universidade Federal Fluminense
Biblioteca da Associação Brasileira de Imprensa
Biblioteca do Centro Cultural Banco do Brasil
Biblioteca Municipal Mário de Andrade/SP
Biblioteca Municipal de Nova Friburgo
Biblioteca Nacional
Biblioteca Pública do Estado do Rio de Janeiro
Centro de Documentação da Rede Globo de Televisão
Departamento de Documentação da Editora Abril
Departamento de Pesquisa de O *Globo*
Departamento de Pesquisa do *Jornal do Brasil*
Fundação Nacional de Arte (Funarte)
Universidade Mackenzie

2. Depoimentos diversos:

Augusto Boal — a Maria Alice Paes Barreto, 16 de julho de 1987; a Manoel Berlinck, Arquivo Funarte, s/d.
Carlos Estevam Martins — Centro de Estudos de Arte Contemporânea, 1987.
Carlos Vereza — Seminário Teatro e Cinema no CPC, promovido pela Associação Brasileira de Imprensa, 1981; a Maria Célia Teixeira, 1983.

Daniel Filho — a Gilmar Candeias e Jorge Achoa, para o documentário *Vianinha,* 1984.
Dias Gomes — Serviço Nacional de Teatro, 23 de junho de 1977.
Fernando Peixoto — a Gilmar Candeias e Jorge Achoa, para o documentário *Vianinha,* 1984.
Flávio Rangel — Serviço Nacional de Teatro, 27 de abril de 1977.
Gianni Ratto — Serviço Nacional de Teatro, 9 de junho de 1976.
José Renato — Serviço Nacional de Teatro, 29 de junho de 1977.
Ítalo Rossi — Serviço Nacional de Teatro, 29 de setembro de 1976.
Leon Hirszman — a Gilmar Candeias e Jorge Achoa, para o documentário *Vianinha,* 1984.
Luiz Werneck Vianna — a Maria Célia Teixeira, 1983.
Mário Carneiro — a Carlos Sussekind, transcrito por Samuel Averbug e gentilmente cedido por Ivana Bentes, que o condensou em seu livro *Joaquim Pedro de Andrade: a revolução intimista* (ver bibliografia).
Maurício Sherman — a Maria Célia Teixeira, 1983.
Walter George Durst — Arquivo Multimeios do Centro Cultural São Paulo / Prefeitura Municipal de São Paulo, s/d.

3. Bibliografia atualizada:

3.1. Livros, ensaios, teses e artigos:

Albuquerque, Manoel Maurício de. *Pequena história da formação social brasileira.* Rio de Janeiro: Graal, 1981.
Alves, Maria Helena Moreira. *Estado e Oposição no Brasil (1964-1984).* Petrópolis: Vozes, 1987.
Arrabal, José, Lima, Mariângela Alves de; e Pacheco, Tânia. *Anos 70: Teatro.* Rio de Janeiro: Europa, 1979/1980.
Assis, Chico de. "Mais-valia: pensando num mundo melhor". In: *Vianna Filho, Oduvaldo: Teatro/1.* Rio de Janeiro: Muro, 1981.
Azevedo, Isabel Cristina Alencar de. *Revista Civilização Brasileira (1965/1968): produção cultural em revista.* Dissertação de mestrado em Letras, Universidade Federal do Rio de Janeiro, 1º semestre de 1999.
Bader, Wolfgang. *Brecht no Brasil: experiências e influências.* Rio de Janeiro: Paz e Terra, 1987.
Barcellos, Jalusa. *CPC da UNE: uma história de paixão e consciência.* Rio de Janeiro: Nova Fronteira, 1994.

Bentes, Ivana. *Joaquim Pedro de Andrade — a revolução intimista*. Rio de Janeiro: Relume Dumará, 1996.

Berlinck, Manoel Tosta. *O Centro Popular de Cultura da UNE*. Campinas: Papirus, 1984.

Betti, Maria Sílvia. *Oduvaldo Vianna Filho*. São Paulo: Edusp, 1997.

Boal, Augusto. *Teatro do oprimido e outras poéticas*. Rio de Janeiro: Civilização Brasileira, 1975.

Carvalho, Elizabeth. "O modelo econômico: uma só nação, um só mercado consumidor". In: *Anos 70/Televisão*. Rio de Janeiro: Europa, 1979/1980.

Castro, Ruy. *Chega de saudade: a história e as histórias da Bossa Nova*. São Paulo: Companhia das Letras, 1990.

———. *O anjo pornográfico: a vida de Nelson Rodrigues*. São Paulo: Companhia das Letras, 1992.

Corrêa, José Celso Martinez. *Primeiro ato: cadernos, depoimentos, entrevistas (1958-1974)*. São Paulo: Ed. 34, 1998.

Costa, Iná Camargo da. *A hora do teatro épico no Brasil*. Rio de Janeiro: Paz e Terra, 1996.

Cony, Carlos Heitor. *O harém das bananeiras*. Rio de Janeiro: Objetiva, 1999.

Coutinho, Carlos Nélson. "Cultura e democracia no Brasil". In: *Revista Civilização Brasileira*, 17 de novembro de 1979.

———. *Cultura e política no Brasil contemporâneo*. Mimeografado. Julho de 1972. (Sob pseudônimo de Guilherme Marques.)

———. *Cultura e sociedade no Brasil: ensaios sobre idéias e formas*. Belo Horizonte: Oficina de Livros, 1990.

———. *Gramsci: um estudo sobre seu pensamento político*. Rio de Janeiro: Civilização Brasileira, 1999.

———. "Humanismo e irracionalismo na cultura contemporânea". In: *Revista Civilização Brasileira*, nº 8, julho de 1966.

———. *Literatura e humanismo: ensaios de crítica marxista*. Rio de Janeiro: Paz e Terra, 1967.

———. *O estruturalismo e a miséria da razão*. Rio de Janeiro: Paz e Terra, 1972.

Cultura popular: conceito e articulação. *Movimento (UNE)*, nº 4, julho de 1962.

Damasceno, Leslie Hawkins. *Espaço cultural e convenções teatrais na obra de Oduvaldo Vianna Filho*. Campinas: Editora da Unicamp, 1994.

Del Rios, Jefferson. "Quatro quadras de terra: riscos de dramatúrgicos em nome de uma luta maior". In: *Vianna Filho, Oduvaldo. Teatro/1*. Rio de Janeiro: Muro, 1981.

Dines, Alberto. *Morte no paraíso: a tragédia de Stefan Zweig*. Rio de Janeiro: Nova Fronteira, 1981.

Domont, Beatriz. *Um sonho interrompido: o Centro Popular de Cultura da UNE (1961-1964)*. São Paulo: Porto Calendário, 1997.

Dória, Gustavo A. *Moderno teatro brasileiro*. Rio de Janeiro: SNT/MEC, 1975.

Ênio Silveira: o arquiteto de liberdades. Organização, seleção e notas de Moacyr Félix. Rio de Janeiro: Bertrand Brasil, 1988.

Félix, Moacyr (org.). *Violão de rua — poemas para a liberdade*. Vols I, II, III. Rio de Janeiro: Civilização Brasileira, 1962.

Frederico, Celso. "A política cultural dos comunistas". In: Quartim de Moraes, João (org.). *História do marxismo no Brasil, III. Teorias. Interpretações*. Campinas: Editora da Unicamp, 1998, p. 275-304.

Fuser, Fausto. "Em Bilbao, as certezas de um rascunho". In: *Vianna Filho, Oduvaldo. Teatro/1*. Rio de Janeiro: Muro, 1981.

Galvão, Maria Rita & Jean-Claude Bernadet. O *nacional e o popular na cultura brasileira. Cinema: repercussões em caixa de eco ideológica (As idéias de "nacional" e "popular" no pensamento cinematográfico brasileiro)*. São Paulo: Brasiliense/Embrafilme, 1983.

Gomes, Dias. *Apenas um subversivo — autobiografia*. Rio de Janeiro: Bertrand Brasil, 1998.

Gomes, João Carlos Teixeira. *Glauber Rocha, esse vulcão*. Rio de Janeiro: Nova Fronteira, 1997.

Gorender, Jacob. *Combate nas trevas — a esquerda brasileira: das ilusões perdidas à luta armada*. São Paulo: Ática, 1987.

Gramsci, Antonio. *Obras escolhidas*. São Paulo: Martins Fontes, 1978.

———. *Os intelectuais e a organização da cultura*. Rio de Janeiro: Civilização Brasileira, 1978.

Guarnieri, Gianfrancesco. "O teatro como expressão da realidade nacional". In: *Revista Brasiliense*, nº 25, setembro/outubro de 1959.

Guimarães, Carmelinda. "O teatro de Oduvaldo Vianna Filho". *Folha de S. Paulo* (Folhetim), 15 de julho de 1984.

———. *Um ato de resistência: o teatro de Oduvaldo Vianna Filho*. São Paulo: MG Editores Associados, 1984.

Guimarães, Carmelinda, Lima, Mariângela Alves de e Vargas, Maria Thereza (orgs.). "Especial: Teatro de Arena". In: *Dionysos*, nº 24, outubro de 1978.

Gullar, Ferreira. *Cultura posta em questão*. Rio de Janeiro: Civilização Brasileira, 1965.

———. *Rabo de foguete — os anos de exílio*. Rio de Janeiro: Revan, 1998.

———. *Vanguarda e subdesenvolvimento*. 2ª ed. Rio de Janeiro: Nova Fronteira, 1979.

Hollanda, Heloísa Buarque de. *Impressões de viagem: CPC, vanguarda e desbunde*. São Paulo: Brasiliense, 1981.

———. e Gonçalves, Marcos A. *Cultura e participação nos anos 60*. São Paulo: Brasiliense, 1982.

Hollanda, Heloísa Buarque de & Messeder, Carlos Alberto. *Patrulhas ideológicas: arte e engajamento em debate*. São Paulo: Brasiliense, 1980.

Ianni, Octavio. "Vianinha visita a classe média". *Movimento*, 22 de maio de 1978.

Kehl, Maria Rita. "Um só povo, uma só cabeça, uma só nação". In: *Anos 70/ Televisão*. Rio de Janeiro: Europa, 1979/1980.

Khéde, Sônia Salomão. *Censores de pincenê e gravata: dois momentos da censura teatral no Brasil*. Rio de Janeiro: Codecri, 1981.

Konder, Leandro. *A democracia e os comunistas no Brasil*. Rio de Janeiro: Graal, 1980.

Lara, Odete. *Minha jornada interior*. São Paulo: Best Seller, 1990.

Lukács, Georg. *Ensaio sobre literatura*. 2ª ed. Rio de Janeiro: Civilização Brasileira, 1968.

———. *Realismo crítico hoje*. Brasília: Coordenada Editora, 1969.

Maciel, Luiz Carlos. *Anos 60*. Porto Alegre: L &PM, 1987.

———. *Geração em transe: memórias do tempo do Tropicalismo*. Rio de Janeiro: Nova Fronteira, 1996.

———. "Quem é quem no teatro brasileiro". In: *Revista Civilização Brasileira*, Caderno Especial nº 2, julho de 1968.

Magaldi, Sábato. *Moderna dramaturgia brasileira*. São Paulo: Perspectiva, 1998.

———. *Panorama do teatro brasileiro*. São Paulo: Difusão Editorial do Livro, 1962.

———. *Um palco brasileiro: o Arena de São Paulo*. São Paulo: Brasiliense, 1984.

Martins, Carlos Estevam. *A questão da cultura popular*. Rio de Janeiro: Tempo Brasileiro, 1963.

Michalski, Yan (org.). *O melhor teatro de Oduvaldo Vianna Filho*. São Paulo: Global, 1985.

———. *O palco amordaçado*. Rio de Janeiro: Avenir, 1979.

———. *O teatro sob pressão: uma frente de resistência*. Rio de Janeiro: Zahar, 1985.

Miranda, Ricardo e Pereira, Carlos Alberto M. *Televisão. As imagens e os sonhos: no ar, o Brasil.* São Paulo: Brasiliense, 1983.
Moraes, Dênis de. *A esquerda e o golpe de 1964*. 2ª ed. Rio de Janeiro: Espaço e Tempo, 1989.
———. *O rebelde do traço: a vida de Henfil.* 2ª ed. Rio de Janeiro: José Olympio, 1996.
———. *O imaginário vigiado: a imprensa comunista e o realismo socialista no Brasil.* Rio de Janeiro: José Olympio, 1994.
Morais, Fernando. *Chatô, o rei do Brasil.* São Paulo: Companhia das Letras, 1994.
Mostaço, Edélcio. *Teatro e política: Arena, Oficina e Opinião; uma interpretação da cultura de esquerda.* São Paulo: Proposta Editorial, 1982.
———. *O espetáculo autoritário.* São Paulo: Proposta Editorial, 1983.
Mota, Carlos Guilherme. *Ideologia da cultura brasileira.* São Paulo: Ática, 1977.
Nandi, Ítala. *Teatro Oficina: onde a arte não dormia.* Rio de Janeiro: Nova Fronteira, 1989.
Neto, Licínio. "Aspectos do processo dramático no teatro de Oduvaldo Vianna Filho". In: *Revista do Teatro*, Sbat, nº 423, maio/junho/julho de 1978.
Netto, José Paulo. *Ditadura e serviço social: uma análise do serviço social no Brasil pós-64.* 4ª ed. São Paulo: Cortez, 1998.
Neves, João das. "O papel de Brecht no teatro brasileiro". In: Bader, Wolfgang. *Brecht no Brasil: experiências e influências.* São Paulo: Paz e Terra, 1988.
Nogueira, Marco Aurélio (org.). *PCB: vinte anos de política (1958-1979).* São Paulo: Lech, 1980.
Ortiz, Renato. *A moderna tradição brasileira.* São Paulo: Brasiliense, 1988.
———. *Cultura brasileira e identidade nacional.* São Paulo: Brasiliense, 1985.
———. Cultura popular: organização e ideologia. *Cadernos Opinião*, 31 de maio de 1978.
Pécaut, Daniel. *Os intelectuais e a política no Brasil.* São Paulo: Ática, 1990.
Peixoto, Fernando. (org.). *O melhor do teatro do CPC da UNE.* São Paulo: Global, 1989.
———. "O público, esse desconhecido". In: *Revista Civilização Brasileira*, Caderno Especial, nº 2, julho de 1968.
———. (org.). *O melhor do teatro do CPC da UNE.* São Paulo: Global, 1989.
———. *Teatro em questão.* São Paulo: Hucitec, 1989.
———. *Teatro em movimento.* 3ª ed. São Paulo: Hucitec, 1989.
———. *Teatro Oficina (1958-1982): trajetória de uma rebeldia cultural.* São Paulo: Brasiliense, 1982.
———. (org.). *Vianinha: teatro, televisão, política.* São Paulo: Brasiliense, 1983.

Piscator, Erwin. *Teatro político*. Rio de Janeiro: Civilização Brasileira, 1968.
Pontes Júnior, Geraldo R. "A revisão de um legado e a gênese de uma nova dramaturgia: *Rasga coração*, de Oduvaldo Vianna Filho". In: *Matraga*, nº 12, 1999. Disponível em www2.uerj.br/ ~pgletras/revista/geraldo.htm
Pontes, Paulo. *A arte da resistência*. São Paulo: Versus, 1977.
———. "Viva Vianna". In: *Programa da peça Rasga coração*, 1979.
Prado, Décio de Almeida. O *teatro brasileiro moderno*. São Paulo: Perspectiva, 1988.
———. *Peças, pessoas, personagens: o teatro brasileiro de Procópio Ferreira a Cacilda Becker*. São Paulo: Companhia das Letras, 1993.
Ramos, Alcides Freire. "No olho do furacão: Oduvaldo Vianna Filho e o Cinema Novo". In: *Revista Cultura Vozes*, nº 1, 1993, vol. 93.
Reis, Daniel Aarão e Moraes, Pedro de. *68: a paixão de uma utopia*. Rio de Janeiro: Espaço e Tempo, 1988.
Ribeiro, Darcy. *Aos trancos e barrancos; como o Brasil deu no que deu*. Rio de Janeiro: Guanabara, 1985.
Ribeiro, Santuza Naves e Botelho, Isaura. "A televisão e a política de integração nacional". In: *Anos 70/Televisão*. Rio de Janeiro, Europa, 1979/1980.
Ricardo, Sérgio. *Quem quebrou meu violão — uma análise da cultura brasileira nas décadas de 40 a 90*. Rio de Janeiro: Record, 1991.
Ridenti, Marcelo O *fantasma da revolução brasileira*. São Paulo: Unesp/ Fapesp, 1993.
Rocha, Glauber. *Revisão crítica do cinema brasileiro*. Rio de Janeiro: Civilização Brasileira, 1963.
Rocha, Glauber. *Revolução do cinema novo*. Rio de Janeiro: Alhambra/ Embrafilme, 1981.
Rodrigues, Nélson. O *óbvio ululante*. Rio de Janeiro: Eldorado, 1968.
———. O *reacionário: memórias e confissões*. Rio de Janeiro: Record, 1977.
Rosenfeld, Anatol. O *mito e o herói no moderno teatro brasileiro*. 2ª ed. São Paulo: Perspectiva, 1996.
———. O *teatro épico*. 3ª ed. São Paulo: Perspectiva, 1994.
Ruiz, Maria Aparecida. *Rasga coração: herói anônimo e revolucionário: a representação da militância comunista em um texto de Oduvaldo Vianna Filho*. Dissertação de mestrado apresentada ao Departamento de História da Pontifícia Universidade Católica de São Paulo, 1996.
Saraceni, Paulo César. *Por dentro do Cinema Novo — minha viagem*. Rio de Janeiro: Nova Fronteira, 1993.

Schwarz, Roberto. "Cultura e política, 1964-1969". In: *O pai de família e outros estudos*. Rio de Janeiro: Paz e Terra, 1978, p. 61-92.
Sendim, Adriana dos Anjos. *A presença de Brecht na obra de Oduvaldo Vianna Filho*. Dissertação de mestrado em Teoria Literária, Universidade Federal do Rio de Janeiro, 2º semestre de 1998.
Silva, Armando Sérgio da. *Oficina: do teatro ao te-ato*. São Paulo, Perspectiva, 1981.
Siqueira, José Rubens. *Viver de teatro: uma biografia de Flávio Rangel*. São Paulo: Nova Alexandria/Secretaria da Cultura do Estado de São Paulo,1995.
Sodré, Muniz. *A máquina de Narciso (televisão, indivíduo e poder no Brasil)*. Rio de Janeiro, Achiamé, 1984.
Sodré, Nelson Werneck. *A fúria de Calibã: memórias do golpe de 64*. Rio de Janeiro: Bertrand Brasil, 1994.
———. *A ofensiva reacionária*. Rio de Janeiro: Bertrand Brasil, 1992.
Toledo, Caio Navarro de. *ISEB: fábrica de ideologias*. São Paulo: Ática, 1977.
———. *O governo João Goulart e o golpe de 64*. São Paulo: Brasiliense, 1982.
Veloso, Caetano. *Verdade tropical*. São Paulo: Companhia das Letras, 1997.
Ventura, Zuenir. *1968: o ano que não terminou*. Rio de Janeiro, Nova Fronteira, 1988.
Vianna, Deocélia. *Companheiro de viagem*. São Paulo, Brasiliense, 1974.
Vianna, Luiz Werneck. *A gênese do* CPC. Texto mimeografado. Rio de Janeiro, Arquivo Funarte, 1967.
Vianna Filho, Oduvaldo. "A ação dramática como categoria estética". In: Peixoto, Fernando (org.). *Vianinha: teatro, televisão e política*. São Paulo, Brasiliense,
———. "A cultura proprietária e a cultura desapropriada". In: Peixoto, Fernando (org.). *Vianinha: teatro, televisão e política*. São Paulo, Brasiliense, 1983.
———. "Alienação e irresponsabilidade". In: Peixoto, Fernando (org.). *Vianinha: teatro, televisão e política*.
———. "A questão do autor nacional". In: Peixoto, Fernando (org.). *Vianinha: teatro, televisão e política*. São Paulo, Brasiliense, 1983.
———. "Aves, galinhas e conselhos (Carta a um avicultor)". *Brasil em marcha*, nº 11, 14 de abril de 1961.
———. *Black-tie, Chapetuba e nacionalismo*. Texto mimeografado, s/d.
———. "Do Arena ao CPC". *Movimento (UNE)*, nº 6, outubro de 1962.
———. *Ensaio inédito sobre o* CPC. Texto mimeografado, s/d.

———. "Hélio Fernandes foi cassado porque... bem... hum... pô". *Folha da Semana*, 17 a 23 de novembro de 1966.

———. "Momento do teatro brasileiro". In: Peixoto, Fernando (org.). *Vianinha: teatro, televisão e política*. São Paulo, Brasiliense, 1983.

———. "O artista diante da realidade, um relatório". In: Peixoto, Fernando (org.). *Vianinha: teatro, televisão e política*. São Paulo, Brasiliense, 1983.

———. "Perspectivas do teatro em 1965". In: Peixoto, Fernando (org.). *Vianinha: teatro, televisão e política*. São Paulo, Brasiliense, 1983.

———. "Quatro instantes do teatro no Brasil". In: Peixoto, Fernando (org.). *Vianinha: teatro, televisão e política*. São Paulo, Brasiliense, 1983.

———. "Sobre *Allegro desbum*". In: *Programa da peça*, 1973.

———. "Sobre *Chapetuba*". In: *Programa da peça*, 1959.

———. "Sobre *Corpo a corpo*". In: *Programa da peça*, 1971.

———. "Sobre *Rasga coração*". In: *Programa da peça*, 1979.

———. *Teatro/1*. Rio de Janeiro, Muro, 1981.

———. "Teatro de Arena: histórico e objetivos". In: Peixoto, Fernando (org.). *Vianinha: teatro, televisão e política*. São Paulo, Brasiliense, 1983.

———. "Uma crise preparada há 15 anos". In: Peixoto, Fernando. (org.). *Vianinha: teatro, televisão e política*. São Paulo, Brasiliense, 1983.

———. "Um pouco de pessedismo não faz mal a ninguém". In: *Revista Civilização Brasileira*, Caderno Especial, nº 2, julho de 1968.

Vieira, Luiz Renato. *Consagrados e malditos: os intelectuais e a Editora Civilização Brasileira*. Brasília: Thesaurus, 1998.

Xavier, Ismail. *Alegorias do subdesenvolvimento: Cinema Novo, Tropicalismo, Cinema Marginal*. São Paulo: Brasiliense, 1993.

Xavier, Nélson. "A necessidade de ser brasileiro". *Vianna Filho, Oduvaldo. Teatro/1*. Rio de Janeiro, Muro, 1981.

3.2. Textos diversos:

Agitadores tentam tirar *Liberdade* mas peça continua. *Tribuna da Imprensa*, 29 de maio de 1965.

A grande família é uma comédia de costumes. O *Globo*, 8 de julho de 1973.

Alencar, Miriam. "A radiografia da TV na longa noite de Cristal". *Jornal do Brasil*, 5 de setembro de 1976.

———. "Paulo Autran é Brasil e Cia". *Jornal do Brasil*, 4 de março de 1970.

Almeida, Alfredo Souto de. "Limites de Chapetuba". In: *Vianinha: teatro, televisão e política*. São Paulo, Brasiliense, 1983.

Angel, Hildegard. "Tributo a um homem forte: Oduvaldo Vianna Filho". *Última Hora*, 19 de julho de 1974.

Antonelli, Ronaldo. "Vianinha, um ato de coragem". *Folha de S. Paulo*, 16 de julho de 1983.

Aos 38 anos, morre Oduvaldo Vianna Filho. *O Estado de S. Paulo*, 17 de julho de 1974.

A perda da ilusão. *Visão*, 11 de março de 1974.

A perda do querer. *Visão*, 11 de março de 1974.

A perda da vontade. *Visão*, 11 de março de 1974.

Arrabal, José. "A longa noite de Oduvaldo". *Opinião*, 1976.

Azeredo, Ely. "Um homem sem importância". *Jornal do Brasil*, 6 de outubro de 1971.

Bastos, Mauro Martins e Chagas, Antônia Eliana. "Mea maxima culpa". *Isto É*, 3 de outubro de 1979.

Blanco, Armindo. "Do esfrega ao brogotó". *Pasquim*, 22 a 28 de fevereiro de 1980.

———. "Um exercício mecânico mas fecundo". *Última Hora*, 1975.

———. "Vianinha, o melhor". *Última Hora*, 31 de dezembro de 1974.

Bomfim, Beatriz. "Vianinha, treze anos depois". *Jornal do Brasil*, 14 de maio de 1987.

Bojunga, Cláudio. "Novo Vianinha". *Veja*, 9 de dezembro de 1981.

Borges, Miguel. "Ainda sobre a *Mais-valia*". *Tribuna da Imprensa*, 7 de agosto de 1960.

———. "Moços fazem teatro de participação". *Tribuna da Imprensa*, 25 de junho de 1960.

———. "Teatro de Arena de São Paulo: balanço de uma crise". *Tribuna da Imprensa*, 25 de setembro de 1960.

Braga, Gilberto. "*Corpo a corpo*". *O Globo*, 30 de março de 1975.

———. "*Corpo a corpo*: a bola no chão". *O Globo*, 16 de fevereiro de 1975.

Brandão, Tânia. "O mito em fraldas". *O Globo*, 10 de janeiro de 1988.

Cabral, Sérgio. "Meu amigo Vianinha". *Diário de Notícias*, 18 de julho de 1974.

Cambará, Isa. "Vianna, liberado, encara a opressão". *Folha de S. Paulo*, 15 de julho de 1979.

Cardozo, Ivo. "A última entrevista de Vianinha". In: Peixoto, Fernando (org.). *Vianinha: teatro, televisão e política*. São Paulo, Brasiliense, 1983.

Carta aberta a CB em defesa da cultura no país. *Tribuna da Imprensa*, 7 de agosto de 1965.

Castro, Tamar de. "A angústia cotidiana em ritmo de comédia". *Jornal do Brasil*, 5 de agosto de 1973.

Cavalcanti, Cláudio. "Vianinha, doce Vianinha". *Diário de Notícias*, 30 de novembro de 1974.

Censura agora é única: abrange todos os Estados. *Diário de Notícias*, 15 de março de 1967.

Censura dificulta a criação. O *Estado de S. Paulo*, 21 de abril de 1971.

Coelho, Tânia. "*Rasga coração* — a peça é premiada. Por que foi proibida?" *Última Hora*, 11 de abril de 1975.

Conrado, Aldomar. "Vianinha em ritmo de *Allegro desbum*". *Diário de Notícias*, 22 de agosto de 1973.

Corpo a corpo de Oduvaldo Vianna Filho é peça anti-romântica. O *Globo*, 21 de fevereiro de 1972.

Cony, Carlos Heitor. "Dobramos a esquina errada". *Folha de S. Paulo*, 2 de junho de 1994.

———. "Tempos amargos". *Folha de S. Paulo*, 17 de abril de 1999.

Couri, Norma e Augusto, Sérgio. "O CPC, sonho rebelde que virou cinzas". *Folha de S. Paulo*, 31 de agosto de 1984.

———. "A outra militância de Vianinha". *Folha de S. Paulo*, 10 de setembro de 1984.

———. "Vianinha em família". *Jornal do Brasil*, 6 de outubro de 1979.

Daddario, Heloísa. "Dez anos sem Oduvaldo Vianna Filho, criador em permanente ebulição". O *Globo*, 16 de julho de 1984.

Del Rios, Jefferson. "Vianna deixa testamento em *Rasga coração*". *Folha de S. Paulo*, 16 de outubro de 1980.

———. "Vianinha no coração da história". *Folha de S. Paulo*, 4 de maio de 1979.

———. "Beleza e emoção na obra-prima de Vianinha". *Folha de S. Paulo*, 21 de outubro de 1980.

———. "O *Allegro desbum* no palco, um erro". *Folha de S. Paulo*, 19 de março de 1976.

Dines, Alberto. "Rasgando corações: a política como arte". *Folha de S. Paulo*, 14 de outubro de 1979.

Duas peças no Teatro de Arena. O *Estado de S. Paulo*, 10 de junho de 1959.

Dutra, Maria Helena. "Autor importante, raciocínio certo". *Jornal do Brasil*, 6 de outubro de 1979.

Em família, um flagrante da velhice. O *Estado de S. Paulo*, 26 de abril de 1972.

Freire, Napoleão Muniz. "Opinião". *Diário Carioca*, 20 de dezembro de 1964.

Gabaglia, Marisa Raja. "Oduvaldo Vianna Filho, o grande premiado". O *Globo*, 24 de abril de 1971.

———. Vianinha: "No teatro eu pesquiso, na televisão reafirmo. Com os dois me gratifico". O *Globo*, 22 de março de 1973.

Gente de teatro: Oduvaldo Vianna Filho. O *Jornal*, 13 de junho de 1965.

Gonçalves, Martim. "*Em família*". O *Globo*, 23 de julho de 1970.

———. "*Se correr o bicho pega, se ficar o bicho come*". O *Globo*, 15 de abril de 1966.

Gropillo, Ciléa. "Texto inédito de Vianinha estréia no Sesc da Tijuca". *Jornal do Brasil*, 26 de novembro de 1981.

Gullar: agressão esvaziou o teatro mais que a Censura. *Tribuna da Imprensa*, 19 de agosto de 1978.

Guzik, Alberto. "Trinta anos de um clássico: *Black-tie*". *Jornal da Tarde*, s/d.

———. "*Rasga coração*". *Isto É*, 29 de outubro de 1980.

Haddad, Amir. "Teatro para quem gosta de teatro". In: *Programa da peça Se correr o bicho pega, se ficar o bicho come*. Rio de Janeiro, CAL, 1989.

Halfoun, Eli. "*Liberdade* vai à cena sem cortes". *Última Hora*, 20 de abril de 1965.

Intelectuais apóiam os tchecos. *Jornal do Brasil*, 23 de agosto de 1968.

Jabor, Arnaldo. "O acaso e as minhocas movem a história do país". *Folha de S. Paulo* (Ilustrada), 21 de junho de 1997.

———. "O dia em que '*Deus e o diabo*' foi o futuro". *Folha de S. Paulo* (Ilustrada), 22 de março de 1994.

———. "Saudades do 'imperialismo norte-americano'. *Folha de S. Paulo* (Ilustrada), 14 de outubro de 1997.

Jafa, Van. "Chapetuba F. C.: teatro de verdade". *Correio da Manhã*, 6 de março de 1960.

———. "*Dura lex sed lex*". *Correio da Manhã*, 11 de janeiro de 1968.

———. "*Liberdade, liberdade*". *Correio da Manhã*, 28 de abril de 1965.

Júnior, Carlos Alberto. "Hora de pendurar as tesouras". *Época*, 13 de julho de 1998.

Juno e o pavão. O *Estado de S. Paulo*, 9 de maio de 1957.

Konder, Leandro. "Recordações do Vianinha". *Presença*, nº 4, agosto/outubro de 1984.

Ladeira, Célia Maria. "A comédia de costumes retomada pela TV". O *Globo*, 27 de junho de 1974.

Lemos, Tite de. "A guinada de José Celso". *Revista Civilização Brasileira*, Caderno Especial, nº 2, julho de 1968.

———. "Uma opinião silenciosa". *Jornal do Brasil*, 9 de junho de 1967.

Lima, Mariângela Alves de. "Legado do dramaturgo é forte ponto de referência". *O Estado de S. Paulo* (Caderno 2), 18 de fevereiro de 1998.

———. "*Mão na luva*, espetáculo íntegro". *O Estado de S. Paulo*, 30 de setembro de 1984.

———. "Sonho de justiça era seu pão de cada dia". *O Estado de S. Paulo* (Caderno 2), 20 de abril de 1997.

———. "Um artista solidário e imutável em sua essência". *O Estado de S. Paulo* (Caderno 2), 24 de julho de 1999.

Macksen, Luiz. "O teatro com muita opinião". *Jornal do Brasil*, 7 de dezembro de 1969.

———. "*Mão na luva*: o jogo teatral em estado pleno". *Jornal do Brasil*, 7 de dezembro de 1984.

———. "Não perca *Papa Highirte*". *Isto É*, 25 de julho de 1979.

———. "*Papa Highirte* em cena, cinco anos depois da morte de Vianinha". *Jornal do Brasil*, 13 de julho de 1979.

———. "Um ato de sinceridade". *Jornal do Brasil*, 19 de abril de 1983.

Machado, Ney. "Eva Tudor em família". *Diário de Notícias*, 28 de julho de 1970.

Magaldi, Sábato. "A velhice brasileira: um retrato fiel". *Jornal da Tarde*, 3 de maio de 1972.

———. "*Bicho* come todos os valores do teatro brasileiro". *Jornal da Tarde*, 30 de setembro de 1966.

———. "*Mão na luva*, a enésima prova do talento de Vianinha". *Jornal da Tarde*, 22 de setembro de 1984.

———. "Problema de *Chapetuba F. C.*". *O Estado de S. Paulo*, 4 de abril de 1959.

———. "*Rasga coração*, um momento de perfeição em nosso teatro". *Jornal da Tarde*, 28 de outubro de 1980.

———. "*Rasga coração*, um testamento espiritual ditado no leito de morte", *Jornal da Tarde*, 14 de julho de 1979.

———. "Vianinha: o tempo trará mais sucesso". *Jornal da Tarde*, 11 de julho de 1974.

———. "Uma peça obrigatória para quem ama o teatro". *Jornal da Tarde*, 20 de agosto de 1982.

Magaldi, Sábato e Lima, Antônio. "Vianinha volta ao palco". *Jornal da Tarde*, 11 de julho de 1979.

Marcos, Plínio. "O gênio de Vianinha e a injustiça de rasgar o coração". *Folha de S. Paulo*, 22 de julho de 1977.

———. "Vianinha foi falar com Deus". *Última Hora*, 20-21 de julho de 1974.

Marinho, Flávio. "O desabafo de quem vive em estado de sítio". *O Globo*, 2 de dezembro de 1981.

———. "O jogo — isto é, o xadrez — do poder na América Latina". *O Globo*, 17 de julho de 1979.

———. "Tempos de desencanto: *Rasga coração*". *O Globo*, 5 de outubro de 1979.

Maurício, Augusto. "*Eles não usam black-tie*". *Jornal do Brasil*, 15 de outubro de 1959.

Michalski, Yan. "Allegro troppo sustenuto". *Jornal do Brasil*, 1973.

———. "A longa noite da verdade". *Jornal do Brasil*, 18 de março de 1975.

———. "A longa noite de uma geração acuada". *Jornal do Brasil*, 12 de setembro de 1976.

———. "A opinião de todos nós". *Jornal do Brasil*, 15 de dezembro de 1964.

———. "As incertezas de um destino". *Jornal do Brasil*, 1 de janeiro de 1971.

———. "Brasil 1930/1972: como acompanhar o quebra-cabeça". *Jornal do Brasil*, 6 de outubro de 1979.

———. "Censura precisa mudar". *Jornal do Brasil*, 15 de abril de 1965.

———. "Da lei áurea a *Dura lex*". *Jornal do Brasil*, 7 de janeiro de 1968.

———. "Documento poético de nossos becos sem saída". *Jornal do Brasil*, 13 de outubro de 1979.

———. "Família no vale de lágrimas". *Jornal do Brasil*, 15 de julho de 1970.

———. "*Liberdade liberdade*". *Jornal do Brasil*, 28 de abril de 1965.

———. "Longa jornada estado de sítio adentro". *Jornal do Brasil*, 30 de novembro de 1981.

———. "Nem Chicago 30 nem Rio 71". *Jornal do Brasil*, 8 de junho de 1971.

———. "O bicho que já pegou". *Jornal do Brasil*, 20 de abril de 1966.

———. "O bom *Moço* está de volta". *Jornal do Brasil*, s/d.

———. "O passado carioca numa pesquisa de Vianinha". *Jornal do Brasil*, 14 de agosto de 1977.

———. "Opinião, contra a bomba e a favor da pomba". *Jornal do Brasil*, 2 de abril de 1967.

———. "Opinião de gente como a gente". *Jornal do Brasil*, 27 de maio de 1975.

———. "*Papa Highirte* — uma obra continental". *Jornal do Brasil*, 15 de agosto de 1979.

———. "Vianinha levantando vôo". *Jornal do Brasil*, s/d.

———. "Vianinha — trajetória de uma geração". *Jornal do Brasil*, 18 de julho de 1974.

———. "Um bicho cheio de vitalidade". In: *Programa da peça Se correr o bicho pega, se ficar o bicho come*. Rio de Janeiro, CAL, 1989.

Michalski, Yan e Bárbara, Danúsia. "*Rasga coração* liberada". *Jornal do Brasil*, 21 de abril de 1979.

Millôr esclarece que sua peça nada tem contra mitos ou Duque de Caxias. *Jornal do Brasil*, 30 de janeiro de 1965.

Moraes, Dênis de. "Opinião, herança para cultura". O *Globo-Copacabana*, 20 de julho de 1987.

———. "Vianinha: 13 anos de ausência. Que saudade". O *Globo-Ipanema*, 13 de julho de 1987.

Moraes, Marcílio Eiras de. "A denúncia sem romantismo". *Jornal do Commercio*, 29 de julho de 1973.

Nova lei submete todas as peças à Censura federal. *Correio da Manhã*, 17 de junho de 1965.

O ato definitivo de Vianinha. *Jornal do Brasil*, 6 de outubro de 1979.

Opinião protesta por proibição de Brasil. *Última Hora*, 25 de outubro de 1965.

Oscar, Henrique. "Em família no TNC". *Diário de Notícias*, 14 de julho de 1970.

———. "Liberdade! Liberdade!" *Diário de Notícias*, 27 de abril de 1965.

———. "O novo espetáculo do Grupo Opinião". *Diário de Notícias*, 19 de abril de 1966.

Os olhos da tragédia. *Visão*, 5 de agosto de 1974.

Oduvaldo Vianna Filho: a morte aos 38 anos. *Jornal do Brasil*, 17 de julho de 1974.

Oduvaldo Vianna Filho: autor nacional é a maior vítima na crise do teatro. O *Globo*, 5 de julho de 1971.

Oduvaldo Viana Filho. *Boletim Rede Globo*, 20 a 26 de julho de 1974.

Peixoto, Fernando. "Entrevista com Gianfrancesco Guarnieri". In: *Encontros com a Civilização Brasileira*, nº 1, julho de 1978.

Penteado, Ilvaneri. "Vianinha: o reencontro de um autor com seu público". *Fatos e Fotos*, 23 de julho de 1979.

Poerner, Arthur José. "Opinião sacode poeira de abril". *Correio da Manhã*, 2 de fevereiro de 1965.

Política cultural. *Senhor*, nº 57, novembro de 1963.

Portaria de arrocho para disciplinar os espetáculos. *Luta Democrática*, 5 de março de 1967.
Preta, Stanislaw Ponte. "*Opinião* é uma boa opinião". *Última Hora*, 8 de janeiro de 1965.
Resende, Beatriz. "Dez anos sem Vianinha". *Presença*, nº 4, agosto/outubro de 1984.
Rodrigues, Nelson. "Drácula ou passarinho". *Brasil em marcha*, 1961.
Sant'Anna, Affonso Romano de. "Tropicalismo! Tropicalismo! Abre as asas sobre nós". *Jornal do Brasil*, 2 de março de 1968.
Santos, Antonieta. "Uma história real de Vianinha". *Diário de Notícias*, 21 de maio de 1974.
———. "Vianinha: a solidariedade com os não vitoriosos". *Diário de Notícias*, 20 de julho de 1974.
———. "Vianna fala de Oduvaldo Vianna: os nossos problemas são os mesmos". *Diário de Notícias*, s/d.
Santos, Daniel dos. "Censura: descoberta (e já proibida) uma peça inédita de Vianinha". *Folha de S. Paulo*, 5 de agosto de 1977.
Sanz, Luiz Alberto. "O espetáculo do Opinião". *Última Hora*, 4 de abril de 1967.
———. "O texto do TAB: *Dura lex, sed lex*". *Última Hora*, 5 de janeiro de 1968.
———. "Pega se correr, se fica..." *Última Hora*, 15 de abril de 1966.
Schild, Susana. "Uma trajetória de coragem agora contada em livro". *Jornal do Brasil*, 24 de julho de 1984.
Sepultado Oduvaldo Vianna Filho, ator e dramaturgo. O *Globo*, 17 de julho de 1974.
———. Armando Costa: "O CPC foi uma escola para centenas de pessoas". In: *Ensaio/Teatro*. Rio de Janeiro, Muro, 1980.
68: só não era proibido sonhar. O *Estado de S. Paulo*, 29 de abril de 1988.
Távola, Arthur da. "*A grande família*: Rede dá as razões do corte". O *Globo*, 14 de março de 1975.
———. "Enquanto a cegonha não vem". O *Globo*, 31 de maio de 1974.
———. "Hoje tem Vianinha. É dia de reflexão e sentimento". O *Globo*, 22 de junho de 1983.
———. "Vianinha e Etcheverry". O *Globo*, 17 de julho de 1974.
Teatro reage à Censura. *Jornal do Brasil*, 26 de junho de 1965.
Tumscitz, Gilberto. "Eva conquista a platéia". O *Globo*, 20 de julho de 1970.

———. "Nossa vida em família". O *Globo*, 8 de maio de 1972.
———. "O grande diálogo com a platéia". O *Globo*, 17 de julho de 1974.
———. "Vamos ao teatro: um debate aberto". O *Globo*, 21 de outubro de 1973.
———. "Vianinha: 'Quero ser autor profissional'". O *Globo*, 26 de janeiro de 1970.
Velho, Gilberto. "Teatro político e pluralismo cultural (a propósito de *Rasga coração*'". *Jornal do Brasil* (Caderno B), 1º de outubro de 1979
Ventura, Mary. "A paixão do encontro do intelectual com o povo". *Jornal do Brasil*, 6 de outubro de 1979.
———. "Uma nova visão de uma mesma verdade". *Jornal do Brasil*, 27 de maio de 1975.
Vianna diz por que não gostou da encenação paulista de sua peça. O *Globo*, 16 de setembro de 1970.
Vianinha, 10 anos. *Problemas*, nº 9, abril/maio/junho de 1984.
Vianinha liberado. O *Globo*, 19 de junho de 1979.
Vianna, Luiz Werneck. "Oduvaldo Vianna Filho (1936-1974)". *Opinião*, 29 de julho de 1974.
Wolff, Fausto. "Ainda sobre o *Bicho*". *Tribuna da Imprensa*, 23 de maio de 1966.
———. "Da liberdade e das suas limitações". *Tribuna da Imprensa*, 8 de fevereiro de 1965.
———. "Do asno, do boi e do poder". *Tribuna da Imprensa*, 7/8 de novembro de 1964.
———. "*Opinião*: equívoco ou realidade?" *Tribuna da Imprensa*, 4 de dezembro de 1964.
———. "*Opinião* é um show de Brasil". *Tribuna da Imprensa*, 22 de dezembro de 1964.
———. "Teatro". *Tribuna da Imprensa*, 11 de abril de 1967.
Wyler, Vivian. "*Mão na luva*: a modernidade de um Vianinha até agora desconhecido". *Jornal do Brasil*, 30 de novembro de 1984.
Xexéo, Artur e Arco e Flexa, Jairo. "A batalha de Vianinha". *Veja*, 10 de outubro de 1979.
Zanotto, Ilka Marinho. "A luta eterna pelos valores humanos". O *Estado de S. Paulo*, 25 de junho de 1981.
———. "Rasga coração, montagem à altura desta obra-prima". O *Estado de S. Paulo*, 23 de setembro de 1979.
———. "Vianinha: um trágico moderno". O *Estado de S. Paulo*, s/d.

3.3. Peças de teatro e shows:

Vianna Filho, Oduvaldo. *Allegro desbum, ou Se Martins Pena fosse vivo*. Arquivo Funarte.
———. *A longa noite de Cristal*. Arquivo Funarte.
———. *A mais-valia vai acabar, seu Edgar*. In: *Teatro/1*. Rio de Janeiro, Muro, 1981.
——— et alli. *Brasil pede passagem*. Arquivo Funarte.
——— et alli. *Brasil e Cia*. Arquivo Funarte.
——— et alli. *Auto dos 99%*. Texto mimeografado.
———. *Brasil versão brasileira*. Texto mimeografado.
———. *Bilbao via Copacabana*. In: *Teatro/1*. Rio de Janeiro, Muro, 1981.
———. *Chapetuba Futebol Clube*. In: *Teatro/1*. Rio de Janeiro, Muro, 1981.
———. *Corpo a corpo*. Arquivo Funarte.
———. *Dura lex sed lex, no cabelo só Gumex*. Arquivo Funarte.
———. *Em família*. Arquivo Funarte.
———. *Mão na luva*. In: *O melhor teatro de Oduvaldo Vianna Filho*. São Paulo, Global, 1985.
———. *Meia volta vou ver*. Arquivo Funarte.
———. *Moço em estado de sítio*. Arquivo Funarte.
———. *Nossa vida em família*. Arquivo Funarte.
——— et alli. *Opinião*. Arquivo Funarte.
———. *Os Azeredos mais os Benevides*. Rio de Janeiro, Serviço Nacional de Teatro, 1966.
———. *Papa Highirte*. In: *O melhor teatro de Oduvaldo Vianna Filho*. São Paulo, Global, 1985.
———. *Quatro quadras de terra*. In: *Teatro/1*. Rio de Janeiro, Muro, 1981.
———. *Rasga coração*. Texto mimeografado.
——— et alli. *Samba pede passagem*. Arquivo Funarte.
——— et alli. *Telecoteco Opus 1*. Arquivo Funarte.
Vianna Filho, Oduvaldo e Gullar, Ferreira. *Se correr o bicho pega, se ficar o bicho come*. Rio de Janeiro, Civilização Brasileira, 1966.

3.4. Casos Especiais na TV Globo:

Vianna Filho, Oduvaldo. *A dama das camélias*. Arquivo Funarte.
———. *Enquanto a cegonha não vem*. Arquivo Funarte.
———. *Medéia*. Arquivo Funarte.
———. *Mirandolina*. Arquivo Funarte.

———. O *matador.* Arquivo Funarte.
———. O *morto do Encantado saúda e pede passagem.* Arquivo Funarte.
———. *Ratos e homens.* Arquivo Funarte.
———. *Turma, minha doce turma.* Arquivo Funarte.
Vianna Filho, Oduvaldo e Braga, Gilberto. *Noites brancas.* Arquivo Funarte.
Vianna Filho, Oduvaldo e Oliveira, Domingos de. As *aventuras de uma garrafa de champagne.* Arquivo Funarte.

Agradecimentos

Sou gratíssimo aos amigos, parentes, artistas e intelectuais que tão amavelmente concederam depoimentos sobre Oduvaldo Vianna Filho. São eles: Aderbal Freire Filho, Alberto Salvá, Albino Pinheiro, Antônio Carlos Fontoura, Berta Loran, Bibi Ferreira, Carlos Diegues, Carlos Estevam Martins, Carlos Lyra, Carlos Vereza, Chico de Assis, Dias Gomes, Diorandy Vianna, Dirceu Vianna, Domingos de Oliveira, Enio Silveira, Ferreira Gullar, Francisco Milani, Gianfrancesco Guarnieri, Gianni Ratto, Hermínio Bello de Carvalho, Hugo Carvana, Isolda Cresta, Ítala Nandi, Jacob Kligerman, João Bethencourt, João das Neves, José Renato, Leandro Konder, Liana Silveira, Luiz Carlos Maciel, Marcello Cerqueira, Maria Célia Teixeira, Maria Lúcia Dahl, Maria Lúcia Marins, Maria Thereza Vargas, Martha Alencar, Milton Gonçalves, Milton Temer, Miriam Mehler, Moacyr Félix, Odete Lara, Osmar Prado, Paulo Afonso Grisolli, Paulo Autran, Pichin Plá, Sérgio Britto, Sérgio Cabral, Sérgio Rosa, Thereza Aragão, Vera Gertel, Vinícius Vianna e Yan Michalski. Fica a minha melhor lembrança daqueles que já não se encontram mais entre nós.

Obrigado também a Antônio Carlos (Mosquito), Eder Accorsi, Henrique Alberto de Medeiros Filho, Márcia Cláudia, Maria Thereza Vargas, Renato Guima, René Dreifuss, Ricardo Lessa, Ronaldo Rosas Reis, Rosalina Maria de Souza Barros, Ricardo da Gama Rosa Costa, Rosangela Patriota, Samuel Averbug, Sergio de Souza Brasil, Silvana Assad e Sônia Rummert.

Muito especialmente agradeço a Aderbal Freire Filho, Ana Paula Costa, Beth Mendes, Carlos Marx Gomide de Freitas, Carlos Nelson

Coutinho, Diorandy Vianna, Francisco Milani, Maria Célia Teixeira, Milton Temer, Odete Lara e Paulo Sérgio Marqueiro. É impossível esquecer o ânimo encorajador que recebi de meu pai, Francisco Pimenta de Moraes.

Para Pedro Ivo Marins Vianna, o meu abraço fraterno, extensivo a toda a família Vianna. Para Alcione Araújo, a certeza da amizade para além do agora. Para Simone Assad, o meu carinho pelas leituras atentas e pelas energias sempre positivas.

Mil obrigados a Luciana Villas-Boas, que, com sensibilidade, apoiou o projeto da nova edição deste livro.

D. M.

Índice Onomástico

Abramo, Lélia, 76, 92
Abramo, Radhá, 371
Abreu, Gilda de, 26, 28
Achoa, Jorge, 388, 391
Adorno, Theodor W., 190
Aguiar, Lia de, 39
Aguinaga, Pedro, 349
Albuquerque, Ivan de, 282
Alencar, Martha, 186, 187, 368, 388, 391
Almeida, Alfredo Souto de, 395
Almeida, Araci de, 151, 204
Alonso, Alicia, 96
Althusser, Louis, 190
Alves, Hermano, 176
Alves, Márcio Moreira, 176
Alves, Mário, 23, 115, 238, 307
Amado, Jorge, 23, 53, 162
Amaral, Antônio Henrique A., 54
Amaral, Aracy, 54
Amaral, Yara, 370
Amazonas, João, 238
Andrade, Carlos Drummond de, 100, 192, 204, 227, 242
Andrade, Haroldo de, 308
Andrade, Joaquim Pedro de, 16, 128, 174, 189, 203, 227, 262, 363, 401, 402
Andrade, Jorge, 74, 81, 114, 155, 178, 204, 249, 325
Andrade, Mário de, 100, 204, 242, 387
Andrade, Oswald de, 247, 248, 249
Andrade, Zuleika Santos, 375
Angel, Hildegard, 357
Angel, Zuzu, 300
Anouilh, Jean, 47
Ansaldi, Marilena, 371
Anysio, Chico, 162
Aragão, Cândido, almirante, 167
Aragão, Thereza, 118, 119, 152, 171, 176, 177, 179, 180, 196, 204, 228, 231, 239, 241, 242, 258, 259, 271, 307, 328, 340, 348, 365, 367, 407
Arantes, Aldo, 113
Araújo, Paulo, 336
Arraes, Miguel, 113, 138, 162, 172
Artigas, Vilanova, 23
Assis, Francisco de, 79, 81, 82, 87, 92, 97, 99, 103, 104, 105, 106, 107, 118, 121, 139, 143, 181, 407
Assis, Machado, 53, 124
Athayde, Félix de, 142
Autran, Paulo, 49, 192, 195, 202, 203, 207, 251, 259, 291, 297, 344, 395, 407
Avancini, Walter, 35, 39, 338
Azedo, Maurício, 213
Azeredo, Ely, 299

Babo, Lamartine, 27, 152
Baiana, João da, 152
Bandeira, Manuel, 192, 204
Barata, Agildo, 36, 41, 238
Barbosa Lima Sobrinho, Alexandre José, 162, 350
Barcellos, Joel, 105, 112, 118
Bardot, Brigitte, 96
Barreto, Luiz Carlos, 368
Barros, Adhemar de, 37

Barros, Nélson Lins de, 126
Barros, Raul de, 204
Barros, Théo de, 237
Barros, Walderez de, 371
Barroso, Ary, 96
Batista, Demistoclides, 165
Batista, Xandó, 87, 370
Becker, Cacilda, 48, 49, 249, 266, 393
Benario, Olga, 27, 29
Benjamin, Walter, 190
Bernadet, Jean-Claude, 197, 390
Bethencourt, João, 303, 304, 305, 407
Blanc, Aldir, 277
Blanco, Armindo, 281
Blay, Bernardo, 66
Boal, Augusto, 12, 64, 65, 69, 73, 79, 87, 117, 130, 139, 155, 181, 241, 247, 302, 367, 387
Bógus, Armando, 370
Boni (José Bonifácio de Oliveira Sobrinho), 344, 345, 346, 365, 369, 370
Borba Filho, Hermilo, 373
Borges, Miguel, 97, 103, 106, 128
Borghi, Renato, 203
Borjalo, 335, 365
Bosco, João, 277
Bôscoli, Ronaldo, 325
Braga, Gilberto, 322, 328
Braga, Ney, 363, 377
Braga, Rubem, 242
Braga, Terezinha de Jesus, 380
Brandão Filho, 337
Brandão, Octávio, 23
Brant, Vinícius Caldeira, 139
Brasini, Mário, 307
Brecht, Bertolt, 48, 91, 92, 97, 100, 101, 104, 106, 140, 149, 154, 155, 211, 212, 240, 291, 380, 382, 388, 392, 394
Brenner, Ernest, 64
Britto, Sérgio, 49, 177, 268, 269, 295, 296, 376, 377, 407
Brizola, Leonel, 125, 138, 162, 166, 172, 193
Bulhões, Otávio Gouvêa de, 189
Burroughs, Edgar Rice, 33
Cabral, Sadi, 66, 69, 173
Cabral, Sérgio, 134, 151, 164, 181, 190, 204, 205, 213, 215, 344, 368, 407
Caldas, Sílvio, 151
Callado, Antonio, 155, 176, 190, 203, 307, 308
Câmara, Hélder, dom, 265
Camargo, Hebe, 308
Camargo, Iberê, 174
Campos, Cidinha, 307
Campos, Geir, 142, 257
Campos, Paulo Mendes, 142, 162, 242
Campos, Roberto, 177, 189
Candeias, Gilmar, 388
Cardoso, Elizeth, 299
Cardoso, Omar, 299
Cardoso, Sérgio, 49, 56
Cardozo, Ivo, 352, 355
Caribé, 70
Carlos, Manoel, 79
Carneiro, Edson, 151, 162
Carneiro, Mário, 203, 229, 231, 388
Carpeaux, Otto Maria, 176, 190, 213, 257
Carrero, Tônia, 49, 203, 251, 259, 307, 308, 368, 371
Carrilo, Antônio, 39
Carta, Mino, 13, 17
Cartola, 128, 150, 151, 152, 177, 181
Carvalho, Apolônio de, 238
Carvalho, Hermínio Bello de, 181, 187, 407
Carvalho, Rafael de, 114, 115, 210
Carvana, Hugo, 97, 105, 107, 230, 231, 233, 238, 242, 258, 260, 368, 407
Castello Branco, Humberto, presidente, 178, 203, 238
Castilho, Carlos, 128
Castro, Almeida, 300, 301
Castro, Fidel, 95, 117
Castro, Josué de, 172
Castro, Moacir Werneck de, 23, 174
Cavalcanti, Cláudio, 118
Cavalcanti, Di , 23, 162
Cavalcanti, Flávio, 308, 349
Cavalcanti, Tenório, 165

Cavaquinho, Nélson, 128, 150, 151, 152, 177, 242
Caymmi, Dorival, 245
Cearense, Catulo da Paixão, 318, 384
Celi, Adolfo, 47, 48, 49
Cerqueira, Marcello, 165, 407
Cerri, Flamínio Bollini, 47, 92
César, Henrique, 92, 106
Chacon, Vamireh, 257
Chacrinha, 331
Chagas, Walmor, 249, 250, 259
Chateaubriand, Assis, 21, 35, 39, 40, 59, 299
Chaves, Erlon, 39
Checker, Chubby, 42
Christensen, Carlos Hugo, 111
Chrysóstomo, Antônio, 337
Civelli, Carla, 54
Clair, Janete, 321, 322, 368
Clark, Walter, 325, 344
Coelho, Geralda de Macedo, 371
Coelho, Moacyr, 373, 374, 375
Condé, José, 383
Conniff, Ray, 42
Conrado, Aldomar, 334
Consorte, Renato, 370
Cony, Carlos Heitor, 173, 174, 176, 190, 195, 203, 257
Corbisier, Roland, 257
Corrêa, Hércules, 135
Corrêa, José Celso Martinez, 77, 233, 247, 253, 258, 261, 262, 302, 389, 398
Corrêa, Rubens, 282
Corrêa, Viriato, 24
Côrtes, Aracy, 187
Cortez, Raul, 54, 55, 370, 377
Costa e Silva, Artur da, 239, 240, 279
Costa, Armando, 16, 97, 111, 112, 116, 118, 121, 126, 155, 168, 169, 171, 176, 178, 179, 180, 204, 215, 229, 231, 238, 239, 241, 242, 243, 291, 331, 335, 336, 338, 339, 340, 344, 347, 358, 369, 384, 402
Costa, Jayme, 25
Costa, Lúcio, 195
Costa, Maria Della, 49, 74, 90, 92, 96, 251, 307
Coutinho, Carlos Nelson, 147, 190, 253, 255, 256, 351, 352, 355, 407-408
Coutinho, Jorge, 118, 148, 149, 181
Couto e Silva, Golbery do, 363
Couto, Ribeiro do, 24
Coward, Noel, 48
Cravo, Mário, 70
Cresta, Isolda, 155, 171, 203, 368
Crispim, José Maria, 36
Cuoco, Francisco, 323
Curi, Ivon, 302

D'Aversa, Alberto, 47
Dahl, Gustavo, 229, 235
Dahl, Maria Lúcia, 233, 235, 236, 237, 238, 242, 245, 407
De Lamare, Germana, 244
Debray, Régis, 253
Del Rios, Jefferson, 155, 313
Dias Gomes, Alfredo, 23, 35, 114, 115, 155, 162, 172, 174, 201, 203, 213, 255, 256, 262, 276, 301, 307, 321, 322, 325, 326, 344, 361, 368, 388, 407
Dias, Giocondo, 238
Diegues, Carlos (Cacá), 128, 133, 134, 139, 146, 153, 162, 189, 228, 262, 266, 308
Dines, Alberto, 18
Diniz, Leila, 249, 320
Djanira, 23, 257
Dona Zica, 181
Donga, 152
Dória, Jorge, 304, 336, 368
Dostoievsky, Fiódor, 302, 322
Dumas Filho, Alexandre, 322
Duprat, Raimundo, 49, 53, 54, 79
Duprat, Rogério, 248
Durst, Walter George, 35, 40, 280, 322, 388
Dutra, Eloy, 152
Dutra, Eurico Gaspar, 27, 36
Dutra, Maria Helena, 277, 323, 327

Efegê, Jota, 151
Elbrick, Charles Burke, 279
Elman, Júlio, 53
Estrella, Arnaldo, 23

Façanha, Juvêncio, general, 249
Fadel, Sérgio, 243
Fagner, Raimundo, 277
Falcão, Armando, 363, 373, 374, 375
Faria, Betty, 258, 307
Farias, Marcos, 128
Félix, Moacyr, 141, 142, 162, 163, 164, 168, 174, 190, 195, 257
Fernanda, Maria, 249
Fernandes, Florestan, 190
Fernandes, Hélio, 195, 215, 395
Fernandes, Leonardo, 57
Fernandes, Millôr, 192, 194, 195, 196, 203, 242, 335, 401
Fernandes, Rubem César, 139
Ferreira Gullar, José Ribamar, 119, 141, 142, 153, 154, 156, 162, 171, 174, 176, 177, 178, 180, 181, 190, 193, 196, 203, 210, 215, 228, 229, 230, 231, 238, 241, 249, 255, 256, 258, 262, 271, 272, 276, 286, 291, 295, 307, 339, 340, 348, 365, 367, 407
Ferreira, Bibi, 299, 300, 306, 321, 325, 368, 407
Ferreira, Joaquim Câmara, 36, 73, 254, 307
Ferreira, Procópio, 25, 35, 393
Figueiredo, João Batista, presidente, 376
Filho, Antunes, 295, 297, 345
Filho, Daniel, 321, 336, 346, 365, 388
Filho, Jardel, 204
Fiorani, Mário, 213
Fontana, Emílio, 51
Fontoura, Antônio Carlos, 97, 111, 112, 118, 121, 155, 181, 217, 223, 238, 368, 407
Fontoura, Ary, 377
Fortuna, Perfeito, 381
Francis, Paulo, 98, 106, 174, 176, 213, 257, 307, 308
Franco, Francisco, 27
Fregolente, 210
Freire Filho, Aderbal, 199, 407
Freire, Napoleão Muniz, 16
Freire, Paulo, 113, 172
Freire, Roberto, 79, 81, 82, 89, 335, 336
Fróes, Hemílcio, 172
Furtado, Celso, 172
Fuser, Fausto, 89, 90

Gabaglia, Marisa Raja, 320
Gabin, Jean, 96
Gama e Silva, Luís Antônio da, 250, 272
Gambim, Avelino, 375
Garaudy, Roger, 140, 190
Garcia, Clóvis, 66
Garcia, Wilson de Queiroz, 201, 372
Gassner, John, 64
Geisel, Ernesto, 349, 350, 363, 376, 377
Gertel, Noé, 42
Gertel, Rachel, 42, 60, 83
Gertel, Vera, 44, 47, 50, 53, 56, 60, 62, 68, 69, 78, 85, 87, 92, 96, 99, 107, 132, 135, 171, 259, 407
Ghiaroni, Giuseppe, 172, 307
Gil, Gilberto, 242, 247, 248, 280
Giorgi, Bruno, 23
Gladys, Maria, 258
Góis Monteiro, Pedro Aurélio de, 27
Goldmann, Lucien, 190
Goldoni, 48, 322
Gomes, João Carlos Teixeira, 379
Gonçalves, Dercy, 308
Gonçalves, Martim, 242, 277
Gonçalves, Milton, 65, 66, 67, 68, 69, 79, 87, 92, 99, 106, 335, 407
Gonzaga Júnior, Luiz (Gonzaguinha), 277
Gonzaga, Ademar, 26, 28
Gonzaga, Armando, 24
Gorbatchev, Mikhail, 379
Gorender, Jacob, 238
Gorki, Máximo, 48, 178, 203, 301
Goulart, João, 16, 101, 102, 103, 123, 124, 125, 126, 128, 135, 142, 151
Goulart, Jorge, 125, 127, 162, 166, 172, 201

Gracindo Júnior, 245, 333, 370
Gracindo, Paulo, 172
Gramsci, Antonio, 190, 214, 253, 256, 389, 390
Grisolli, Paulo Afonso, 79, 81, 93, 266, 323, 325, 336, 344, 362, 368, 369, 370, 407
Guarnieri, Cecília, 371
Guarnieri, Eduardo (maestro), 32-33
Guarnieri, Gianfrancesco, 12, 33, 43, 45, 46, 48, 49, 50, 51, 52, 53, 54, 55, 56, 57, 58, 59, 60, 61, 62, 63, 64, 65, 66, 67, 69, 74, 75, 76, 78, 79, 80, 82, 83, 84, 86, 89, 90, 92, 96, 108, 114, 130, 178, 207, 234, 302, 354, 367, 390, 407
Guedes, Armênio, 23, 36, 115, 238
Guedes, Carlos Luís, general, 165
Guerra, Ruy, 181, 350, 373
Guevara, Ernesto Che, 102, 215, 253, 254, 263
Guillén, Nicolás, 117
Guimarães, Alberto Passos, 23
Guimarães, Ulysses, 263, 350
Gustavo, Miguel, 275

Halfoun, Ely, 195
Helena, Heloísa, 28
Heliodora, Bárbara, 251, 277
Hendrix, Jimmy, 186
Herzog, Wladimir, 16
Hime, Francis, 245
Hirszman, Leon, 16, 97, 106, 109, 111, 112, 113, 119, 126, 128, 134, 147, 153, 162, 171, 176, 189, 257, 262, 351, 368, 388
Hobsbawm, Eric, 190
Hollanda, Chico Buarque de, 186, 190, 237, 242, 248, 280, 350, 373
Hollanda, Heloisa Buarque de, 391
Hora, Abelardo da, 23
Houaiss, Antônio, 195, 257

Ianni, Octávio, 257
Ignez, Helena, 118
Império, Flávio, 16
Ionesco, 48
Ivo, Pedro, 319, 320, 347, 381

Jabor, Arnaldo, 112, 118, 134, 136, 138, 139, 162, 189, 203, 228, 351
Jacobbi, Ruggero, 47, 52, 53, 54, 79
Jafa, Van, 98, 245
Jaguar, 213, 293
Jandira, (tia Nandia), 32, 60
Jararaca, 172
Jardim, Reynaldo, 142
Jdanov, Andrei, 145
Jesus, Clementina de, 187
Jobim, Tom, 150, 151, 181
Jones, Stuart Angel, 300
Joplin, Janis, 286
Jordão, Oscar, 26
Jorge, Aílton Guimarães, capitão, 272
Julião, Francisco, 140, 172
Júnior, Caio Prado, 23
Jurandir, Dalcídio, 23

Khalil, Khalil Gibran, 383
Kligerman, Jacob, 165, 343, 344, 357, 407
Kollontai, Alexandra, 235
Konder, Leandro, 114, 116, 117, 131, 147, 148, 156, 160, 213, 214, 255, 256, 276, 310, 383, 407
Kroeber, Carlos, 154
Kubitschek, Juscelino, 55, 63, 77, 130, 166, 263
Kurkjian, Jorge, 40
Kusnet, Eugênio, 75

Lacerda, Carlos, 70, 113, 127, 129, 152, 172, 201
Lacerda, Wanda, 172
Lago, Mário, 23, 162, 172, 307
Lagoa, Rocha, 95
Lamarca, Carlos, 16, 307
Lara Resende, Otto, 195
Lara, Odete, 207, 209, 210, 213, 216, 218, 224, 229, 236, 237, 242, 259, 311, 368, 407, 408
Leandro, Milton, 57

Leão, Danuza, 307, 309
Leão, Nara, 16, 162, 180, 181, 185, 192, 207, 228, 229, 231, 232, 307
Lemmertz, Lilian, 16
Lemos, Tite de, 16, 242
Lemos, Túlio de, 35, 40
Lessa, Barbosa, 79
Levi, Clóvis, 277
Lewgoy, José, 368
Lewis, Jerry Lee, 42
Libermann, Henrique, 49, 50, 53, 54
Lícia, Nydia, 49
Lima, Edy, 92
Lima, Mariângela Alves de, 388, 390, 399
Linhares, Luís, 213
Lins, Álvaro, 257
Lins, Ivan, 277
Lobato, Monteiro, 23, 32
Lobo, Edu, 164
Lofler, Carlos Alberto, 275
Loran, Berta, 245, 333, 407
Lott, Henrique, general, 102
Loureiro, Madalena, 328
Loureiro, Oswaldo, 210, 328, 368, 370
Luiz, Macksen, 226
Lukács, Georg, 131, 175, 253
Lyra, Carlos, 104, 105, 112, 128, 132, 133, 143, 150, 152, 162, 164, 171, 181, 184, 407

Macalé, 242
Machado, Aníbal, 23, 162, 174
Machado, Djenane, 336
Machado, Dyonélio, 23
Maciel, Luiz Carlos, 139, 213, 258, 259, 262, 265, 407
MacLaine, Shirley, 96
Madeira, José Vieira, 376
Mafalda, Eloísa, 336
Magadan, Gloria, 300, 322
Magaldi, Sábato, 32, 64, 66, 75, 79, 88, 91, 199, 224, 248, 268, 282, 297, 345, 377, 384
Magalhães Júnior, Raymundo, 374
Magno, Paschoal Carlos, 250
Maia, Abigail, 24
Maísa, 165
Maranhão, Luiza, 204
Marcos, Plínio, 89, 249, 307, 311, 371
Marcuse, Herbert, 190
Maria Bethânia, 185, 186
Maria, Antônio, 300, 308
Mariano, Procópio, 118, 160
Marighella, Carlos, 238, 254, 307
Marinho, Flávio, 377
Marinho, Irineu, 23
Marins, Almerinda, 347
Marins, Maria Lúcia Lousada, 13, 224, 251, 252, 271, 272, 278, 279, 289, 290, 311, 320, 321, 328, 329, 331, 332, 338, 339, 340, 343, 344, 346, 347, 348, 349, 357, 358, 359, 362, 366, 373, 407
Marlene, 293
Marra, Teresa Cristina dos Reis, 372, 373
Martin, Dean, 96
Martins, Carlos Estevam, 18, 103, 107
Martins, Herivelto, 172
Marx, Karl, 36, 67, 100, 140, 142, 253, 351
Marzo, Cláudio, 258, 307, 308
Mascarenhas, Carminha, 307
Matheus, Geraldo, 51, 52
Maurício, Augusto, 96
Max, Margarida, 25
Medeiros, Anacleto, 318
Medeiros, Élton, 181, 187
Médici, Emílio Garrastazu, 292, 310, 326, 350
Mehler, Miriam, 75, 84, 86, 345, 407
Mello, Arnon de, 179
Melo Neto, João Cabral de, 203
Mendes, Oswaldo, 370
Mendonça, Paulo, 48
Merquior, José Guilherme, 156
Mesquita, Alfredo, 48
Michalski, Yan, 16, 182, 184, 195, 198, 212, 213, 225, 239, 242, 245, 266, 267, 268, 281, 284, 292, 294, 296, 302, 304, 318, 334, 368, 373, 374, 407
Miele, 325

Migliaccio, Flávio, 55, 69, 79, 87, 92, 97, 106, 118, 298
Mignone, Francisco, 23
Milani, Francisco, 97, 115, 168, 169, 305, 334, 370, 407, 408
Miller, Arthur, 47, 155
Miranda, Carlos, 118
Miranda, Carmen, 26
Monteiro, Ciro, 151, 152, 205
Montenegro, Fernanda, 49, 323, 350
Moraes, Dulcina de, 25
Moraes, Eneida de, 23
Moraes, Marcílio Eiras de, 311
Moraes, Suzana de, 185, 233, 242, 245
Moraes, Vinicius de, 142, 150, 151, 152, 181, 184, 195, 204, 229, 242
Moreira, Pedro Paulo Uzeda, 49, 53, 54
Moreyra, Álvaro, 23
Mostaço, Edélcio, 379
Motta, Nélson, 307, 308, 384
Mourão Filho, Olímpio, general, 165
Müller, Filinto, 37
Muniz, Edmundo, 176
Muniz, Lauro César, 322
Mussolini, Benito, 27

Nádia Maria, 275
Nandi, Ítala, 235, 236, 380, 407
Nascimento, Milton, 307
Negrão de Lima, Francisco, governador, 262
Neide (prima), 33
Neto, Torquato, 248
Netto, José Paulo, 147, 274
Neves, David, 139
Neves, João das, 97, 98, 118, 130, 131, 149, 154, 155, 168, 169, 171, 177, 207, 239, 240, 241, 257, 273, 285, 407
Neves, Tancredo, 263
Neveux, Georges, 46
Ney, Nora, 172
Niemeyer, Oscar, 23, 117, 162
Nimitz, Riva, 87, 92
Nolding, Paulo, 295
Nunes, Celso, 281, 282, 373
Nunes, Maria Cristina, 336
Nunes, Max, 335
Nunes, Rogério, 372, 373, 374

Oiticica, Hélio, 248
Oliveira, Dalva de, 152, 153
Oliveira, Denoy de, 177, 239, 241, 273
Oliveira, Domingos de, 96, 97, 287, 322, 332, 346, 361, 364, 365, 368, 407
Oliveira, Franklin de, 140
Oliveira, Haroldo de, 118
Oliveira, José Aparecido de, 119
Oliveira, Juca de, 295
Oliveira, Silas de, 181
Oliveira, Valmira Nogueira de, 372
Onofre, Waldyr, 118
Ortiz, Renato, 392
Oscar, Henrique, 96, 196, 213

Pacote, Edvaldo, 370
Paes, José Paulo, 142
Paixão, Dalmo, 380
Pancetti, José, 23
Patriota, Rosangela, 379, 407
Pedreira, Fernando, 195
Pedroso, Bráulio, 275, 325, 361
Pedroso, J. Antonio S., 372
Peixe, Guerra, 23
Peixoto, Fernando, 52, 121, 149, 260, 261, 324, 350, 352, 388
Peixoto, Luiz, 96
Pena Boto, Francisco Carlos, almirante, 126
Pena Filho, Carlos, 142
Pera, Marília, 325
Peralva, Osvaldo, 23, 272
Pereira, Astrojildo, 23, 115, 174
Pereira, Osny Duarte, 140, 162
Pérsio, Loio, 156
Pessanha, José Américo Motta, 112
Pinheiro, Albino, 152, 251, 407
Pinheiro, Dilermando, 205
Pinter, Harold, 249
Pinto, Álvaro Vieira, 103, 140, 172, 174
Pirandello, Luigi, 47
Pixinguinha, 150, 152, 153
Plá, Pichin, 118, 177, 239, 241, 273, 407

Poerner, Artur José, 183
Poloni, Sandro, 49
Pontes, Paulo, 16, 70, 71, 72, 139, 151, 176, 177, 179, 180, 182, 215, 231, 239, 241, 242, 243, 251, 255, 258, 275, 276, 277, 291, 292, 295, 299, 300, 301, 302, 321, 322, 325, 326, 328, 331, 339, 340, 344, 368, 369, 370
Portela, Eduardo, 257
Portella, Petrônio, 376
Portinari, Candido, 23
Porto, Paulo, 297
Porto, Sérgio (Stanislaw Ponte Preta), 151, 152
Powell, Baden, 152, 181, 204, 242
Prado, Décio de Almeida, 48, 66, 77, 83
Prado, Osmar, 336
Prazeres, Heitor dos, 172, 181
Presley, Elvis, 42
Prestes, Luiz Carlos, 22, 23, 27, 29, 35, 42, 43, 78, 138, 164, 165, 172, 254, 279, 280, 307
Prieto, Adriana, 245
Proença, M. Cavalcanti, 181

Quadros, Jânio, 76, 102, 111, 119, 124
Queiroz, Luiz Armando, 336

Rachel, Tereza, 192, 202, 207
Ramos, Graciliano, 23, 332
Ramos, Regina Paiva, 54
Rangel, Flávio, 16, 155, 162, 172, 173, 190, 192, 194, 195, 196, 203, 241, 249, 251, 257, 258, 266, 291, 307, 368, 381, 388, 394
Ratto, Gianni, 47, 51, 56, 58, 61, 69, 74, 75, 80, 83, 84, 87, 210, 243, 245, 373, 388, 407
Reed, John, 25
Regina, Elis, 16, 307
Regina, Maria, 242
Rego, José Lins do, 53
Reich, Wilhelm, 235
Renato, José, 52, 59, 64, 78, 93, 266, 328, 333, 345, 346, 359, 363, 364, 372, 373, 375, 376, 377, 388, 407
Ribeiro, Agildo, 237, 238, 368
Ribeiro, Darcy, 172
Ribeiro, Isabel, 16
Ricardo, Sérgio, 128, 164, 181
Richard, Little, 42
Rocha, Glauber, 16, 69, 146, 162, 181, 189, 190, 203, 223, 232, 233, 262, 363, 379, 390
Rocha, Glauce, 16, 204, 213, 249, 299
Roclavin, Natacha, 53
Rodrigues, Jaime de Azevedo, 203
Rodrigues, José Honório, 195
Rodrigues, Karim, 371
Rodrigues, Maria Stella, 53
Rodrigues, Nélson, 13, 32, 122, 123, 124, 192, 232, 249, 250, 375, 379, 382, 389
Roman, Renata, 54
Rosa, Noel, 27, 204, 242
Rosa, Sérgio, 44, 67, 68
Rossi, Ítalo, 55, 245, 388

Sabino, Fernando, 242
Salazar, Oliveira, 27
Salce, Luciano, 47
Saldanha, João, 191, 302
Salgueiro, Ayrton, general, 201
Salvá, Alberto, 298, 366, 407
Sampaio, Sérgio, 51
Sampaio, Silveira, 69
Samuel Beckett, 48, 268
Sant'Anna, Affonso Romano de, 142, 162, 257, 402
Santos, Kléber, 105
Santos, Luís Paulino dos, 213
Santos, Nelson Pereira dos, 162
Santos, Roberto, 79
Santos, Sílvio, 308
Santos, Wanderley Guilherme dos, 140, 174
Sanz, Luiz Alberto, 212
Saraiva, Sílvio, 53
Sargentelli, Oswaldo, 152

Sargento, Nélson, 187
Sarraceni, Paulo César, 146, 197, 228
Sartre, Jean-Paul, 47, 100, 102, 190
Savaget, Edna, 307
Schaff, Adam, 190
Schemberg, Mário, 23
Scliar, Carlos, 23, 174
Segall, Beatriz, 64, 66, 74, 79
Sérgio Augusto, 139
Serra, José, 154, 165, 166
Sfat, Dina, 16
Shaw, Bernard, 47
Sherman, Maurício, 275, 276, 388
Silva, Carmen da, 297
Silva, Ismael, 151, 152, 177, 204
Silveira, Enio, 140, 141, 161, 162, 172, 174, 176, 190, 195, 255, 256, 257, 262, 265, 293, 368, 378, 379, 407
Silveira, Joel, 257
Silveira, Liana, 120, 135, 152
Silveira, Nise da, 23
Silvino, Paulo, 245
Sinatra, Frank, 96
Singerman, Paulina, 26
Siqueira, Silney, 64
Smith, Milton, 64
Sodré, Nélson Werneck, 140, 162, 172, 174, 190, 255
Sófocles, 48, 100, 203
Souto, Édson Luís de Lima, 258
Souza, Alberto Coelho de, 16
Stalin, Josef, 23, 45, 63, 379
Steinbeck, John, 65, 322
Suassuna, Ariano, 74, 96, 155
Sussekind, Carlos, 229, 388

Tambellini, Flávio, 298
Tamoyo, Marcos, 383
Tavares, Zulmira Ribeiro, 79
Távola, Artur da, 15, 361, 369
Távora, Juarez, 55
Teixeira, Anísio, 257
Teixeira, Maria Célia, 168, 286, 287, 295, 299, 302, 306, 311, 317, 318, 328, 331, 362, 387, 388, 407, 408
Teixeirinha, 299
Temer, Milton, 184, 189, 255, 285, 407, 408
Thiré, Cecil, 118, 307, 368
Tinhorão, José Ramos, 151
Tojeiro, Gastão, 24
Toledo, Ari, 181
Tom Zé, 248
Torelly, Aparício (Barão de Itararé), 23
Tornado, Tony, 307, 309
Torres, Fernando, 49, 250, 281, 350
Tsé-Tung, Mão, 140, 253
Tudor, Eva, 251, 295, 399

Valadão, Jece, 307
Vale, João do, 151, 180, 181, 183
Valença, Rosinha de, 204
Vandré, Geraldo, 128, 237, 265, 280
Vannucci, Augusto César, 335
Vargas, Getúlio, 22, 26, 27, 33, 40, 44, 192, 267, 318
Vargas, Maria Thereza, 79, 81, 407
Veiga, Jorge, 172
Velho, Gilberto, 316, 378
Veloso, Caetano, 185, 242, 247, 248, 280, 285
Vereza, Carlos, 95, 118, 129, 133, 154, 160, 166, 307, 367, 368, 387, 407
Viana, Luiz Werneck, 129, 130, 134, 139, 168, 182, 254, 388
Viana, Zelito, 262, 368
Vianna, Deocélia, 12, 22, 25, 26, 28, 29, 30, 31, 32, 33, 34, 36, 37, 41, 42, 49, 50, 56, 59, 60, 62, 73, 83, 91, 92, 112, 125, 126, 163, 171, 172, 197, 251, 278, 299, 306, 309, 321, 347, 359, 365, 366, 394
Vianna, Diorandy, 31, 33, 34, 43, 53, 179, 407, 408
Vianna, Dirceu, 31, 407
Vianna, Jayrê, 179
Vianna, Justiniano, 23
Vianna, Mariana Marins, 332, 339, 347, 382
Vianna, Mariúsa, 53, 73

Vianna, Oduvaldo, 9, 11, 12, 15, 21, 22, 23, 24, 25, 26, 27, 28, 29, 30, 31, 34, 39, 40, 53, 62, 69, 74, 89, 98, 125, 173, 174, 193, 196, 212, 213, 309, 310, 321, 324, 334, 361, 367, 368, 369, 374, 376, 382, 383, 389, 390, 391, 392, 393, 394, 396, 397, 398, 401, 402, 403, 404, 407
Vianna, Regina, 333
Vianna, Vinícius, 83, 84, 86, 92, 132, 133, 278, 305, 318, 339, 381, 382, 407
Viany, Alex, 114, 126, 162, 213, 255
Viany, Betina, 370
Vicente, José, 282
Vietri, Geraldo, 308
Viggiani, Nicolino, 24
Villon, André, 296
Viola, Paulinho da, 187
Waismann, Sidney, 245
Wanderléia, 299
Weiss, Arnaldo, 106
Wilde, Oscar, 48
Wilker, José, 282
Williams, Tennessee, 50, 54, 107, 249
Windsor, Márcia de, 299
Wolff, Fausto, 183

Xavier, Nélson, 79, 87, 92, 97, 106, 109, 164, 377

Zampari, Franco, 47
Zanotto, Ilka, 373, 374, 377
Zé Kéti (José Flores de Jesus), 128, 151, 152, 177, 180, 181, 183, 232
Ziembinski, Zbigniew, 32, 65, 368
Ziraldo, 302, 368

Este livro foi composto na tipologia Revival,
em corpo 11/15, e impresso em papel
Offset 90g/m² no Sistema Cameron
da Divisão Gráfica da Distribuidora Record.